高等学校计算机基础教育教材精选

SAS编程技术教程
（第2版）

朱世武 编著

清华大学出版社
北京

内容简介

本书是 SAS 编程技术专著,是作者多年以来利用 SAS 软件进行教学与科研的工作结晶。本书内容全面、系统性强、层次明确、语言简练,可作为 SAS 编程技术词典使用。

本书可作为 SAS 编程技术、实证金融学、金融数据库、金融统计学、金融计算与建模、金融实验、数据分析工具及应用等课程的教材及参考书,亦可供研究生及各行业专业人员阅读。

本书封面贴有清华大学出版社防伪标签,无标签者不得销售。
版权所有,侵权必究。举报:010-62782989,beiqinquan@tup.tsinghua.edu.cn。

图书在版编目(CIP)数据

SAS 编程技术教程/朱世武编著.--2 版.--北京:清华大学出版社,2013(2021.12重印)
高等学校计算机基础教育教材精选
ISBN 978-7-302-33309-8

Ⅰ.①S… Ⅱ.①朱… Ⅲ.①统计分析-应用软件-高等学校-教材 Ⅳ.①C819

中国版本图书馆 CIP 数据核字(2013)第 173636 号

责任编辑:汪汉友　赵晓宁
封面设计:傅瑞学
责任校对:李建庄
责任印制:曹婉颖

出版发行:清华大学出版社
　　　　网　　址:http://www.tup.com.cn, http://www.wqbook.com
　　　　地　　址:北京清华大学学研大厦 A 座　　　　邮　　编:100084
　　　　社 总 机:010-62770175　　　　　　　　　　　邮　　购:010-83470235
　　　　投稿与读者服务:010-62776969, c-service@tup.tsinghua.edu.cn
　　　　质量反馈:010-62772015, zhiliang@tup.tsinghua.edu.cn
　　　　课件下载:http://www.tup.com.cn, 010-83470236

印 装 者:北京富博印刷有限公司
经　　销:全国新华书店
开　　本:185mm×260mm　　印　张:31.5　　字　数:786 千字
版　　次:2007 年 10 月第 1 版　　2013 年 10 月第 2 版　　印　次:2021 年 12 月第 9 次印刷
定　　价:89.00元

产品编号:049846-02

出版说明

高等学校计算机基础教育教材精选

高等学校计算机基础教育教材精选在教育部关于高等学校计算机基础教育三层次方案的指导下，我国高等学校的计算机基础教育事业蓬勃发展。经过多年的教学改革与实践，全国很多学校在计算机基础教育这一领域中积累了大量宝贵的经验，取得了许多可喜的成果。

随着科教兴国战略的实施以及社会信息化进程的加快，目前我国的高等教育事业正面临着新的发展机遇，但同时也必须面对新的挑战。这些都对高等学校的计算机基础教育提出了更高的要求。为了适应教学改革的需要，进一步推动我国高等学校计算机基础教育事业的发展，我们在全国各高等学校精心挖掘和遴选了一批经过教学实践检验的优秀的教学成果，编辑出版了这套教材。教材的选题范围涵盖了计算机基础教育的三个层次，包括面向各高校开设的计算机必修课、选修课以及与各类专业相结合的计算机课程。

为了保证出版质量，同时更好地适应教学需求，本套教材将采取开放的体系和滚动出版的方式(即成熟一本、出版一本，并保持不断更新)，坚持宁缺毋滥的原则，力求反映我国高等学校计算机基础教育的最新成果，使本套丛书无论在技术质量上还是文字质量上均成为真正的"精选"。

清华大学出版社一直致力于计算机教育用书的出版工作，在计算机基础教育领域出版了许多优秀的教材。本套教材的出版将进一步丰富和扩大我社在这一领域的选题范围、层次和深度，以适应高校计算机基础教育课程层次化、多样化的趋势，从而更好地满足各学校由于条件、师资和生源水平、专业领域等的差异而产生的不同需求。我们热切期望全国广大教师能够积极参与到本套丛书的编写工作中来，把自己的教学成果与全国的同行们分享；同时也欢迎广大读者对本套教材提出宝贵意见，以便我们改进工作，为读者提供更好的服务。

我们的电子邮件地址是 jiaoh@tup.tsinghua.edu.cn，联系人：焦虹。

第 2 版前言

本书是作者在《SAS 编程技术与金融数据处理》(清华大学出版社,2003 年版)和《SAS 编程技术教程》(清华大学出版社,2007 年版)的基础上,历经清华大学、北京大学、中国人民大学、外经贸大学等多所高校本科生与研究生的教学实践后,重新设计和完善的一本 SAS 编程专著,是作者多年来使用 SAS 软件进行教学与科研的工作结晶。

本书在体系安排上征询过多所院校专业老师的建议,循序渐近地展现了使用 SAS 软件编程解决实际问题的全过程。本书的内容架构对于学习同类软件的编程技术具有极大借鉴意义。全书共分 16 章,重点章节为第 1～第 5、第 10、第 13～第 16 章。第 1～第 5 章为核心内容,其余各章是对 SAS 编程技术的完善与提高。作为教材时,可将第 6～第 9、第 11、第 12 章设为自学内容。

本书特色:

- 倡导"为用而学,而不是为学而学"的理念。例题多且有实际意义,使读者更容易掌握 SAS 软件编程技术;避免了只是空洞地解释语句、创建没有实际意义例程的弊端。
- 练习题有应用价值。练习题选自作者多年使用 SAS 软件进行数据处理与金融建模的经典案例。完成这些练习题所掌握的算法及编程技巧会极大提高读者的编程能力。
- 语言简练、准确。一般情况下,一句话完成对 SAS 语句、过程相关选项的解释。

本书配套课件目录:ResDat2;SAS 编程技术教程(二)_ppt;SAS 编程技术教程(二)_Programs;SAS 编程技术教程(二)_Exercises。

本书学习方法:阅读教材;利用样本数据 ResDat2,反复运行《SAS 编程技术教程(二)_Programs》中的各章例程;完成《SAS 编程技术教程(二)_Exercises》中的习题。

本书在修订过程中得到了数据提供商锐思数据公司研究人员的大力帮助,在此表示衷心的感谢,同时也感谢其他高校学生及金融机构专业人士提出的宝贵建议。

限于作者的水平,书中一定会存在不足之处,敬请读者提出宝贵建议并对有错误的地方进行指正,以便以后再版时加以改进。

作者电子邮件地址:zhushw@sem.tsinghua.edu.cn。

朱世武
2013 年 8 月于清华园

第1版前言

本书是作者在《SAS编程技术与金融数据处理》(清华大学出版社，2003年版)一书的基础上，历经清华大学本科生与研究生的教学实践、修改和完善的一本SAS编程专著，是作者多年来利用SAS软件进行教学与科研的工作结晶。

全书共分24章。重点章节为第1、第3、第5～第9、第14和第18章。最低要求是学好第3、第5～第9章内容，各章后面的习题可以帮助读者更好地掌握SAS编程的基本概念。

各章节内容的学习顺序与方法：

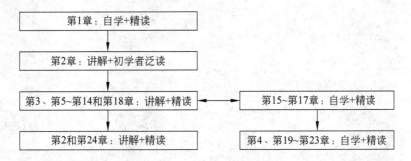

本书特色如下。

(1) 编程技术与实际问题相结合。配备了大量有实际意义的例子，加上多年来积累的练习题、水平测试题和综合练习题，帮助读者轻松地掌握SAS编程技术。克服许多编程专著只是空洞地解释语句、创建没有实际意义例程的弊端。

(2) 突出语句的重要应用功能，充分发挥SAS系统的优势。使用读者充分体会到SAS系统的强大功能，实现复杂的数据处理。

(3) 语言简练、准确。一般情况下，一句话完成对SAS语句、过程相关选项的解释。

(4) 内容全面、信息量大。可用作SAS编程技术词典使用。

(5) 专业金融数据网站的在线技术支持。本书得到了专业金融数据网站(www.resset.cn)的在线技术支持，提供配套数据库、程序下载与疑难问题解答等服务，方便读者学习。

本书适合多层次多专业的人士阅读，如数学、统计学、经济和金融等专业的本科生、研究生及相应部门的专业人员。

本书的写作过程中，得到了许多清华学生的帮助，他们是麦凌、陈健恒、许凯、陈明亮、何剑波、邢丽、刘海燕、李璇、王凯、邢艳丹、李文喆、张小红、赵宏旭、徐宇等。在此，特表示衷心的感谢。同时也感谢其他高校学生及金融机构专业人士提出的宝贵建议。

限于作者的水平,书中一定会存在不少不足之处,敬请读者提出宝贵建议并对有错误的地方进行指正,以便以后再版时加以改进。

朱世武[①]

2007年3月于清华园

[①] 朱世武　数量经济专业博士、金融工程专业博士后。清华大学经济管理学院金融系副教授,金融量化分析与计算专业委员会副主任兼秘书长,中国现场统计学会理事,中国教育统计学会常务理事。研究领域为固定收益、风险管理、金融计算、金融建模与数据挖掘。主持完成了多项国家自然科学基金、社会科学基金、中国证监会、中国外汇交易中心、中国人寿资产管理有限公司、汇丰银行项目。国内外学术期刊发表论文50余篇,出版专著6部,译著2部。朱世武博士是我国著名的金融数据库专家,最早在国内开设金融数据库相关课程,并与国内外多家金融数据库公司进行过合作。讲授的课程有金融数据库、SAS编程技术、金融统计学、实证金融学、金融数据分析方法与应用、数据分析工具等,深受广大学生的欢迎。

目录

第1章 SAS软件入门 ... 1
1.1 SAS软件功能模块 ... 1
1.2 SAS工作界面 ... 3
1.2.1 工具栏 ... 3
1.2.2 命令行窗口 ... 4
1.2.3 功能窗口 ... 4
1.3 SAS窗口操作 ... 8
1.3.1 资源管理器窗口操作 ... 8
1.3.2 程序编辑窗口操作 ... 9
1.3.3 功能键窗口操作 ... 10
1.3.4 数据集导入和导出 ... 10
习题1 ... 15

第2章 SAS编程基础 ... 16
2.1 SAS语言组件 ... 16
2.1.1 SAS文件 ... 16
2.1.2 SAS外部文件 ... 16
2.1.3 DBMS文件 ... 17
2.1.4 SAS语言元素 ... 17
2.1.5 SAS宏工具 ... 17
2.2 SAS文件系统 ... 17
2.2.1 逻辑库 ... 17
2.2.2 数据集 ... 19
2.2.3 数据文件 ... 22
2.2.4 数据视图 ... 23
2.3 SAS词段和SAS名称 ... 25
2.3.1 SAS词段 ... 25
2.3.2 SAS名称命名规则 ... 26
2.4 SAS程序 ... 26

  2.4.1 书写规则 …………………………………………………… 27
  2.4.2 数据步 ……………………………………………………… 27
  2.4.3 过程步 ……………………………………………………… 28
 2.5 SAS 语言元素 …………………………………………………………… 28
  2.5.1 语句 ………………………………………………………… 28
  2.5.2 SAS 系统选项 ……………………………………………… 29
  2.5.3 数据集选项 ………………………………………………… 29
 2.6 SAS 变量 ………………………………………………………………… 30
  2.6.1 变量类型 …………………………………………………… 30
  2.6.2 变量属性 …………………………………………………… 31
  2.6.3 变量列表及其缩写规则 …………………………………… 31
  2.6.4 创建变量 …………………………………………………… 32
  2.6.5 输入输出格式 ……………………………………………… 33
  2.6.6 自动变量 …………………………………………………… 34
 2.7 表达式 …………………………………………………………………… 35
  2.7.1 引用 SAS 常数 ……………………………………………… 36
  2.7.2 SAS 算符 …………………………………………………… 37
习题 2 …………………………………………………………………………………… 40

第 3 章 数据导入 ……………………………………………………………… 41
 3.1 菜单导入数据 …………………………………………………………… 41
 3.2 数据步导入原始数据 …………………………………………………… 41
  3.2.1 原始数据呈现形式 ………………………………………… 41
  3.2.2 使用 INPUT 语句读入原始数据 ………………………… 42
  3.2.3 列方式输入 ………………………………………………… 43
  3.2.4 列表方式输入 ……………………………………………… 44
  3.2.5 格式化方式输入 …………………………………………… 47
  3.2.6 命名方式输入 ……………………………………………… 49
 3.3 指针控制 ………………………………………………………………… 50
  3.3.1 列行指针控制 ……………………………………………… 51
  3.3.2 使用行固定说明符 ………………………………………… 52
  3.3.3 读完数据后的指针位置 …………………………………… 53
  3.3.4 多个数据行构成一个观测 ………………………………… 55
  3.3.5 指针超过行结尾 …………………………………………… 56
  3.3.6 指针移到第一列之前 ……………………………………… 57
 3.4 过程步导入数据 ………………………………………………………… 57
  3.4.1 句法与选项说明 …………………………………………… 57
  3.4.2 导入程序模板 ……………………………………………… 58

3.5 使用锐思 RESSET 数据库 59
　　3.5.1 下载 SAS 数据集 59
　　3.5.2 使用 RESSET 数据库系统自动产生 SAS 程序 62
习题 3 63

第 4 章　数据步数据集操作 64

4.1 创建数据集语句 DATA 64
　　4.1.1 语句格式 65
　　4.1.2 选项说明 65
　　4.1.3 特殊数据集名 66
　　4.1.4 一个 DATA 语句下多个数据集名 67
4.2 数据行引导语句 CARDS 与 CARDS4 67
　　4.2.1 CARDS 语句 67
　　4.2.2 CARDS4 语句 68
4.3 输出语句 PUT 68
　　4.3.1 语句格式 68
　　4.3.2 选项说明 69
　　4.3.3 应用举例 69
　　4.3.4 指针控制 70
　　4.3.5 列方式输出 72
　　4.3.6 列表方式输出 73
　　4.3.7 格式化输出 74
4.4 读入已存在 SAS 数据集语句 SET 74
　　4.4.1 语句格式 74
　　4.4.2 选项说明 75
　　4.4.3 应用举例 75
4.5 横向合并数据集语句 MERGE 80
　　4.5.1 语句格式 80
　　4.5.2 选项说明 80
　　4.5.3 应用举例 80
4.6 BY 语句 81
　　4.6.1 语句格式 81
　　4.6.2 选项说明 82
　　4.6.3 BY 语句概念 82
　　4.6.4 FIRST.变量和 LAST.变量 82
4.7 删除变量语句 DROP 与保留变量语句 KEEP 82
　　4.7.1 DROP 语句 82
　　4.7.2 KEEP 语句 83

    4.7.3　DROP 和 KEEP 语句使用规则 ……………………………………… 84
    4.7.4　数据集选项 DROP＝和 KEEP＝使用规则 ……………………… 84
  4.8　更改变量名语句 RENAME 与保留数值语句 RETAIN ………………………… 85
    4.8.1　更改变量名语句 RENAME …………………………………………… 85
    4.8.2　保留数值语句 RETAIN ……………………………………………… 86
  4.9　输出外部文件语句 FILE ………………………………………………………… 89
    4.9.1　语句格式 ………………………………………………………………… 89
    4.9.2　应用举例 ………………………………………………………………… 92
  4.10　定义外部数据文件语句 INFILE ……………………………………………… 92
    4.10.1　语句格式 ……………………………………………………………… 92
    4.10.2　导入外部数据文件的标准程序 …………………………………… 95
  4.11　更新数据语句 UPDATE ………………………………………………………… 96
    4.11.1　语句格式 ……………………………………………………………… 96
    4.11.2　选项说明 ……………………………………………………………… 97
    4.11.3　MERGE 语句和 UPDATE 语句的比较 …………………………… 97
    4.11.4　应用举例 ……………………………………………………………… 97
  4.12　修改数据语句 MODIFY ………………………………………………………… 99
    4.12.1　语句格式 ……………………………………………………………… 99
    4.12.2　选项说明 ……………………………………………………………… 100
    4.12.3　数据集访问方式 ……………………………………………………… 100
    4.12.4　修改观测 ……………………………………………………………… 101
    4.12.5　与 UPDATE 等语句的比较 ………………………………………… 102
    4.12.6　应用举例 ……………………………………………………………… 102
  4.13　数据集加密 ……………………………………………………………………… 105
    4.13.1　数据集的三种密码 …………………………………………………… 105
    4.13.2　应用举例 ……………………………………………………………… 105
  4.14　数据导出 ………………………………………………………………………… 107
    4.14.1　菜单导出数据 ………………………………………………………… 107
    4.14.2　过程步导出数据 ……………………………………………………… 107
    4.14.3　PUT 和 FILE 语句组合输出外部 TXT 文本 ……………………… 108
  4.15　SAS 处理流程 …………………………………………………………………… 110
    4.15.1　SAS 处理流程 ………………………………………………………… 110
    4.15.2　DATA 步处理流程 …………………………………………………… 110
    4.15.3　DATA 步的运行顺序 ………………………………………………… 115
  习题 4 …………………………………………………………………………………… 117

第 5 章　DATA 步数据处理 ………………………………………………………… 124
  5.1　基本语句 ………………………………………………………………………… 124

                5.1.1 赋值语句 ………………………………………………… 124
                5.1.2 累加语句 ………………………………………………… 126
        5.2 观测的选择与输出 …………………………………………………… 128
                5.2.1 IF 语句 …………………………………………………… 128
                5.2.2 WHERE 语句 ……………………………………………… 129
                5.2.3 WHERE 和 IF 语句的比较 …………………………… 131
                5.2.4 DELETE 语句 …………………………………………… 132
                5.2.5 OUTPUT 语句 …………………………………………… 132
        5.3 变量属性控制 ………………………………………………………… 135
                5.3.1 INFORMAT 语句与 FORMAT 语句 …………………… 135
                5.3.2 LENGTH 语句与 LABEL 语句 ………………………… 137
                5.3.3 变量类型转换 …………………………………………… 141
        5.4 DO 语句及循环控制 ………………………………………………… 144
                5.4.1 简单 DO 语句 …………………………………………… 144
                5.4.2 循环 DO 语句 …………………………………………… 145
                5.4.3 DO OVER 语句 ………………………………………… 147
                5.4.4 DO WHILE 语句 ………………………………………… 148
                5.4.5 DO UNTIL 语句 ………………………………………… 148
        5.5 选择控制语句 SELECT ……………………………………………… 149
                5.5.1 语句格式 ………………………………………………… 149
                5.5.2 应用举例 ………………………………………………… 149
        5.6 数组 …………………………………………………………………… 150
                5.6.1 显式下标数组语句 ……………………………………… 151
                5.6.2 引用显式下标数组元素 ………………………………… 153
                5.6.3 隐含下标数组语句 ……………………………………… 155
                5.6.4 引用隐含下标数组元素 ………………………………… 156
        5.7 GO TO 语句与语句标号 …………………………………………… 158
                5.7.1 GO TO 语句 ……………………………………………… 158
                5.7.2 语句标号 ………………………………………………… 160
        5.8 LINK 语句 …………………………………………………………… 160
                5.8.1 语句格式 ………………………………………………… 160
                5.8.2 LINK 语句与 GOTO 语句的差别 ……………………… 162
        5.9 STOP 语句与 ABORT 语句 ………………………………………… 162
                5.9.1 STOP 语句 ……………………………………………… 162
                5.9.2 ABORT 语句 …………………………………………… 162
        5.10 REMOVE 语句与 REPLACE 语句 ………………………………… 166
                5.10.1 REMOVE 语句 ………………………………………… 166
                5.10.2 REPLACE 语句 ………………………………………… 167

5.11 MISSING 语句 ·· 168
  5.11.1 语句格式 ··· 169
  5.11.2 应用举例 ··· 169
5.12 其他语句 ·· 169
  5.12.1 LIST 语句 ·· 169
  5.12.2 PUT 语句与 LIST 语句比较 ····································· 170
  5.12.3 CALL 语句 ··· 170
  5.12.4 CALL 语句调用子程序 ··· 170
  5.12.5 NULL 语句 ··· 171
  5.12.6 ERROR 语句 ·· 172
  5.12.7 RETURN 语句 ·· 173
  5.12.8 CONTINUE 语句与 LEAVE 语句 ································ 174
习题 5 ·· 176

第 6 章 常用函数 ·· 181

6.1 SAS 函数定义 ·· 181
  6.1.1 函数定义 ·· 181
  6.1.2 函数用法 ·· 181
6.2 SAS 函数自变量与结果 ·· 182
  6.2.1 函数自变量 ··· 182
  6.2.2 函数结果 ·· 183
  6.2.3 显示函数值的简单方法 ·· 184
6.3 SAS 函数分类 ·· 184
6.4 日期时间函数 ··· 185
  6.4.1 日期时间函数 ·· 185
  6.4.2 应用举例 ·· 186
6.5 概率分布函数 ··· 189
  6.5.1 标准正态分布 ·· 189
  6.5.2 卡方分布 ·· 190
  6.5.3 伽马分布 ·· 190
  6.5.4 贝塔分布 ·· 190
  6.5.5 F 分布 ··· 191
  6.5.6 t 分布 ·· 191
  6.5.7 二项分布 ·· 191
  6.5.8 泊松分布 ·· 191
  6.5.9 负二项分布 ··· 192
  6.5.10 超几何分布 ··· 192
6.6 分位数函数 ·· 193

  6.6.1 卡方分布分位数 ·················· 193
  6.6.2 贝塔分布分位数 ·················· 193
  6.6.3 F 分布分位数 ····················· 193
  6.6.4 t 分布分位数 ····················· 193
  6.6.5 正态分布分位数 ·················· 194
  6.6.6 伽马分布分位数 ·················· 194
 6.7 样本统计函数 ·························· 194
 6.8 随机数函数 ···························· 196
  6.8.1 正态分布 ························· 196
  6.8.2 均匀分布 ························· 197
  6.8.3 二项分布 ························· 198
  6.8.4 伽马分布 ························· 198
  6.8.5 泊松分布 ························· 199
  6.8.6 贝塔分布 ························· 199
  6.8.7 指数分布 ························· 199
  6.8.8 几何分布 ························· 200
  6.8.9 极值分布 ························· 200
  6.8.10 随机数函数自变量 SEED ········ 201
 6.9 SAS CALL 子程序 ··················· 201
  6.9.1 CALL 子程序类型 ················ 201
  6.9.2 随机数子程序 ···················· 202
 习题 6 ······································· 203

第 7 章 通用语句 ···························· 205

 7.1 全局通用语句 ·························· 205
  7.1.1 注释语句 ························· 205
  7.1.2 DM 语句与 X 语句 ·············· 206
  7.1.3 TITLE 语句与 FOOTNOTE 语句 ··· 208
  7.1.4 RUN 语句与 ENDSAS 语句 ······ 209
  7.1.5 LIBNAME 语句 ··················· 210
  7.1.6 FILENAME 语句 ·················· 212
  7.1.7 %INCLUDE 语句 ················· 215
  7.1.8 %RUN 语句与 %LIST 语句 ······ 217
  7.1.9 MISSING 语句 ···················· 217
  7.1.10 PAGE 语句与 SKIP 语句 ······· 218
  7.1.11 OPTIONS 语句与 GOPTIONS 语句 ··· 218
 7.2 过程步通用语句 ······················· 220
  7.2.1 PROC 语句 ······················· 220

7.2.2　VAR 语句与 MODLE 语句 ………………………………… 222
　　　7.2.3　ID 语句与 WHERE 语句 …………………………………… 222
　　　7.2.4　CLASS 语句与 BY 语句 …………………………………… 224
　　　7.2.5　OUTPUT 语句与 QUIT 语句 ……………………………… 225
　　　7.2.6　FORMAT 语句与 ATTRIB 语句 ………………………… 226
　　　7.2.7　LABEL 语句 ………………………………………………… 227
习题 7 ………………………………………………………………………… 228

第 8 章　变量输入输出格式 ……………………………………………… 230
　8.1　输入格式 ……………………………………………………………… 230
　　　8.1.1　输入格式形式 ………………………………………………… 230
　　　8.1.2　输入格式使用方法 …………………………………………… 231
　　　8.1.3　输入格式类型 ………………………………………………… 232
　　　8.1.4　数值变量输入格式 …………………………………………… 232
　　　8.1.5　字符变量输入格式 …………………………………………… 235
　8.2　输出格式 ……………………………………………………………… 237
　　　8.2.1　输出格式形式 ………………………………………………… 237
　　　8.2.2　输出格式使用方法 …………………………………………… 237
　　　8.2.3　输出格式类型 ………………………………………………… 238
　　　8.2.4　数值变量输出格式 …………………………………………… 239
　　　8.2.5　字符变量输出格式 …………………………………………… 241
　8.3　日期时间存储方式 …………………………………………………… 242
　　　8.3.1　SAS 日期值存储方式 ………………………………………… 242
　　　8.3.2　SAS 日期时间值存储方式 …………………………………… 243
　8.4　日期时间输入格式 …………………………………………………… 243
　　　8.4.1　日期时间输入格式 …………………………………………… 243
　　　8.4.2　应用举例 ……………………………………………………… 244
　8.5　日期时间输出格式 …………………………………………………… 244
　　　8.5.1　日期时间输出格式 …………………………………………… 244
　　　8.5.2　应用举例 ……………………………………………………… 249
　8.6　缺失值处理 …………………………………………………………… 251
　　　8.6.1　读入含缺失值的数据 ………………………………………… 251
　　　8.6.2　系统产生的缺失值 …………………………………………… 252
习题 8 ………………………………………………………………………… 252

第 9 章　输出控制 …………………………………………………………… 254
　9.1　输出窗口与内容 ……………………………………………………… 254
　9.2　日志输出控制 ………………………………………………………… 254

9.2.1　日志输出信息类型 …………………………………… 254
　　　9.2.2　日志输出信息控制 …………………………………… 255
　　　9.2.3　日志输出地点 ………………………………………… 255
　　　9.2.4　定制日志格式 ………………………………………… 256
　　　9.2.5　应用举例 ……………………………………………… 256
　9.3　运行结果输出控制 ……………………………………………… 256
　　　9.3.1　定制输出格式 ………………………………………… 257
　　　9.3.2　运行结果输出地点 …………………………………… 257
　　　9.3.3　应用举例 ……………………………………………… 258
　9.4　图形存储利用与输出 …………………………………………… 258
　　　9.4.1　图形存储 ……………………………………………… 258
　　　9.4.2　GREPLAY 过程 ……………………………………… 259
　　　9.4.3　输出其他格式图形文件 ……………………………… 260
　9.5　输出传送系统 …………………………………………………… 261
　　　9.5.1　ODS 功能 ……………………………………………… 261
　　　9.5.2　ODS 对象与传送目标 ………………………………… 261
　　　9.5.3　ODS 语句 ……………………………………………… 262
　　　9.5.4　传送目标控制 ………………………………………… 262
　　　9.5.5　选择输出对象 ………………………………………… 267
　习题 9 ………………………………………………………………… 268

第 10 章　数据管理 ……………………………………………………… 271

　10.1　数据集排序 …………………………………………………… 271
　　　10.1.1　排序过程句法 ………………………………………… 271
　　　10.1.2　PROC SORT 语句 …………………………………… 271
　　　10.1.3　BY 语句 ……………………………………………… 272
　　　10.1.4　应用举例 ……………………………………………… 272
　10.2　数据集转置 …………………………………………………… 273
　　　10.2.1　转置过程句法 ………………………………………… 273
　　　10.2.2　PROC TRANSPOSE 语句 …………………………… 273
　　　10.2.3　VAR 语句和 ID 语句 ………………………………… 274
　　　10.2.4　应用举例 ……………………………………………… 274
　10.3　添加观测 ……………………………………………………… 276
　　　10.3.1　APPEND 过程句法 …………………………………… 277
　　　10.3.2　选项说明 ……………………………………………… 277
　　　10.3.3　应用举例 ……………………………………………… 277
　习题 10 ……………………………………………………………… 277

第 11 章　统计量计算 279
11.1　相关性过程 279
11.1.1　相关过程句法 279
11.1.2　PROC CORR 语句 280
11.1.3　其他语句 280
11.1.4　应用举例 281
11.2　频数过程 283
11.2.1　频数过程句法 283
11.2.2　PROC FREQ 语句 283
11.2.3　TABLES 语句 284
11.2.4　WEIGHT 语句 286
11.2.5　BY 语句 286
11.2.6　OUTPUT 语句 286
11.2.7　应用举例 286
11.3　均值过程 288
11.3.1　均值过程句法 288
11.3.2　PROC MEANS 语句 289
11.3.3　其他语句 290
11.3.4　应用举例 292
11.4　单变量过程 295
11.4.1　单变量过程句法 295
11.4.2　PROC UNIVARIATE 语句 295
11.4.3　其他语句 296
11.4.4　应用举例 298
习题 11 301

第 12 章　制表与绘图 303
12.1　制表过程 303
12.1.1　制表过程句法 303
12.1.2　TABLE 语句 304
12.1.3　应用举例 304
12.2　作图过程 319
12.2.1　作图过程句法 319
12.2.2　PLOT 语句 319
12.2.3　SYMBOL 语句 320
12.2.4　AXIS 语句 320
12.2.5　应用举例 320
12.3　图表过程 329

	12.3.1	图表过程句法	329
	12.3.2	分类变量及类别	329
	12.3.3	选择分析变量和统计量	330
	12.3.4	应用举例	331
习题 12			337

第 13 章　SQL ································ 339

- 13.1　SQL 过程简介 ································ 339
- 13.2　查询语句 ································ 340
  - 13.2.1　SELECT 子句 ································ 341
  - 13.2.2　WHERE 子句 ································ 345
  - 13.2.3　使用汇总函数 ································ 349
  - 13.2.4　GROUP BY 子句 ································ 352
  - 13.2.5　HAVING 子句 ································ 353
  - 13.2.6　ORDER BY 子句 ································ 355
- 13.3　JOIN 连接查询 ································ 357
  - 13.3.1　内部连接查询 ································ 358
  - 13.3.2　外部连接查询 ································ 362
  - 13.3.3　JOIN 连接和 MERGE 语句的比较 ································ 364
- 13.4　子查询 ································ 367
  - 13.4.1　简单子查询 ································ 367
  - 13.4.2　混合子查询 ································ 368
  - 13.4.3　子查询与 JOIN 连接的使用 ································ 369
- 13.5　合并查询 ································ 369
  - 13.5.1　SET 算符综述 ································ 369
  - 13.5.2　由多个查询产生非重复观测（UNION 算符） ································ 370
  - 13.5.3　产生只属于第一个查询的观测（EXCEPT 算符） ································ 371
  - 13.5.4　从多个查询中产生公共部分（INTERSECT 算符） ································ 372
  - 13.5.5　直接连接查询结果（OUTER UNION 算符） ································ 373
  - 13.5.6　特殊查询合并方式 ································ 374
- 13.6　创建与更新表 ································ 375
  - 13.6.1　创建表 ································ 375
  - 13.6.2　在表中插入行 ································ 378
  - 13.6.3　对表的其他操作 ································ 379
- 13.7　创建和使用视图功能 ································ 382
  - 13.7.1　建立和描述视图 ································ 382
  - 13.7.2　更新视图 ································ 384
  - 13.7.3　删除视图 ································ 384

  13.7.4　SQL 视图过程技巧 …………………………………………………… 384
 习题 13 ……………………………………………………………………………… 385

第 14 章　SQL 过程编程 …………………………………………………………… 388

 14.1　使用 PROC SQL 选项来建立和调试查询 ……………………………………… 388
  14.1.1　使用 INOBS 和 OUTOBS 减少运行时间 ……………………………… 388
  14.1.2　用 LOOPS 选项来限制反复 ……………………………………………… 389
  14.1.3　使用 NOEXEC 选项和 VALIDATE 语句检查语法 …………………… 389
  14.1.4　用 FEEDBACK 选项展开 SELECT* …………………………………… 389
  14.1.5　使用 STIMER 选项计时 ………………………………………………… 390
  14.1.6　使用 RESET 语句重置 PROC SQL 选项 ……………………………… 391
 14.2　优化查询 …………………………………………………………………………… 392
  14.2.1　使用索引优化查询 ……………………………………………………… 392
  14.2.2　在 SET 算符操作中使用关键词 ALL ………………………………… 392
  14.2.3　创建表和视图时不使用 ORDER BY 子句 …………………………… 393
  14.2.4　使用线内视图来代替临时表 …………………………………………… 393
  14.2.5　比较子查询和连接 ……………………………………………………… 393
  14.2.6　连接表时使用 WHERE(ON) 表达式 ………………………………… 393
 14.3　用表词典来访问 SAS 系统信息 ………………………………………………… 393
  14.3.1　表词典概念 ……………………………………………………………… 393
  14.3.2　使用 DICTIONARY.TABLES …………………………………………… 394
  14.3.3　使用 DICTIONARY.COLUMNS ………………………………………… 395
  14.3.4　使用表视图技巧 ………………………………………………………… 396
 14.4　在 PROC SQL 中使用宏工具 …………………………………………………… 396
  14.4.1　在 PROC SQL 中创建宏变量 ………………………………………… 396
  14.4.2　由查询结果的第一个观测创建宏变量 ………………………………… 397
  14.4.3　从汇总函数结果中创建宏变量 ………………………………………… 397
  14.4.4　创建多个宏变量 ………………………………………………………… 398
  14.4.5　在宏变量中实现连接 …………………………………………………… 399
  14.4.6　使用宏创建表 …………………………………………………………… 399
  14.4.7　使用 PROC SQL 自动宏变量 ………………………………………… 400
 14.5　PROC SQL 使用 SAS 输出传输系统 ODS …………………………………… 401
 习题 14 ……………………………………………………………………………… 401

第 15 章　IML 编程技术 …………………………………………………………… 402

 15.1　概述 ………………………………………………………………………………… 402
  15.1.1　SAS/IML 软件特点 ……………………………………………………… 402
  15.1.2　一个简单 IML 交互程序 ………………………………………………… 402

15.2 理解IML语言 ·· 403
 15.2.1 定义矩阵 ·· 403
 15.2.2 由矩阵标识创建矩阵 ·· 403
 15.2.3 语句类型 ·· 405
15.3 线性回归IML模块 ·· 408
 15.3.1 解方程组 ·· 408
 15.3.2 线性回归IML模块程序 ·· 409
 15.3.3 回归结果作图 ·· 411
15.4 矩阵操作 ··· 411
 15.4.1 输入数据创建矩阵标识 ··· 411
 15.4.2 使用赋值语句创建矩阵 ··· 412
 15.4.3 使用矩阵表达式 ··· 414
 15.4.4 利用行列标展现矩阵 ·· 417
 15.4.5 缺失值运算举例 ··· 418
15.5 IML编程语句 ·· 418
 15.5.1 IF-THEN语句 ·· 418
 15.5.2 DO组语句 ··· 419
 15.5.3 循环语句 ·· 419
 15.5.4 转移语句 ·· 420
 15.5.5 创建和运行模块语句 ·· 421
 15.5.6 停止执行 ·· 428
15.6 SAS数据集操作 ·· 429
 15.6.1 打开SAS数据集 ··· 429
 15.6.2 编辑SAS数据集 ··· 429
 15.6.3 SAS数据集排序 ··· 430
 15.6.4 由SAS数据集创建矩阵 ··· 431
 15.6.5 由矩阵创建SAS数据集 ··· 432
 15.6.6 与DATA步的比较 ·· 433
15.7 访问外部文件 ·· 433
 15.7.1 打开外部文件 ·· 433
 15.7.2 读入外部文件 ·· 434
 15.7.3 生成外部文件 ·· 435
 15.7.4 关闭打开的外部文件 ·· 436
习题15 ·· 437

第16章 宏编程技术 ·· 440
16.1 宏变量 ·· 440
 16.1.1 定义宏变量 ··· 441

　　　　16.1.2　引用与显示宏变量 ·· 441
　　　　16.1.3　宏变量范围 ·· 445
　　16.2　宏 ··· 446
　　　　16.2.1　定义宏 ·· 446
　　　　16.2.2　调用宏 ·· 447
　　　　16.2.3　改变宏内宏变量的值 ··· 447
　　16.3　宏参数 ·· 448
　　　　16.3.1　创建宏参数 ·· 448
　　　　16.3.2　宏参数赋值 ·· 449
　　　　16.3.3　宏调用宏 ·· 449
　　　　16.3.4　条件表达式 ·· 451
　　　　16.3.5　生成重复文本 ·· 452
　　16.4　宏表达式 ·· 452
　　　　16.4.1　宏处理器如何处理算术表达式 ······························ 453
　　　　16.4.2　宏处理器如何处理逻辑表达式 ······························ 453
　　16.5　数据步接口程序 ··· 454
　　　　16.5.1　数据步接口程序 ··· 454
　　　　16.5.2　应用举例 ·· 454
　　16.6　宏程序语句和宏函数 ··· 455
　　　　16.6.1　宏程序语句 ·· 455
　　　　16.6.2　宏函数 ·· 456
　　习题 16 ·· 457

附录 A　SAS 函数与功能 ··· 460

附录 B　IML 函数与语句 ··· 468

附录 C　PROC SQL 语句格式表 ·· 475

附录 D　PROC SQL 功能及对应语句 ···································· 477

附录 E　PROC SQL 元素基本概念 ··· 478

参考文献 ·· 482

第 1 章 SAS 软件入门

本章内容包括：
- SAS 软件功能模块；
- SAS 工作界面；
- SAS 窗口操作。

1.1 SAS 软件功能模块

SAS(Statistics Analysis System)最早由北卡罗来纳大学的两位生物统计学研究生编制，1972 年研制出第 1 版，1976 年成立了 SAS 软件研究所，正式推出了 SAS 软件。

SAS 是用于数据分析与决策支持的大型集成信息系统，统计分析功能是它的重要组成部分和核心功能，同时 SAS 也是国际上的标准软件系统。

SAS 系统是可以在多个操作系统下运行的跨平台的应用软件系统，这些系统分别是 OpenVMS Alpha、Windows、UNIX、z/OS 系统。本书虽然只介绍 SAS 在 Windows 系统下的使用方法，但在其他操作系统下，涉及 SAS 编程以及相关操作部分的大部分内容都是相同的，差别不大。Windows 下的 SAS 系统使用比较普及，适合大部分的 SAS 学习者，同时这部分 SAS 系统的使用也和 Windows 系统的特点有着很大的联系。

SAS 系统是一个组合软件系统，有多个功能模块，SAS9.2 版本相关组件如表 1.1 所示。

表 1.1 SAS 功能与主要模块

功能模块	组件	
Base SAS®（核心部件）	SAS/STAT®	SAS 经典的统计分析工具
	SAS/GRAPH®	图形引擎
	SAS/CONNECT®	分布式环境支持组件
	SAS/SHARE®	SAS 高并发协同数据服务器
	SAS/ETS®	时间序列分析工具

续表

功能模块	组件	
Base SAS® （核心部件）	SAS/FSP®	全屏数据录入和数据维护模块
	SAS/Access® to ODBC	外部数据连接和访问模块，提供同ODBC数据源连接
	SAS/Access® to PC File Format	SAS 访问 PC 文件格式
	SAS/Access® to OLE DB	SAS 访问对象链接数据库
	App Dev Studio™	基于 Web 应用的开发套件
	SAS/IML®	交互式的矩阵语言开发环境
	SAS/Insight®	将统计方法与交互式图形显示融合，提供可视化的数据探索与分析工具
	Enterprise Guide®	SAS 基于项目管理的，使用客户端的数据分析前端工具
	SAS ETL Server	SAS 提取转换加载服务器
	SAS BI Server	SAS 商业智能服务器
	SAS/OLAP® Server	多维数据存储引擎
商业智能/数据仓库	SAS/Intr Net®	基于 Web 方式的 OLAP 分析工具
	SAS® Data Quality Solution	SAS 数据质量解决方案
	SAS/Access® to any interface other than ODBC, PC File Format, or OLE DB	SAS 除开放数据库链接、PC 文件访问、对象链接访问外界面
	SAS® Integration Technologies	企业级应用连接
	JMP® Software	交互式的数据分析软件
高级分析工具	Enterprise Miner™	企业级数据挖掘服务器
	SAS® Text Miner	文本挖掘工具
	SAS® High-Performance Forecasting Software	SAS 高性能预测
	SAS/EIS®	面向对象的报告工具
	SAS/OR®	运筹分析工具
	SAS/QC®	质量控制工具
	SAS/AF®	基于 C/S 模式的面向对象程序开发环境
	SAS® ABM Select Edition	SAS 作业成本管理版本选择
SAS 解决方案	SAS® Strategic Performance Management	SAS 战略绩效管理
	SAS® Risk Dimensions	SAS 风险维度
	SAS® Financial Management Solutions	SAS 金融管理方案
	SAS® Supplier Relationship Management	SAS 供应关系管理

1.2　SAS 工作界面

建议安装 SAS 系统时同时选择简体中文与英文版安装。

正常启动 SAS 中文版后，会进入如图 1.1 所示的操作界面。

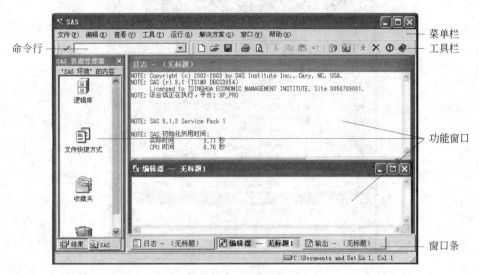

图 1.1　SAS 操作界面

操作界面主要分为菜单栏、工具栏、命令行窗口、功能窗口（包括资源管理器窗口、日志窗口、编辑器窗口、输出窗口、结果窗口）4 部分。不同窗口为 SAS 用户提供了不同功能的运行环境。

F5、F6、F7、Ctrl+E 键说明：F5 键激活编辑器窗口，F6 键激活日志窗口，F7 键激活输出窗口，Ctrl+E 键清除窗口内容。

执行 KEYS 命令或按 F9 键，可查看所有功能键的功能。

1.2.1　工具栏

工具栏在菜单栏的右下方，包含一系列快捷按钮，这些按钮是一些常用的 SAS 命令，如提交程序、保存等。与菜单一样，工具栏图标在不同窗口状态下也不一样。图 1.2 分别是资源管理器窗口和编辑器窗口的工具栏。当前不可使用的图标是灰色的。

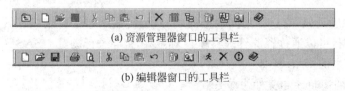

(a) 资源管理器窗口的工具栏

(b) 编辑器窗口的工具栏

图 1.2　工具栏

最为常用的两个工具是提交程序工具(ㄨ)与中断运行程序工具(⊙)。

要想知道每个快捷按钮的作用,一种办法是将鼠标放到按钮上,一秒之后会出现该按钮功能的简单说明;另一种办法是点选菜单栏中工具=>定制=>"定制"标签,这时候出现一个工具定制窗口,如图1.3所示。单击每个按钮就可以查看该按钮的详细说明,包括提示文本,帮助文本。同样也可以通过这个窗口添加、删除工具栏中的按钮。

图1.3 "定制工具"窗口

1.2.2 命令行窗口

SAS用户可以通过在命令行中输入SAS命令来快速完成一些SAS任务。比如,输入keys就可以激活功能键的设定窗口。要全面了解SAS9.2的命令语句可以查看帮助文档中的所有命令汇总表,如图1.4和图1.13所示。

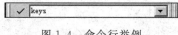

图1.4 命令行举例

1.2.3 功能窗口

SAS系统主要功能窗口与相关操作如表1.2所示。

1. 资源管理器窗口

"SAS资源管理器"窗口是访问数据的中心位置,数据包括目录、表(数据集)、逻辑库和主机文件数据,可以通过资源管理器窗口对SAS文件进行浏览。SAS资源管理器窗口下,可以执行基本的SAS任务:

- 创建新的逻辑库和文件快捷方式;
- 创建新的逻辑库成员和目录条目;

表 1.2　SAS 系统主要功能窗口与相关操作

窗　口	菜单路径	快捷键	命　令
以"只显示内容"视图显示的"SAS 资源管理器"窗口	视图 -> 只显示内容（没有树视图）	默认停放	SASENV
"结果"窗口	视图 -> 结果	默认停放	ODSRESULTS
"编辑器"窗口	视图 -> 增强型编辑器	F5	WEDIT
"日志"窗口	视图 -> 日志	F6	LOG
"输出"窗口	视图 -> 输出	F7	OUTPUT
"SAS 资源管理器"窗口	视图 -> SAS 资源管理器	Ctrl+W	EXPLORER

- 打开和编辑 SAS 文件。

SAS 默认的是"只显示内容"的"SAS 资源管理器"窗口，停靠于左边。根据操作环境，可以使用以下方法打开"SAS 资源管理器"窗口，如图 1.5 所示。

菜单：视图＝＞SAS 资源管理器。

命令：EXPLORER。

工具栏：SAS 资源管理器（ ）。

快捷键：Ctrl＋W。

2. 结果窗口

可以通过结果窗口对程序的输出结果进行浏览和管理。结果窗口有三种呈现方式，SAS 系统默认为树视图。在树视图下可以通过单击＋号节点来展开每个过程语句产生的结果文件，如图 1.6 所示。

图 1.5　"SAS 资源管理器"窗口

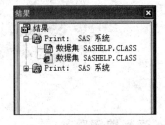

图 1.6　"结果"窗口

SAS 可以用一种或多种格式（或类型）产生输出。默认类型是"列表"输出其他输出类型包括 HTML、"输出数据集"和 PostScript。

要设置输出类型，可使用菜单栏＝＞工具＝＞选项＝＞参数选择＝＞"结果"标签，进入参数选择窗口进行设置，如图 1.7 所示。

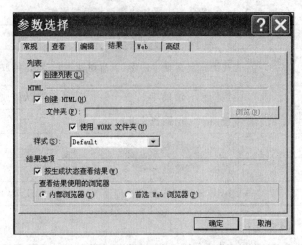

图 1.7　输出结果参数选择

选中“创建 HTML”复选框时，输出结果同时展现在 HTML 文件中。

运行如下程序语句，会产生 HTML 的输出结果，如图 1.8 所示。

```
proc print data=sashelp.class;
run;
```

SAS 系统

Obs	Name	Sex	Age	Height	Weight
1	阿尔弗雷德	男	14	69.0	112.5
2	爱丽丝	女	13	56.5	84.0
3	芭芭拉	女	13	65.3	98.0
4	凯露	女	14	62.8	102.5
5	亨利	男	14	63.5	102.5
6	詹姆斯	男	12	57.3	83.0
7	简	女	12	59.8	84.5
8	雅妮特	女	15	62.5	112.5
9	杰弗瑞	男	13	62.5	84.0

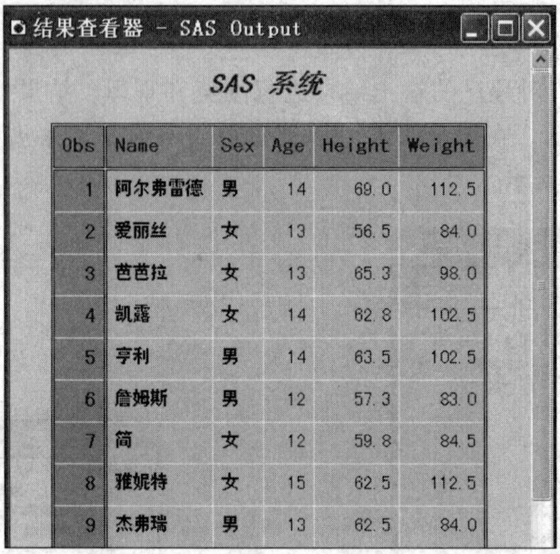

图 1.8　HTML 输出结果

3. 增强型编辑器窗口

在 SAS 中一般使用增强型编辑器窗口编写和提交程序。SAS9.2 版本的默认编辑窗口就是增强型的，比普通编辑窗口增加了一些功能，如定义缩写、显示行号、对程序段实现展开和收缩等。

增强型编辑器可通过菜单方式(文件＝＞新建程序或视图＝＞增加型编辑器)或在编

辑状态下按 Ctrl+N 键方式或通过单击工具栏"新建( )"图标方式,同时打开多个编辑器窗口编辑不同的 SAS 程序。如图 1.9 所示,同时打开了 3 个窗口。

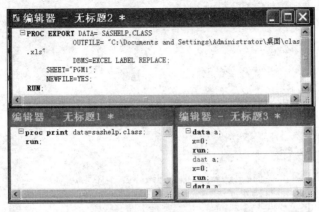

图 1.9 多个编辑窗口示例

4. 日志窗口

"日志"窗口用来查看程序运行信息,可以通过日志窗口的信息来查看程序是否出错。程序运行信息包括:

- 提交的程序语句;
- 系统消息和错误;
- 程序运行速度和时间。

"日志"窗口中的元素根据以下类型呈现不同的颜色:

- 程序行(黑色):以语句标号开始。
- 提示(蓝色):以 NOTE 开始。
- 警告(绿色):以 WARNING 开始。
- 错误(红色):以 ERROR 开始。

将下面一段程序复制到 SAS 编辑器窗口,按 F3 键或 F8 键提交程序,观察日志窗口中的信息,如图 1.10 所示。

```
data a;
x=0;
run;
daat a;
x=0;
run;
data a
x=0;
run;
```

5. 输出窗口

输出窗口用来查看 SAS 程序的输出结果。一般情况下,若有结果输出到输出窗口

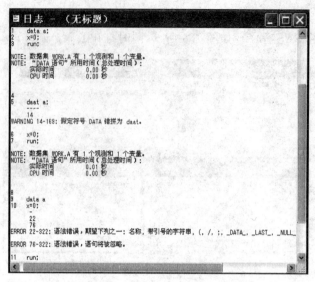

图 1.10 "日志"窗口

中,则该窗口会自动激活。若有多个输出结果则在结果窗口以树状图形式排列,单击结果表符号即可查看相应的输出。

通过下列程序来查看 sashelp 逻辑库中的文件 class 的内容。

```
proc print data=sashelp.class;
run;
```

按 F3 键或 F8 键提交程序,输出窗口中会展示数据集 class 中的数据,如图 1.11 所示。

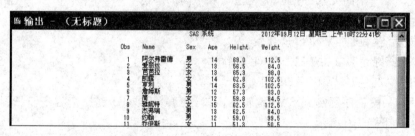

图 1.11 "输出"窗口

1.3 SAS 窗口操作

1.3.1 资源管理器窗口操作

1. 新建逻辑库

在逻辑库级别,在空白处右击,选择新建,或在菜单栏选择工具=>新建逻辑库出现如图 1.12 所示的界面。

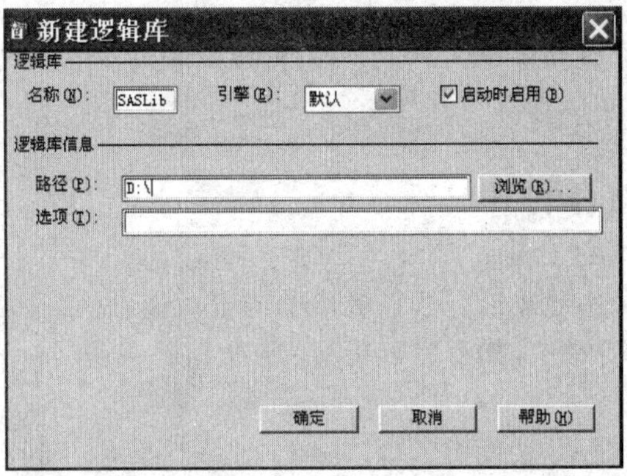

图 1.12 "新建逻辑库"对话框

在名称中输入新的逻辑库名称。在引擎中根据数据来源选择不同的引擎,如果只是想建立本机地址上的一个普通的 SAS 数据集数据库,可以选择默认。然后选中"启动时启用"复选框,在逻辑库信息中,单击路径后面的"浏览"按钮,选择与这个逻辑库相对应的物理地址。选项窗口可以不填,单击确定产生一个新的逻辑库。

例如,用菜单操作建立逻辑库 SASLib。

输入逻辑库名称为 SASLib,引擎选择默认,路径选择"D:\",如图 1.12 所示。单击"确定"按钮即建立新的逻辑库 SASLib,在 SAS 资源管理器中可查看。

2. 复制粘贴数据表

要复制粘贴逻辑库中的数据表和其他文件,只需在资源管理器窗口中进入源逻辑库选择数据表,按 Ctrl+C 键,然后进入到目标逻辑库中,按 Ctrl+V 键就可以把这些表复制过来。

1.3.2 程序编辑窗口操作

1. 提交程序

可以在增强型编辑器窗口直接编写程序,也可以将用其他文本编写的程序复制到编辑器中。程序写完后,按 F3 键或 F8 键提交程序,或单击工具条中的提交按钮( ),或在命令框中输入 Submit 命令,或使用菜单,这样所提交的程序就会被运行。

练习用 4 种方式提交下面程序。

```
proc print data=sashelp.class;
run;
```

如果只想提交部分程序,可以选中要运行的语句,按上述步骤来运行。

程序运行产生的信息展示在日志窗口;部分会展现在输出窗口和结果窗口中。

2. 储存程序

程序可以保存为其他格式的文本,也可以直接以编辑器的方式来储存,直接选择文件=>保存,选择路径就可以保存这些程序。

1.3.3 功能键窗口操作

在 SAS 软件中,一些键或组合已经被赋予特定功能,这就是功能键。功能键可以快速执行一些常用的 SAS 命令,如程序的提交,查看 SAS 帮助文档等。

可以通过下列方式打开功能键窗口:

工具=>选项=>功能键,或在命令行中输入 KEYS 的命令,或按 F9 键(系统默认设置)。功能键窗口如图 1.13 所示。

在功能键窗口中可以更改功能键的设置,只需在功能键后对应地输入新定义的命令,然后输入 END 或 SAVE 命令来保存修改。

图 1.13 功能键窗口

1.3.4 数据集导入和导出

本节介绍如何通过菜单操作来完成其他格式的数据文件和 SAS 数据文件之间的转化。例如,SAS 数据文件和 Excel 文件的转化。

1. 数据集的导出

(1) 选择文件=>导出数据,进入选择输出数据文件界面,通过下拉菜单选择要导出文件的逻辑库名称和数据文件名称,如图 1.14 所示。

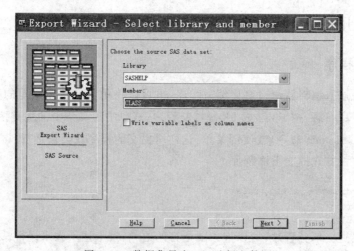

图 1.14 数据集导出——选择文件源

(2) 单击 Next 按钮,进入到选择输出格式界面。通过下拉菜单选择想要输出的格式 Microsoft Excel Workbook,然后单击 Next 按钮,如图 1.15 所示。

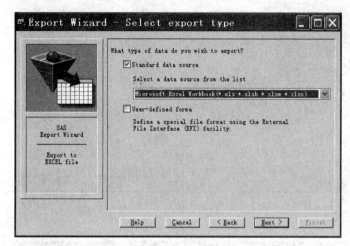

图 1.15　数据集导出——选择导出格式

(3) 进入设定输出文件位置和名称界面,通过"浏览"按钮选择输出位置,并输入输出文件的名称(如新建 class.xls 放在桌面上),如图 1.16 所示。

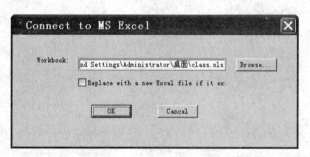

图 1.16　数据集导出——导出文件存放及命名

(4) 单击 OK 按钮,进入 SAS Export Wizard 画面,SAS Export Wizard 和后面要介绍的 Import Wizard 是 SAS 转换数据文件的工具。在这个画面中,Export Wizard 要求对这个输出过程的 Table 命名,这时可以直接单击 Finish 按钮完成输出,或命名为 sheet1,如图 1.17 所示。

(5) 如果上一步选择命名,SAS 会生产一段与前述导出数据集操作相同的程序,并提示是否要保存这段程序,如图 1.18 所示。

将这段程序储存为 PGM1.sas,放于桌面,单击 Finish 按钮,就会产生程序文件 PGM1.sas。打开如图 1.19 所示的窗口。

2. 数据集的导入

同样可以通过下列步骤导入 class.xls。

(1) 文件=>导入数据,选择导入数据文件的类型,和导出程序一样,选择 Excel 相

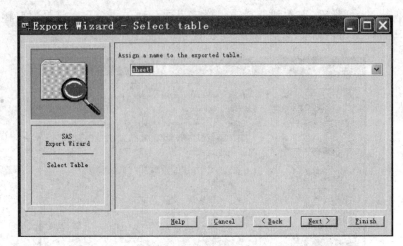

图 1.17　数据集导出——工作表命名

图 1.18　数据集导出——程序文件命名及保存

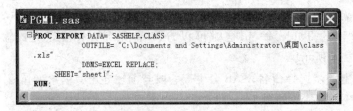

图 1.19　数据集导出的程序文件

关格式。然后单击 Next 按钮,如图 1.20 所示。

(2) 进入选择导入数据文件的画面,选择刚刚导出的文件 class.xls,如图 1.21 所示。

(3) 进入选择 table 的画面,这里选择下拉列表中的 sheet1 项,如图 1.22 所示。

(4) 选择要导入的数据文件所在的逻辑库及文件名称,这里选 work 临时库和 class

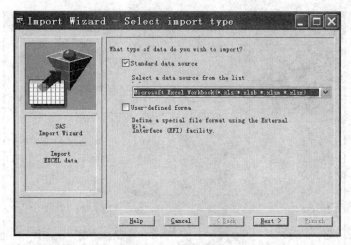

图 1.20　数据集导入——选择导入文件格式

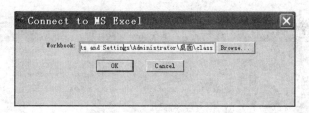

图 1.21　数据集导入——选择文件

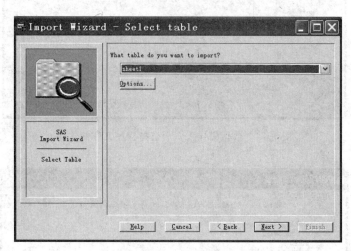

图 1.22　数据集导入——选择要导入的工作表

文件名,如图 1.23 所示。

（5）进入 Import Wizard 画面,给前面的导入过程产生一段程序,并提示是否储存这个程序,如不想存储则直接单击 Finish 按钮。这里将程序命名为 PGM2,并放于桌面,如图 1.24 所示。

打开步骤(5)保存的程序文件,如图 1.25 所示。

Import Wizard - Select library and member
Choose the SAS destination:
Library
WORK
Member:
class
SAS
Import Wizard
SAS Destination
Help
Cancel
< Back
Next >
Finish

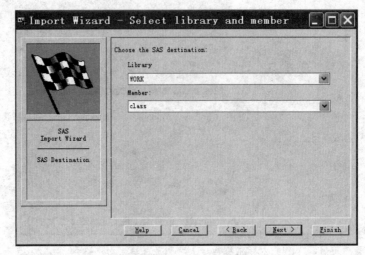

图 1.23　数据集导入——选择导入位置与导入名称

Import Wizard - Create SAS statements
The Import Wizard can create a file containing PROC IMPORT
that can be used in SAS programs to import this data again.
If you want these statements to be generated, enter the
they should be saved:
:\Documents and Settings\Administrator\桌面\PGM2.sas
Browse...
Replace file if it exists.
SAS
Import Wizard
Select file
Help
Cancel
< Back
Next >
Finish

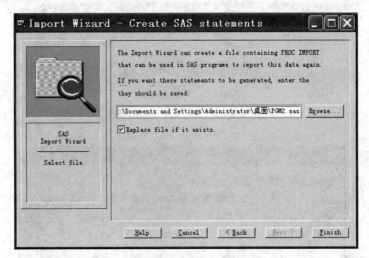

图 1.24　数据集导入——选择程序文件的保存

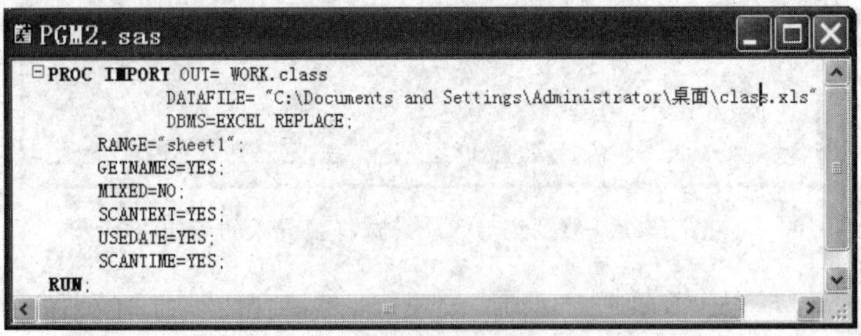

PGM2.sas
PROC IMPORT OUT= WORK.class
DATAFILE= "C:\Documents and Settings\Administrator\桌面\class.xls"
DBMS=EXCEL REPLACE;
RANGE="sheet1";
GETNAMES=YES;
MIXED=NO;
SCANTEXT=YES;
USEDATE=YES;
SCANTIME=YES;
RUN;

图 1.25　数据集导入的程序文件

习 题 1

1. 默认情况下,快捷键 F1~F9 和 Ctrl+E 的作用各是什么?
2. 默认情况下 SAS 系统的 5 个功能窗口及各自的作用是什么?怎样定义激活这些窗口的快捷键?
3. 怎样增加和删除 SAS 工具?
4. SAS 日志窗口的信息构成。
5. 在显示管理系统下,切换窗口和完成各种特定的功能等,有 4 种发布命令的方式:在命令框直接键入命令;使用下拉菜单;使用工具栏;按功能键。试举例说明这些用法。
6. 用菜单方式新建一个 SAS 逻辑库。
7. 说明下面 SAS 命令的用途并举例:

keys   dlglib   libname   dir   var   options   submit   recall

8. 用菜单方式导入(Import)和导出 SAS 数据集(Export)。

第 2 章　SAS 编程基础

本书使用 SAS 逻辑库 Resdat，物理地址为 D：\Resdat2。请用菜单方式创建逻辑库 Resdat。

本章用到的数据集为 ResDat.class 和 ResDat.lstkinfo。

本章内容包括：
- SAS 语言组件；
- SAS 文件系统；
- SAS 词段和 SAS 名称；
- SAS 程序；
- SAS 语言元素；
- SAS 变量；
- 表达式。

2.1　SAS 语言组件

2.1.1　SAS 文件

使用 SAS 时会碰到许多不同类型的文件，如 SAS 数据集，SAS 目录册等，这些由 SAS 创建、储存、管理的文件就是 SAS 文件。所有的 SAS 文件都保存在 SAS 逻辑库中。

最常用的 SAS 文件就是 SAS 数据集；另外一个是 SAS 目录册。SAS 目录册包含各种类型的信息，如功能键的设定等。SAS 编辑器可以存储程序文件。文件类型一节会对主要的 SAS 文件进行详细说明。

2.1.2　SAS 外部文件

SAS 不能直接识别的数据文件称为外部文件。外部文件一般用于储存数据。

外部文件一般用来储存：
- 要读入 SAS 数据文件的原始数据；

- SAS 程序语句；
- 过程步输出。

2.1.3 DBMS 文件

SAS 软件可以直接调用其他常用数据库文件，如使用最广泛的 DBMS（database management system）。

2.1.4 SAS 语言元素

SAS 语言由语句、表达式、选项、格式以及和其他编程语言名称类似的函数组成。
SAS 有两种语句：
- 数据步；
- 过程步。

在 SAS 中，通过数据步和过程步来使用 SAS 语言的元素。这两种语句在后面都会有详细的介绍。

数据步是一系列语句的组合，可以：
- 从外部文件中读取数据；
- 将数据写入到外部文件中；
- 读取 SAS 数据文件和视图；
- 创建 SAS 数据文件和视图。

过程步用来对 SAS 数据集进行分析和产生报表，如对数据集进行分析、画图、查询、打印等操作。

在数据步和过程步外，可以使用 SAS 的全局通用语句和系统选项语句。

2.1.5 SAS 宏工具

BASE SAS 软件包括 SAS 宏功能，是一种强大的编程工具，可以用来客户化以及拓展 SAS 程序，减少重复代码的输入。宏就是包含被编译的宏程序语句和文本的 SAS 文件。可以使用宏自动的生成 SAS 语句和命令，在日志中写入信息，建立和改变宏变量的值。

2.2 SAS 文件系统

2.2.1 逻辑库

SAS 逻辑库由一组 SAS 文件组成。SAS 软件系统的信息组织有两层，第一层是

SAS 逻辑库;第二层是 SAS 文件。SAS 逻辑库是一个逻辑概念,本身不是物理实体,对应的实体是操作系统下一个文件夹或几个文件夹中的一组 SAS 文件,如图 2.1 所示。

图 2.1 SAS 逻辑库

1. 逻辑库名

逻辑库名是 SAS 名,长度不能超过 8 字节,如 SAS 逻辑库——SASHELP、SASUSER、WORK 等。

建立 SAS 逻辑库的方法:

- 用菜单操作;
- 用 LIBNAME 语句。

语句格式:

LIBNAME libref <engine> 'SAS-data-library'

语法说明:

libref:逻辑库名。

SAS-data-library:逻辑库对应的物理地址。

engine:引擎名称(缺失时为默认引擎)。

例 2.1 用 LIBNAME 语句创建 SAS 逻辑库。

`Libname ResDat 'd:\ResDat2';`

例中,创建 SAS 逻辑库 RESDAT,对应物理文件夹为 D:\ResDat2。

多个文件夹创建一个 SAS 逻辑库:

`Libname libCD('c:\', 'd:\ ');`

2. 临时库和永久库

临时逻辑库是指它的内容只在启动 SAS 时存在,退出 SAS 时内容完全被删除。系统默认的临时逻辑库为 WORK。

永久逻辑库是指它的内容在 SAS 关闭对话之后仍旧保留,直到再次修改或删除。SAS 系统中除了 WORK 以外的逻辑库都是永久库。SAS 系统自动指定的逻辑库 SASHELP、SASUSER 和 MAPS 都是永久库。

3. 库引擎

库引擎是一组规定格式向逻辑库读写文件的内部指令。利用库引擎 SAS 系统可以直接访问其他 SAS 版本创建的 SAS 文件和外部数据库格式的数据文件。例如,在 SAS9.2 系统下读 SAS6.12 生成的文件时用 V6 库引擎。在 SAS 系统下读 ODBC、BMDP、DB2、ORACEL、SYBASE、TERADATA、SPSS 等数据文件时要用到相应的库引擎。

每个 SAS 逻辑库都对应一个库引擎。SAS 逻辑库引擎是软件的一个元件用来组建 SAS 与 SAS 逻辑库之间的接口,用来帮助 SAS 对文件进行定位并将 SAS 可以识别的文件内容呈现出来。库引擎功能包括:
- 读取和写入数据;
- 列出库中的文件;
- 删除和重命名文件。

SAS 通过不同库引擎读写不同格式的文件。每个 SAS 引擎都有着自身的运行特性。比如:
- 运行由旧版本 SAS 软件生成的文件;
- 读取由其他软件生成的数据库文件;
- 存储和访问硬盘或者 tape 上的文件;
- 决定文件中的变量和观测如何放置;
- 将文件从物理位置地址读取放入到内存;
- 在不同的操作系统之间传输 SAS 文件。

一般不用关心如何针对不同的文件选择引擎,因为系统一般会自动选择该文件所适用的引擎。当然,如果发出的操作指令该引擎不支持,SAS 日志窗口就会显示出错信息,这时需要选择特殊的引擎来完成该项任务。

4. 引用 SAS 文件

引用非临时库的 SAS 文件时必须使用两级命名方式。而引用临时库 WORK 中文件时,可以不加库名 WORK,直接使用文件名,效果等同于"work.文件名"。

例 2.2 引用逻辑库 Sashelp 下的数据集文件 class。

```
逻辑库名.文件名;
data=Sashelp.class;
```

2.2.2 数据集

1. 数据集分类

SAS 数据集有两类:
- SAS 数据文件;
- SAS 数据视图。

虽然表面上两者看起来很像,但 SAS 数据文件同时描述存储信息和数据值,而 SAS 数据视图则并不存储数据,后面会讲到 SAS 数据视图其实就是一个查询语句,这个查询语句建立了一个逻辑数据集,每次打开 SAS 数据视图就相当于运行了一次查询语句。要注意的是,这两个数据文件在同一级目录或逻辑库下时不能同名。

例 2.3 由 SAS 数据集 Class 创建数据视图文件 class_view 与 class_sql。

```
/*创建数据集*/
```

```
Data class;
Set Sashelp.class;
Run;
/*创建数据视图*/
Data class_view/view=class_view;
Set class;
Run;
Proc sql;
Create view class_sql as
Select * From class;
Quit;
```

如图 2.2 所示，work 临时逻辑库下的数据文件和数据视图，class 是数据文件，class_view 与 class_sql 是数据视图。

删除 SAS 数据集 class 后，其他由此衍生的 view 都打不开。

2. 数据集构成

SAS 数据集组成部分包括：

- 描述信息；
- 数据值。

以 class 表的前 7 个观测为例，SAS 数据集的一行称为一个观测，一个观测行一般就是一个个体的信息。SAS 数据集的一列称为一个变量，包括一组有着相同特征的值。SAS 使用缺失值表示一个观测中某个变量值的缺失，如图 2.3 所示。

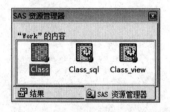

图 2.2　数据文件与数据视图图例

变量

观测

	Name	Sex	Age	Height	Weight
1	Alfred	M	14	69	112.5
2	Alice	F	13	56.5	84
3	Barbara	F	13	65.3	98
4	Carol	F	14	62.8	102.5
5	Henry	M	14	63.5	102.5
6	James	M	12	57.3	83
7	Jane	F	12	59.8	84.5

图 2.3　变量与观测

3. 使用窗口菜单操作数据集

编辑和修改数据集。

表编辑器(Viewtable)用来浏览、操作 SAS 数据集。

打开表编辑器的方法：

(1) 直接打开数据集(默认启动表编辑器)。

(2) 打开工具菜单＝＞表编辑器，再从表编辑器打开的情况下，单击文件＝＞打开逻辑库下的数据集，如图 2.4 所示。

(3) 文本框输入 vt＋表名，如 vt class。

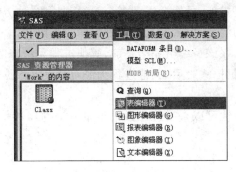

图 2.4 打开表编辑器

1) 表的使用模式

表编辑器有浏览模式和编辑模式，浏览模式是默认的显示模式，图 2.5(a)给出了表编辑器的浏览模式，该模式下无法改动数据集；图 2.5(b)所示是编辑模式，该模式下可以修改数据集。

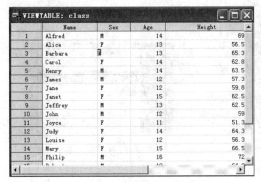

(a) 浏览模式　　　　　　　　　　　　(b) 编辑模式

图 2.5 表编辑器的模式

浏览模式切换到编辑模式的方法：可以在表中任意地方右击，在弹出菜单中选择 Edit Mode 项。

选择"编辑"→"编辑模式"命令，如图 2.6 所示。

 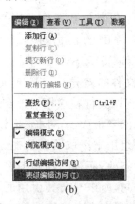

(a)　　　　　　　　　　　(b)

图 2.6 编辑菜单

要注意的是在编辑模式下,可能会遇到多个 SAS 进程同时访问和修改同一表中的观测。为了防止出现修改的混乱,编辑模式有两种编辑访问限制,一个是默认开启的行级编辑访问,对该行进行锁定,在该行编辑完毕之前,其他进程无法修改该行;另一个就是表级编辑访问,在该表开启编辑模式之后,其他进程无法对该表的数据进行修改。

2) 数据属性查看

要查看表或者列的属性可以直接选择数据菜单=>列属性或表属性,如图 2.7 所示为 Class 表属性。

3) 操作列

在列标题上单击右键,就会出现如图 2.8 所示的弹出菜单,该菜单可以编辑列的字体、颜色、升降序、列固定、隐藏、查看列描述信息、查看列属性。

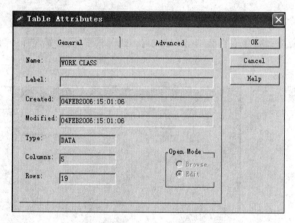

图 2.7 Class 表属性

图 2.8 弹出菜单

2.2.3 数据文件

SAS 数据文件是包含描述信息和数据值的 SAS 数据集。

一般来说,SAS 数据文件又分为:

- 普通的 SAS 数据文件:SAS 格式的数据文件。
- 接口数据文件:以其他数据软件格式储存数据的数据文件。SAS 提供对应的引擎来对这些文件中的数据进行读取和编写,如 Oracle、DB2、SyBase、ODBC、BMDP、SPSS 和 OSIRIS。

数据文件与视图文件的差异

虽然数据文件与视图文件在应用时没有任何区别,但两者之间也有一定的差异。

- 前面已经提到两者最大的不同就是数据文件实际储存数值,视图只是包含表的描述信息以及一组用来读取数据的查询语句,并不实际存储数据。
- 数据文件是静态的,而视图则是动态的,因为视图每次打开的时候就相当于运行了一次查询语句,所以只要其引用的数据源发生了改变,打开的视图就会发生改变,而数据文件只有自身被修改时才发生改变。

- SAS 数据集可以保存在磁带或其他存储媒介上,但数据试图由于其动态特性,不能保存在磁带上。
- SAS 数据视图是只读性的,不可以修改,而一些 SQL 视图则可以被修改。关于如何修改可以参见后面的视图文件部分。
- SAS 数据文件可以包含审计跟踪文件,SAS 审计跟踪功能可以单独建立一个文件把对该 SAS 数据文件的相关修改记录下来。
- SAS 文件还可以拥有完整性约束。更新数据文件时,完整性约束会自动的检查新的数据是否处于要求的数据范围内。SAS 视图则只能通过对数据源设定完整性约束才能保持一定的数据标准。
- SAS 数据文件可以被索引,索引可以使 SAS 在搜索数据时变得更快。SAS 视图不能被索引。
- SAS 数据文件可以被加密,而视图则不能。
- SAS 数据文件可以被压缩,而视图文件不能。

2.2.4 数据视图

1. 数据视图定义

前面已经介绍了数据视图的基本概念。SAS 数据视图就是用来从其他文件中读取数据的一种 SAS 文件。它只包括数据集的描述信息,如数据类型、变量长度等,再加上如何从其他文件中提取数据所要求的信息,如 SQL 视图文件就包含一个查询语句。

SAS 视图一般分为两种:

(1) Native View。由数据步或 SQL 过程创建。

(2) Interface View。由 SAS/ACCESS 软件创建。Interface View 可以读写其他数据库管理系统(DBMS)中的数据库,如 DB2 或 Oracle 数据库等。

2. 何时使用视图

数据视图占用额外的运行时间,而数据文件则占用额外的硬盘空间。

数据视图的动态可以保证数据的随时更新。

3. 数据视图的使用优势

- 可以使用连接多个表的视图来合并数据集;
- 数据视图可以节省大量的空间;
- 数据视图可以保证读取的数据集永远都是最新的;
- 更改一个数据视图只需要改变这个视图的查询语句;
- 使用 SAS/CONNET 软件,视图可以将多个不同主机上的数据文件整合,以整体的形式呈现。

4. 数据步视图

数据步视图包含用于从多个数据源中读取数据的数据步程序,这些数据源包括:
- 原始数据文件;
- SAS 数据文件;
- PROC SQL 视图;
- SAS/ACCESS 视图;
- DB2、Oracle 或其他 DBMS 数据。

语法格式:

Data 数据集名称/ view=数据集名称;
　… SAS 语句…;
Run;

在 DATA 步中的最后一个数据集名称后加上"view=数据集名称"选项,这个选项告诉 SAS 对程序进行编译,但并不运行,而被编译的程序编码则储存在 view 后的数据视图中,如图 2.2 所示的 class_view。程序如下:

```
Data class_view/view=class_view;
Set Sashelp.class;
Run;
```

日志中信息:

```
1    Data class_view/view=class_view;
2    Set Sashelp.class;
3    Run;
NOTE: DATA STEP 视图已保存在文件 WORK.CLASS_VIEW 中。
NOTE: 存储的 DATA STEP 视图无法在不同的操作系统下运行。
```

这时在逻辑库 ResDat 中创建一个叫名称为 class_view 的数据视图文件。

5. PROC SQL 视图

PROC SQL 视图为一个带有名称的 PROC SQL 查询,可以读写的数据源同数据步视图。图 2.2 中创建的视图 class_sql,程序如下:

```
Proc sql;
Create view class_sql as
Select * . From Sashelp.class;
Quit;
```

日志中信息:

```
1   Proc sql;
2   Create view class_sql as
3   Select * From Sashelp.class;
NOTE:SQL 视图 WORK.CLASS_SQL 已定义。
4   Quit;
```

2.3　SAS 词段和 SAS 名称

2.3.1　SAS 词段

一个 SAS 词段就是 SAS 编程语言中的一些字符组合而成的具有一定意义的并不能被分割成更小的且能被独立使用的字符集合。一个 SAS 词段最多包含 32 767 个字符。

当一个词段遇到下列三种情况的任何一种就算做词段定义结束：

- 一个新的词段的开头；
- 一个空格；
- 文本结束标志。

SAS 字段可以分为下面 4 种类型：

- names 名称；
- literals 文本词段；
- numbers 数字；
- special characters 特殊字符。

1. 文本词段

由包含在单或双引号中间的 1～32 767 个字符组成。

例如：

```
'Chicago'   "1990-91"   'Amelia Earhart'   'Amelia Earhart"s plane'   "Report for
the Third Quarter"
```

引号表明这是文本词段，但是 SAS 在储存时，并不保留这些引号。

2. 数值

由数字组成，并带有一些特殊符号，如小数点、加减号、科学计数符号（E）、十六进制符号（X）、日期时间的符号（D,T,DT）。

例如：

```
5683   2.35   0b0x-5   5.4E-1   '24aug90'd
```

3. 特殊字符

特殊字符就是除去空格、字母、数字之外的键盘字符,每个字符都是一个独立的标记,当然也有一些两个字符表示的操作符,如**,|| 等,空格不是一个特殊字符。

例如:

= ; ' + @ /

2.3.2 SAS 名称命名规则

- SAS 名称必须以字母或下划线开头;
- SAS 名称可以包括字母、数字和下划线;
- SAS 名称依据其使用的场合有一定长度限制。

SAS 名称的长度实际上取决于 SAS 名称的类型,通常,SAS 名称最多为 32 个字符那么长,有些最多有 8 个或 16 个字符的长度。经常使用的逻辑库名最大长度是 8 个字符,而数据集、视图、变量可以达到 32 个字符。

注意:SAS 名称不区分大小写,一律处理为大写字符。SAS 自身保留了一些 SAS 名称,如自动变量 _CHARACTER_、_NUMERIC_,默认逻辑库名称 SASHELP、SASMSG、SASUSER、WORK 以及 SAS 数据集名称 _NULL_、_DATA_、_LAST_ 以及一些宏变量。详细的列表可以见 SAS 帮助中相关说明。

SAS 名的类型:

- 逻辑库名;
- 数据集名;
- 变量名;
- 格式名;
- 过程名;
- 数组名;
- 语句标号名;
- 特殊文件名;
- 其他名。

一些常见的 SAS 名称如 data、_new、yearcutoff、descending、_n_ 等。

2.4 SAS 程序

SAS 程序由多个 SAS 语句构成。SAS 程序中的语句可分为两类步骤:

- 数据步;
- 过程步。

2.4.1 书写规则

SAS 程序由 SAS 语句构成。

1. SAS 语句的书写规则灵活自由

- 语句可在行的任一列开始;
- 一个语句可以分写为多行;
- 多个语句可以写在同一行;
- 语句中各项之间至少用一个空格或特殊字符隔开。

2. 应遵守的书写规则

- 不同程序步间留空行;
- 每条语句都要另起行。

比较规范的书写有助于阅读和检查,还可以减少书写错误。

3. 注释语句的两种格式

- /* 注释内容 */;
- * 注释内容。

注释内容对理解 SAS 程序很有帮助,所以加上注释语句是一种好的编程习惯。

2.4.2 数据步

在 BASE SAS 软件中,数据步是创建 SAS 数据集最基本的方法。数据步以 DATA 语句开头,用于操作已存在的 SAS 数据集或从其他数据源创建 SAS 数据集。数据步可以使用的输入数据包括数据源,外部接入文件或 SAS 数据集。然后对这些数据进行处理,如计算,挑选。数据步的输出可以是多种形式,如 SAS 数据集或报表,也可以将结果写到日志窗口或其他外部文件中。

通过数据步可以实现的功能如下:

- 创建 SAS 数据集(SAS 数据文件或 SAS 数据视图);
- 读取外部数据文件创建 SAS 数据集;
- 通过对现有 SAS 数据集取子集、合并、修改和更新创建新的 SAS 数据集;
- 分析、操作或展示数据;
- 创建新变量;
- 产生报告,或将文件存储到硬盘或磁带上;
- 提取信息;
- 文件管理。

2.4.3 过程步

过程步通过一系列 SAS 语句来调用和执行程序,通常以一个 SAS 数据集作为输入数据。使用过程步可以对数据集中的数据进行分析,生成报表或其他结果,也可以修改过程步使其只输出所需结果。另外,通过过程步可以展现数据集的信息。

2.5 SAS 语言元素

主要的 SAS 语言元素包括:
- 语句;
- SAS 系统选项;
- 数据集选项;
- 表达式。

2.5.1 语句

SAS 语句就是一系列关键词、SAS 名称、算符以及特殊字符的组合。所有的 SAS 语句以分号结尾。SAS 语句一般分为数据步语句与过程步语句,以及可以用在 SAS 程序任何地方的全局通用语句。

KEYWORD parameter…<item1|item2…|itemn>options;
关键词 参数…<项目 1 或项目 2…或项目 n>选项;

其中:
- 粗体:必须按显示形式书写的关键词。
- 一般字体:用户提供的信息。
- <>:括号内的信息可选。
- |:任选。

参数 parameter 不是任选项,不用括号;options 是选项关键词。

例 2.4 有效的 SAS 语句。

```
data data1;                        /* data 为关键词,data1 为 SAS 名 */
data _null_;                       /* _null_ 为 SAS 名 */
put name $8.;                      /* put 为关键词,name 为 SAS 名,$8 为输出格式 */
format date yymmdd10.;
proc means data=ResDat.class;      /* proc 为关键词,means 为过程名 */
infile "d:\ResDat2\class.txt";
do I=1 to 100;
x=y+1;
```

```
sumx+x;
run;
```

1. 可执行数据步语句和声明数据步语句

数据步语句分可执行语句和声明语句。可执行语句是在 DATA 步的每一次反复中起作用的语句。声明语句则只为 SAS 提供信息,并在系统编译程序语句时起作用。

2. 全局通用语句

全局通用语句一般为 SAS 提供信息,索取信息或数据,在不同的运行模式之间转移,给系统选项设定值。其他全局语句,如 ODS 语句,可以使用多种格式对结果进行打印输出,如 HTML 格式。可以在 SAS 程序的任何地方使用全局通用语句,但全局通用语句是不可执行语句。它们只在 SAS 编辑程序语句的时候起作用。

2.5.2　SAS 系统选项

系统选项用来控制 SAS 的运行方式,如 SAS 系统启动,硬件软件的连接,SAS 程序的运行等。

语句格式:

OPTIONS option(s);

option 设定一个或多个系统选项,任何系统选项都有一个默认设置。

例 2.5　设定系统选项。

```
OPTIONS obs=5;                    /* 取数据集前 5 个观测 */
Data one;
Set Sashelp.class;
Run;
```

默认设定:启动 SAS 后,SAS 所有的系统选项都使用的默认设置。但有些系统选项的默认设置会随着不同操作系统而发生改变。

2.5.3　数据集选项

数据集选项用在 SAS 数据集名称后的括号中,多个选项之间用空格隔开。括号中的数据集选项可以对数据集进行如下操作:

- 重新命名变量;
- 选择需要的观测;
- 输出数据集中保留或删除的变量;
- 数据集加密。

语句格式:

```
Data-set-name(Data-set-options)
(option-1=value-1<…option-n=value-n>)
```

例 2.6 数据集选项举例。

```
data scores(keep=team game1 game2 game3);
/* scores 中只保留 team,game1,game2,game3 这 4 个变量 */
proc print data=new(drop=year);            /* 去掉变量 year */
set old(rename=(date=Start_Date));         /* 将 date 改名 */
```

2.6 SAS 变量

在 SAS9.2 及以上版本中,SAS 版本说明 SAS 数据集变量可以超过 32 767 个。实际上一个数据集可能有超过 10 万个变量。

2.6.1 变量类型

SAS 变量分为数值变量和字符变量。

1. 数值变量

数值变量是 SAS 系统以浮点(floating-point)方式存储的数据变量,数值变量包括日期和时间。

数值变量的值只能是数值。SAS 系统可以接受的数值范围由用户的计算机数值范围决定,由于一般使用的是 PC,其支持的 Windows 以及 UNIX 系统所支持的数值范围为正负 10E308,这个对于数值来说,存储的范围已经相当大。在使用过程中,对于不同系统之间数据转换以及一些特殊数值数据的存储和显示时,可能会因为系统存储数值数据的限制而发生一些意想不到的问题,理解 SAS 如何存储数值数据的原理是解决这类问题发生的关键,有兴趣的读者可以参见 SAS 帮助文档中的相关解释。建议在一般情况下,不要对数值变量的存储长度进行设置(除非出自一些特殊的目的,如减少数据存储空间),这样可以避免很多的数据存储错误,系统默认的数值变量存储长度为 8 位。

2. 字符变量

字符变量可以由阿拉伯字母、数字 0~9 以及其他一些特殊字符组成。

字符变量的存储长度。从 SAS9.1 开始,字符变量可以由更多的字节存储,最大的存储空间是多少是由系统环境以及文件属性决定的。

字符变量的值可以是字符、字母、特殊字符和数值。字符变量名后跟一个美元号($)表示该变量是字符型而不是数值型。

2.6.2 变量属性

SAS 变量的属性包括长度、输入输出格式和标签。未设定属性的变量在它们第一次出现时由系统给出。

变量的长度是指存储变量值的字节数。默认长度为 8 字节。

变量的输入格式是指 SAS 系统读入变量值的方式。

变量的输出格式是指 SAS 系统展现变量值的方式。

变量的标签是指变量名的描述性标识,至多可用 256 个字符。

表 2.1 是关于变量属性的一个标准列表,包括对变量的名称、类型、长度、格式、标签的信息说明。

表 2.1 变量属性列表

变量属性	取值范围	默认值
名称	任意有效的 SAS 名	无
类型	数值和字符	数值
长度	2～8B 字符 1～32 767	8B
输入格式	见输入格式部分	数值"BEST12.",字符 $w.
输出格式	见输出格式部分	数值"w.d",字符 $w.
标签	最多 256B	无

2.6.3 变量列表及其缩写规则

许多 SAS 语句都需要规定变量,即按顺序列出变量名。了解变量列表的缩写规则,会克服复杂变量引用带来的麻烦。SAS 程序中规定了完整的变量列表后,就可以使用缩写的变量列表。不同形式的缩写方法如表 2.2 所示。

表 2.2 SAS 变量列表的缩写方法

变量列表	缩写	说明
X1 X2 ⋯ Xn	X1～Xn	X1～Xn 的所有变量
X Y Z A	X～A	X～A 的所有变量
	X_numeric_A	X～A 的所有数值变量
	X_character_A	X～A 的所有字符变量
	numeric	所有数值变量
	character	所有字符变量
	all	所有变量

例 2.7 打印输出所有数值变量的数据。

proc print data=sashelp.class(obs=6);
var _numeric_;
run;

例中,打印 sashelp.class 数据集中所有数值变量的前 6 个观测数据,结果如下:

Obs	Age	Height	Weight
1	14	69.0	112.5
2	13	56.5	84.0
3	13	65.3	98.0
4	14	62.8	102.5
5	14	63.5	102.5
6	12	57.3	83.0

2.6.4 创建变量

DATA 步创建变量的方式包括:
- 使用赋值语句;
- 使用 INPUT 语句;
- 使用 FORMAT 或 INFORMAT 语句;
- 使用 LENGTH 语句;
- 使用 ATTIRB 语句。

1. 使用赋值语句

如果等号左边的变量不存在于数据集中,则赋值语句会产生一个新的变量。在没有规定明确格式的情况下,新变量的格式采用系统默认格式。

Data a;
x=1;
run;   /*数据集 a 中有个变量 x,值为 1*/

2. 使用 INPUT 语句

这里举一个例子,详细介绍参见后面章节。

Data b;
Input x $;
Cards;
Aaa
;

```
Run;
```

3. 使用 FORMAT 或 INFORMAT 语句

FORMAT 和 INFORMAT 分别设定变量的输出和读入格式,如果该变量还没存在,使用这种方式可以创建新的变量。

```
Data;
Informat y $9.;
Run;
```

以类似的方式创建变量的还有 LENGTH 语句,ATTIRB 语句。

以上方法都是比较常用的创建变量方式,当然还有其他的一些特殊方法,如使用 FGET 函数来创建新的变量。篇幅原因,这里不做介绍。

2.6.5 输入输出格式

输入格式是 SAS 系统用来读入数据值的一个指令。

`<$>INFORMAT <W>.<D>`

输出格式是 SAS 系统用来输出数据值的一个指令。

`<$>FORMAT <W>.<D>`

选项说明:

$	规定为字符输入格式
Informat	规定有效 SAS 输入格式
Format	规定有效的 SAS 输出格式
W	规定输入数据的列数
D	规定数值输入格式中保留小数的位数

通用规则:
- 所有输入或输出格式必须包含一个点(.)作为名字的一部分;
- 对于省略 W 和 D 值的输入格式,使用系统缺省值;
- 无论怎样规定输出格式中的小数位,输出格式都不会影响存储的数据值;
- 规定的输出格式宽度太窄小时,对字符格式截去右边的字符,对数值格式转换为 BESTw. 的格式;
- 使用一个不协调的输出格式时,SAS 系统首先试着使用其他类型的类似格式。如果行不通,将输出一个错误信息在 SAS 日志。

输入和输出格式使用方法:
- INPUT 语句;
- INPUT 函数;

- DATA 步中用 INFORMAT、FORMAT 或 ATTRIB 语句；
- PROC 步中用 INFORMAT、FORMAT 或 ATTRIB 语句。

其中，DATA 步规定的输入格式是永久联系的；PROC 步规定的输入格式是临时联系的。

例 2.8 数值变量输入格式应用举例。

```
data a;
x=12345.1234;
informat x 12.4;
format x 8.2;
put x=;
run;
```

结果显示

x=12345.12

例 2.9 字符变量输入格式应用举例。

```
data;
input  name $5.;
cards;
xyz
uvw
;
```

2.6.6 自动变量

自动变量是由数据步语句自动创建的。这些自动变量被加入到程序数据向量(PDV)中，但是并不输出到数据集中。自动变量在重复过程中被保留，而不是被设定为缺失。自动变量列表如表 2.3 所示。

表 2.3 SAS 自动变量

自动变量	说　明	自动变量	说　明
_N_	观测序号	_All_	所有变量
Error	错误信息变量	First.Variable	同一 by 组第一个观测
Numeric	所有数值变量	Last.Variable	同一 by 组最后一个观测
Character	所有字符变量		

例 2.10 使用自动变量 _Numeric_。

```
data one;
set sashelp.class;
keep _numeric_;          /* 只保留数据集中的数值变量 */
run;
```

例 2.11 使用自动变量 first.variable last.variable。

```
data one;
set sashelp.class;

proc sort data=one;           /*将观测按照 age 的数值排序,拥有相同数值的 age 为一个 by 组*/
by age;

data two;
set one;
by age;
if first.age=1;               /*取每个 age by 组的第一个观测*/

proc print data=two;
run;
```

输出结果:

Obs	Name	Sex	Age	Height	Weight
1	Joyce	F	11	51.3	50.5
2	James	M	12	57.3	83.0
3	Alice	F	13	56.5	84.0
4	Alfred	M	14	69.0	112.5
5	Janet	F	15	62.5	112.5
6	Philip	M	16	72.0	150.0

2.7 表 达 式

表达式由一系列操作符和操作对象构成,产生一个目标值。使用表达式可以对变量作变换和赋值,创建新变量,计算新数值以及控制条件语句的运行等。

操作对象有:
- 变量;
- 常数。

操作符包括:
- 算术算符;
- 比较算符;
- 逻辑算符;
- SAS 函数;
- 括号。

例 2.12 表达式里允许有空格。

Y=X+10;
Y=   X + 10;   /*例中,两语句等价*/

2.7.1 引用 SAS 常数

SAS 常数是 SAS 系统可以识别的一些固定值。
SAS 常数值包括:
- 数字;
- 引号引起来的字符串;
- 其他特殊记号。

SAS 常数的 5 种类型:
- 数值常数;
- 字符常数;
- 日期时间数值常数;
- 十六进制数值常数;
- 十六进制字符常数。

这两个十六进制应该归属于前面的数值和字符常数,一般单独列出,所以常数有三种类型。

1. 引用数值常数

数值常数就是出现在 SAS 语句里的数字。

例 2.13 数值常数。

1,−5,1.23,1.2E23,2E4,20000

数值常数可以有多种格式展示。
数值常数的表示格式包括:

- standard notation 标准格式
- scientific(E) notation 科学计数法
- hexadecimal notation 十六进制格式

标准格式:1,01,+1,−1,1.1。
科学计数法:1.1e11,1.2e−12。
十六进制格式:1cx,12x,9x。

2. 引用字符常数

字符常数通常由用单引号括起来的 1~32 767 个字符组成。如果字符常数内含有引号,引用时,要么它的引号用两个连续的单引号,要么用一个双引号。

例 2.14 引用带引号的字符常数。

```
name='TOM''S';
name="TOM'S";                      /*例中,两语句等价*/
```

要注意的是,字符常数是由引号括起来的,但是字符变量的名称则没有引号,也就是说字符常数不能作为字符变量的名称。

注意:SAS 比较引号括起来的字符时是区分大小写的,如'ABC'和'abc'不同。十六进制字符常数可以表示为'543'x,x 紧跟在引号部分后面。

3. 引用日期时间常数

将日期时间值表示为常数时,要使用相应的格式值。格式值带单引号,后面跟一个 D(日期)、T(时间)或 DT(日期时间)。

例 2.15 引用日期时间常数。

```
'1jan2000'd;   '01jan00'd;
'9:25't;   '18jan00:9:27:25'dt
if begin='01JAN2000'd then end='31DEC2000'd;
```

2.7.2 SAS 算符

SAS 算符是一些符号,其作用是进行计算、比较等。

1. 算术算符

算术算符表示执行一种算术运算,如表 2.4 所示。

表 2.4 算术算符

算符	含义	举例	算符	含义	举例
**	乘方	$A**2.5=A^{2.5}$	+	加	5+C
*	乘	A*B*3	-	减	C-A
/	除	X/A			

表达式中有一个运算对象是缺失值时,结果也是缺失值。

例 2.16 算术算符应用。

```
data;
X=3.5**2.5;
put X=;
Y=9+1/3;
put Y=;
X=.;
Y=1+X;
put Y=;                     /*Y 也是缺失值*/
```

run;

输出结果:

X=22.917651494
Y=9.3333333333
Y=.

2. 比较算符

比较算符建立两个量之间的一种关系,如表 2.5 所示。

表 2.5 比较算符

算　符	等价形式	含　义	举　例
=	Eq	等于	X=Y
^=	Ne	不等于	X^=Y
>	Gt	大于	X>Y
<	Lt	小于	X<Y
>=	Ge	大于等于	X>=Y
<=	Le	小于等于	X<=Y
In		等于列表中的一个	NAME IN('WANG' 'LI')

3. 比较准则

- 数值和字符都可以比;
- 结果为真赋值 1,假赋值 0;
- 字符值从左到右逐个按 ASCII 码排列序列进行比较;
- 缺失值参加比较时,它比任何有效值都小。

例 2.17　比较算符应用。

if x<y then c=5;
else c=12;

比较算符经常出现在 IF 语句里。

4. 逻辑算符

逻辑算符通常用来连接一系列比较式,如表 2.6 所示。

表 2.6　逻辑算符

算　符	等价形式	含　义
&	AND	与
|	OR	或
^	NOT	非

5. 其他算符

其他算符通常有以下几种,如表 2.7 所示。

表 2.7 其他算符

算符	含义	举例
><	取最小	A><B
<>	取最大	A<>B
||	连接	'Stock'||Code

例 2.18 连接多个变量和常数。

```
data;
set ResDat.lstkinfo;
result='%a('||stkcd||','||Lstknm||');';
put result;
run;
```

例 2.19 连接带空格的字符值。

```
data;
X='GOOD   ';
Y='MORNING';
Z=X||Y;
put Z=;
Run;
```

结果显示为:

```
Z=GOOD   MORNING
NOTE: 数据集 WORK.DATA1 有 1 个观测和 3 个变量。
```

注意:连接算符不清理开头或结尾的空格。

6. 运算次序

表达式运算次序准则:
- 先计算括弧里的表达式;
- 先执行较高优先级的运算;
- 相同优先级的算符,先执行左边的运算。但对最高优先级 1,先执行右边的运算,如表 2.8 所示。

表 2.8　算符优先级

优先级	算符	含义	优先级	算符	含义
1	**	乘方	4	‖	连接
	+	正	5	<	小于
	−	负		<=	小于等于
	^	非		=	等于
	><	最小		^=	不等于
	<>	最大		>=	大于等于
2	*	乘		^>	不大于
	/	除		^<	不小于
3	+	加	6	&	与
	−	减	7	|	或

习 题 2

1. 构成 SAS 程序的语句分为哪两大类？什么是 SAS 语句？举例说明 SAS 语句的信息构成。
2. 简述 SAS 名的种类及命名规则。什么是 SAS 关键词？
3. SAS 变量的类型和属性。举例说明 SAS 自动变量。
4. 给一个简单 SAS 程序的例子，适当应用 SAS 的注释语句。
5. SAS 数据集中变量列表时，X1～Xn 表示什么？特殊 SAS 变量列表_numeric_、_character_和_all_的含义。
6. 怎样提交 SAS 程序？简述程序执行过程中，LOG 窗口显示的信息结构。
7. 怎样查看 SAS 程序的输出结果。
8. 简述 SAS 表达式定义及其构成元素。
9. 构成 SAS 表达式的操作对象和操作符有哪些？
10. 简述 SAS 常数及其类型。
11. 举例说明数值常数、字符常数和日期时间常数的表示方法。
12. 简述 SAS 逻辑库的概念及建立方法。什么是临时库和永久库？
13. 怎样引用 SAS 文件？
14. 什么是库引擎？
15. 简述 SAS 系统的文件类型。
16. 简述数据步的功能。

第 3 章 数据导入

本章用到的数据文件涉及 table.xls、b_share_1.txt、dlmfile 及锐思 RESSET 数据库网站(www.resset.cn)。

本章内容包括：
- 菜单导入数据；
- 数据步导入数据；
- 指针控制；
- 过程步导入数据；
- 使用锐思 RESSET 数据库。

3.1 菜单导入数据

第 1 章已经介绍了用菜单导入 PC 格式数据文件(以 Excel 数据表为例)为 SAS 数据集，本章不再赘述。

3.2 数据步导入原始数据

3.2.1 原始数据呈现形式

原始数据的呈现形式一般分为呈现在 SAS 编辑窗口的数据行，和储存在外部文件中的原始数据

1. 编辑窗口中的数据行

例 3.1 编辑窗口下，数据行形式的原始数据。

```
data weight;
  input PatientID $ Week1 Week8 Week16;
  loss=Week1-Week16;
```

```
    Cards;
2477 195 177 163
2431 220 213 198
2456 173 166 155
2412 135 125 116
;
```

2. 外部文件中的原始数据

例 3.2 储存在外部文件中的原始数据,TXT 文本格式。

```
-----1-----2
2477 195 177 163
2431 220 213 198
2456 173 166 155
2412 135 125 116
```

3.2.2 使用 INPUT 语句读入原始数据

数据步导入原始数据时,要使用 INPUT、CARDS 和 INFILE 语句的组合。

原始数据根据来源不同会有不同的记录格式,为了将各种格式的原始数据通过数据步写入 SAS 数据集,需要使用 INPUT 语句的 5 种输入方式和混合输入方式。

INPUT 语句的用途有两方面:
- 读入外部数据文件中的数据;
- 读入 CARDS 语句后面的数据。

INPUT 语句中描述一个记录值的 5 种方式:
- 简单方式;
- 列方式;
- 格式化方式;
- 列表方式;
- 命名方式。

1. 简单方式

`INPUT <specification(s)><@|@@>;`

2. 列方式

`INPUT variable <$>start-column <-end-column><.decimalplaces><@|@@>;`

3. 格式化方式

`INPUT <pointer-control>variable informat.<@|@@>;`

INPUT <pointer-control>(variable-list)(informat-list)<@|@@>;
INPUT <pointer-control>(variable-list)(<n* >informat.)<@|@@>;

4. 列表方式

INPUT <pointer-control>variable <$><&><@|@@>;
INPUT <pointer-control>variable <:|&|~><informat.><@|@@>;

5. 命名方式

INPUT <pointer-control>variable=<$><@|@@>;
INPUT variable=<$>start-column<-end-column><.decimals><@|@@>;
INPUT <pointer-control>variable=informat.<@|@@>;

选项说明：

specification(s)	变量及其格式的详细说明
variable-list	列出要读入数据值的变量
@	执行下一个 INPUT 语句时指针移到下一记录行，要求一条记录必须对应一个数据行
@@	执行下一个 INPUT 语句时指针保持在当前记录行，不要求一条记录对应一个数据行
$	定义字符型变量
start-column	规定变量值在记录行中的起始列
end-column	规定变量值在记录行中的终止列
decimalplaces	小数点位置
pointer-control	移动输入指针到指定的行或列上
informat	列出变量的输入格式
informat-list	列出变量列表对应的输入格式列表
decimals	规定小数部分的位数

3.2.3 列方式输入

列输入方式是用来导入严格按列排好的标准数据。

1. 列方式输入语句格式

INPUT variable <$>start-column<-end-column><.decimalplaces><@|@@>;

variable 设定变量名称，<>为可选项，如果选择 $ 则表示这是一个字符变量。start-column <-end-column> 表示该变量在记录行中的起始列(终止列)。

例 3.3 使用列方式输入数据。

```
data scores;
infile Cards truncover;
```

```
input name $1-10   sex $11   age 12-15;
Cards;
Justine    F 12
Bob        M 13
;
----+----1----+----2----+----3----+-
```

例中,规定记录行的第 1～第 10 列为变量 NAME 的输入值;第 11 列为变量 SEX 的输入值,第 12～第 15 列为变量 AGE 的输入值。NAME 和 SEX 为字符型变量。

2. 列方式输入使用条件

- 原始数据输入值的位置在每个记录行相同的列中;
- 原始数据输入值是标准的数值格式或一般字符格式。

3. 列方式输入的特点

- 原始数据输入值可以按任意顺序读取;
- 字符型原始数据中间可以有空格;
- 可以重复读取原始数据记录行的某一部分。
- 导入的数据值不需要用空格或者其他分隔符隔开。

例 3.4 任意顺序读取和重复读取。

```
input first 73-80 second 10-12;              /*任意顺序读取*/
input id 10-15 group 13;                     /*重复读取 */
```

4. 列方式输入下的缺失值和空格

- 空格和点(.)都作为缺失值处理;
- 忽略值域开头和结尾部分的空格。

3.2.4 列表方式输入

列表方式输入要求 INPUT 语句按照导入数据的顺序设定变量名称,SAS 通过扫描数据行确定下一个数据值并忽略两侧多余空格。列表方式输入不要求数据在特定的列中。列表方式下的分隔符默认为空格,在没有改变分隔符的情况下,必须确认数据之间至少有一个空格。列表方式输入不会跳过任何数据值来读取后面的数据,但会忽略句号后的所有数据。通过指针控制可以改变导入数据的顺序。

用列表方式输入时,系统扫描整个数据行而不是从某些特殊的列读取数据。
简单列表方式输入:

INPUT <pointer-control>variable <$><&><@|@@>;

调整列表方式输入:

INPUT `<pointer-control>variable <:|&|~><informat.><@|@@>;`

1. 列表方式输入使用条件

- 输入数据值之间至少有一个空格隔开；
- 用小数点表示表示缺失值；
- 字符型值的默认长度为 8 字节，也可以用 LENGTH，ATTRIB，INFORMAT 语句规定长度；
- 数据必须是字符数据或标准的数值数据。

2. 列表方式输入格式修饰符

列表方式输入语句中的格式修饰符有三个："：", &, ~。下面分别介绍这三种格式修饰符。

1) "："

当原始数据是以空格为分隔符时，要想对变量值长度不一致的变量规定统一长度就必须用到该格式修饰符。规定变量值是从非空格列中读取，直到第一次遇到以下三种情况之一，该变量值的读取过程才结束：

- 下一个空格列；
- 达到变量预先设定的长度（如果没有预先设定变量长度就是 SAS 默认字符长度 8 字节）；
- 数据行结束。

例 3.5 空格为分隔符时，可用来对变量值长度不一致的变量规定统一长度。

```
data;
input Univ : $12. Plc$  Zip;
cards;
MIT Boston 100023
TsinghuaUniv Beijing  100084
;
```

结果如下所示：

Obs	Univ	Plc	Zip
1	MIT	Boston	100023
2	TsinghuaUniv	Beijing	100084

例中，第一个观测变量 Univ 的值为 MIT（只读 3 个字符，因遇到空格而结束）第二个观测值为 TsinghuaUniv（得到先前定义的变量长度 12）。如果只对变量 Univ 规定长度，而不加格式修饰符"："，在导入第一条记录时就会出错，如果不对变量 Univ 规定长度，导入第二条记录时就会只导入 Tsinghua，而不是预先要导入的 TsinghuaUniv，这是因为 SAS 默认的字符变量的存储长度就是 8 字节。

2) &

字符型输入值可能包含一个或几个空格。因为空格是列表导入方式默认的分隔符,所以,如果要导入的数据值本身包括空格时就必须用此格式符。

例 3.6　空格为分隔符时,字符型输入值嵌有空格。

```
data;
input name & $12. age;
cards;
Jiang Zhu    20
Annie Zheng  31
I. Altman    60
;
run;
```

结果如下所示:

Obs	name	age
1	Jiang Zhu	20
2	Annie Zheng	31
3	I. Altman	60

例中,第一个观测 name 中 Jiang Zhu(包含一个空格);第二个观测为 Annie Zheng(包含一个空格)。分隔符为两个空格。

注意:因 & 有以上特性,数据之间应该用两个以上的空格隔开。

3) ~

规定导入字符值时保留引号。此选项只在 INFILE 语句中与选项 DSD 一起使用时才有效。

注意:DSD 选项在第 4 章会有详细介绍。这里先说明它的 4 个功能。

- 将默认分隔符改为逗号;
- 对于连续的两个分隔符,中间按缺失值处理;
- 将字符变量值的引号去掉;
- 对引号里的分隔符按字符来对待。

所以 INFILE 语句中的 DSD 选项自动把数据记录的分隔符设置为逗号,并且导入数据之前,把字符数据中的引号去掉,若加上~就会保留数据中的引号。

可以通过下面的这个例子来理解 DSD 和~的作用。

例 3.7　DSD 和~的作用,导入字符值时保留引号。~只在 INFILE 语句中与选项 DSD 一起使用时才有效。

```
data topics2;
infile Cards dsd;
input speakers : $15. title ~$40. location & $10.;
Cards;
```

```
Song, "Credit Derivatives", Room 329
Zhu, "Credit Risk Management", Room 406
;
```
proc print;
run;

由上例可以看出，~包含":"选项的功能。例中，虽然 title 变量的长度是 40，而观测值的长度都不到 40，仍然可以得到正确结果。把 speakers 后面的":"改成了~也可以。

例如：

data topics2;
infile Cards dsd;
input speakers ~$15. title ~$40. location & $10.;
Cards;
Song, "Credit Derivatives", Room 329
Zhu, "Credit Risk Management", Room 406
;
proc print;
run;

输出窗口信息：

Obs	speakers	title	location
1	Song	"Credit Derivatives"	Room 329
2	Zhu	"Credit Risk Management"	Room 406

但是，若把 title 后面的~改成":"，引号就因为 dsd 选项的存在被去掉，如下：

data topics2;
infile Cards dsd;
input speakers : $15. title :$40. location & $10.;
Cards;
Song, "Credit Derivatives", Room 329
Zhu, "Credit Risk Management", Room 406
;
proc print;
run;

输出窗口信息：

Obs	speakers	title	location
1	Song	Credit Derivatives	Room 329
2	Zhu	Credit Risk Management	Room 406

3.2.5　格式化方式输入

格式化输入方式是 INPUT 语句读取非标准数据的唯一方法，即在变量名后面规定输入格式。这种输入方式不仅给出了该输入数据所对应的类型,而且给出了输入数据所在列的长度。简单的格式化输入方式要求变量与其对应的原始数据输入值的排列顺序一致。如果想按照其他顺序导入原始数据,则需要使用指针控制。

1. 格式化方式输入

INPUT<pointer-control>variable informat. <@|@@>;
INPUT <pointer-control>(variable-list)(informat-list) <@|@@>;
INPUT <pointer-control>(variable-list)(<n* >informat.)<@|@@>;

其中:
n*规定在输入列表中后面的输入格式重复 n 次。

例 3.8 格式化方式输入。

```
data;
infile Cards;
Input(X1-X5)(3*7.2,2*5.2);
 ⋮
```

例中,前 3 个变量 X1~X3 的格式为 7.2,而后 2 个变量 X4~X5 的格式为 5.2。

例 3.9 导入非标准数据 $1,000.22。

```
data one;
input x comma9.2;
Cards;
$1,000.22
;
run;
```

例中,导入的数据为 1000.22,这里要注意长度,该数据符号加上数字一共是 9 列。

2. 分组格式表

分组格式表含有两个列表,每个都括在括号里。第一个指明变量;第二个给出输入格式。

例 3.10 分组格式表。

```
Input(s1-s5)(4.);                /* s1 到 s5 取值宽度均是 4.*/
Input(a b)($,5.);                /* a 的格式是$,b 的格式是 5.*/
Input(a b)($5.);                 /* a b 使用相同的格式$5.*/
Input(name s1-s5)($10. 5*4.);    /*变量 name 使用格式$10.,而变量 s1 到 s5 均使用
                                   "4.",这里使用了 5*4 修饰符,表明后面的格式
                                   "4."重复 5 次*/
data scores;
input(name score1-score5)($10. 5*4.);
Cards;
```

```
Whittaker 121 114 137 156 142
Smythe    111  97 122 143 127
;

input(name s1-s5)($10.4.);
input(name s1-s5)($10.4.4.4.4.4.);
input(name s1-s5)($10.5*4.);
```

3. 格式化方式输入特点

格式化方式输入对缺失值的处理根据输入格式而定。SAS 一般默认空格是字符数据的缺失值,句号是数值数据的缺失值。其他输入格式对于缺失值的处理则不同,如 $CHAR.w 把空格作为数据值的一部分,BZ.w 则把空格当作零来处理。

在 INPUT 语句中设定的输入格式并不存储在创建的 SAS 数据集中,而在 INFORMAT 或 ATTRIB 语句中设定的输入格式会被永久性存储。

3.2.6 命名方式输入

如果数据行中含有变量的名字,后面跟着等号和变量的值,读取数据时应该使用命名输入方式。

1. 命名方式输入语句格式

INPUT <pointer-control>variable=<$><@|@@>;
INPUT variable=<$>start-column <-end-column><.decimals><@|@@>;
INPUT <pointer-control>variable=informat.<@|@@>;

其中,variable=规定用于 INPUT 语句导入的变量名。

2. 命名方式输入使用条件

在 INPUT 语句的使用过程中,有时可以混合使用命名方式输入和其他方式的输入。需要注意的是,一旦 INPUT 语句开始使用命名输入格式,SAS 要求从这之后的变量值均使用这种方式导入数据,而不能使用其他的输入方式。如果后面的数据格式和命名输入格式不一致,程序就会出错。

例 3.11 使用命名输入格式。

```
data a;
input  date   yymmdd10. fullshr  stkcd=$   lstknm=$;
cards;
2001-01-18  1486553100  stkcd=600001 lstknm=邯郸钢铁
;
run;
```

后面变量的不采用命名输入格式,导入数据时出错。

```
data a;
input  date  yymmdd10. stkcd=$  lstknm=$  fullshr;
cards;
2001-01-18   stkcd=600001 lstknm=邯郸钢铁 1486553100
;
run;
```

Log 窗口显示出错信息:

NOTE: LOST CARD.
RULE: ----+----1----+----2----+----3----+----4----+----5----+----6----+----7----+----8----
date=14993 stkcd=600001 lstknm=邯郸钢铁 fullshr=. _ERROR_=1 _N_=1
NOTE: INPUT 语句到达一行的末尾,SAS 已转到新的一行。
NOTE: 数据集 WORK.A 有 0 个观测和 4 个变量。

例 3.12 命名方式输入的数据可以不管顺序。

```
data a;
input date yymmdd10. fullshr stkcd=$lstknm=$;
cards;
2001-01-18 1486553100 lstknm=邯郸钢铁 stkcd=600001
;
run;
```

例 3.13 当导入的数据中包含空格时,为确保导入正确,需要像列表方式那样将数据行中的数据列至少用两个空格隔开。

```
data list2;
informat header $30. name $15.;
input header=name=;
Cards;
header=   age=60 AND UP   name=PHILIP
;
run;
```

3.3 指针控制

当 SAS 从输入数据中读取数据,并将其导入到输入缓冲区时,用一个指针标记所读数据的位置。INPUT 语句提供了三种方式来控制指针运动。

列指针控制	设置指针的列位置
行指针控制	设置指针的行位置
行固定说明符	在输入缓冲区内保持指针在同一个记录行上,从而使得其他的 INPUT 语句可以导入同一条记录行。SAS 默认的情况下,INPUT 语句在导入一条记录之后就自动释放该条记录而进入下一条

通过列和行指针控制可以把指针指在绝对的行和列,或者相对行和列。表 3.1 列出了 INPUT 语句中的指针控制命令。

表 3.1　INPUT 语句中的指针控制命令

指针控制	相对位置	绝对位置
列指针控制	+n +numeric-variable +(expression)	@n @numeric-variable @(expression) @'character-string' @character-variable @(character-expression)
行指针控制	/	#n #numeric-variable #(expression)
行固定说明符	@ @@	(not applicable) (not applicable)

注:要在变量之前设定指针控制语句。也可以使用 INFILE 语句中的 COLUMN= 和 LINE= 选项来指定当前指针行和列的位置。

3.3.1　列行指针控制

列指针控制指定变量从哪一列开始导入数据。

行指针控制可以实现如下控制:
- 将指针移动至下一次记录行;
- 在 INPUT 语句中定义每个观测所要导入的记录行数量,或在 INFILE 语句中使用 N= 选项设定每个观测所需导入的记录数量。

例 3.14　列行指针控制。

```
data one;
input @2 Name $  +1 age;
cards;
  sara 15
  kitty 23
  paul  24
;
run;
```

例中,@2 表示第一个变量 Name 从每个观测记录的第二列开始读取数据,在读完 Name 之后,+1 表示此时指针向右相对移动一列读取 age 的数值。通过列表输入方式的 INPUT 语句,每导入一个数值之后,指针自动停留在数据后的第二列上(如本例第一个数据行,读完 sara 后,指针已经指到 sara 后第二列上),所以此时指针只需相对向右一位,就能继续导入下一个变量。

3.3.2 使用行固定说明符

下列情况发生时使用行固定说明符使得指针停留在当前的输入记录行上。
- 一个数据记录行被多个 INPUT 语句导入(单尾缀@);
- 一个数据记录行包含多个观测所需要的值(双尾缀@@);
- 一个数据记录行需要在下一个 DATA 步的重复过程中再次导入(双尾缀@@)。

一个单尾缀@允许下一个 INPUT 语句导入同一条观测,但要求一条观测必须对应一个数据行。若使用双尾缀@@,则在执行下一个 INPUT 语句时指针保持在当前记录行,不要求一条观测对应一个数据行。

1. 单尾缀@

一般来说,数据步中的每个 INPUT 语句都会将一条新的数据记录行导入输入缓冲区中,若用单尾缀@控制,则在同一个重复过程中:
- 指针位置没有改变;
- 没有新的记录行被导入到输入缓冲区当中;
- 下一个 INPUT 语句会继续导入同一条记录行。

SAS 在使用单尾缀@时,会在碰到以下情况时释放一条记录行:
- 一个空的 INPUT 语句:input;
- 一个不带单尾缀@的 input 语句;
- 下一次重复过程开始。

例 3.15 单尾缀@的作用。

```
data one;
input a b @;                /* input 语句 1 */
input;                      /* input 语句 2 */
input c d;                  /* input 语句 3 */
cards;
1 2 3 4
1 2 3 4
;
run;
```

上述例子是一个标准组合顺序 123 ,得到的结果是:

```
Obs         a   b   c   d
 1          1   2   1   2
```

第一个 input 语句后的@使指针处在同一数据记录行中,而第二个空 input 语句则使得指针释放第一个数据记录行转到下一个数据记录行,第三个 input 语句则将第二个数据行的前两个数据导入 c 和 d 变量。这时整个程序步只完成了一个重复,所以这个组合的 input 语句只产生一个观测。

如果是 13 组合,得到的结果:

```
Obs         a   b   c   d
 1          1   2   3   4
 2          1   2   3   4
```

缺少一个空的 input 语句,这样在第一个 input 读完后,指针仍在同一行中,第二个 input 语句从同一数据记录行的第三个数据开始读起。这样程序一共可以运行两次重复,导入两个观测,4 个变量。

2. 双尾缀@@

一般来说,若使用双尾缀@@,则数据步在进行下一次重复过程时,INPUT 语句导入同一条记录行。在碰到下列情况时,SAS 才会将一个记录行释放:

- 指针移动超过了输入记录的尾端;
- 空 INPUT 语句;
- 在 DATA 步下一次重复开始时,有一个单尾缀的 INPUT 语句 input @。

例 3.16 双尾缀@@的作用。

```
data one;
input a b @@;
cards;
1 2 1 2
1 2 1 2
;
run;
```

例中,每个数据记录行可以完成两次重复过程,当指针移动超过了输入记录的尾端,指针才开始换行。

3.3.3 读完数据后的指针位置

理解指针在导入数据后所停留的位置非常重要,特别是在同一个 INPUT 语句中使用多个输入方式的时候。比如,列方式和格式化方式输入,指针在读完 INPUT 语句中指定的列后停留在下一列上。列表方式输入,指针通过扫描数据记录行来定位数据值并导入该数据值尾部的一个空格来标志该值导入完毕,所以在使用列表方式输入时,指针停留在数据值后的第二列上。

分别用列表方式、列方式、格式化方式导入下一段数据:

```
----+----1----+----2----+----3
REGION1    49670
REGION2    97540
REGION3    86342
```

```
data;
input region $ jansales;
cards;
REGION1    49670
REGION2    97540
REGION3    86342
;
run;
```

1. 列表方式

`input region $ jansales;`

在读完 REGION1 之后,指针停留在第 9 列上。

```
----+----1----+----2----+----3
REGION1    49670
        ↑
```

2. 格式化方式和列方式

1) 列方式

`input region $1-7 jansales 12-16;`

2) 格式化方式

`input region $7. +4 jansales 5.;`
`input region $7. @12 jansales 5.;`

INPUT 语句控制指针从前 7 列中读取数据赋给变量 REGION,指针停留在第 8 列上。

```
----+----1----+----2----+----3
REGION1    49670
       ↑
```

3.3.4 多个数据行构成一个观测

INPUT 语句中, ♯指针控制后最大的一个数字就是每次导入输入缓冲区里的数据行的最大数目,可以使用 INFILE 语句中的 N= 选项来改变这个数目,如下面的语句中 age 3. 后面的 ♯3 就说明这个最大数目是 3。

```
input @31 age 3. #3 id 3-4 #2 @6 name $20.;
```

例 3.17 多个数据行构成一个观测实例。

```
data list2;
   infile Cards;
   input #4 name $1-10 #2 age 13-14 #3 team 16;
   Cards;
li          12 1
wang        45 2
zhou        12 3
qian         3 4
zhang       23 5
ren         11 6
wu           1 7
qiu         98 8
;
proc print data=list2;
quit;
```

输出窗口结果:

Obs	name	age	team
1	qian	45	3
2	qiu	11	7

♯后最大是 4,即 input 语句每次导入 4 个数据行。每个变量前面的 ♯n 表示该变量导入这 4 个数据行中第 n 行的相应数据,如 age 第一次导入的就是前 4 个数据行中第 2 行第 13 和第 14 列上的数值 45,而 team 导入的是前 4 个数据行中第 3 行第 16 列上的数值 3。

如果该变量前面没有写 ♯n,则指针保持在当前行,如 team 前面没有写 ♯3,则 team 与 age 一样,导入第 2 行的数据。

```
input #4 name $1-10 #2 age 13-14  team 16;
```

对应输出窗口结果:

Obs	name	age	team
1	qian	45	2
2	qiu	11	6

控制行指针的控制符号/用来前进到下一次记录行。

例如：

```
data list2;
infile Cards;
input   name $ / age #2 @5 team;
Cards;
li
12  1
wang
45  2
;
proc print data=list2;
quit;
```

输出窗口结果：

Obs	name	age	team
1	li	12	1
2	wang	45	2

由#2，每个 input 导入两个数据行，name 在导入第一行的数据 li 之后，/符号使指针指向下一次记录行的开始，将 12 赋值给变量 age，然后遇到#2，指针依然停在第二行，@5 使指针移动至第 5 列，将 1 赋值给 team。

3.3.5 指针超过行结尾

在使用@或+控制指针时，如果指针移动超过数据行的结尾，则自动转到下一次数据记录行的第一列，并将此信息输入到 SAS 日志中。

例 3.18 指针移动超过数据行的结尾，自动转为下一次数据记录的第一行。

```
data one;
input x   +6 y;
cards;
1    2
3    4
;
run;                        /* x=1 y=3 */
```

日志信息：

```
23    data one;
24    input   x   +6 y;
25    cards;
```

```
NOTE: INPUT 语句到达一行的末尾,SAS 已转到新的一行。
NOTE: 数据集 WORK.ONE 有 1 个观测和 2 个变量。
NOTE: "DATA 语句"所用时间(总处理时间):
      实际时间           0.05 秒
      CPU 时间           0.06 秒
30   ;
31   run;
```

可以通过修改 INFILE 语句中的默认选项 FLOWOVER,使用 STOPOVER 选项来把这种情况设定为错误,并停止建立新的数据集。或使用 INFILE 中的 MISSOVER 选项,设定如果指针转到新的一行,则把 INPUT 语句中的剩余的变量设成缺失的。

3.3.6 指针移到第一列之前

当列指针试图移到第一列之前的位置时,会被限制到第一列。

例 3.19 列指针移到第一列。

```
data one;
input x @(x-7) y;
cards;
1
;
run;                        /* x=1 y=1 */
```

SAS 在读完 X 的值之后,指针回到第一列。x 和 y 有同样的值。

3.4 过程步导入数据

IMPORT 过程可以导入的外部数据文件:
- PC 格式的数据文件;
- 以固定字符为字段分隔符的文本文件。

3.4.1 句法与选项说明

句法:

```
PROC IMPORT
DATAFILE="filename" | TABLE="tablename"
OUT=SAS-data-set
<DBMS=identifier><REPLACE>;
```

选项说明:

DATAFILE=	规定要导入外部文件的地址及名称
TABLE=	规定外部数据文件中的表名
OUT=	规定要输出的 SAS 数据集
DBMS=	规定外部数据文件格式的标识名
REPLACE	规定替换已存在文件

DBMS 的参数列表如表 3.2 所示。

表 3.2 不同 PC 格式文件所使用的 DBMS 标识名

DBMS 标识名	导入的数据源	后 缀
ACCESS	Microsoft Access 数据库	MDB
DBF	DBASE 文件	DBF
WK1	Lotus 1 表	WK1
WK3	Lotus 3 表	WK3
WK4	Lotus 4 表	WK4
EXCEL	Excel V4 或 V5 表	XLS
EXCEL4	Excel V4 表	XLS
EXCEL5	Excel V5 表	XLS
EXCEL97	Excel 97 或 2000 表	XLS
DLM	固定分隔符文本文件(缺省时为空格)	*
CSV	逗号为分隔符的文本文件	CSV
TAB	表格符为分隔符的文本文件	TXT

IMPORT 过程步中还可以加入其他一些限定数据导入与转换的选项,这些将在具体的例子中给出说明。

IMPORT 过程通过数据步,SAS/ACCESS 或库引擎将外部文件导入 SAS 数据集。运行 IMPORT 过程后,LOG 窗口给出导入 SAS 数据集的信息,若使用菜单导入时,LOG 窗口还提供源程序的编码。

3.4.2 导入程序模板

例 3.20 导入 EXCEL 数据表。

```
proc import out=tb31
datafile="D:\ResDat2\table.xls"
dbms=excel2000 replace;
range="'3#1$'";                          /*导入表 3.1 */
getnames=yes;
run;
```

range=修改为 sheet=时程序更好记:

```
proc import out=tb311
datafile="D:\ResDat2\table.xls"
dbms=excel2000 replace;
sheet="3.1";                             /*导入表 3.1 */
getnames=yes;
```

```
run;
```

例 3.21 从文本文件的第二行导入数据。

```
proc import out=b_share_1
datafile="D:\ResDat2\b_shares_1.txt"
dbms=dlm   replace;
getnames=no;
datarow=2;
run;
```

例 3.22 导入固定分隔符的外部文本文件。

```
proc import out=dlmfile
datafile="d:/ResDat2/dlmfile"
dbms=dlm replace;
delimiter='&';                              /*分隔符为 & */
getnames=yes;
options nodate ps=60 ls=80;
proc print data=dlmfile;
run;
```

3.5 使用锐思 RESSET 数据库

3.5.1 下载 SAS 数据集

登录锐思 RESSET 数据库网站(www.resset.cn),任选数据将其下载为 SAS 数据集。

锐思 RESSET 数据库已支持 SAS 数据下载功能,可直接选择下载格式为"Txt 创建 Sas 数据集(*.sas7bddat)"或"Excel 表格创建 Sas 数据集(*.sas7bddat)"等。进入下载界面后,可根据"Sas 程序使用指南"和数据库根据所选数据自动生成的"创建 Sas 数据集程序"将下载的 txt 文件或 Excel 文件转换为 Sas 数据集。

Sas 程序使用指南

使用 RESSET 给出的导入 SAS 数据集程序前,请按要求创建下载数据存储目录与 SAS 逻辑库。

(1) 创建下载数据存储目录为 D:\Res_sas。

(2) 创建 SAS 逻辑库 Res_sas,创建方法如下(如图 3.1 所示):

进入当前逻辑库页面,右键→新建,"名称"文本框中填 Res_sas,引擎选默认,选启动时启用。

路径选 D:\Res_sas。

(3) 如果下载的是压缩文件,需要先解压,并修改导入程序 infile 语句中的相关文件名和路径。

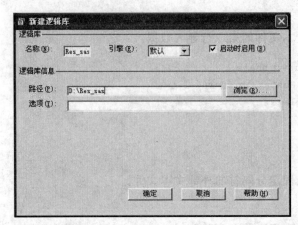

图 3.1 为锐思数据集创建逻辑库

例如,分别用 txt 和 Excel 创建含有股票退市信息全部变量的 Sas 数据集。

(1) 选择"退市信息"数据表选择全部变量。

(2) 选择下载格式为"Txt 创建 Sas 数据集(*.sas7bddat)"或"Excel 表格创建 Sas 数据集(*.sas7bddat)"。

(3) 进入下载界面,根据 Sas 程序使用指南创建数据存储目录。

(4) 将自动生成的程序放入 Sas 中运行即得相应 *.sas7bddat 数据集。

锐思 RESSET 数据库系统自动生成程序如下:

1. Txt 创建 Sas 数据集(*.sas7bddat)

Data Res_sas.DELINFO_1(label="退市信息");
Infile 'D:\Res_sas\DELINFO_1F08966051E_(1).txt' delimiter='09'x Missover Dsd lrecl=32767 firstobs=2;
Format Comcd $7.;
Format stkcd $6.;
Format Lstknm $12.;
Format Stkcdotrd $6.;
Format delstDt YYMMDD10.;
Format Lstdt YYMMDD10.;
Format Stkcdbfdelst $6.;
Format Exchflg $1.;
Format Stktype $1.;
Format Thimktflg $1.;
Format ISIN $12.;
Format nobs 10.;
Informat Comcd $7.;
Informat stkcd $6.;
Informat Lstknm $12.;
Informat Stkcdotrd $6.;
Informat delstDt YYMMDD10.;

```
Informat Lstdt YYMMDD10.;
Informat Stkcdbfdelst $6.;
Informat Exchflg $1.;
Informat Stktype $1.;
Informat Thimktflg $1.;
Informat ISIN $12.;
Informat nobs 10.;
Label Comcd="公司代码";
Label stkcd="股票代码";
Label Lstknm="最新股票名称";
Label Stkcdotrd="交易时股票代码";
Label delstDt="退市日期";
Label Lstdt="股票上市日期";
Label Stkcdbfdelst="退市前代码";
Label Exchflg="交易所标识";
Label Stktype="股票类型";
Label Thimktflg="三板市场标识";
Label ISIN="ISIN 编码";
Label nobs="观测序号";
Input Comcd $ stkcd $ Lstknm $ Stkcdotrd $ delstDt Lstdt Stkcdbfdelst $ Exchflg $
Stktype $ Thimktflg $ ISIN $ nobs;
Run;
```

2. Excel 表格创建 Sas 数据集（*.sas7bddat）

```
Proc Import Out=Res_sas.DELINFO_1
Datafile="D:\Res_sas\DELINFO_FB533DC6C36_(1).xls"
Dbms=Excel Replace;
Sheet="DELINFO";
Getnames=Yes;
Mixed=No;
Scantext=Yes;
Usedate=Yes;
Scantime=Yes;
Run;
data Res_sas.DELINFO_1(label="退市信息");
Format Comcd $7.;
Format stkcd $6.;
Format Lstknm $12.;
Format Stkcdotrd $6.;
Format delstDt YYMMDD10.;
Format Lstdt YYMMDD10.;
Format Stkcdbfdelst $6.;
Format Exchflg $1.;
Format Stktype $1.;
```

```
Format Thimktflg $1.;
Format ISIN $12.;
Format nobs 10.;
Informat Comcd $7.;
Informat stkcd $6.;
Informat Lstknm $12.;
Informat Stkcdotrd $6.;
Informat delstDt YYMMDD10.;
Informat Lstdt YYMMDD10.;
Informat Stkcdbfdelst $6.;
Informat Exchflg $1.;
Informat Stktype $1.;
Informat Thimktflg $1.;
Informat ISIN $12.;
Informat nobs 10.;
Label Comcd="公司代码";
Label stkcd="股票代码";
Label Lstknm="最新股票名称";
Label Stkcdotrd="交易时股票代码";
Label delstDt="退市日期";
Label Lstdt="股票上市日期";
Label Stkcdbfdelst="退市前代码";
Label Exchflg="交易所标识";
Label Stktype="股票类型";
Label Thimktflg="三板市场标识";
Label ISIN="ISIN 编码";
Label nobs="观测序号";
set Res_sas.DELINFO_1;
delstDt=input(delstDt_1,YYMMDD10.);
                /*将字符格式的变量 delstDt_1 转换为日期格式的变量 delstDt */
drop delstDt_1;
Lstdt=input(Lstdt_1,YYMMDD10.);
drop Lstdt_1;
nobs=input(nobs_1,10.);    /* 将字符格式的变量 nobs_1 转换为数值格式的变量 nobs */
drop nobs_1;
if Comcd=' ' then delete;
run;
```

3.5.2 使用 RESSET 数据库系统自动产生 SAS 程序

使用锐思 RESSET 数据库系统自动产生"创建 SAS 数据集程序"的功能,写出将下列格式数据文件转换为 SAS 数据集的程序。

- 逗号分隔文本(*.CSV);
- 空格分隔文本(*.TXT);

- Tab 键分隔文本(*.TXT);
- Excel 电子表格(*.XLS);
- 字符型 Excel 电子表格(*.XLS);
- Excel 2007 电子表格(*.XLSX)。

使用锐思 RESSET 数据库系统自动产生程序,修改分隔符、数据文件扩展名即可完成。请读者自己操作练习。

习 题 3

1. 登录锐思数据库网站 www.resset.cn,分别下载逗号分隔文本(*.CSV),空格分隔文本(*.TXT),Tab 键分隔文本(*.TXT),Excel 电子表格(*.XLS),字符型 Excel 电子表格(*.XLS),并将下载后的数据导入为 SAS 数据集。写出操作过程及 SAS 导入程序。

2. 登录锐思数据库网站 www.resset.cn,完成 R、MATLAB 及 Stata 格式数据集的下载操作。写出操作过程及数据导入程序。

3. 变量 Fee 的数值如下形式:

```
35 78 99 36 79 21 23 90 87 90
33 55 66
12 98 1100
```

利用 input 与 cards 语句,创建 SAS 数据集 A,A 中有数值变量 Fee。

第 4 章 数据步数据集操作

本章用到的数据集涉及 ResDat. class、ResDat. stk000001、ResDat. stk000002、ResDat. Idx000001、ResDat. Idx399001、ResDat. Iissulst、pad. txt 和锐思 RESSET 数据库网站（www.resset. cn）。

数据步创建数据集，输出报告和外部文件等操作会产生相应格式的文件。本章介绍数据步数据集操作语句的功能与用法。

表 4.1 列出了数据步数据集操作语句与功能。由于 Input 语句的功能非常强大，且难以掌握，所以，本书特别在第 3 章对 Input 语句作专门介绍。

表 4.1 数据步数据集操作语句

语 句	功 能
Data	激活 DATA 步并创建一个 SAS 数据集
Input	描述数据行或外部输入文件的记录
Cards	告知 SAS 系统下面是数据行
Cards4	告知 SAS 系统下面是含分号的数据行
Datalines	CARDS 语句的另一种写法
Datalines4	CARDS4 语句的另一种写法
Put	显示或输出数据行
Set	从一个或几个已存在的 SAS 数据集中读取观测
Merge	合并两个或两个以上的 SAS 数据集的观测为单个观测
By	规定对数据集进行分组的变量
File	规定当前 PUT 语句的输出文件
Update	更新 SAS 数据集
Modify	修改 SAS 数据集
Infile	规定 DATA 步要读入的外部文件

4.1 创建数据集语句 DATA

DATA 语句表示数据步开始。

4.1.1 语句格式

DATA <data-set-name-1 <(data-set-options-1)>><…data-set--name--n <
(data-set-options-n) >>   </ DEBUG>;

DATA view-name <data-set-name-1 <(data-set-options-1)>>
<…data-set-name-n <(data-set-options-n)>>/
VIEW=view-name < (<password-option><SOURCE=source-option>)>;

DATA data-set-name / PGM=program-name
< (<password-option><SOURCE=source-option>)>;

DATA PGM=program-name(<password-option>);
<DESCRIBE;>
<REDIRECTREDIRECT INPUT | OUTPUT old-name-1=new-name-1
<… old-name-n=new-name-n>>; <EXECUTE;>

DATA VIEW=view-name(<password-option>); DESCRIBE;

4.1.2 选项说明

data-set-name	规定要创建的 SAS 数据集
Data-set-options	数据集选项
VIEW=	创建 DATA 步数据视窗文件
PGM=	存储被编辑程序

这里只给出常用选项的说明,其他选项说明可以从 SAS 系统帮助中查找。

例 4.1 规定要创建的 SAS 数据集。

```
data;                  /*系统自动规定数据集名 datan */
data a;                /*创建临时数据集 a */
data ResDat.a;         /*创建永久数据集 ResDat.a */
data data1 data2;      /*创建两个临时数据集 data1 和 data2 */
data _null_;           /*特殊名,不创建 SAS 数据集,用于输出 */
run;
```

例 4.2 数据集选项举例。

```
data new(drop=var1);              /*去掉数据集 new 中变量 var1 */
data new(keep=_numeric_);         /*保留数据集 new 中所有数值变量 */
data new(label='股数变动历史');    /*规定数据集 new 标签名为"股数变动历史" */
data new(rename=(var1=u var2=v)); /*将数据集 new 中变量 var1 和 var2 更名为 u 和 v */
data book(index=(author subject));/*数据集 book 对变量 author subject 建立索引 */
```

例 4.3 创建 DATA 步数据视窗文件。

```
data class/ view=class;
set ResDat.class;
run;
```

例 4.4 存储被编辑程序。

```
data class1(keep=name age weight)/pgm=cl;    /* cl 是被存储的 SAS 程序 */
set ResDat.class;
run;
```

例 4.5 用 DATA 步执行一个被存储的编辑程序。

```
data pgm=cl;
run;
```

4.1.3 特殊数据集名

1. _data_（省略数据集名）

```
data _data_;                                 /* 等价于语句 data; */
```

系统自动为数据集赋名为 data1, data2,…, datan。

2. _null_

一般和 PUT 语句一起用。由 PUT 输出结果，只输出到 LOG 窗口，不会产生 SAS 数据集。

例 4.6 不产生数据集。

```
data _null_;
x=exp(5);
y=log(10);
put x= y=;
run;
```

3. _last_

last 是 SAS 系统的一个自动变量，取值为最新创建的 SAS 数据集名。

例 4.7 查看最新创建的 SAS 数据集。

```
data a;
set _last_;
run;
```

4.1.4 一个 DATA 语句下多个数据集名

例 4.8 观测子集的形成。

```
data FemaleSt  MaleSt;
set ResDat.class;
if sex='F' then output FemaleSt;
else output MaleSt;
run;
```

例中,根据条件产生两个观测子集,名字分别为女同学信息数据集 FemaleSt 和男同学信息数据集 MaleSt。

例 4.9 变量子集的形成。

```
data height(keep=name height) weight(keep=name weight);
set ResDat.class;
run;
```

例中,根据条件产生两个变量子集,名字分别为 height、weight,每个数据集由 KEEP 语句保留两个变量。

4.2 数据行引导语句 CARDS 与 CARDS4

CARDS 语句或 DATALINES 语句告诉 SAS 系统后面跟着的是数据行。

4.2.1 CARDS 语句

语句格式:

```
CARDS;(或 DATALINES;)
[数据行]
;
```

例 4.10 数据行之前用 CARDS 语句。

```
data;
input var1 var2 var3 $;
cards;
16 20 First
;
```

4.2.2 CARDS4 语句

数据行中含有分号时,必须用 CARDS 4 或 DATALINES4 语句。

语句格式:

```
Cards 4;(或 DATALINES4;)
[数据行]
;;;;
```

例 4.11 数据行中含有分号时用 CARDS4 语句。

```
data;
input var1 $ var2 $ var3 $;
cards4;
A  ;   B
(  ;  )
;;;;
```

4.3 输出语句 PUT

PUT 语句输出信息到:
- SAS 系统的 LOG 窗口;
- SAS 系统的 OUTPUT 窗口;
- FILE 语句规定的外部文件。

4.3.1 语句格式

PUT 语句有 5 种形式:
- 简单方式;
- 列方式;
- 格式化方式;
- 列表方式;
- 命名方式。

1. 简单方式

PUT <specification(s)><@|@@>;
PUT <pointer-control><specification><…specification <@|@@>>;

2. 列方式

PUT <variable><$>start-column <-end-column><.decimalplaces><@|@@>;

3. 格式化方式

PUT <variable><$>start-column <-end-column><.decimalplaces><@|@@>;
PUT <pointer-control>variable format.<@|@@>;
PUT <pointer-control>(variable-list)(format-list) <@|@@>;

4. 列表方式

PUT <pointer-control >variable <$><@|@@>;
PUT <pointer-control ><n * >'character-string' <@|@@>;
PUT <pointer-control>variable <: | ~>format. <@|@@>;

5. 命名方式

PUT <pointer-control>variable=<format.><@|@@>;
PUT variable=<$>start-column <-end-column><.decimalplaces><@|@@>;

4.3.2 选项说明

与 INPUT 语句中的选项说明类似，INPUT 用于输入，而 PUT 用于输出。

4.3.3 应用举例

例 4.12 用 PUT 语句产生的输出结果及其比较。

```
data _null_;
put 132 * '_';         /*在 log 窗口输出 132 个下划线"_"*/
put 100 * '1';         /*在 log 窗口输出 100 个 1*/
run;

data _null_;
input x y z;
put _infile_;          /*输出最新的数据行到 SAS Log 窗口*/
cards;
1 -5 9
0 3 7
10 2 8
;
run;
```

LOG 窗口输出结果：

```
1 -5 9
0 3 7
0 2 8
```

```
data _null_;
input x y z;
put _all_;
cards;
1 -5 9
0 3 7
10 2 8
;
run;
```

LOG 窗口输出结果：

```
x=1 y=-5 z=9 _ERROR_=0 _N_=1
x=0 y=3 z=7 _ERROR_=0 _N_=2
x=10 y=2 z=8 _ERROR_=0 _N_=3
```

```
data _null_;
set ResDat.class;
put _all_;
run;
```

LOG 窗口输出结果：

```
Name=Alfred Sex=M Age=14 Height=69 Weight=112.5 _ERROR_=0 _N_=1
Name=Alice Sex=F Age=13 Height=56.5 Weight=84 _ERROR_=0 _N_=2
Name=Barbara Sex=F Age=13 Height=65.3 Weight=98 _ERROR_=0 _N_=3
⋮
```

4.3.4 指针控制

指针控制说明如表 4.2 所示。

表 4.2 指针控制说明

指针控制	相对位置	绝对位置
列指针控制	+n	@n
	+numeric-variable	@numeric-variable
	+(expression)	@(expression)

续表

指针控制	相对位置	绝对位置
行指针控制	/	#n
	page	# numeric-variable
	blankpage	#(expression)
	overprint	
行固定说明符	@单尾符	不能使用
	@@双尾符	不能使用

例 4.13 _PAGE_选项把指针移到新一页的第一行。

```
proc sort data=sashelp.class out=class;
by sex;
run;
data _null_;
set class;
by sex;
file print;                              /* OUTPUT 窗口输出 */
put name 1-8  @12 sex;
if last.sex then put  _page_;
run;
```

例中,运行 DATA 步时,如果 LAST.SEX 的值是 1,语句 PUT _PAGE_ 把指针移到新一页的第一行。

例 4.14 其他控制输出格式举例。

```
proc sort data=sashelp.class out=class;
by sex;
run;
data _null_;
set class;
by sex;
file print;                              /* OUTPUT 窗口输出 */
put name 1-8  @12 sex;
if last.sex then put // 'This is the last of ' sex $  _page_;
run;
```

OUTPUT 窗口输出结果:

第一页

```
Alice        F
Barbara      F
Carol        F
```

```
Jane        F
Janet       F
Joyce       F
Judy        F
Louise      F
Mary        F
```

This is the last of F

第二页

```
Alfred      M
Henry       M
James       M
Jeffrey     M
John        M
Philip      M
Robert      M
Ronald      M
Thomas      M
William     M
```

This is the last of M

```
data;
put 'Example of overprint' overprint '--------------------------';
run;
```

LOG 窗口输出结果：

```
Example of overprint
--------------------------
```

4.3.5 列方式输出

语句格式：

PUT <variable><$>start-column <-end-column><.decimalplaces><@ | @@>;

例 4.15 控制输出的列位置。

```
data a;
a=100;
b=300;
put a 10-16 .2 b 20-26 .3;
run;
```

LOG 窗口输出结果：

100.00   300.000

4.3.6 列表方式输出

语句格式：

PUT <pointer-control >variable <$><@|@@>;
PUT <pointer-control ><n*>'character-string' <@|@@>;
PUT <pointer-control>variable <:|~>format.<@|@@>;

修饰符说明：
- "n*"规定后面格式重复 n 次；
- ":"规定后面格式输出变量值时去掉前后的空格。

例 4.16 应用举例。

data a;
x1=134569.236;
x2=18969.06;
x3=3592.191;
put(_all_)(3*comma10.2);
run;

LOG 窗口输出结果：

134,569.24 18,969.06   3,592.19

data a;
x1=134569.236;
x2=18969.06;
x3=3592.191;
put(x1-x3)(3*comma10.2);
run;

LOG 窗口输出结果：

134,569.24 18,969.06   3,592.19

data a;
x1=134569.236;
x2=18969.06;
x3=3592.191;
put x1 : comma10.2   x2: 10.1   x3 10.4;
run;

LOG 窗口输出结果:

```
134,569.24 18969.1   3592.1910
```

4.3.7 格式化输出

语句格式:

PUT <variable><$>start-column <-end-column><.decimalplaces><@|@@>;
PUT <pointer-control>variable format.<@|@@>;
PUT <pointer-control>(variable-list)(format-list)<@|@@>;

例 4.17 应用举例。

```
data a;
input name & $10. bldg $ room;             /*变量 name 有空格*/
put name @20 (bldg room)($1."-", 3.);      /*从第 20 列开始输出第二、三个变量*/
cards;
GU BEIJING   J   125
ROBERT US   C   233
;
run;
```

上述程序也可以写成:

```
data a;
input name & $10. bldg $ room;
a='-';
put name @20 bldg $a $room;
cards;
GU BEIJING   J   125
ROBERT US   C   233
;
run;
```

第一种方法的效果好。

4.4 读入已存在 SAS 数据集语句 SET

SET 语句从一个或多个已存在的 SAS 数据集中读取观测值,并将这些观测纵向组合在一个数据集中。

4.4.1 语句格式

SET <data-set-name-1<(data-set-options-1)>>

```
<… data-set-name-n <(data-set-options-n)>>
<POINT=variable-name |KEY=index-name>/UNIQUE>
<NOBS=variable-name><END=variable-name>;
```

一个 DATA 步中可以有多个 SET 语句,一个 SET 语句中可以有任个 SAS 数据集。

4.4.2 选项说明

没有变元	读最新创建数据集
Data-Set-Name	规定要组合的数据集
Data-Set-Options	规定对数据集的操作,常用选项 keep=,Drop=,rename=,where= 和 in=
Point=Variable_Name	规定一个临时变量控制 SET 语句读入的观测序号
KEY=Index-Name	创建一个新自动变量_IORC_,显示最近的 I/O 操作的观测序号
Key=Unique	规定从数据集索引的开头开始搜索
NOBS=Variable_Name	规定一个临时变量,记录读入数据集的观测总数。此变量不含在新产生的数据集中
END=Variable_Name	规定一个临时变量,作为文件结束的标识。文件结束时取值 1,其他观测取 0。此变量不含在新的数据集中

数据集选项 in=var,规定临时变量 var,该变量标识观测是否来自该数据集,来自该数据集时其值为 1,否则为 0。

4.4.3 应用举例

例 4.18 选项说明若干举例。

规定临时变量选项 Point=:

```
data a;
set ResDat.class;
obs=_n_;
data b;
do n=3,5,7,4;
set a point=n;      /*读入数据集 a 中的第 3,5,7,4 观测 */
output;             /*这里不要 output 行不行?为什么? */
end;
stop;               /*使用选项 point=时,经常要用 stop 语句来终止 DATA 步的执行 */
proc print;
run;
```

使用选项 point=时,经常要用 stop 语句来终止 DATA 步的执行。因为使用 set 语句时,指针只有在遇到数据集的最后一条观测才会停止执行,而这里选择读入的最后一条观测一般情况下并不是数据集的最后一条观测,所以需要专门用 stop 语句停止指针执行,否则会陷入死循环。

去掉 stop 语句：do end 循环不能让指针达到最后一条观测值，set 语句会让循环持续执行，形成死循环。

```
data;
do n=3,5,7,4;
set a point=n;        /*读入数据集 a 中的第 3,5,7,4 观测 */
output;
end;
run;
```

使用中断工具终止程序运行。

例 4.19 连续两个 set 语句。

数据集 one：

X   Y
1   Groucho
3   Harpo
5   Kart

数据集 two：

X   Z
2   Chico
4   Zeppo

数据集 three 由两个 set 语句得到，程序如下：

```
data one;
input x y$;
cards;
1   Groucho
3   Harpo
5   Kart
;
data two;
input X Z$;
cards;
2   Chico
4   Zeppo
;
Data three;
Set one;
Set two;
Run;
```

得到数据集 three 如下所示：

```
X   Y          Z
2   Groucho    Chico
4   Harpo      Zeppo
```

例 4.20 数据集选项 in=var。

```
data a;
set one(in=one) two(in=two);
in1=one;
in2=two;
run;
```

数据集 a 如下所示：

x	y	z	in1	in2
1	Groucho		1	0
3	Harpo		1	0
5	Kart		1	0
2		Chico	0	1
4		Zeppo	0	1

规定临时变量选项 NOBS=：

```
data a;
do obsnum=1 to last by 3;          /*临时变量为 last */
   set ResDat.class point=obsnum  nobs=last;
   output;
end;
stop;
run;
```

找数据集的观测个数：

```
data a;
a=nobs;
set ResDat.class nobs=nobs;
if _n_=a;
run;
```

找数据集的最后一个观测值：

```
data a;
set ResDat.class nobs=nobs;
if _N_=NOBS;
run;
```

找数据集最后一个观测值更简单的方法：

```
data a;
```

```
set ResDat.class end=obs_last;
if obs_last=1;
run;
```

输出数据集的最后一个观测值：

```
data a;
set ResDat.class End=lastobs;
if lastobs;
x=lastobs;                    /*将临时变量 lastobs 的值赋给 X*/
put 'last observation';
run;
```

例 4.21 数据集选项说明若干举例。
保留部分变量：

```
data a;
set ResDat.Class(keep=name sex age);
run;
data b(keep=name sex age);
set ResDat.Class;
run;
data c;
set ResDat.Class;
keep name sex age;
run;
```

上述三段程序的结果相同。注意,但第三段程序用的是 KEEP 语句,不是数据集选项的应用。保留部分变量时可生成多个变量子集,如下：

```
data weight(keep=name weight) height(keep=name height);
set ResDat.class;
run;                          /*此程序将保留部分变量同时生成两个变量子集*/
```

保留部分观测：

```
data males;
set ResDat.class;
where sex='M';
run;
data males;
set ResDat.class;
if sex='M' then output;
run;
data males;
set ResDat.class;
if  sex^='M' then delete;
run;
```

上述三段程序的结果相同。保留部分观测时可生成多个观测子集：

```
data FemaleSt MaleSt;
set ResDat.class;
if sex='F' then output FemaleSt;
else if sex='M' then output MaleSt;
run;                           /* 此程序将保留部分观测同时生成两个观测子集 */
```

例 4.22　数据的纵向合并，相同变量的数据集合并。

```
data qttn;
set ResDat.stk000001  ResDat.stk000002;
run;
```

例 4.23　数据的纵向合并，不同变量的数据集合并。

```
data a;
set ResDat.class ResDat.stk000001;
run;
```

例 4.24　按顺序交替连接数据集。

```
data xyz;
input id$ x y z;
cards;
A 12 3 45
B 11 2 34
C 10 4 76
D 23 7 16
;
data uvw;
input id$ u v w;
cards;
A 20 5 50
B 12 3 32
C 16 8 99
D 27 11 15
;
proc sort data=xyz;
by id;
proc sort data=uvw;
by id;
run;
data a;
set xyz uvw;
by id;
proc print noobs;
run;
```

结果显示：

Id	X	y	z	u	v	w
A	12	3	45	.	.	.
A	.	.	.	20	5	50
B	11	2	34	.	.	.
B	.	.	.	12	3	32
C	10	4	76	.	.	.
C	.	.	.	16	8	99
D	23	7	16	.	.	.
D	.	.	.	27	11	15

4.5 横向合并数据集语句 MERGE

MERGE 语句将多个数据集中的观测合并为新数据集中的一个观测。SAS 系统合并观测的方式依赖于 BY 语句的使用。

4.5.1 语句格式

MERGE data-set-name-1 <(data-set-options)>
   data-set-name-2 <(data-set-options)>
   <…data-set-name-n<(data-set-options)>>
   <END=variable-name>;

4.5.2 选项说明

Data-Set-Name	规定要合并的数据集
Data-Set-Options	规定对数据集的操作，常用选项 keep＝,Drop＝,rename＝,where＝和 in＝
End＝Variable_Name	规定一个临时变量，作为文件结束的标识

数据集选项 in＝var,规定临时变量 var,该变量标识观测是否来自该数据集,来自该数据集时其值为1,否则为0。对于 merge 语句,数据集选项 in＝的作用很重要,方便选择适合条件的观测。

4.5.3 应用举例

例 4.25 一对一合并。

```
data a;
merge ResDat.class ResDat.stk000001;
run;
```

例中,一对一合并时,不需要 BY 语句。

例 4.26 匹配合并。

```
data a;
merge ResDat.stk000001(keep=date clpr rename=(clpr=clpr000001))
ResDat.stk000002(keep=date clpr rename=(clpr=clpr000002));
by date;
run;
```

例中,匹配合并必须有 BY 语句。

例 4.27 使用数据集选(in=),选择股票代码为 000001,200011,600601 和 900903 的首次发行与上市数据。

```
data stkcd;
input stkcd$6.;
cards;
000001
200011
600601
900903
;
data iissulst1;
merge resdat. iissulst stkcd(in=id);
if id;                    /* 选择满足条件股票的首次发行与上市数据 */
by stkcd;
run;
```

4.6 BY 语句

数据步中,BY 语句规定分组变量。用于控制 SET、MERGE、UPDATE 或 MODIFY 语句的操作。

4.6.1 语句格式

```
By <Descending><Groupformat>Variable-1
   <…<Descending><Groupformat>Variable-N><Notsorted>;
```

4.6.2 选项说明

Variable	规定分类排序或加索引的变量
Descending	规定按降序排序,缺省为按升序排
Groupformat	规定用格式化值分组
Notsorted	未排序

4.6.3 BY 语句概念

BY 变量	BY 语句规定的变量
BY 值	BY 变量的值或格式化值
BY 组	同一 BY 值所有观测构成的组

4.6.4 FIRST.变量和 LAST.变量

SAS 系统对每个 BY 组创建两个自动变量：First.variable 和 Last.variable，用来标识每个 BY 组的第一个和最后一个观测。对于一个 BY 组的第一个观测值,First.variable 取 1,其余取 0。对于一个 BY 组的最后一个观测值,Last.variable 取 1,其余取 0。这些变量不含在新产生的数据集中。

例 4.28 保留各 BY 组的最后一个观测值。

```
data a;
set ResDat.stk000001;
month=month(date);
year=year(date);
proc sort data=a;
by year month;
data b;
set a;
by year month;
if last.month;                              /*保留每月最后一个观测值*/
run;
```

4.7 删除变量语句 DROP 与保留变量语句 KEEP

4.7.1 DROP 语句

DROP 语句规定输出数据集中要删除的变量,对 DATA 步正在创建的所有 SAS 数据集都适用。虽然 DROP 语句规定的变量不在被创建的 SAS 数据集里,但这些变量可以用在程序语句中。该语句不是可执行语句,可以出现在 DATA 步的任何地方,且具有相同的作用。

语句格式:

DROP variable-list;

其中,varible-list 规定输出数据集中要删除的变量。

例 4.29 Drop 语句与数据集中的 drop＝选项。

```
data a;
set ResDat.class;
drop sex age;                                    /* drop 语句 */
proc print;
run;


data a(drop=sex age);                            /* 数据集中的 drop=选项 */
set ResDat.class;
proc print;
run;
```

例中,两段程序的效果相同。新建数据集 A 中将删除 SEX 和 AGE 两个变量。

4.7.2 KEEP 语句

KEEP 语句规定输出数据中要保留的变量,对 DATA 步正在创建的所有 SAS 数据集都适用。该语句不是可执行语句,可以用在 DATA 步程序语句的任何地方,且具有相同的作用。

语句格式:

KEEP variable-list;

其中,variable-list 规定输出数据集中要保留的变量。

例 4.30 Keep 语句与数据集中的 keep＝选项。

```
data a;
set ResDat.idx000001;
keep date clpr;                                  /* keep 语句 */
proc print  data=a  (obs=10);
run;


data a  (keep=date clpr);                        /* 数据集中的 keep=选项 */
set ResDat.idx000001;
proc print  data=a  (obs=10);
run;
```

4.7.3 DROP 和 KEEP 语句使用规则

- 同一个 DATA 步不用同时使用 DROP 和 KEEP 语句；
- RENAME 语句和 KEEP 或 DROP 语句一起使用时，KEEP 语句和 DROP 语句会首先起作用。即，在 KEEP 语句或 DROP 语句中使用旧名字。

例 4.31 RENAME 语句和 KEEP 语句一起使用时，KEEP 语句使用旧变量名时程序运行正常，keep 语句使用新变量名时程序运行出错。

```
data a;
set ResDat.Idx000001;
keep date clpr;                    /* 使用旧变量名,程序运行正常 */
rename clpr=clpr_SH;
run;


data a;
set ResDat.Idx000001;
keep date clpr_SH;                 /* 使用新变量名,程序不能正常运行 */
rename clpr=clpr_SH;
run;
```

LOG 窗口提示：

> WARNING：从未引用过 DROP、KEEP 或 RENAME 列表中的变量 clpr_SH。
> WARNING：从未引用过 DROP、KEEP 或 RENAME 列表中的变量 clpr。
> NOTE：从数据集 RESDAT.IDX000001 读取了 3891 个观测。
> NOTE：数据集 WORK.A 有 3891 个观测和 1 个变量。

Keep 语句在 rename 语句的后面也是先起作用：

```
data a;
set ResDat.Idx000001;
rename clpr=clpr_SH;
keep date clpr_SH;
    /* 使用新变量名,程序不能正常运行。Keep 语句在 rename 语句的后面也是先起作用 */
run;
```

4.7.4 数据集选项 DROP＝和 KEEP＝使用规则

数据集选项 drop＝和 keep＝的使用规则基本同 drop 和 keep 语句的使用规则，但更灵活。实现同样的功能，对于不同的数据集，新旧名的使用规则也不同。这里通过例子来说明。

例 4.32 读入数据集中的 keep＝选项使用旧变量名。

使用旧变量名,程序运行正常。

```
data a;
merge ResDat.Idx000001(keep=date clpr rename=(clpr=clpr_SH))
ResDat.Idx399001(keep=date clpr rename=(clpr=clpr_SZ));
by date;
run;
```

使用新变量名,程序运行出错。

```
data a;
merge ResDat.Idx000001(keep=date clpr_SH rename=(clpr=clpr_SH))
ResDat.Idx399001(keep=date clpr_SZ rename=(clpr=clpr_SZ));
by date;
run;
```

LOG 窗口提示:

ERROR:变量 clpr 不在文件 RESDAT.IDX000001 中。
ERROR:文件 RESDAT.IDX000001 的 DROP、KEEP 或 RENAME 选项无效。
ERROR:变量 clpr 不在文件 RESDAT.IDX399001 中。
ERROR:文件 RESDAT.IDX399001 的 DROP、KEEP 或 RENAME 选项无效。
339 by date;
340 run;
NOTE:SAS 系统由于错误而停止了该步的处理。

例 4.33 新创建数据集中的 keep= 选项使用新变量名。

如上例中的错误程序,改为新创建数据集中的选项 keep=,要用新变量名。

```
data a(keep=date clpr_SH clpr_SZ);
merge ResDat.Idx000001(rename=(clpr=clpr_SH))
ResDat.Idx399001(rename=(clpr=clpr_SZ));
by date;                        /*程序运行正常 */
run;
```

注意:KEEP 语句或 DROP 语句只能在 DATA 步中使用。为了在 PROC 步中保留变量或删掉变量,必须使用数据集选项 KEEP= 或 DROP=。

4.8 更改变量名语句 RENAME 与保留数值语句 RETAIN

4.8.1 更改变量名语句 RENAME

RENAME 语句可以更改多个变量的名字。

语句格式:

RENAME old-name-1=new-name-1… <old-name-n=new-name-n>;

其中：
- old-name 规定输入数据集中出现的变量名字；
- new-name 规定变量的新名字。

由于变量的新名字在输出的数据集中才起作用，所以在当前 DATA 步的程序语句须使用老名字。

例 4.34 应用举例。

```
data a(keep=date open low high close);
set ResDat.Idx000001;
rename oppr=open lopr=low hipr=high clpr=close;
proc print data=a(obs=3);
run;
```

OUTPUT 窗口显示：

Obs	Date	open	high	low	close
1	1990-12-19	96.05	99.98	95.79	99.98
2	1990-12-20	104.30	104.39	99.98	104.39
3	1990-12-21	109.07	109.13	103.73	109.13

4.8.2 保留数值语句 RETAIN

RETAIN 语句来规定单个变量、变量列表、或数组元素的初始值。没有为 retain 语句的变量赋新值时会保留该变量前面的值。

无论该语句在赋值语句的前后，都不影响程序的结果。RETAIN 语句不是可执行语句，可以用在 DATA 步的任何地方。

语句格式：

RETAIN< element-list-1<initial-value-1|(initial=value-1)|(initial-value-list-1)>
   <…element-list-n<initial-value-n|(initial-value-n)|(initial-value-list-n)>>>;

选项说明：

没有选项	规定用 INPUT 语句或赋值语句创建的所有变量值从 DATA 步的这次执行到下一次重复时，如无值赋给该变量，前面的值被保留
Element-List	规定变量名字，变量列表或数组名
Initial-Value	列出 RETAIN 语句所规定变量的初始值
Initial-Value-List	规定初始值列表

例 4.35 没有选项时，规定用 INPUT 语句或赋值语句创建的所有变量值从 DATA

步的这次执行到下一次重复时被保留。于是数据值在一些观测中可能保留了本应为缺失值的其他值。

```
data a;
input id @@;
retain;
if id=1 then test='pass';
if id=2 then test='fail';
cards;
1 2 2 2 3 5 1 5 3 1
;
proc print noobs;
run;
```

打印输出结果为：

ID	Test
1	Pass
2	Fail
2	Fail
2	Fail
3	Fail
5	Fail
1	Pass
5	Pass
3	Pass
1	Pass

例中，当 ID 的值为 1 或 2 时，都是对的。但当 ID 等于 1 和 2 以外的值时，没有一个 IF 条件是真的，故 TEST 没有接收新的值。由于有 RETAIN 语句，所以 TEST 就保持从上一观测中得到的值，这样就产生错误。若从这段程序删除 RETAIN 语句，当 ID 值不等于 1 或 2 时 TEST 的值为空格（缺失值）。

```
data a;
input id @@;
if id=1 then test='pass';
if id=2 then test='fail';
cards;
1 2 2 2 3 5 1 5 3 1
;
proc print noobs;
run;
```

打印输出结果为：

ID	Test

```
1    Pass
2    Fail
2    Fail
2    Fail
3
5
1    Pass
5
3
1    Pass
```

用_ALL_,_CHAR_或_NUMERIC_规定变量列表时,只有在 RETAIN 语句之前定义的变量才有效。

例 4.36 对于没有用圆括号括起来初始值,SAS 系统对前面列出的所有元素赋初始值。

```
retain month1-month5 1 year 0 a b c 'XYZ';
```

例句中,RETAIN 语句设置 MONTH1~MONTH5 的初值为 1,变量 YEAR 的初值为 0,字符变量 A,B,C 的初值为 XYZ。

例 4.37 对于用圆括号括起来初始值时,SAS 系统对括号前的第一个变量赋初值。

```
retain month1-month5(1);
```

例句中,RETAIN 语句分配初始值 1 给变量 month1,而变量 month2~month5 初始值设置为缺失值。

例 4.38 初始值列表的用法。

```
retain var1-var4(1 2 3 4);
retain var1-var4(1,2,3,4);
```

如果出现变量个数比初值个数多,剩余的变量用缺失值作为初始值,同时 SAS 系统发布一个警告信息。

例 4.39 变量观测值累乘。

```
Data a;
Set resdat.class;
Retain mheight 1;
Mheight=mheight * height;
Run;
```

Retain 语句是一个功能强大的语句,利用 retain 语句可以很方便地实现观测值累乘、缺失观测填充等复杂的数据处理。

Retain 语句的一个很好应用案例是填充变量的缺失值。

例 4.40 缺失值填充。变量 X 有缺失值,由前面的值填充变量 X 的缺失值。

```
data a;
input x;
cards;

100
⋮
2
35
⋮
5
⋮
run;

data a1;
set a;
retain x1;
if x^=. then x1=x;    /* 在 x^=.的情况下为 x1 赋值 x,其他情况并没有为 x1 赋值,由于
                         retain 语句的作用,x1 保留前面的值,这样 x1 不会有缺失值,起到
                         填充的作用 */
x=x1;
drop x1;
run;
```

数据集 a1:

x
100
100
100
2
35
35
35
5

4.9 输出外部文件语句 FILE

FILE 语句用于规定将要输出的外部文件。FILE 语句一般要与 PUT 语句配合使用。同一个 DATA 步可以用多个 FILE 语句。FILE 语句是可执行语句,因而可以用在条件(IF—THEN)过程中。

4.9.1 语句格式

FILE file-specification <options><host-options>;

FILE-SPECIFICATION 选项说明：

external file	规定一个外部文件的完整路径和文件名
Fileref	文件标识名
Log	规定输出到 LOG 窗口
Print	规定输出到 OUTPUT 窗口

OPTIONS 选项说明：

选项	说明
BLKSIZE=block-size	指定输出文件的大小
COLUMN=variable/ COL=	指定一个变量记录当前指针的列位置。该变量类似自动变量，不会写入到数据集中
DELIMITER = ' string-in-quotation-marks' | character-variable/ DLM=	指定列表输出时所用的分隔符,在别的输出形式中该选项不起作用。缺省情况下为空格
DROPOVER	规定当输出数据行的长度超过规定值时,忽略超过的部分
FLOWOVER	规定当输出数据行的长度超过规定值时,超出部分在下一行输出。缺省状态为 FLOWOVER
DSD	规定一个数据可以包含分隔符,要用引号括住
ENCODING='encoding-value'	指定写入外部文件时所用的编码
FILENAME=variable	定义一个字符变量,其值为 PUT 语句打开的文件名
FILEVAR=variable	定义一个变量,FILE 语句根据其值的变化关闭和打开输出文件
FOOTNOTES | NOFOOTNOTES/ FOOTNOTE | NOFOOTNOTE	规定是否打印当前脚注
HEADER=label	定义一个标签,用来标记在每打印新的一页时都需要执行的一组 SAS 语句
LINE=variable	指定一个变量标记当前行在一组数据行中的相对位置
LINESIZE=line-size/LS=	指定报表的最大列数和数据文件中数据行的最大长度
LINESLEFT=variable/LL=	定义一个变量记录当前页剩下的行数
LRECL=logical-record-length	指定输出文件的逻辑记录长度
MOD	在文件的后面接着打印输出
OLD	替换文件原有的内容
N=available-lines	指定在 DATA 步的一次反复中输出的行数
ODS <=(ODS-suboptions) >	规定使用输出传送系统来规范 DATA 步的输出
PAD | NOPAD	规定写入外部文件的数据行是否用空格填补以达到选项 LRECL=所规定的长度
PAGESIZE=value	指定输出报告中每一页的行数
RECFM=record-format	指定输出文件的格式
STOPOVER	当 PUT 语句试图将超出行长度的数据项写入时,停止当前 DATA 步
TITLES | NOTITLES	控制输出页的标题
FILE=variable	定义一个字符变量记录当前 FILE 语句的输出缓冲器

下面举例说明两个较难的选项的应用,其余可参见 SAS 帮助文档。

例 4.41 filename=variable 选项应用。

```
data a;
file print filename=xxx;    /* 输出到 OUTPUT 窗口,put 语句打开的文件名为 print */
put 'hello';                /*  OUTPUT 窗口将输出 hello */
name=xxx;                   /* 数据集 a 中有一个变量 name 和一个观测值 print */
run;
```

例中,形成的数据集 a 中,文件名 name=xxx 的值为 print。

```
data a;
file 'd:\a.txt'  filename=xxx;
                            /* 输出到文件'd:\a.txt',put 语句打开的文件名为 d:\a.txt */
put 'hello';                /* 文件 d:\a.txt 的内容为: hello */
fname=xxx;
run;
```

例中,形成的数据集 a 中,fname=xxx 的值为 d:\a.txt。

例 4.42 Filevar=variable 选项应用。

```
data A;
length name $100;
input name $;
file files filevar=name mod;
date=date();
format date yymmdd10.;
n=name;                     /*将临时变量 name 的值赋给变量 N*/
put 'RECORDS UPDATED' date; /*输出到 files(即 Pls,pls_1 和 Pls_2)中的内容*/
cards;
pls
pls_1
pls_2
;
```

Log 窗口显示结果如下:

```
The file FILES is:
    文件名=C:\My Documents\My SAS Files\V8\pls,
    RECFM=V,LRECL=256
NOTE: The file FILES is:
    文件名=C:\My Documents\My SAS Files\V8\pls_1,
    RECFM=V,LRECL=256
NOTE: The file FILES is:
    文件名=C:\My Documents\My SAS Files\V8\pls_2,
    RECFM=V,LRECL=256
```

4.9.2 应用举例

例 4.43 改变系统默认的输出地址。

```
data _null_;
put '输出到 LOG 窗口';
file print;                              /* 输出到 output 窗口 */
put '输出到 OUTPUT 窗口';
run;
```

例 4.44 输出规定格式的外部文本文件。

```
data;
set ResDat.lstkinfo;
a='%a(';
b=',';
c=');';
file "D:\stock.txt";
put a $ stkcd $ b $ lstknm $  c $;
run;
```

例中,产生股票宏文本文档 stock.txt。

4.10 定义外部数据文件语句 INFILE

INFILE 语句用来定义一个外部数据文件,文件中的数据用 INPUT 语句读取。外部文件可以是已存在的磁盘文件,也可以是从键盘上输入的数据行。

4.10.1 语句格式

INFILE file-specification <option-list> <host-option-list>;

FILE-SPECIFICATION 选项说明:

EXTERNAL FILE 和 FILEREF 选项类似 FILE 语句的相应选项。
CARDS|CARDS4 | DATALINES | DATALINES4 选项指明输入数据为 CARDS(CARDS4,DATALINES,DATALINES4)后面的数据流,而非来自外部数据文件。

大部分选项的作用和 FILE 的一致,下面只介绍 INFILE 独有的选项。
OPTIONS 选项说明:

选项	说明
DSD	规定若一个数据由引号括起,则 SAS 认为其包含的逗号是字符数据 设定缺省分隔符为逗号 两个连续分隔符中间数据为缺失 读入时去掉数据的引号
END=variable	定义一个变量标记是否已经到达输入文件的结尾
EOF=label	定义一个标签,用来标记当 INFILE 语句到达文件的结尾时需要转到的语句
EOV=variable	定义一个变量标记开始读入数据
FIRSTOBS=record-number	规定从该记录行开始读入
MISSOVER	阻止 INPUT 语句从下一个数据行读入数据,未赋值的变量设为缺失
NBYTE=variable	指定一个变量记录从文件中读入的字节数
OBS=record-number | MAX	规定要读入的记录数
SCANOVER	规定 INPUT 语句一直扫描数据行,直至遇到@'character-string'形式的字符串
SHAREBUFFERS	指定 FILE 和 INFILE 语句使用同一个缓冲器
START=variable	定义一个数值变量,规定 PUT _INFILE_ 语句从该列开始写入数据
STOPOVER	若 INPUT 语句到达当前记录行的末尾时还有变量没赋值,则终止当前 DATA 步
TRUNCOVER	类似 MISSOVER
UNBUFFERED	规定 SAS 不用缓冲器读入数据
INFILE=variable	定义一个字符变量记录当前 INFILE 语句的输入缓冲器

选项应用举例如下:

例 4.45 PAD 选项应用。

```
data a;
infile 'd:\resdat2\pad.txt' lrecl=90 pad;
/* lrecl=90规定每行的长度为 90, pad 选项使得不够长度的那行数据后面用空格补至 90 */
input  x $20. y $20. z $30.;
run;

data b;
infile 'd:\resdat2\pad.txt' lrecl=90;
              /* 没有 pad 选项时,SAS 会到下一行读数据,直至读到 90,这样会出错  */
input x $20. y $20. z $30.;
run;
```

pad.txt 的内容:

```
resdat.Bdinfo bdcd
ResDat.stkinfo stkcd
ResDat.cinfo Comcd
ResDat.stkinfo stkcd Date lstknm lstdt   exchflg stktype
ResDat.stkinfo stkcd Date lstknm lstdt
```

例 4.46 delimiter＝选项应用。

data a;
infile cards delimiter=',';
input x y z;
cards;
3,6,9
1,3,5
8,8,8
;

例中，要输入的数据用逗号分隔，创建 SAS 数据集时用选项 delimiter＝','。

例 4.47 分隔符为字符变量的值。

data a;
a=',';
infile cards delimiter=a;
input x y z;
cards;
3,6,9
1,3,5
8,8,8
;

例 4.48 分隔符为多个字符。

data a;
infile cards delimiter='ab';
input x y z;
cards;
3aa6bb9
1ab3ba5
8a8b8
;

例中，分隔符分别为 a，b，ab，ba，aa 和 bb。

例 4.49 DSD 选项应用。

data scores;
infile cards delimiter=',';
input test1 test2 test3;
cards;
91,87,95
97,,92
,1,1
;

例中,分隔符为逗号,但第二个观测值的两个相邻分隔符之间还有缺失值,没有 DSD 选项时,这两个相邻的分隔符组成一个分隔符,输入数据时会出错。数据集结果如下:

	test1	test2	test3
1	91	87	95
2	97	92	1

上段程序中加上 DSD 选项,将两个相邻分隔符之间的数作为缺失值处理。

```
data scores;
infile cards delimiter=',' dsd;
input test1 test2 test3;
cards;
91,87,95
97,,92
,1,1
;
```

数据集结果如下:

	test1	test2	test3
1	91	87	95
2	97	.	92
2	.	1	1

通常情况下,同时加上 MISSOVER 和 DSD 两个选项是良好的编程习惯。

4.10.2 导入外部数据文件的标准程序

例 4.50 登录锐思 RESSET 数据库网站(www.resset.cn),选择股票库的退市信息表及 TXT 创建 SAS 数据集下载格式,得到利用 INFILE 语句导入外部数据文件的标准程序。

```
Data Res_sas.DELINFO_1(label="退市信息");
Infile 'D:/Res_sas/DELINFO201209201324O3996(1).txt' delimiter='09'x Missover
Dsd lrecl=32767 firstobs=2;
Format Comcd $7.;
Format stkcd $6.;
Format Lstknm $12.;
Format Stkcdotrd $6.;
Format delstDt YYMMDD10.;
Format Lstdt YYMMDD10.;
Format Stkcdbfdelst $6.;
Format Exchflg $1.;
```

```
Format Stktype $1.;
Format Thimktflg $1.;
Format ISIN $12.;
Format nobs 10.;
Informat Comcd $7.;
Informat stkcd $6.;
Informat Lstknm $12.;
Informat Stkcdotrd $6.;
Informat delstDt YYMMDD10.;
Informat Lstdt YYMMDD10.;
Informat Stkcdbfdelst $6.;
Informat Exchflg $1.;
Informat Stktype $1.;
Informat Thimktflg $1.;
Informat ISIN $12.;
Informat nobs 10.;
Label Comcd="公司代码";
Label stkcd="股票代码";
Label Lstknm="最新股票名称";
Label Stkcdotrd="交易时股票代码";
Label delstDt="退市日期";
Label Lstdt="股票上市日期";
Label Stkcdbfdelst="退市前代码";
Label Exchflg="交易所标识";
Label Stktype="股票类型";
Label Thimktflg="三板市场标识";
Label ISIN="ISIN 编码";
Label nobs="观测序号";
Input Comcd $ stkcd $ Lstknm $ Stkcdotrd $ delstDt Lstdt Stkcdbfdelst $ Exchflg $
Stktype $ Thimktflg $ ISIN $ nobs;
Run;
```

例中,'09'x 是 TAB 键的十六进制表示。标准程序除 Infile 语句的选项外,还包括由 Format、InFormat 及 Label 语句规定变量的输出格式、输入格式及标签等。

4.11 更新数据语句 UPDATE

UPDATE 语句通过修改数据集中的观测来更新一个主数据集。

4.11.1 语句格式

UPDATE master-data-set <(dsoptions IN=variable1)>transaction-data-set
<(dsoptions IN=variable2)><END=variable><updatemode=missingcheck |

nomissingcheck>;

同 BY 语句一起使用的格式：

UPDATE master-data-set < (dsoptions IN= variable1) > transaction-data-set < (dsoptions IN = variable2) > < END = variable > < updatemode = missingcheck | nomissingcheck>;
BY variable;

4.11.2 选项说明

Master-Data-Set	规定主数据集
Dsoptions	规定对数据集进行的操作
Transaction-Data-Set	规定修改数据集
END= Variable	规定一个临时变量，作为文件结束的标识
BY Variable	规定共同的标识变量
Updatemode= Missingcheck	检查修改数据集，若有缺失值，则保留主数据集中相应数据。Updatemode= Missingcheck 为缺省设置
Updatemode= Nomissingcheck	不检查修改数据集，若有缺失值，则将主数据集中的相应数据更新为缺失

注意：
- UPDATE 语句必须和 BY 语句一起使用，而且 BY 语句应该紧跟在 UPDATE 语句后面。
- UPDATE 语句中使用的数据集必须事先按照 BY 语句指定的变量进行排序，或有合适的索引。
- 由 BY 语句指定的变量在主数据集中的观测值必须是唯一的。若有多个观测该变量的值相等，则 UPDATE 语句只更新第一个观测的值。

4.11.3 MERGE 语句和 UPDATE 语句的比较

- MERGE 语句和 UPDATE 语句都能用于更新 SAS 数据集。
- 当第二个数据集中有缺失数据时，若用 MERGE 语句，则主数据集中的相应数据自动更新为缺失。若用 UPDATE 语句，则可以通过选项 Updatemode= 控制。
- UPDATE 语句通过修改数据集来修改或更新变量，也可以添加新变量。

4.11.4 应用举例

例 4.51 修改数据集。

```
data master;                        /*创建主数据集 master */
input id$ name$ age sasgrp$   height sex$;
```

```
cards;
9211 GU   20 Y 170 F
9212 YUAN 19 Y 165 F
9213 HU   16 N 163 F
9214 WANG 21 Y 178 M
9215 ZHU  22 N 176 M
;
```
data trans;   /* 创建修改数据集 trans */
input id$ age sasgrp$ height;
```
cards;
9211 .  N  .
9212 .  Y  168
9213 18 N  .
9214 .  Y  180
9215 23 Y  176
;
```
data new;
update master trans;
by id;
proc print;
run;

更新后信息如下：

1	9211	GU	20	N	170	F
2	9212	YUAN	19	Y	168	F
3	9213	HU	18	N	163	F
4	9214	WANG	21	Y	180	M
5	9215	ZHU	23	Y	176	M

例 4.52 通过对主数据集中的变量重命名，避免被更新数据集覆盖。

data master;
input id $ name $ weight;
```
cards;
1114 sally 125
1441 sue 145
1750 joey 189
1994 mark 165
2304 joe 170
;
```
data trans;
input id $ name $ weight;
```
cards;
1114 sally 119
1994 mark 174
```

```
    2304 joe 170
;
data new;
update master(rename=(weight=orig) in=a)
       trans(drop=name in=b);
by id;
if a and b then do;
change=weight-orig;
end;
proc print data=new;
run;
```

结果如下：

Obs	id	name	orig	weight	change
1	1114	sally	125	119	-6
2	1441	sue	145	.	.
3	1750	joey	189	.	.
4	1994	mark	165	174	9
5	2304	joe	170	170	0

4.12 修改数据语句 MODIFY

MODIFY 语句扩充 DATA 步功能，可以替代、删除或添加观测到一个已存在的 SAS 数据集上。MODIFY 语句是在没有备份的情况下处理 SAS 数据集，因此使用该语句可以节省磁盘空间。该语句不能修改数据集的描述部分，如添加变量。

4.12.1 语句格式

```
MODIFY master-data-set <(data-set-option(s))>transaction-data-set <(data-
set-option(s))><NOBS=variable><END=variable><UPDATEMODE=MISSINGCHECK|
NOMISSINGCHECK>;
BY by-variable;

MODIFY master-data-set <(data-set-option(s))>KEY=index </UNIQUE>
<NOBS=variable><END=variable>;

MODIFY master-data-set <(data-set-option(s))><NOBS=variable>POINT=variable;

MODIFY master-data-set <(data-set-option(s))><NOBS=variable><END=variable>;
```

4.12.2 选项说明

Master-Data-Set	规定主数据集。主数据集必须同时写在 DATA 语句中
Transaction-Data-Set	规定修改数据集。只有当 DATA 步中包含 BY 语句时才能使用
by-variable	规定一个或多个变量作为相应观测的标识变量
Nobs＝Variable	规定一个临时变量,其值为输入数据集的观测总数
End＝Variable	规定一个临时变量,作为文件结束的标识
Point＝Variable	规定一个临时变量控制读入的观测序号
Key＝Index	规定被修改 SAS 数据文件中的索引名
Unique	规定 KEY＝总是从索引的开头开始搜索
Updatemode＝missingcheck	若修改数据集中有缺失值,则保留主数据集中相应数据 Updatemode＝Missingcheck 为缺省设置
Updatemode＝nomissingcheck	允许将主数据集中的相应数据更新为缺失

注意：MODIFY 语句支持用 SAS/ACCESS 软件创建的 SAS 数据视窗,不支持 DATA 步视窗和 SQL 过程创建的视窗。

4.12.3 数据集访问方式

1. 匹配访问

匹配接入方式通过 BY 语句指定标识变量,修改数据集的观测根据此变量和主数据集中的观测进行匹配。MODIFY 语句读入修改数据集的观测后,利用动态 WHERE 语句查找主数据集中相应的观测,然后对该观测进行修改,删除或添加。

若主数据集中的 BY 变量有重复值,则只有第一个出现的观测被更新。

若修改数据集中的 BY 变量有重复值,则会反复对主数据集中的相应观测进行更新。这样,实际上起作用的只是最后一次更新。另外,也可以用累积语句来阻止反复更新,而是把这些观测都添加到主数据集中。

2. 通过索引直接访问

在 MODIFY 语句中用选项 KEY＝指定被索引的变量,然后导入另一个包含相同变量的数据源(一般是由 SET 语句导入的数据集或 INPUT 语句读入的外部文件)。MODIFY 语句通过索引连接相应观测。

若主数据集的索引变量有重复值,则只有第一个出现的观测被更新。或通过 DO LOOP 重复执行 SET 语句来更新所有的重复观测。

若修改数据源的该变量值有重复观测且这些观测不连续出现,则 MODIFY 语句重复修改主数据集中的第一个对应观测。若重复观测连续出现,则第一个观测用来更新主数据集中相应观测。当 SAS 试图导入第二个观测时,数据步会因出现错误而终止。为了避免这个错误,可以使用选项 UNIQUE 来使得每次更新都回到主数据集的开头进行搜索。同样,在索引接入中也可以用累积语句来阻止反复更新,而是把这些观测都添加到主数据集中。

3. 通过观测序号直接访问

在 MODIFY 语句中通过选项 POINT= 指定另外数据源中的一个变量,该变量记录主数据集中需要更新的观测的序号。

4. 顺序访问

在 MODIFY 语句中通过选项 NOBS= 和 END= 来修改数据集,这是最简单的一种访问方式。

4.12.4 修改观测

在包含 MODIFY 语句的数据步中,可以采用下面的语句往数据集中写入观测。

OUTPUT	如果没有指定数据集,则将当前观测写入到 DATA 语句指定的所有数据集的最后;如果在 OUTPUT 语句指定了数据集,则写入该数据集最后
REPLACE	改写指定数据集的当前观测,如果没有指定数据集,则改写 DATA 语句中指定的所有数据集的当前观测
REMOVE	删除指定数据集的当前观测,如果没有指定数据集,则删除 DATA 语句中指定的所有数据集的当前观测。该删除可以是物理上的,也可以是逻辑上的,依赖于数据集所使用的引擎

注意:
- 若没有使用 OUTPUT、REPLACE、REMOVE 中任何一个语句,则默认为 REPLACE。
- OUTPUT、REPLACE、REMOVE 语句是相互独立的,可以对同一观测执行多个语句。

若想在同一观测中使用 OUTPUT 和 REPLACE 语句,则需要用到条件语句。例如:

```
data master;
modify master trans; by key;
if _iorc_=0 then replace;
else output;
run;
```

不能对同一观测执行多个 REPLACE 操作。

可以对同一观测执行多个 OUTPUT 操作,但要注意避免无限循环。

- 若对某一观测同时执行了 OUTPUT 和 REPLACE 或 REMOVE 操作,则 OUTPUT 语句最后执行。

4.12.5 与 UPDATE 等语句的比较

(1) 在数据步中使用 MERGE, SET 或 UPDATE 语句时, SAS 创建了新的数据集。因此, 新数据集的描述符可以和原来不同(如添加和删除变量, 修改标签等)。若使用 MODIFY 语句, SAS 只是在原来的数据集中进行修改, 所以不能改变原数据集的描述符。

(2) 若在 MODIFY 语句中使用 BY 语句, 则 MODIFY 语句的效果和 UPDATE 语句的非常类似, 除了以下几点：

- 在 MODIFY 语句中, 主数据集和修改数据集的 BY 变量不需要事先排序或索引;
- 在 MODIFY 语句中, 主数据集和修改数据集的 BY 变量都可以有重复值;
- MODIFY 语句不能改变原数据集的描述符信息。

4.12.6 应用举例

本节的例子均基于以下数据集：

```
data stock(index=(partno));
input PARTNO $ DESC $ INSTOCK @17 RECDATE date7. @25 PRICE;
format  recdate date7.;
cards;
K89R seal    34   27jul95 245.00
M4J7 sander  98   20jun95 45.88
LK43 filter  121  19may96 10.99
MN21 brace   43   10aug96 27.87
BC85 clamp   80   16aug96 9.55
NCF3 valve   198  20mar96 24.50
KJ66 cutter  6    18jun96 19.77
UYN7 rod     211  09sep96 11.55
JD03 switch  383  09jan97 13.99
BV1E timer   26   03jan97 34.50
;run;
```

例 4.53 修改所有观测。

```
data stock;
modify stock;
recdate=today();
run;
```

将所有观测的 recdate 改为今天。

例 4.54 用修改数据集修改观测。

```
data addinv;
input PARTNO $ NWSTOCK;
```

```
cards;
K89R 55
LK43 43
MN21 73
UYN7 108
JD03 55
;
data stock;
modify stock addinv;
by partno;
RECDATE=today();
INSTOCK=instock+nwstock;
if _iorc_=0 then replace;
run;
```

这里自动变量_iorc_是一个自动变量，包含 MODIFY 语句尝试进行的每一次 I/O 操作的代码。更多详细信息可参见 SAS 帮助文档。

例 4.55 通过观测序号修改数据集。

```
data newp;
input TOOL_OBS NEWP;
cards;
1 251.00
4 30.00
6 25.75
10 35.00
;
data stock;
set newp;
modify stock point=tool_obs
nobs=max_obs;
if _error_=1 then
do;
put 'ERROR occurred for TOOL_OBS=' tool_obs /
'during DATA step iteration' _n_ /
'TOOL_OBS value may be out of range.';
_error_=0;
stop;
end;
PRICE=newp;
run;
```

例 4.56 通过索引修改数据集。

```
data stock;
set addinv;
```

```
modify stock key=partno;
INSTOCK=instock+nwstock;
if _iorc_=0 then replace;
run;
```

例 4.57 处理重复索引值。

创建一个有重复 PARTNO 值的新修改数据集：

```
data newinv;
input PARTNO $ NWSTOCK;
cards;
K89R 55
M4J7 21
M4J7 26
KJ66 2
UYN7 108
KJ66 4
JD03 55
BV1E 27
;
```

则下面程序会出错：

```
data stock;
set newinv;
modify stock key=partno;
INSTOCK=instock+nwstock;
run;
```

可以使用选项 UNIQUE 来避免出错：

```
data stock;
set newinv;
modify stock key=partno/unique;
INSTOCK=instock+nwstock;
if _iorc_=0 then replace;
run;
```

例 4.58 修改，添加，删除变量。

```
data stock stock95 stock97;
modify stock;
if recdate>'01jan97'd then do;
output stock97;
remove stock;
end;
else if recdate<'01jan96'd then do;
```

```
output stock95;
remove stock;
end;
else do;
price=price*1.1;
replace stock;
end;
run;
```

4.13　数据集加密

4.13.1　数据集的三种密码

数据集通常有三种密码：read、write、alter。
对应权限分别如下：
- read 表示读；
- write 表示写；
- alter 表示修改结构。

4.13.2　应用举例

例 4.59　创建带密码数据集 demo。

```
/* create dataset with password */
data demo(read=read_ps  write=write_ps  alter=alter_ps);
  x=12;
  run;
/* read access */
proc contents data=demo(read=read_ps);
run;

/* write access */
data demo;
    modify demo(write=write_ps);
    x=14;
run;

/* alter access */
data demo;
    set demo(alter=alter_ps);
x=14;
```

```
run;
```

体会 set 和 modify 语句的差别。

新创建的数据集不是原来的数据集时，modify 需要密码，而 set 不需要。

例 4.60 比较带密码数据集操作时 set 与 modify 语句差别。

```
/* write access */
data demo1;
modify demo;
x=14;
run;
```

日志窗口提示如下：

```
43    /* write access */
44    data demo1;
45       modify demo;
                ----
                416
ERROR 416-185: MODIFY 语句要求 MASTER 数据集显示于 DATA 语句中。

46       x=14;
47    run;
NOTE: 由于出错，SAS 系统停止处理该步。
NOTE: 已更新数据集 WORK.DEMO。重写了 0 个观测，添加了 0 个观测，删除了 0 个观测。
WARNING: 数据集 WORK.DEMO1 可能不完整。该步停止时，共有 0 个观测和 1 个变量。
NOTE: "DATA 语句"所用时间(总处理时间):
      实际时间           0.07 秒
      CPU 时间           0.04 秒
```

```
/* alter access */
data demo2;
set demo;
x=14;
run;
```

日志窗口提示如下：

```
49    /* alter access */
50    data demo2;
51       set demo;
52       x=14;
53    run;
```

NOTE: 从数据集 WORK.DEMO. 读取了 1 个观测
NOTE: 数据集 WORK.DEMO2 有 1 个观测和 1 个变量。

```
NOTE:"DATA 语句"所用时间(总处理时间):
    实际时间           0.00 秒
    CPU 时间           0.00 秒
```

例 4.61 组合数据集的加密与应用。

```
Data a;
X=1;
Data b;
Y=2;
run;

Data c(write=write_ps  alter=alter_ps);
set a b;
run;

   /* read access */
proc contents data=demo(read=read_ps);
run;

/* write access */
data c;
    modify c(write=write_ps);
    x=14;
run;

/* alter access */
data c;
    set c(alter=alter_ps);
x=14;
run;
```

4.14　数　据　导　出

4.14.1　菜单导出数据

第 1 章已经介绍了用菜单导出 PC 格式数据文件(以 Excel 数据表为例)为 SAS 数据集,本章不再赘述。

4.14.2　过程步导出数据

过程步导出数据与第 3 章过程步导入数据方向相反,句法如下:

```
PROC EXPORT DATA=LIB.MyDataSet
OUTFILE="filename" | TABLE="tablename"
<DBMS=identifier><REPLACE>;
```

选项说明:

LIB.MyDataSet	要导出的 SAS 数据集
OUTFILE=	规定导出的外部文件的地址及名称
TABLE=	规定外部数据文件中的表名
DBMS=	规定外部数据文件格式的标识名
REPLACE	规定替换已存在文件

程序模板:

例 4.62 导出 Excel 数据表。

```
proc export data=sashelp.class      /*要导出的 SAS 数据集*/
outfile="d:\class.xls"              /*规定导出外部文件的地址及名称,可根据需要更改*/
dbms=excel replace;                 /*替换原有文档*/
sheet="excel";                      /*输出工作表名*/
newfile=yes;                        /*替换原来表格*/
run;
```

例 4.63 导出 TXT 文本。

```
proc export data=sashelp.class      /*要导出的 SAS 数据集*/
outfile="d:\class.txt"              /*规定导出外部文件的地址及名称,可根据需要更改*/
dbms=tab replace;                   /*替换原有文档*/
putnames=yes;                       /*加入变量名称,不加选择 no*/
run;
```

4.14.3 PUT 和 FILE 语句组合输出外部 TXT 文本

要求:用 PUT 和 FILE 语句写 SAS 程序,将数据集 resdat.class 直接输出为外部 TXT 文本。

```
data a;
set resdat.class;
file 'd:\class.txt';
put name $ sex $ age height weight;
run;
```

显示结果前 2 行为:

Alfred	M	14.00	69.00	112.50	
Alice	F	13.00	56.50	84.00	

变量过多时，在 PUT 语句中写出所有输出变量会很麻烦，下面使用自动变量_All_，看看输出的结果是不是不符合要求。

不列出变量名方法一：

```
Data;
set resdat.class;
file 'd:\class1.txt';
put _all_;
run;
```

显示结果前 2 行为：

```
Name=Alfred Sex=M Age=14 Height=69 Weight=112.5 _ERROR_=0 _N_=1
Name=Alice Sex=F Age=13 Height=56.5 Weight=84 _ERROR_=0 _N_=2
```

put 语句后用自动变量_all_，此时文本中第一条的显示为 Name＝Alfred Sex＝M Age＝14 Height＝69 Weight＝112.5 _ERROR_＝0 _N_＝1。显然不符合要求。

不列出变量名方法二：

既不需要在 put 语句后面一一输入数据集 class 中的 6 个变量名，输出结果又能满足要求。

```
data a;
set resdat.class;
file 'd:\class3.txt';
put(_all_)($10. $1. 3*10.2);
run;
```

显示结果前 2 行为：

```
Alfred    M    14.00    69.00    112.50
Alice     F    13.00    56.50    84.00
```

有意思的是，在这种情况下，虽然也是用_all_，但是由于规定了格式，即使规定为 put(_all_)($10. $1. 5*10.2);_ERROR_和_N_两项都不会显示。

输出外部 TXT 文本，第 1 行为变量名：

```
data;
set resdat.class;
format
name$8.
sex$1.
age 3.
height 4.1
weight 5.1;
file 'D:\class4.txt';
if _n_=1 then put 'name' @12 'sex' @17 'age' @22 'height' @30 'weight'/;
```

```
put name 1-8 @12 sex @17 age @22 height @30 weight;
run;
```

显示结果前 3 行为：

name	sex	age	height	weight
Alfred	M	14	69.0	112.5
Alice	F	13	56.5	84.0

此段程序模板非常有用。

第 16 章将介绍批量导出（导入）数据文件程序模板，是一项很重要的 SAS 应用技术。

4.15 SAS 处理流程

4.15.1 SAS 处理流程

SAS 处理流程是指 SAS 软件读取、转换和输入数据、产生输出的过程。数据步和过程步是 SAS 语言的两个步骤。一般来说，数据步操作数据集，过程步分析数据，产生输出，管理 SAS 文件。这两个步骤可以单独使用也可以组合使用。图 4.1 所示是 SAS 的一个基本处理流程，图中的处理主要集中在数据步。

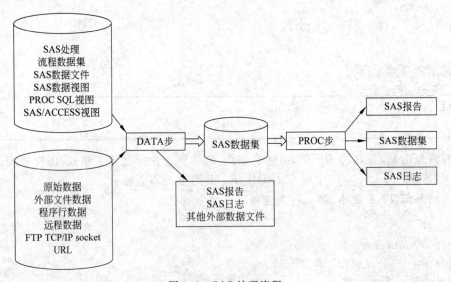

图 4.1 SAS 处理流程

4.15.2 DATA 步处理流程

提交一段 DATA 步程序后，首先编译然后再运行该段程序，图 4.2 展现了 SAS 数据步的处理流程。

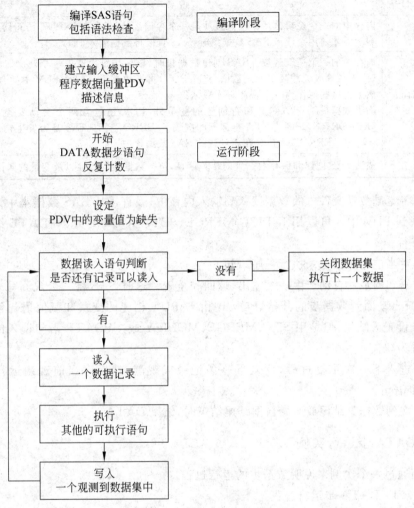

图 4.2 DATA 步处理流程

1. 编译阶段（The Compilation Phase）

提交数据步程序后，SAS 首先检查这段语句的语法是否正确，然后进行编译，自动编译为机器代码。在该阶段，SAS 识别每个新变量的长度、类型，并决定每个变量是否需要类型转换。如表 4.3 所示，编译过程中 SAS 将创建三个项目。

2. 运行阶段

默认情况下，每增加一个观测，都要执行一次 DATA 步，简单 DATA 步流程的主要步骤如下。

(1) 以 DATA 语句开头，每个 DATA 步都是一个新的重复开始，这时自动变量_N_加 1。
(2) PDV 中新创建的程序变量设定成缺失状态。

表 4.3 编译过程中 SAS 创建的三个项目

项目	说明
输入缓冲	内存中的一个逻辑区域。输入缓冲是一个存储区域,只有在 INPUT 语句读入外部数据源时才使用。读入 SAS 数据集时,SAS 直接将数据读入 PDV
程序数据向量(PDV)	内存中的一个逻辑区域。SAS 创建数据集时,该区域每次读取一个观测。运行程序时,先从输入缓冲区中读入数据,建立 PDV,再把数据值分配给 PDV 中的合适变量,然后把这些值作为一个观测写入数据集 除了数据集原有的变量和新创建的变量外,PDV 还包含两个自动变量 _N_ 和 _ERROR_。_N_ 记录 DATA 步运行的次数。_ERROR_ 标记程序是否发生错误。变量 _N_ 和 _ERROR 不包含在新创建的 SAS 数据集中
描述信息	描述 SAS 创建和保存数据集的相关信息,包括数据集的属性以及变量的属性

(3) 将基础数据文件中的数据读入到输入内存中,或直接从 SAS 数据集中读取一个观测写入到 PDV 中。可以用 INPUT、MERGE、SET、MODIFY 或 UPDATE 语句读入一个记录行。

(4) 对当前的数据记录执行程序语句。

(5) 语句的最后自动产生一个输出,返回和重置。这时 SAS 将一个观测写入到数据集中,系统自动回到数据步的开始,PDV 中由 INPUT 创建的变量和赋值语句创建的变量重新被设置为缺失,但是用 SET、MERGE、MODIFY 或 UPDATE 语句读入的变量不会被重置为缺失。

(6) 进入下一次重复过程,读入下一条记录或观测,然后对当前观测运行后面的 DATA 步语句。

(7) 遇到数据集结尾或原始数据结尾结束时,结束 DATA 步。

3. DATA 步运行实例

下面通过一个实例来说明数据步的运行过程。

例 4.64 DATA 步运行过程。

利用 SAS 软件统计学生在某运动会上的得分情况。

```
data sports(drop=SchoolName);
input SchoolName $ className $ playerName $ Event1 Event2 Event3;
Total+Event1+Event2+Event3;
   cards;
Sem j12 john    7 4 2
Sem j13 paul    4 7 1
Sem j15 Max     7 7 7
Sem j14 jerry   3 2 4
Sem j12 Tom     1 6 4
Sem j11 Mike 4  0 7
;
run;
```

1) 编译阶段

SAS 会决定是否创建输入缓冲区。如果输入文件包含了原始数据（如上例用 INPUT 语句读入的数据行），则创建输入缓冲区，用于暂时存放将要读入 PDV 中的数据。如果输入文件本身就是 SAS 数据集，则不用创建输入缓冲区，而直接将输入数据写入到 PDV 中。

PDV 包含输入数据集中的所有变量，数据步新创建的变量，以及两个自动变量 _N_ 和 _ERROR_。编译完成后，输入缓冲区和 PDV 的情况如图 4.3 所示。

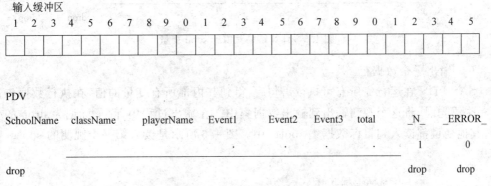

图 4.3 编译完成后，输入缓冲区和 PDV 的情况

PDV 中所有变量的初始值都设定为缺失，其中字符变量是空格，数值变量为一个句点。而 _N_ 被初始化为 1，_ERROR_ 为 0。注意有三个变量被设定为 drop 状态，drop 状态是指即便该变量被 PDV 读入也不会出现在输出数据集中。schoolName 是因为数据集选项（drop=SchoolName）起作用，而两个自动变量则默认为 drop。

2) 运行阶段

（1）读入第一个观测。

输入指针用于标记从输入缓冲区读入数据的位置。SAS 先将第一个数据行读入到输入缓冲区中，此时输入指针处在缓冲区的开始部分。在读入的过程中，指针开始移动。图 4.4 所示为在读入数据的过程中输入指针的变化。有关指针的运动情况在指针控制部分有更详细的介绍。

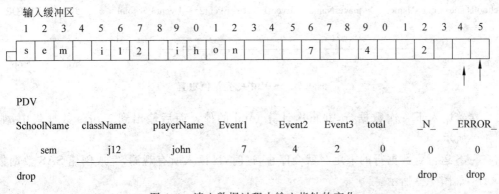

图 4.4 读入数据过程中输入指针的变化

INPUT 语句在读完一个数据行后,接着运行后面的可执行语句(本例是一个加和语句),SAS 将计算得到的 total 值再赋值给 PDV 中的 total 变量。

total＋event1＋event2＋event3＝0＋7＋4＋2＝13

计算结果赋值给变量 total 如图 4.5 所示。

PDV

SchoolName	className	playerName	Event1	Event2	Event3	total	_N_	_ERROR_
sem	j12	john	7	4	2	13	0	0
drop							drop	drop

图 4.5 计算结果赋值给 total 变量

(2) 输出一个数据行。

SAS PDV 在运行完所有可执行语句后,得到其内部所有变量的值,在执行数据步最后一个语句时,将这个观测输出到输出数据集中。在输出过程中,除了标记为 drop 的变量,其他变量都读入到目标数据集 sports 中。图 4.6 所示是读入第一个观测的 sports 数据集。

Sports数据集 读入第一个观测

className	playerName	Event1	Event2	Event3	total
j12	john	7	4	2	13

图 4.6 读入第一个观测

(3) 读入第二个观测。

SAS 回到数据步的 DATA 语句进入下一次重复,对 PDV 中的变量值进行重置。

- INPUT 语句创建变量值被重置为缺失;
- 加和语句创建的变量值被自动保留;
- _N_ 自动加 1,_ERROR_ 被重置为 0。

PDV 中的变量值重置如图 4.7 所示。

PDV

SchoolName	className	playerName	Event1	Event2	Event3	total	_N_	_ERROR_
			.	.	.	13	2	0
drop							drop	drop

图 4.7 PDV 中的变量值重置

接着读入下一次数据行,并再次计算 total 的值。而后输出到 sports 数据集中,如图 4.8 所示。

SAS 运行到数据行的末尾时就会停止,这时,已读入所有观测,完成创建 SAS 数据集 sports,如图 4.9 所示。

输入缓冲区

1	2	3	4	5	6	7	8	9	0	1	2	3	4	5	6	7	8	9	0	1	2	3	4	5
s	e	m		j	1	3		p	a	u	l			4				7			1			

PDV

SchoolName	className	playerName	Event1	Event2	Event3	total	_N_	_ERROR_
sem	j13	paul	4	7	1	25	2	0
drop							drop	drop

Sports数据集 读入第二个观测

className	playerName	Event1	Event2	Event3	total
j12	john	7	4	2	13
j13	Paul	4	7	1	25

图 4.8 读入下一次数据行,计算 total 值,输出到 Sports 数据集中

Sports数据集 读入所有观测

className	playerName	Event1	Event2	Event3	teamtotal
j12	john	7	4	2	13
J13	Paul	4	7	1	25
j15	Max	7	7	7	46
j14	jerry	3	2	4	55
j12	Tom	1	6	4	66
j11	Mike	4	0	7	77

图 4.9 创建后的 Sports 数据集

4.15.3 DATA 步的运行顺序

表 4.4 所示为 DATA 的默认运行顺序。

表 4.4 DATA 的默认运行顺序

DATA 步结构	采取的行动
DATA 语句	数据步开始,重复计数
数据读入语句	
INPUT	描述将要读入变量在原始数据源中的排列顺序和属性
SET	从一个或多个 SAS 数据集中读入观测
MERGE	将两个或多个 SAS 数据集中读入的观测并合并为一个观测
MODIFY	插入或对已知数据集中的观测进行替换、删除
UPDATE	更新主文件数据中的观测

续表

DATA 步结构	采取的行动
可选 SAS 程序语句,如 FirstQuarter=Jan+Feb+Mar; if RetailPrice < 500;	对当前观测进行加和通过条件语句对当前观测判断,不满足条件的观测不输出到目标数据集中
每个观测最后的缺省操作	自动写入观测,自动返回到 DATA 步开始;自动重新开始下一次 DATA 步

上述数据步运行顺序只是一个默认顺序,而一些特殊的语句可以改变运行的默认顺序,如表 4.5 所示。

表 4.5 改变运行默认顺序的特殊语句

SAS 语言元素	功　　能
子集 IF	不满足条件时,SAS 不把当前观测读入到数据集中,而是直接返回数据步进入下一次重复
IF-THEN/ELSE	暂停当前重复过程,通过条件判断,决定当前观测将要运行的语句,将运行后得到的观测读入到数据集中,并返回数据步开始
DO loops	在 DO 组中的重复运行部分程序语句
LINK and RETURN	Link 语句使程序跳到有标记的语句,接着往下运行,碰到 return 时返回到 link 语句的后面
HEADER=option in the FILE	定义一个标签,用来标记在每打印新的一页时都需要执行的一组 SAS 语句
GO TO	使程序跳到有标记的语句,接着往下运行,最后返回数据步开始
INFILE 语句的 EOF=选项	定义一个标签,用来标记当到达输入文件的结尾时要转到的语句
IF-THEN 约束中的自动变量_N_	控制数据步读入的观测数
SELECT	选择执行部分语句
IF-THEN 约束中的 OUTPUT	在数据步结束之前输出观测
IF-THEN 约束中的 DELETE	删除观测,并返回到数据步的开始
IF-THEN 约束中的 ABORT	结束当前的数据步,进入到下一次数据步或过程步。也可以用于结束所有的 SAS 程序
WHERE 或 WHERE=数据集选项	控制数据步读入的观测

常用程序元素在 DATA 步中的运行情况总结如下。

(1) 系统选项:系统选项在相关语句如 OPTIONS 语句设定的情况下,所有选项使用设定后或默认值,其作用范围是整个 SAS 对话期间的所有程序步。

(2) 数据集选项:在编译阶段起作用。例如,例 4.64 中的 drop 数据集选项,在编译阶段把变量 schoolName 标记为 drop。

（3）可执行语句：在运行阶段起作用，对每个重复 DATA 进行操作，如加和语句、INPUT 语句以及条件语句等。

（4）声明语句：在编译阶段起作用，给数据步提供信息，如 data 语句，CARDS 语句等。

习 题 4

1. 计算数据集 A 中变量 X 的累乘。

2. 创建空数据集 B，包括字符型量 Stkcd，日期型变量 Rdate，字符型量 Lstknm 和三个数值型变量 Var1～Var3。由数据集 B 创建数据集 C，并将数据集 C 中变量的顺序按 Stkcd，Lstknm，Rdate，Var3，Var2，Var1 排列。

3. 数据集 A 和 B 包含同样两变量 DATE 和 PRICE，以 DATE 为标识变量合并数据集 A 和 B 为 C。合并时应该注意什么？

4. 假设 SAS 数据集 A 中的变量 logdate 为如下形式的字符格式：

2011-12-2
2012-8-6
2012-8-10

将其转换为日期格式变量。

5. 运行 SAS 程序过程中，SAS 系统创建的自动变量是否包含在创建的数据集？一般情况下，怎样查看系统自动变量的值？

6. 创建组标识变量 GROUP，将数据集 A 中的观测等分为 10 组，观测值不能整除 10 时，前余数组各多加一个观测值（如 103 个数，余数为 3，则前三个组都是 11 个）。

7. 现有一个数据流 a 2 b 3 c d 4 6，按下面要求创建 SAS 数据集。用语句 input id $ no；变量 id 取值上面数据流里的 a,b,c,d，变量 no 取值 2,3,4,6。但是这个数据流存在问题：如有的 id 没有 no，有的 no 没有 id。创建 SAS 数据集，删除只有 id 没有 no 或者只有 no 没有 id 的观测，即把上面的 c 和 6 去掉，最后得到三个观测，a 2，b 3 与 d 4。

8. 现有一个数据流 a23 223 bc4 36 3c5 11d 400 620，按下面要求创建 SAS 数据集。用语句 input id $ no；变量 id 取值上面数据流里的 a23，bc4，11d，变量 no 取值 233，36，400。但是这个数据流存在问题：如有的 id 没有 no；有的 no 没有 id。创建 SAS 数据集，删除只有 id 没有 no 或只有 no 没有 id 的观测，即上面的 3c5 和 620 去掉，最后得到三个观测：

a23 223
bc4 36
11d 400

9. 当股票的分配事件分两次完成，且第一次分配在节假日或该股票的停牌日，第二次分配在下一个交易日时，一般的数据库会有如表 4.6 所示的观测值存储方式。写程序将停牌日(即没有收盘价的那个观测值)中的分配事件合到下一个观测中。

表 4.6 分配数据示例

股票代码	日 期	收盘价	送股比例	转增比例	配股比例	配股价	增发比例	增发价格	现金红利
...	...	...	.	.	.	.	.	.	.
×××××	×××××	.	0.2	0.1	0	0	0	0	0
×××××	×××××	...	0	0	0.5	5.20	0	0	0.50
×××××	×××××	...	.	.	.	.	.	.	.
...	...	...	.	.	.	.	.	.	.
...	...	...	.	.	.	.	.	.	.

注：…表示有数据值，.表示缺失值。

10. 假设股票市场的股数数据如表 4.7 所示,对每只股票(至少 1000 只股票)，按如下要求设计填充总股数和流通股股数数据的 SAS 程序：以该股票前面的股数数据填充后面的缺失值,如果某支股票上市交易时就缺失股数数据，则用该股票上市后的第一个股数数据向前填充。

表 4.7 股数数据示例

股票代码	日 期	收盘价	股数变动日	总股数	流通股
...	...	...	.	.	.
000001	×××××	...	.	缺失	缺失
000001	×××××	...	2000-10-10	1000000	500000
...	...	...	.	.	.
000001	×××××	...	2003-11-11	1200000	600000
000001	×××××	...	.	.	.
...	...	...	.	.	.
000002	...	...	2001-09-08	3200000	1500000
000002	...	...	.	.	.

注：…表示有数据值，.表示缺失值。

11. 当股票发生分配事件时,可以根据相应的分配和股数数据计算股价的调整因子。为了检验数据的正确性,有必要根据股价调整因子来计算当天股价的变动是否合理。如表 4.8 所示,可以算得除权日股票涨跌的绝对值为：$|10.00-5.20\times2.00|=0.40$，相对于当时的股价 5.20 来说,这个变动值是在合理的范围内的。设计程序,对于不同的股票，计算分配日股票涨跌(＝分配前股票价格－分配日股票价格＊股价调整因子)的绝对值。只要求保留分配日的观测(即股价调整因子不为空的观测)，并要求将分配前的价格作为一个新的变量在该观测中体现出来。

表 4.8 股票价格数据表示例

永久性代码	日　　期	收　盘　价	股价调整因子
...	...	.	.
××××××	××××××	10.00	
××××××	××××××	5.20	2.00
××××××	××××××	.	.
××××××	××××××	.	.
...	...	.	.
		.	.

注：...表示有数据值,．表示缺失值。

12. 找出股价连续多日相等的情况待分析。

股价每天的上下波动,一般来说会导致第二天的收盘价与第一天不相同,但也有仍有可能经过了涨跌之后,第二天的收盘价仍与第一天相等。这种情况不太常见,所以对于连续两天以上收盘价相等的股票,很有可能是数据源的记录有误。股票数据如表 4.9 所示。

表 4.9 股票数据

最新股票代码	日　　期	收　盘　价
...		...
000032	2005-07-25	4.46
000066	2005-07-05	7.79
000066	2005-07-06	7.79
000066	2005-07-07	7.79
000078	2005-07-29	3.26
000403	2005-07-19	2.89
000403	2005-07-20	2.89
000403	2005-07-21	2.89
000416	2005-07-20	4.42
000517	2005-07-08	3.33
000547	2005-07-26	5.09

所以,需要将其从数据库中找出来,形成新的数据库,为与其他数据源的数据相比较做好准备。创建新的数据集,统计每只股票相同收盘价的观测值与相应的重复次数。

13. 空格和全半角字符问题的解决方法。

通常从其他数据源得到的数据的格式并不会和所要求的一致,而且更严重的问题是,不同的数据源的数据在股票名称的写法上有着很大的差别。有的把 A 写成全角的,还有些数据源在股票名称中间加入数量不等的空格,如 000002 股票中,'万'字和'科'字中间有两个空格,而在 000006 股票中,'星'和'源'之间为一个空格。随着现在股权分置改革的推进,又出现了以 G 开头的股票,同样面临着全角和半角的 G 的问题。

为了统一数据库,需要将所有股票名称中间的空格都去除,并且将所有全角的字符换成半角的字符,如 000002 的'万　科 A'需要改成'万科 A'等,数据如表 4.10 所示。

表 4.10 第 13 题数据示例

A股代码	A股名称	B股代码	B股名称
...	...	...	...
000001	深发展A		
000002	万科A	200002	万科B
000003	PT金田A	200003	PT金田B
000004	国农科技		
000005	ST星源		
000006	深振业A		
000007	深达声A		
000008	宝利来		
000009	深宝安A		
000010	深华新		
000011	深物业A	200011	深物业B
000012	南玻A	200012	南玻B
...	...	...	...

14. 将同一个公司的 A 股和 B 股合并。

在处理公司信息表的时候,通常会遇到数据源将同一公司的 A 股和 B 股分开处理,并写成两条观测的情形。如公司代码为 C000002 的股票,在这里是以两条记录的形式记录下了该公司发行了 A 股和 B 股的情况,在公司信息表中,需要将其整合成一条信息,并分别以 A 股和 B 股的名称和形式来表示,如表 4.11 和表 4.12 所示。而且有的公司先发行 A 股,有的公司却是先发行 B 股,这也是需要注意的问题。

表 4.11 公司信息表

公司代码	日期	公司名称	股票代码	股票名称	股票类型
...	...	...	...	...	...
C000001	2005-05-18	深圳发展银行股份有限公司	000001	深发展A	A
C000002	2000-08-15	万科企业股份有限公司	000002	万科A	A
C000002	2005-06-21	万科企业股份有限公司	200002	万科B	B
C000003	2000-08-29	金田实业(集团)股份有限公司	200003	PT金田B	B
C000003	2004-04-30	金田实业(集团)股份有限公司	000003	PT金田A	A
C000004	2005-07-09	深圳中国农大科技股份有限公司	000004	国农科技	A
C000005	2005-05-27	深圳世纪星源股份有限公司	000005	ST星源	A
C000006	2005-05-19	深圳市振业(集团)股份有限公司	000006	深振业A	A
C000007	2005-07-30	深圳市赛格达声股份有限公司	000007	深达声A	A
C000008	2005-05-21	广东宝利来投资股份有限公司	000008	宝利来	A
...	...	...	...	...	...

表 4.12　调整后的公司信息表

公司代码	日　　期	公 司 名 称	股票代码	A股名称	A股股票代码	B股名称	B股股票代码
…	…	…					…
C000001	2005-05-18	深圳发展银行股份有限公司	000001	深发展A	A		
C000002	2005-06-21	万科企业股份有限公司	200002	万科A	A	万科B	B
C000003	2004-04-30	金田实业(集团)股份有限公司	000003	PT金田A	A	PT金田B	B
C000004	2005-07-09	深圳中国农大科技股份有限公司	000004	国农科技	A		
C000005	2005-05-27	深圳世纪星源股份有限公司	000005	ST星源	A		
C000006	2005-05-19	深圳市振业(集团)股份有限公司	000006	深振业A	A		
C000007	2005-07-30	深圳市赛格达声股份有限公司	000007	深达声A	A		
C000008	2005-05-21	广东宝利来投资股份有限公司	000008	宝利来	A		
C000009	2005-07-01	中国宝安集团股份有限公司	000009	深宝安A	A		
C000010	2005-07-22	深圳市华新股份有限公司	000010	深华新	A		
C000011	2005-06-29	深圳市物业(发展)集团股份有限公司	000011	深物业A	A	深物业B	B
…	…	…					…

15. 股票连续涨停和跌停的收益求和计算，如表 4.13 所示。

表 4.13　股票收益表

股票代码	日　期	日收益		收 益 求 和
600003	01-27-00	−0.98%		
600003	01-28-00	0.60%		
600003	02-14-00	10.06%	(1)	
600003	02-15-00	10.04%	(2)	
600003	02-16-00	9.93%	(3)	=(1)+(2)+(3)
600003	02-17-00	10.07%	(4)	
600003	02-18-00	2.56%	(5)	
600003	10-18-01	−0.98%		
600003	10-19-01	−1.19%		
600003	10-22-01	−2.40%		
600003	10-23-01	10.04%	(6)	
600003	10-24-01	2.23%	(7)	
600003	10-25-01	−3.64%		

续表

股票代码	日　期	日收益		收　益　求　和
600003	10-26-01	−0.76%		
600026	06-04-02	0.70%		
600026	06-05-02	−1.40%		
600026	06-06-02	3.31%		
600026	06-07-02	0.92%		
600026	06-10-02	−0.23%		
600026	06-11-02	0.91%		
600026	06-12-02	−0.23%		
600026	06-13-02	−0.90%		
600026	06-14-02	−1.37%		
600026	06-17-02	0.23%		
600026	06-18-02	2.53%		
600026	06-19-02	−0.90%		
600026	06-20-02	0.91%		
600026	06-21-02	3.15%		
600026	06-24-02	10.02%	(8)	
600026	06-25-02	10.10%	(9)	
600026	06-26-02	10.07%	(10)	
600026	06-27-02	9.97%	(11)	
600026	06-28-02	0.74%	(12)	=(8)+(9)+(10)+(11)+(12)
600026	07-01-02	5.16%		
600026	07-02-02	−1.40%		
600026	07-03-02	2.13%		
600026	07-04-02	−1.67%		
600026	07-05-02	1.56%		
600026	07-08-02	−0.42%		
600026	07-09-02	5.32%		
600038	12-24-03	−0.47%		
600038	12-25-03	−1.49%		
600038	12-26-03	1.03%		
600038	12-29-03	−0.07%		

续表

股票代码	日　期	日收益		收　益　求　和
600038	12-30-03	－0.48%		
600038	12-31-03	0.14%		
600038	01-02-04	－9.97%	(13)	
600038	01-05-04	－10.02%	(14)	
600038	01-06-04	－10.03%	(15)	
600038	01-07-04	10.03%	(16)	＋(13)＋(14)＋(15)＋(16)
600038	01-08-04	9.97%	(17)	
600038	01-09-04	4.65%	(18)	＝(16)＋(17)＋(18)
600038	01-12-04	－4.74%		
600038	01-13-04	－2.87%		
600038	01-14-04	－4.32%		
600038	01-15-04	－3.68%		
600038	01-16-04	－1.30%		
600038	01-29-04	10.03%	(19)	
600038	01-30-04	9.99%	(20)	
600038	02-02-04	0.44%		＝(19)＋(20)＋(21)

第 5 章 DATA 步数据处理

本章用到的数据集：ResDat.class、ResDat.Dret、ResDat.indcls、ResDat.Idx000001、ResDat.lstkinfo。

本章内容包括：
- 基本语句(赋值、累加)；
- 观测的选择与输出(IF 语句、WHERE 语句、DELETE 语句、OUTPUT 语句)；
- 变量属性控制(INFORMAT 语句、LENGTH 语句)；
- DO 语句及循环控制；
- 选择控制语句 SELECT；
- 数组(ARRAY 语句)；
- GOTO 语句与语句标号；
- LINK 语句；
- STOP 语句与 ABORT 语句；
- REMOVE 与 REPLACE 语句；
- MISSING 语句；
- LIST 语句、CALL 语句、NULL 语句、ERROR 语句、RETURN 语句、CONTINUE 语句与 LEAVE 语句。

5.1 基本语句

5.1.1 赋值语句

1. 语句格式

```
variable=expression;
```

将表达式结果赋予一个变量。

选项说明：

variable	规定变量名或数组元素
expression	有效的 SAS 表达式

例 5.1 赋值语句举例。

```
proc sort data=resdat.class out=class;
by sex;
run;
data a;
set class;
by sex;
n=_N_;
error=_error_;
first_s=first.sex;
last_s=last.sex;
proc print;
run;

x=a+b;                  /* 规定新变量 x,它是 a 和 b 的和 */
t(2)=sum(of x1-x5);     /* 规定数组元素,它的值是一函数值 */
a=a+b;                  /* 规定一个已经存在的变量 a,它的值为原来值和 b 之和 */
```

2. 结果变量类型

决定结果变量类型的准则：
- 如果表达式中的变量全为数值型,结果变量为数值型;
- 如果表达式中的变量全为字符型,结果变量为字符型;
- 如果表达式中的变量既有数值又有字符型,结果变量为数值型。

对于同时含有数值与字符变量的表达式,SAS 系统先将表达式中的字符变量转换为数值变量,然后进行运算,不能转换时,系统发布错误信息。

3. 结果变量长度

结果变量的长度是第一次扫描结果的长度,除非事先由 LENGTH 语句规定好结果变量的长度。

例 5.2 第一扫描结果的长度不是所有数据中的最大长度时会出错。

```
data a;
lstknm='深发展';            /*第一扫描结果的长度为 6*/
lstknm='大秦铁路';          /* lstknm 的长度为 6,所以显示结果为 lstknm=大秦铁 */
proc print;
run;

/*用 LENGTH 语句得到正确输出结果*/
```

第 5 章 DATA 步数据处理

```
data a;
length lstknm $12;        /* 规定变量 lstknm 的长度为 12 */
lstknm='深发展';
lstknm='大秦铁路';
proc print;
run;
```

没有规定结果变量长度时,由表达式类型确定结果变量长度的准则如表 5.1 所示。

表 5.1 没有规定结果变量长度时,由表达式类型确定结果变量长度的准则

表达式类型	结果类型	结果变量长度	举 例
字符变量	字符	原变量的长度	Length a $4; X=a; X 长度为 4
字符串	字符	第一个字符串的长度	X='ABC'; X='ABCDEF'; X 长度为 3
字符变量连接	字符	所有变量长度的和	Length a $4 b $6; X=a||b; X 长度为 10
变量和字符串连接	字符	变量和第一个字符串长度的和	Length a $4; X=a||'CAT'; X=a||'CATIP'; X 长度为 7

5.1.2 累加语句

1. 语句格式

```
Variable+expression;
```

累加语句累加表达式结果。
选项说明:

variable	规定累加变量
expression	有效的 SAS 表达式

应用准则:
- 累加变量的观测被读入之前,值为 0;
- 表达式的计算结果为缺失值时,取 0 代替;
- 表达式可以使用比较算符;
- 语句 A+(-B)中的(+)是必须的,不能写成 A-B。

例 5.3 累加语句等于使用 SUM 函数和一个 RETAIN 语句。

```
data a(keep=name height s_h);
set ResDat.class;
s_h+height;
proc print;
run;

data a(keep=name height s_h);
set ResDat.class;
s_h=sum(s_h, height, 0);              /* 这里的 0 可以省略,加 0 等于没加 */
retain s_h 0;
proc print;
run;
```

上面两段程序等价。
观测下面程序的运行结果：

```
data a(keep=name height s_h);
set ResDat.class;
s_h=sum(s_h, height, 0);              /* 这里的 0 可以省略,加 0 等于没加 */
/* retain s_h 0; */
proc print;
run;

data a(keep=name height s_h);
set ResDat.class;
s_h=s_h+height;
/* retain s_h 0; */
proc print;
run;

data a(keep=name height s_h);
set ResDat.class;
s_h=0;
s_h=s_h+height;
/* retain s_h 0; */
proc print;
run;
```

2. 应用举例

例 5.4 表达式 SUMX+X*X 把 X*X 的结果加到 SUMX 上。

```
data a(keep=date uss);
set ResDat.Dret(where=(stkcd='000002'));
uss+Dret**2;                          /* USS 为变量 Dret 的平方和 */
```

run;

例 5.5 计算非缺失值的观测个数。

```
data a(keep=nmis);
set ResDat.indcls;
nmis+csrciccd^=' ';
run;
```

例中，NMIS 为变量 csrciccd 非缺失值的观测个数，即按 csrciccd 分好类股票的个数。

例 5.6 计算变量 CLPR 的 5 日滑动平均线。

```
data a;
set ResDat.Idx000001;
sum+clpr;
data b;
merge a a(firstobs=6 rename=(sum=sum_1));
ma5=(sum_1-sum)/5;
run;
```

例中，计算变量 CLPR 的 5 日滑动平均值，体现了用简单方法处理复杂的问题的技巧。也可以用循环语句写相应程序，但程序的效率会很低。

5.2 观测的选择与输出

5.2.1 IF 语句

IF 语句的两种类型：
- 条件 IF 语句，含有一个 THEN 子句或 ELSE 子句；
- 子集 IF 语句，没有子句。

1. IF-THEN 与 IF-THEN/ELSE 语句

表达式为真时执行 THEN 后面的语句，表达式为假时执行 ELSE 后面的语句。

语句格式：

IF expression **THEN** expression;
<**ELSE** expression;>

例 5.7 对观测进行选择的应用举例。

```
data;
if x then delete;
if status='OK' and type=3 then count+1;
if age ne agecheck then delete;
```

```
if x=0 then
if y ne 0 then put 'x zero, y nozero';
else put 'x zero, y zero';
else put 'x nozero';

if ans=9 then
do;
ans=.;
put 'invalid answer for '  id=;
end;
else do;                        /* 当 IF 条件不成立时,执行下面另一 DO 组 */
ans=ans1;
valid+1;
end;
```

2. 子集 IF 语句

语句格式:

IF expression;

其中,expression 是任意有效的表达式。

如果表达式是真的,SAS 语句对正被创建的观测继续执行 DATA 步的语句;如果表达式是假的,SAS 立即返回到 DATA 步的开始对其他观测执行。

例 5.8 应用举例。

```
data a;
set ResDat.Idx000001;
if _n_<100;
run;
```

例中,选择前 99 条观测值。

5.2.2 WHERE 语句

WHERE 语句是在执行数据集连接(SET),合并(MERGE),更新(UPDATE)或修改(MODIFY)之前进行的操作。使用 WHERE 语句时,因为 SAS 系统只从输入数据集中读入满足条件的观测,所以这样的 SAS 程序更有效。

WHERE 语句不是可执行语句,它起不到 IF-THEN 语句的作用。

1. 语句格式

WHERE where-expression;

2. 表达式特殊算符

用于 WHERE 表达式的特殊算符如表 5.2 所示。

表 5.2 仅用于 WHERE 表达式的特殊算符

算　符	说　明
Between-And	选择一定数值范围内的观测
Is Missing|Is Null	选择变量值为缺失值的所有观测
Contains|?	选择包含在规定字符串的观测
Like	匹配选择观测
Same-And	增加多个从句

注意：表中算符的否定形式都是在前面加 not，如 not Contains、not like 等。

例 5.9 BETWEEN-AND 算符和 IS MISSING|IS NULL 算符例句。

```
Where hstocd between 600000 and 600899;
Where taxes between salary * 0.30 and salary * 0.50;
Where taxes not between salary * 0.30 and salary * 0.50;
Where idnum is missing;              /* 计算缺失值数目 */
Where name is null;
```

LIKE 算符的两个特殊模式：

- 百分号(%)可以替代任意多个字符；
- 下划线(_)正好有一个字符与之匹配。

进行比较时，LIKE 算符识别大写和小写之间的字符。

例 5.10 设有名字 Diana、Diane、Dianna、Dianthus、Dyan，使用 LIKE 算符来选择第一个字符为 D 的名字时，LIKE 算符的不同选择模式与结果如下。

```
Like 'D_an';                          /* 选择 Dyan         */
Like 'D__an_';                        /* 没有名字被选上    */
Like 'D_an__';                        /* Diana, Diane, Dianna, Dyan */
Like 'D_an%';                         /* 上述列表的所有名字 */
Not like 'D_an%';                     /* 没有名字被选上    */
```

SAME AND 算符的形式：

```
WHERE condition-1;
[其他 SAS 语句]
WHERE SAME AND condition-2
[其他 SAS 语句]
WHERE SAME AND condition-n;
```

SAS 系统选择除满足上述定义的条件外，还满足在 SAME-AND 算符后列出条件的观测。

例 5.11 使用算符 SAME-AND 来增加较多的从句到程序中已有的 WHERE 语句

后面,而不需要重新打入原来的从句。

```
proc gplot data=ResDat.Idx000001;
plot clpr * date=1;
where year(date)>1996;
where same and year(date)<2000;
run;
quit;
```

3. 应用举例

例 5.12 选择数值变量非 0 和非缺失的观测值。

```
Where x;
Where x and y;
Where x/y;
```

例 5.13 选择字符变量非缺失的观测。

```
Where c^=' ';
where c is not missing;
```

字符变量 C 不能单独地作为逻辑表达式。

例 5.14 选择一定范围内的观测。

```
Where x between 1 and 5;
where 1<=x<=5;
```

例 5.15 选择其中一个观测。

```
Where x in(1, 2, 3, 4, 5);
```

5.2.3 WHERE 和 IF 语句的比较

在 DATA 步 WHERE 语句和子集 IF 语句的最大差别是 WHERE 语句在观测读入到程序数据向量之前起作用,而子集 IF 语句对已经在程序数据向量的观测起作用。

WHERE 语句不是执行语句,而子集 IF 语句是可执行语句。

WHERE 语句有自己的表达式,而子集 IF 语句使用"SAS 表达式"。

WHERE 语句仅仅从 SAS 数据集的观测中选择,而子集 IF 语句可以从已存在的 SAS 数据集中或在用 INPUT 语句产生的观测中选择。

当 WHERE 表达式和子集 IF 表达式产生相同结果时,在几乎所用情况下,WHERE 要比 IF 的效率高。

从大的 SAS 数据集中选择一个小的子集时用 WHERE 语句比用子集 IF 语句效率高得多,因为在进行选择之前 SAS 系统没有从大数据集中移动所有观测到这个小数据集的程序数据向量中。

例 5.16 不能用 WHERE 语句的情况。

```
data a;
set ResDat.Idx000001;
where _n_<100;                          /*错误语句,必须用 if */
run;

data a;
set ResDat.Idx000001;
if _n_<100;
run;
```

例中,不能用 WHERE 语句控制 SAS 的自动变量_n_。

5.2.4　DELETE 语句

DELETE 语句停止处理当前观测,该观测值不被读入到创建的数据集,SAS 系统返回到 DATA 步的开头处理其他观测。

语句格式:

```
DELETE;
```

例 5.17　删除部分观测值。

```
data stka;
set ResDat.lstkinfo;
if Stktype='B' then delete;
run;
```

例中,删除数据集 RESDAT 中 Stktype='B'的观测值。

例 5.18　清空数据集。

```
data a;
set ResDat.lstkinfo;
delete;
run;
```

例中,删除数据集 A 中的所有观测值,即清空数据集 A。设计复杂程序时,常会用到 DELETE 语句的这种用法。

5.2.5　OUTPUT 语句

OUTPUT 语句输出当前的观测到被创建的数据集中。

1. 语句格式

```
OUTPUT<data-set-name-1><…data-set-name-n>;
```

选项说明：

没有选项	将当前观测输出到 DATA 语句中命名的所有数据集中
data-set-name	规定输出当前观测的数据集

OUTPUT 语句的作用：
- 由一个输入数据行创建多个观测；
- 由一个输入数据文件创建多个 SAS 数据集；
- 由几个输入数据行合并为一个观测。

2. 应用举例

例 5.19　由一个输入数据行创建多个观测。

```
data a;
input ID $ score1-score3;
drop score1-score3;
score=score1; output;
score=score2; output;
score=score3; output;
cards;
02126  99  96  94
02128  89  90  88
;
proc print;
run;
```

例中，每一行记录生成三个观测。每个新观测将包括代号 ID 和一次测验值 SCORE。

Obs	ID	score
1	02126	99
2	02126	96
3	02126	94
4	02128	89
5	02128	90
6	02128	88

例 5.20　一个 DATA 步创建多个数据集。

```
data Astk Bstk;
set ResDat.lstkinfo;
if Stktype='A' then output Astk;
else if Stktype='B' then output Bstk;
run;
```

例中，一个 DATA 步创建两个数据集。数据集 Astk 包含变量 Stktype='A'的所有观测;数据集 Bstk 包含变量 Stktype='B'的所有观测。

例 5.21 一个 DATA 步创建多个数据集。

```
data age1 age2;
input name $age;
if age <15 then output age1;
else output age2;
cards;
Alice     13
Gail      14
Mary      15
Sandy     11
Philip    16
Robert    12
Thomas    11
William   15
;
run;
```

例中,一个 DATA 步创建两个数据集。数据集 AGE1 包含变量 AGE<15 的所有观测,数据集 AGE2 包含变量 AGE≥15 的所有观测。

例 5.22 计算数据集 lstkinfo 中两类不同股票的数目。

```
proc sort data=ResDat.lstkinfo out=lstkinfo;
by stktype;
data a;
set lstkinfo;
by stktype;
if first.Stktype then Num=0;
Num+1;
keep stktype num;
if last.stktype then output;
run;
```

例中,由几个记录组合信息,分别计算数据集 lstkinfo 中两类不同股票的数目。这个例子很有用,从这里也认识了自动变量 first. stktype 和 last. stktype 的使用方法。数据处理时用这个语句会很省力。

如果需要汇总的是数值型变量,还可以用 means 过程来实现。由于 lstkinfo 中的 stktype 不是数值变量,所以上例不能用下面的 means 过程实现。

```
proc means data=lstkinfo noprint;
by stktype;
var stktype;
output out=sum sum=num;
run;
```

5.3 变量属性控制

5.3.1 INFORMAT 语句与 FORMAT 语句

1. INFORMAT 语句

INFORMAT 语句把输入格式与变量联系起来。

语句格式：

INFORMAT variables <informat><DEFAULT=default-informat>;

选项说明：

Variables	规定同输入格式联系的变量名
Informat	规定读入变量值时使用的输入格式
Default=	规定临时的缺省输入格式

选项 DEFAULT= 可以出现在 INFORMAT 语句中的任何位置，仅适用于当前的 DATA 步。没有规定临时的缺省输入格式时，使用 SAS 系统规定的缺省输入格式。

例 5.23 规定临时的缺省输入格式。

```
data a;
informat default=3.1 default=$char4.;
input x1-x5 name $;
put x1-x5 name;
cards;
11 22 33 44 100 johnny
;
run;
```

程序提交后 LOG 窗口输出显示：

```
1.1  2.2  3.3  4.4  10  John
```

例中，在 INPUT 语句列出的变量 X1～X5 和 NAME 没有规定输入格式，那么使用这里规定的缺省输入格式，即用格式 3.1 输入 X1～X5，用格式 $char4. 输入 NAME。

例 5.24 取消已存在的输入格式。

```
data a;
set ResDat.idx000001;
informat date;
run;
```

例中，删除变量 DATE 的输入格式。这里 INFORMAT 和 SET 语句的次序是重要的，Informat 语句放在 set 语句的前面就不能删除变量 Date 的输入格式。

```
data a;
informat date;
set ResDat.idx000001;
run;
```

2. FORMAT 语句

该语句在 DATA 步中把变量与输出格式联系起来。输出格式可以是 SAS 提供的格式也可以是用户使用 PROC FORMAT 定义的格式。当 SAS 系统打印这些变量的值时，将使用所联系的格式来输出这些值。DATA 步使用 FORMAT 语句可永久地把格式同变量联系起来。PROC 步用 FORMAT 语句指定的格式仅仅在 PROC 步起作用。

语句格式：

FORMAT variables \<format\>\<DEFAULT=default-format\>;

选项说明：

Variables	规定同输出格式联系的变量名
Format	规定输出变量值时使用的输出格式
Default=	规定临时的缺省输出格式

选项 DEFAULT= 可以出现在 FORMAT 语句中的任何位置，仅适用于当前的 DATA 步。没有规定临时的缺省输出格式时，使用 SAS 系统规定的缺省输入格式。

例 5.25 规定临时的缺省输出格式。

```
data;
format  w $3. y 10.3 default=8.2 default=$8.;
w='good morning.';
x='good morning.';
y=12.1;
z=12.1;
put w/x/y/z;
run;
```

程序提交后 LOG 窗口输出：

```
goo
good mor
12.100
12.10
```

例 5.26 使用自定义的格式输出。

```
proc format;
value sexfmt 1=male 2=female;
data a1;
input name $ sex @@;
format sex sexfmt.;
cards;
jane 2 bill 1 cindy 2 helen 2
;
proc print;
run;
```

例中,用 FORMAT 过程定义输出格式 SEXFMT。在 DATA 步中 FORMAT 语句把 SEXFMT 同变量 SEX 联系起来。当以后用一些过程输出 SEX 值时,MALE 和 FEMALE 替代 1 和 2 被输出。

例 5.27 规定日期时间变量的输出格式。

```
data a;
input name $ bdate date7.;
format bdate worddate.;
cards;
jimmy 15jan84
cindy 03mar85
;
proc print;
run;
```

如果没有 FORMAT 语句,表示日期变量 date 的值将用 1960 年 1 月 1 日和日期值之间的天数输出。

因此,对于 SAS 日期时间值变量,必须用 FORMAT 语句对变量指定相应的日期时间输出格式,这样才能便于理解。

5.3.2 LENGTH 语句与 LABEL 语句

1. LENGTH 语句

LENGTH 语句用于规定存储变量值的字节长度。语句格式如下:

```
LENGTH<variable-specification-1 <… variable-specification-n>>
      <DEFAULT=n>;
```

其中:
- variable-specification 变量说明项;
- DEFAULT=n 规定新创建数值变量值的缺省字节长度从 8 改为 n 值。

变量说明项格式:

```
variable-1<…variable-n><$>length
```

相关选项说明：

Variable	要规定长度的变量名
$	规定为字符型
Length	规定存储变量值的字节长度

1) 数值变量长度控制

在 SAS 数据集中数值变量的存储长度一般为 8 字节。然而很多值可以用小于 8 字节的长度准确地表示。当数据集很大时，使用小于 8 字节长度来存储不需要很精确的值时，可以有效地减少外部存储的要求。

注意：用 LENGTH 语句截短数据时，可能会引起误差。

例 5.28 截短数据引起的误差问题。

```
data one;
input a 1-4 b 6.;
length default=3;
cards;
1.4  6
1.2  5
1.1  4
1.3  4
1.3  5
1.3  6
2.0  3
;
data two;
   set one;
   if a=1.3;
run;
```

例中，数据集 TWO 中没有观测。因为，第二个 DATA 步的子集 IF 语句中的常数 1.3 用 8 字节表示，而数据集 ONE 中变量 A 按 LENGTH 语句规定只有 3 字节，因此 A 不会等于 1.3。

2) 字符变量长度控制

如果不用 LENGTH 或 ATTRIB 语句规定变量的长度，字符变量的缺省长由它的第一个观测值决定，这样，后面更长的观测值会被截短。因 INPUT 语句可隐含地说明字符变量的长度。所以，当 LENGTH 语句定义的字符长度不同于在 INPUT 语句中隐含表示的长度时，LENGTH 语句应放在 INPUT 语句前面。

例 5.29 LENGTH 语句必须放在 INPUT 语句前面才能起作用。

```
data a;
length name $20;
```

```
input name $1-10;
cards;
(数据行)
;
run;
```

例中,INPUT 语句隐含指定变量 NAME 的长度为 10。LENGTH 语句(放在 INPUT 语句前面)给出在创建的数据集 A 中 NAME 的长度用 20 替代 10。

例 5.30 字符变量的长由它的第一个观测值决定。

```
data b;
input x;
if x=1 then y='no';
else y='yes';
Cards;
1
5
;
run;
```

例中,字符变量 Y 第一次在赋值语句 Y='NO'中出现时,它的长度被确定为 2。于是,当把'YES'赋给 Y 时,仅前两个字符被存储,'S'丢失了。为解决该问题,或使用 LENGTH 语句规定 Y 的长度,或重新排列语句顺序。

3) LENGTH 语句位置的重要性
- 改变字符变量的长度时,LENGTH 语句必须放在 SET 语句的前面;
- 改变数值变量的长度时,LENGTH 语句可以放在任何地方。

例 5.31 SET 语句之后的 LENGTH 语句对字符变量不起作用。

```
data a;
lstknm='深发展';
data b;
lstknm='大秦铁路';
data c;
set a b;
length lstknm $12;
proc print;
run;
```

例中,length 语句放在 set 语句之后不起作用,lstknm 的长度为 6,所以显示的值分别为"深发展"和"大秦铁"。

上段程序的正确写法:

```
data a;
lstknm='深发展';
data b;
```

```
lstknm='大秦铁路';
data c;
length lstknm $12;              /* length 语句放在 set 语句之前 */
set a b;
proc print;                     /* 显示正确结果 */
run;
```

2. LABEL 语句

LABEL 语句用于为变量加标签。变量标签是对变量的进一步说明，看到标签就能理解变量的意思。这个标签在 SAS 数据集中同变量名一起被存储，而且可通过许多 SAS 过程被打印输出。

语句格式：

LABEL variable-1='label-1' …<variable-1='label-n'>;

其中：

- Variable 规定加标签的变量名；
- Label 规定最多 40 个字符的标签。

一个标签语句可以出现若干个变量名和标签。

例 5.32 Label 语句的两种写法。

第一种写法：

```
Label
Stkcd="股票代码|Stock Code"
Lstknm="最新股票名称|Latest Stock Name"
Lstdt="股票上市日|List Date"
Exchflg="交易所标识|Exchange Flag"
Stktype="股票类型|Stock Type"
Status="当前状态|Status"
Lcurrency="最新货币类型|Latest Currency";
```

第二种写法：

```
Label Stkcd="股票代码|Stock Code";
Label Lstknm="最新股票名称|Latest Stock Name";
Label Lstdt="股票上市日|List Date";
Label Exchflg="交易所标识|Exchange Flag";
Label Stktype="股票类型|Stock Type";
Label Status="当前状态|Status";
Label Lcurrency="最新货币类型|Latest Currency";
```

例 5.33 删除变量的标签。

```
Label Stkcd=''  Lstknm=''  Lstdt=''  Exchflg='';
```

5.3.3 变量类型转换

当把一个字符表达式的结果赋值给数值型变量时,SAS 尝试将该表达式的结果转化为数值型。若转换失败,SAS 会在日志窗口给出提示,并将该数值型变量的值设为缺失,自动变量_ERROR_设为 1。有关字符和数值之间相互转换的对应规则,可参见 SAS 帮助文档。

当把一个数值表达式的结果赋值给字符型变量时,SAS 尝试将该表达式的结果转化为字符型,格式为 BESTw.,其中 w 表示字符变量的宽度,最长为 32。如果之前定义的字符变量长度过小,则 SAS 在日志窗口给出提示,并将该字符变量的值设为星号(*)。若表达式的值太小,SAS 不会给出错误信息,并将该字符变量的值设为字符 0。

实现数值与字符之间相互转换的方式有:
- SAS 系统自动完成数值与字符之间的转换;
- 函数 INPUT 将字符转换为数值;
- 函数 PUT 将数值转换为字符。

1. 字符自动转换为数值

能自动地将字符转换为数值情况有:
- 将字符变量赋值给一个数值变量;
- 算术表达式中有字符变量;
- 比较运算中与数值变量进行比较;
- 需要数值变量的函数中引用字符变量。

例 5.34 字符自动转换为数值。本例中并没有真正把字符变量转换为数值变量。

```
data;          /*由字符变量 Y 的值创建一个新的数值变量 X */
X=1;           /*X 为数值变量 */
Y='10';        /*Y 为字符变量 */
X=Y;           /*自动将字符变量 Y 转换为数值变量 X,Y 仍是字符变量 */
run;

data;          /*运算过程中自动转换 */
X=1;           /*X 为数值变量 */
Y='10';        /*Y 为字符变量 */
Z=X+Y;         /*自动将字符变量 Y 转换为数值变量 */
run;

data;          /*运算过程中自动转换 */
X=1;           /*X 为数值变量 */
Y='10';        /*Y 为字符变量 */
if X<Y;        /*自动将字符变量 Y 转换为数值变量 */
run;
```

```
data;              /*运算过程中自动转换*/
Y='10';            /*Y为字符变量*/
Z=log(Y);          /*自动将字符变量Y转换为数值变量*/
run;
```

2. 函数 INPUT 将字符转换为数值

INPUT 函数的形式：

INPUT(数据源,输入格式);

其中：
- 数据源为要转换为数值的变量,常数或表达式。数据源既可以是数值型,也可以是字符型;
- 输入格式规定对数据源进行转换的输入格式。

例 5.35 转换字符变量为数值变量。

```
data a;
set ResDat.lstkinfo;
stkcd_1=input(stkcd, 6.);        /*将字符变量 stkcd 转换为数值变量 stkcd_1*/
drop stkcd;
run;

/* 如果希望数据集 lstkinfo 中的字符变量 stkcd 转换为数值变量,只要类型转换,变量名不变,需要增加一下数据步*/
data a;
set a;
rename stkcd_1=stkcd;
run;
```

例 5.36 转换字符型常数值为数值常数。

```
data a;
y=input('56888', 8.);
put y;
run;
```

显示结果,56888 为数值常数值。

例 5.37 转换字符型常数值为字符常数值。

```
data a;
y=input('56888', $2.);
put y;
run;
```

显示结果 56 为字符常数值。

注意,INPUT 函数也可以用于字符到字符之间的转换,如可以将一个长字符转换为短字符。

3. 数值自动转换为字符

能自动地将数值转换为字符情况有：
- 将数值变量赋值给一个字符变量；
- 字符表达式中有数值变量；
- 需要字符变量的函数中引用数值变量。

系统自动地将数值转换为字符时,使用 BEST12. 的输出格式,字符值右对齐。

例 5.38　数值自动转换为字符。

```
data;
X='10';                /* X为字符变量 */
Y=10;                  /* Y为数值变量 */
X=Y;                   /* 自动将数值变量 Y 转换为字符变量 X,Y仍是数值变量 */
run;


data;
Y=10;                  /* Y为数值变量 */
Z='ROOM'||Y;           /* 自动将数值变量 Y 转换为字符变量 */
put Z=;
run;


data;
Y=10600001;            /* Y为数值变量 */
Z=SUBSTR(Y,7,6);       /* 自动将数值变量 Y 转换为字符变量 */
put Z=;
run;
```

例中,SUBSTR(Y,7,6)中的变量 Y 使用 BEST12. 的输出格式,字符值右对齐,所以 Z 的值为截取 Y 从第 7 个字符开始的 6 个字符值,即 Z=600001。

SAS 执行自动转换时会在 LOG 窗口打印一个警告信息,指出转换发生的地方。当自动转换产生无效值时,SAS 取结果为缺失值,并在 LOG 窗口打印一个错误信息。

4. 函数 PUT 将数值转换为字符

PUT 函数的形式：

PUT(数据源,输出格式);

其中：
- 数据源为要转换为字符值的变量,常数或表达式。数据源既可以是数值型,也可以是字符型；
- 输出格式规定对数据源进行转换的输出格式。

例 5.39　转换数值变量为字符变量。

```
data a;
y=3888.00;
x=put(y, 10.4);
```
/* 10.4是输出格式,将 y 按 10.4 的数值输出格式呈现,但使用 put 赋给 x 后,x 为字符型变量 */
```
put x;
run;
3888.0000
```

例 5.40 转换数值常数为字符常数。

```
data a;
x=put('288.00', $4.);            /* x 的输出格式为 $4. */
run;
288.
```

```
data a;
x=put('288.00', $6.);            /* x 的输出格式为 $6. */
run;
288.00
```

```
data a;
x=put('288.00', 6.2);            /* x 的输出格式为 $6. */
run;
288.00
```

5.4　DO 语句及循环控制

DO 语句必须由一个 END 语句结束。
- DO 和 END 语句之间的这些语句称为一个 DO 组;
- DO 组可以嵌套任意次。

DO 语句有 5 类:
- 简单 DO 语句;
- 循环 DO 语句;
- DO OVER 语句;
- DO WHILE 语句;
- DO UNTIL 语句。

5.4.1　简单 DO 语句

1. 语句格式

```
DO;
```

[一些 SAS 语句]
END;

2. 应用举例

例 5.41 IF/THEN 语句中用 DO。

```
data a;
set ResDat.class;
if age>14 then do;
h_cm=30.5*height/12;
put name=sex=age=h_cm=;
end;
run;
```

上例与下面的 if 语句效果一样,但是 IF 语句效率较低。

```
If age>14 then H_cm=30.5*height/12;
If age>14 then Put name=sex=age=h_cm=;
```

5.4.2 循环 DO 语句

循环 DO 语句根据下标变量重复执行 DO 和 END 语句之间的语句。

1. 语句格式

DO index_variable=specification-1<,…specification-N>;
　　[一些 SAS 语句]
END;

其中:

index-variable 选项定义下标变量,用于控制 DO 组的执行方式和重复次数。
下标变量包含在创建的数据集中,可以用 DROP 语句删除。

2. SPECIFICATION 选项格式

Start <TO stop><BY increment><WHILE/UNTIL(expression)>;

Specification 选项说明:

Start	规定下标变量的起始值
To Stop	规定下标变量的终止值
Increment	规定步长
While Expression	每次循环执行前计算表达式
Until Expression	每次循环执行后计算表达式

例 5.42 缺省的步长为 1。

```
do I=1 to 1000;
do I=1 to y+3;
do I=1 to exit;
```

例 5.43 起始值例句。

```
do i=5;
do i=1 to n;
do i=n to 1 by -1;
do i=k+1 to n-1;
do i=1 to k-1, k+1 to n;
do i=2, 3, 5, 7, 11, 13, 17;
do i=0.1 to 0.9 by 0.1, 1 to 10 by 1, 20 to 100 by 10;
do i='saturday', 'sunday';
do i='01jan99'd, '25feb99'd;
do i='01jan99'd to '01jan2000'd by 1;
```

例句中，起始值必须全部是数值或全部是字符常数，也可以是变量。字符常数必须用引号括起来。

例 5.44 使用表达式选项。

```
do i=1 to 10 while(x<y);
do i=2 to 20 by 2 until((x/3)>y);
do i=10 to 0 by -1 while(month='jan');
```

3. 应用举例

例 5.45 用 GO TO 语句跳出循环体。

```
data a;
input x y;
if x<y then go to skip;          /* skip 是循环体外的语句标号 */
y=log(y-x);
yy=y-20;
skip: if y<0 then do;
put x= y=;
z=log(x-y);
end;
cards;
2 6
5 3
5 -1
;
run;
```

例 5.46 产生指定观测值个数的数据集。

```
data a;
do n=1 to 100;
output;
end;
run;
```

例中,产生一个含有 100 个观测值的数据集。

例 5.47 自然数求和。

```
data a;
t=0;
do n=1 to 100;
t=t+n;
output;
end;
run;
```

例中,求 1～100 的自然数之和。

例 5.48 自然数平方和。

```
data a;
t=0;
do n=1 to 100;
t=t+n**2;
output;
end;
run;
```

例中,求 1～100 自然数的平方和。

例 5.49 用循环 DO 语句处理数组。

```
array day{7} d1-d7;           /*定义数组 day{7} */
do i=1 to 7;
if day{i}=99 then day{i}=100;
end;
```

例中,用循环 DO 语句处理数组时,便于进行批量更新。

5.4.3　DO OVER 语句

DO OVER 语句对隐含下标数组元素执行 DO 组里的语句。

1. 语句格式

```
DO OVER array-name;
```

[若干 SAS 语句]
END;

其中,选项 array-name 规定一个隐含下标数组。

2. 应用举例

例 5.50　隐含数组的所有元素乘以 100。

```
data test;
input sc01-sc05;
array s sc01-sc05;
do over s;                          /* 等价于 do _i_=1 to 5 */
s=s*100;
end;
cards;
.95  .88  .99  .77  .56
;
run;
```

5.4.4　DO WHILE 语句

DO WHILE 语句使得当条件成立时重复执行 DO 组中的语句。

1. 语句格式

DO WHILE(expression);

选项 expression 规定任一有效表达式。

2. 应用举例

例 5.51　当 N 值小于 5 时重复执行 DO 组中的语句。

```
data a;
n=0;
do while(n lt 5);
put n=;
n+1;
end;
run;
```

5.4.5　DO UNTIL 语句

有条件地执行 DO 组中的语句。

1. 语句格式

DO UNTIL(expression);

其中,选项 expression 规定任一有效表达式。

2. 应用举例

例 5.52　重复循环直到 n>=5 时停止。

```
data a;
n=0;
do until(n>=5);
put n=;
n+1;
end;
run;
```

5.5　选择控制语句 SELECT

SELECT 语句选择执行 SAS 语句。

5.5.1　语句格式

SELECT<select-expression>;
　　WHEN(when-expression-1<,…when-expression-n>) statement;
　　<…**WHEN**(when-expression-1<,…when-expression-n>) statement;>
　　<**OTHERWISE** statement;>
END;

选项说明:

select-expression	选择表达式
when-expression	规定任意有效的一个 SAS 表达式
Statement	任意可执行的 SAS 语句

5.5.2　应用举例

例 5.53　有 SELECT 表达式的 SELECT 语句。

```
data a;
set ResDat.class
```

```
;
obs=_n_;
x=uniform(0);
select(obs);
when(1)   x=x*10;
when(2,4,6);
when(3,5,7,13,15,17) x=x*100;
otherwise x=1;
end;
run;
```

例中,根据 OBS 来计算新变量 X 的值。当 OBS 为 1 时,执行 x=x*10。当 OBS 为 2,4,6 时,x 值不变。当 OBS 为 3,5,7,13,15,17 时,执行 x=x*100。OBS 为其他值时,执行 x=1。

例 5.54 没有 SELECT 表达式的 SELECT 语句。

```
data _null_;
do mon='jan','feb','mar','apr','may','jun','jul','aug','sep';
select;
when(mon in('jun','jul','aug')) put  'summer' mon=;
when(mon in('mar','apr','may')) put  'spring' mon=;
otherwise put   'fall or winter' mon=;
end;
end;
run;
```

例 5.55 SELECT 组的正确及错误用法举例。

```
select(x);
when(x=2)   put 'two';                        /*错误用法*/
end;


select(x);
when(2)   put 'two';                          /*正确用法*/
end;


select;
when(x=2)   put 'two';                        /*正确用法*/
end;
run;
```

例中,后两个程序的效果相同。

5.6 数 组

ARRAY 语句用于定义数组。数组通常由一组变量构成,利用数组可以简化很多复杂的数据处理过程。SAS 系统引用数组等价引用构成数组的那一组变量。

5.6.1 显式下标数组语句

显式下标数组由数组名,元素个数说明,及元素列表等构成。通过数组名引用整个数组,通过数组元素序号(也称为下标)引用该元素。

1. 语句格式

```
ARRAY array-name{subscript}<$><length>
      <<array-elements><(initial-values)>>;
```

选项说明:

Array-Name	规定数组名字
Subscript	规定下标范围或元素个数
$	规定数组元素为字符型
Length	规定数组中元素的长度
Array-Elements	规定组成数组的元素
Initial-Values	规定数组中相应元素的初始值

2. 下标的三种格式

下标用于表示数组中元素的个数和排列的范围。括号可用大括号、中括号或圆括号。下标格式有三种:

{数值-1<,…数值-n>}	规定数组中每一维的元素个数
{<下界:>上界<,…<下界:>上界>}	规定数组中每一维的上下界
{*}	由规定数组中变量的个数来确定下标

例 5.56 用格式一定义一维、二维数组。

```
Array simple{3} red, green, yellow;          /*定义一维数组*/
```

例中,数组名为 simple,数组有三个元素,对应的变量命名分别为 red、green、yellow。

```
Array x{5,3}score1-score15;                  /*定义二维数组*/
```

例中,数组名为 X,15 个变量 score1～score15 按顺序从左上角开始逐行放入这个二维数组。

例 5.57 用格式二定义二维数组。

```
Array x{1:5,1:3}score1-score15;
```

当用 1 作为数组下界时可以省略。

注意:用 0 作为下界时,可以加快处理时间,因为计算下标的时间减少了。

3. 数组元素表示方法

数组元素必须全是数值变量,或全是字符变量,可以用任意顺序列出。
数组元素的两种表示方法:
- 列出变量名;
- 建立临时数组元素列表。

例 5.58　列出变量名。

```
Array C{3} C1-C3;
Array C{3};                                    /* 和上例句等价 */
Array A{*} _NUMERIC_;
Array A{*} _CHARACTER_;
```

建立临时数组元素列表:

```
_TEMPORARY_;
```

使用临时数组元素列表可以少占用内存,加快执行时间。如果定义一个数组的目的只是进行计算时,最好使用临时数组元素列表。

可以像使用 DATA 步中变量那样使用临时数组元素,但要注意有下面几点不同:
- 它们没有名字,引用时必须用数组名和下标;
- 不能出现在输出的数据集上;
- 不能用特殊下标(*)来引用所有元素;
- 临时数组元素的值被自动保存,而不是像 DATA 步中的变量,在下一次重复开始时被置为缺失值。

例 5.59　建立临时数组元素。
若用如下程序,则会产生新变量 t1、t2、t3。

```
data a;
set ResDat.class;
array t(3) (5,10,15);
run;
```

若用临时数组,则不会产生新变量。

```
data a;
set ResDat.class;
array t(3) _temporary_ (5,10,15);
run;
```

4. 初始值表示方法

例 5.60　数组元素和初值通过对应位置来确定。

```
array test(3) t1 t2 t3(90 80 70);
```

```
array ab(5)(5 4 3);
```

例中,第一个语句数组元素的个数与初值的个数相同,把初值 90、80 和 70 依次赋给变量 t1、t1 和 t3。第二个语句分配 5 给 ab1,4 给 ab2,3 给 ab3,因数组元素比给出的初始值多,多余的变量 ab4 和 ab5 为缺失值,而且 SAS 系统将发布一个警告信息。

5. 应用举例

例 5.61 定义数组例句。

```
array rain{5} x1-x5;
array ab(*)x y z;
array x[*]_numeric_;
array test(3)_temporary_ (90 80 70);
array days{7} d1-d7;
array x{2:5}green red denato  fetzer;
array test(3:4,3:7) test1-test10;
```

5.6.2　引用显式下标数组元素

凡是可用表达式的地方,都可以使用数组元素。

例 5.62　通过下标引用数组元素。

```
data new;
input qa1-qa10 qb1-qb10;
array test{10} qa1-qa5 qb1-qb5;
put test{4}=   test{6}=;
cards;
1 1 1 6 1 1 1 1 1 8 2 2 2 2 2 2 2 2 2 2
;
run;
```

例中,输出 qa1 和 qb1 的值,即数组元素 test(4)引用 qa4,数组元素 test(6)引用 qb1。

一个数组的定义仅在当前的 DATA 步有效。如果想在几个 DATA 步引用同一个数组,必须在每个 DATA 步中都定义这个数组。

1. 循环 DO 组中引用

例 5.63　规定数组元素的下标为 DO 组循环变量值。

```
array day(7) d1-d7;
do i=1 to 7;
if day(i)=99 then day(i)=100;
end;
```

例中,数组元素的下标从 1~7,于是循环变量 I 就取 1~7。依次检查变量 d1~d7 的值,并将 99 改为 100。

例 5.64 规定数组的一些特殊元素作为循环 DO 语句范围。

```
array day(7) d1-d7;
do i=2 to 4;
do i=1 to 7 by 2;
do i=1,3;
```

例中,处理数组 DAY 中选定的一些特殊元素。

例 5.65 一个循环 DO 组里处理多个数组。

```
array day(*)d1-d4;
do i=1 to dim(day);
day(i)=day(i)+10;
end;
```

例中,循环 DO 语句里使用 DIM 函数得到数组中元素的个数。用 DIM 函数作为 DO 语句上界时,这个上界会根据数组元素个数的实际情况自动调整,用 DIM 函数作为 DO 语句上界的所有语句都不必改动。

例 5.66 引用规定上下界的一维数组。

```
Array yrs{76:85} year76-year85;
do i=76 to 85;
if yrs(i)=9 then yrs(i)=.;
end;
do i=lbound(yrs) to hbound(yrs);
if yrs(i)=9 then yrs(i)=.;
end;
```

例中,两个 DO 组是等价的。第二个 DO 组中 LBOUND 函数取数组 YRS 的下界,而 HBOUND 函数取 YRS 的上界。

例 5.67 引用规定上下界的两维数组。

```
array x{6:9, 0:9} x60-x99;
do i=6 to 9;
do j=0 to 9;
if x(i,j)=0 then x(i,j)=.;
end;
end;
do i=lbound1(x) to hbound1(x);
do j=lbound2(x) to hbound2(x);
if x(i,j)=0 then x(i,j)=.;
end;
end;
```

2. DO WHILE 和 DO UNTIL 组引用

使用 DO WHILE 或 DO UNTIL 语句处理数组时,首先要创造循环变量,然后利用数组说明实现 DO WHILE 或 DO UNTIL 语句的条件,最后使用程序语句来改变循环变量的值。

例 5.68　DO WHILE 语句用法。

```
data test;
input x1-x5 y;
array t(5) x1-x5;
i=1;
do while(t(i)<y);
put t(i)=y=;
i=i+1;
end;
cards;
1 2 3 4 5 3
0 2 4 6 8 6
;
run;
```

5.6.3　隐含下标数组语句

隐含下标数组由一个数组名字,一个下标变量和列表名组成。

语句格式:

ARRAY array-name <(index-variable)><$><length>
　　　　Array-elements <(initial-values)>;

选项说明:

Array-Name	规定数组的名字
Index-Variable	规定下标变量,缺省时为_i_
$	规定数组元素是字符
Length	为前面没有分配长度的数组元素规定长度
Array-Elements	规定组成数组的元素
Initial-Values	规定数组中相应元素的初始值

例 5.69　定义字符数组。

```
data a;
input x1 $3.x2 $3.;
array item(j)$12 x1-x10;
```

例中,定义字符数组 ITEM,前两个元素 x1 和 x2,长度为 3,它们在 INPUT 语句里定义了；其他 8 个元素在 ARRAY 语句里用长度说明选项，给出长度为 12。

例 5.70 规定组成数组的元素。

```
Input(x1-x3)($8.)x4 x5;
Array item _character_;
```

例中，INPUT 语句用输入格式 $8. 读字符变量 x1～x3，而 x4 和 x5 是数值变量。ARRAY 语句使用特殊变量_character_只能引入字符变量到数组中。

一个变量或一个隐含下标数组可以是多个隐含数组的元素。

5.6.4 引用隐含下标数组元素

例 5.71 引用隐含下标数组的元素时，要先设置下标变量，然后在 SAS 语句中使用数组名字。

```
data a;
input id x1-x10 y1-y10;
array big(i) x1-x10 y1-y10;
i=11;
put big;
cards;
9155 1 1 1 1 1 1 1 1 1 1 2 2 2 2 2 2 2 2 2 2
;
run;
```

例中，输出隐含数组 BIG 中的第 11 个元素值。

例 5.72 循环 DO 组中引用。

```
data test;
input s1-s5;
array s s1-s5;                /* array 语句里没有规定下标变量 */
do _i_=1 to 5;                /* 使用自动变量_i_作为下标变量 */
    s=s*100;
end;
cards;
.95 .88 .57 .90 .65
.95 .88 .57 .90 .65
.95 .88 .57 .90 .65
.95 .88 .57 .90 .65
;
run;
```

例中，s1～s5 中的每个变量值都乘以 100。

例 5.73 DO OVER 组中引用。

```
data two;
input id x1-x10 y1-y10;
array big(i) x1-x10 y1-y10;
do over big;                    /* 等价于 do I=1 to 20;其中 20 是 big 中元素的个数。*/
if big=. Then big=0;
end;
cards;
run;
```

例中,将数组 BIG 中的所有缺失值改为 0。

例 5.74 一个循环 DO 组引用多个数组。

```
data three;
input f1-f100;
array f   f1-f100;
array c   c1-c100;              /* 数组 f 和 c 使用_I_作为下标变量 */
do over f;                      /* 等价于 do _i_=1 to 100; */
    c=(f-32)*5/9;               /* 表示 do 循环执行 100 次 */
end;
cards;
;
run;
```

例中,DO OVER 处理两个数组,这种情况要求数据有相同的元素和下标变量。

例 5.75 将例 5.67 改为用隐含下标变量。

```
data four;
input x1-x5 y;
array t x1-x5;
_I_=1;
do while(t<y);
put t=y=;
_I_=_I_+1;
end;
cards;
1 2 3 4 5 3
0 2 4 6 8 6
;
run;
```

因一个隐含下标数组可以是其他隐含下标数组的元素,故允许有二维或更高维的隐含下标。

例 5.76 使用一些数组作为另一些数组的元素。

```
data a;
array test1 t1q1-t1q10;
```

```
array test2 t2q1-t2q10;
array test3 t3q1-t3q10;
array ans(k) test1-test3;
input t1q1-t1q10 t2q1-t2q10 t3q1-t3q10;
do k=1 to 3;
do j=1 to 10;
if ans=. then ans=0;
end;
end;
cards;
run;
```

例中,有一组数据,包括三组测验题,每组又有10个问题。每个学生的测验数据包括30个答案。在DATA步使用ARRAY语句可以把这30个答案中的缺失值改变为0。

例5.77 使用DO OVER语句处理例5.76。

```
do over ans;
do over test1;
if ans=. Then ans=0;
end;
end;
```

由于test1、test2、test3维数相同,在内层DO OVER语句中规定的数组名可以是这三个数组名的任一个。

只有当嵌套的DO OVER语句引用的每个数组定义不同的下标变量时才能使用嵌套DO OVER语句。

5.7　GO TO语句与语句标号

GO TO语句使SAS跳到本程序步带有标号的语句继续往下执行。GO TO语句和指定的目标语句必须在同一DATA步。

5.7.1　GO TO语句

语句格式:

GO TO label;
GOTO label;

Label选项规定语句标号指示GO TO的目标。

例5.78 语句标号应用举例。

```
data a;
```

```
input x @@;
if 1<=x<=5 then go to ok;
put x; count+1;
ok: sumx+x;
cards;
1 2 7 2 12 24 22
;
```
run;

例中，COUNT 仅对大于 5 的数计数，SUMX+X 对每个观测都执行。

```
data a;
input x @@;
if 1<=x<=5 then go to ok;
put x; count+1;
return;
ok: sumx+x;
cards;
1 2 7 2 12 24 22
;
```
run;

例中，COUNT 仅对大于 5 的数计数，SUMX+X 仅对 X 在 1 和 5 之间的那些观测执行。

例 5.79 上面两例中用 DO-END 语句替代 GOTO 语句。

```
data a;
input x @@;
if x<1 or x>5 then do;
put x; count+1;
end;
sum+x;
cards;
1 2 7 2 12 24 22
;
```
run;

```
data a;
input x @@;
if x<1 or x>5 then do;
put x; count+1;
end;
else sumx+x;
cards;
1 2 7 2 12 24 22
;
```

run;

5.7.2 语句标号

语句标号给出 GO TO,LINK,FILE 语句中的选项 HEADER=,或在 INFILE 语句中选项 EOF=的位置。

语句格式:

LABEL: statement;

5.8 LINK 语句

LINK 语句告诉 SAS 系统立即转到由 LINK 语句指示的语句标号,并从那里继续执行直到一个 RETURN 语句。

RETURN 语句让 SAS 立即返回到 LINK 语句后面的那个语句并从那里继续执行。
LINK 语句和语句标号所在的目标语句必须在同一个 DATA 步。

5.8.1 语句格式

LINK label;

例 5.80 执行一组语句。

```
data bydro;
input type $ wd station $ ;
label type='station type' wd='depth to water';
elev=.;
if type='aluy' then link calcu;
year=1985;
return;
calcu: if station='site_1' then elev=6650-wd;
       if station='site_2' then elev=5500-wd;
return;                   /*返回到link语句下面的year=1985;语句*/
cards;
aluv    523     site_1
uppa    234     site_2
aluy    666     site_2
;
run;
```

例中,LINK 语句执行的一组语句在程序中仅一次,这时用 DO 组要简单。

```
data bydro;
input type $ wd station $;
label type='station type' wd='depth to water';
elev=.;
if type='ALUY'    then do;
if station='SITE_1' then elev=6650-wd;
if station='SITE_2' then elev=5500-wd;
end;
year=1985;
cards;
ALUV     523     SITE_1
UPPA     234     SITE_2
ALUY     666     SITE_2
;
run;
```

例5.81 多次执行一组语句。

```
data test;
input id test1 $ test2 $ test3 $;
test=test1; link recode;
test1=test;
test=test2; link recode;
test2=test;
test=test3; link recode;
test3=test;
recode: if test='E'then test='F';
return;
cards;
1  A  B  E
2  E  F  C
3  C  D  A
4  A  B  A
5  B  E  E
;
```

如果在程序中有需要数次执行一组语句，用 LINK 语句编写程序可以更简捷，而且容易理解。用 ARRAY 语句编写这段程序还可以更简单。

例5.82 用 ARRAY 语句编写例5.81程序。

```
data test;
array test{3} $ test1-test3;
input id test1-test3 $;
do I=1 to dim(test);
if test(i)='E'   then test(i)='F';
```

```
end;
cards;
1 A B E
2 E F C
3 C D A
4 A B A
5 B E E
;
run;
```

5.8.2 LINK 语句与 GOTO 语句的差别

- LINK 语句之后的 RETURN 让 SAS 返回到跟随在 LINK 后面的语句；
- GOTO 语句之后的 RETURN 让 SAS 返回到 DATA 步的开头；
- LINK 语句常同 RETURN 语句一起使用；
- GOTO 语句常常不使用 RETURN 语句。

总之，LINK 语句和 GOTO 语句的差别就在于其后 RETURN 语句的作用。

5.9　STOP 语句与 ABORT 语句

5.9.1 STOP 语句

STOP 语句停止处理 DATA 步。当遇到 STOP 语句时，正被处理的那条观测没有添加到新形成的 SAS 数据集中。

语句格式：

STOP;

例 5.83　停止处理 DATA 步。

```
data a;
set resdat.lstkinfo;
if _n_=5 then stop;
proc print;                    /* OUTPUT 窗口照常打印数据集列表 */
run;
```

例中，数据集 A 从数据集 resdat.lstkinfo 中读取了 4 条观测，因为当指针标识 _N_ = 5 时，遇到 STOP 语句，正被处理的那条观测没有添加到数据集 A 中。

5.9.2 ABORT 语句

ABORT 语句中止执行当前的 DATA 步，继续执行下一个 DATA 或 PROC 步。

执行 ABORT 语句时,创建 ABORT 语句执行前已处理观测的数据集。但是,当新创建数据集和已存在的 SAS 数据集同名时,不能覆盖已存在的数据集。

1. 语句格式

ABORT<ABEND|RETURN>|<n>;

2. 没有选项说明

没有选项说明时,在不同的执行方法下产生不同的结果。

批处理方式和非交互方式下:
- 停止处理当前的 DATA 步并在 LOG 窗口输出错误信息;
- 设置系统选项 OBS=0;
- 继续对余下的 SAS 作业有限制地处理,包括执行宏语句、执行系统选项语句和程序语句的句法检查;
- 对相继的 DATA 步和 PROC 步创建没有观测的数据集。

显示管理方式下:
- 停止处理当前的 DATA 步;
- 创建包含遇到 ABORT 之前处理观测构成的数据集;
- 在 LOG 窗口显示错误信息,说明 ABORT 语句终止 DATA 步;
- 继续执行跟随在 ABORT 语句后面的 DATA 步或 PROC 步。

交互行方式下:
停止处理当前的 DATA 步,正常地执行下面的 DATA 步或 PROC 步。

3. ABEND 选项说明

使当前的 SAS 作业或会话不正常地结束。产生的结果依赖于执行的方式。

批处理方式和非交互方式下:
- 立即停止处理;
- 在 LOG 窗口显示错误信息,说明由 ABORT 语句的 ABEND 选项终止程序执行;
- 不执行任何相继的语句或检查句法;
- 控制返回到主机系统,进一步运行根据用户的主机系统及本机是如何处理不正常作业的。

显示管理方式和交互行方式下:
立即停止处理并返回到主机系统。

4. RETURN 选项说明

立即使当前的 SAS 作业或会话正常结束。产生的结果依赖于执行的方式。

批处理方式和非交互方式下:
- 立即停止处理;

- 在 LOG 窗口显示错误信息,说明由 ABORT 语句的 RETURN 选项终止程序执行;
- 不执行任何相继的语句或检查句法;
- 用一个条件码指示有错误地控制返回到主机系统。

显示管理方式和交互行方式下:
立即停止处理并返回到主机系统。

5. n 选项说明

停止执行 SAS 系统返回到主机系统时,用户规定的条件码。即在 ABEND 或 RETURN 任选项后面规定一个整数 n。n 值的范围依赖于主机系统,必须是整数。

```
abort abend 255;
abort return 255;
```

当 RETURN 和 n 两个选项都规定时,SAS 终止这个作业,并随同规定条件码 n 返回到主机系统。

例 5.84 显示管理方式下使用 stop 语句与 abort 的区别。

使用 stop 语句时,LOG 窗口不显示错误信息,当新创建数据集和已存在的 SAS 数据集同名时,能覆盖已存在的数据集。

```
data a;
set resdat.lstkinfo;
if _n_=5 then stop;
run;
```

Log 窗口显示:

NOTE:从数据集 RESDAT.LSTKINFO 读取了 5 个观测。
NOTE:数据集 WORK.A 有 4 个观测和 19 个变量。
NOTE:"DATA 语句"所用时间(总处理时间):
  实际时间   0.35 秒
  CPU 时间   0.01 秒

使用 abort 语句时,LOG 窗口显示错误信息,当新创建数据集和已存在的 SAS 数据集同名时,不能覆盖已存在的数据集。

```
data a;
set resdat.lstkinfo;
if _n_=5 then abort;
run;
```

Log 窗口显示:

ERROR：ABORT 语句在行 51 列 15 终止了执行。
Stkcd＝000007 Lstknm＝深达声 A Lstdt＝1992-04-13
……
NOTE：SAS 系统由于错误而停止了该步的处理。
NOTE：从数据集 RESDAT.LSTKINFO 读取了 5 个观测。
WARNING：数据集 WORK.A 可能不完整。该步停止时，共有 4 个观测和 19 个变量。
WARNING：数据集 WORK.A 由于该步已停止，而没有被替换。
NOTE："DATA 语句"所用时间(总处理时间)：
    实际时间   0.01 秒
    CPU 时间   0.02 秒

例 5.85 ABORT 语句防止输入无效数据时出错。

```
data b;
input ssn  pay;
if _error_ then abort;
cards;
111    100
aaa    200
444    300
;
proc print;
run;
```

输出结果：

Obs	ssn	pay
1	111	100

例中，如果数据行出错，自动变量 _error_ 置为 1。如果发现错误，SAS 停止处理这些观测。例中，第二个数据行变量 ssn 包含了无效数据（aaa）。当 SAS 读这个数据行时，它置 _error_ 为 1 并执行 abort 语句。上面数据集只有一个观测。

例 5.86 控制选择观测时的应用。

```
data a;
do n=3,5,7,4;
set ResDat.class  point=n;
output;
end;
stop;
run;

data a;
do n=3,5,7,4;
set ResDat.class  point=n;
```

```
output;
end;
abort;
run;
```

例中两段程序的作用相同,只是用 abort 时,log 窗口会显示错误信息,且重名时不能覆盖已存在数据集的内容。

5.10 REMOVE 语句与 REPLACE 语句

5.10.1 REMOVE 语句

REMOVE 语句用于删除 SAS 数据集的观测,可以执行物理也可以执行逻辑删除。REMOVE 语句必须和 MODIFY 语句一起使用。

因 REMOVE 语句可执行物理或逻辑删除,故 REMOVE 语句对所有数据操作都是有效的。DELETE 语句和子集 IF 语句两者结合,只能执行物理删除,因此对于一些特定的操作,不能用于 MODIFY 语句。

语句格式:

REMOVE <data-set-name-1><…data-set-name-n>;

选项说明:

没有选项	删除由 DATA 步命名数据集的所有观测
data-set-name	规定要删除当前观测的数据集

例 5.87 从某个 SAS 数据集中移走一个观测。

```
data accounts;
input acctnum credit;
cards;
1001 1500
1002 4900
1003 3000
;
data accounts;
modify Accounts;
if acctnum=1002 then remove;      /* 移走 acctnum=1002 的观测 */
```

NOTE:从数据集 WORK.ACCOUNTS 读取了 3 个观测。
NOTE:数据集 WORK.ACCOUNTS 已被更新。重写了 0 个观测,添加了 0 个观测并删除了 1 个观测。

```
proc print data=accounts;
```

```
title 'Edited Data Set';
run;
```

```
Edited Data Set
Obs     acctnum    credit
1       1001       1500
3       1003       3000
```

没有选项时，删除所有观测。

```
data accounts;
modify Accounts;
remove;
run;
```

NOTE：从数据集 WORK.ACCOUNTS 读取了 2 个观测。
NOTE：数据集 WORK.ACCOUNTS 已被更新。重写了 0 个观测，添加了 0 个观测并删除了 2 个观测。

另外，REMOVE 语句在 IML 中有很多应用。

5.10.2 REPLACE 语句

REPLACE 语句替换主数据集相同物理位置上的观测，必须和 MODIFY 语句一起使用。

REPLACE 语句和 OUTPUT 语句可以互相独立地进行操作，两语句可以应用于相同的观测上。REPLACE 语句替换主数据集相同物理位置上的观测，而 OUTPUT 语句输出观测到 SAS 数据集的结尾；REPLACE 语句必须和 MODIFY 语句一起使用，而 OUTPUT 语句无此要求。

语句格式：

REPLACE<data-set-name-1><…data-set-name-n>;

选项说明：

没有选项	规定替换主数据集相同物理位置上的观测
data-set-name	规定要输出观测的数据集，并用它的观测替换主数据集相同物理位置上的观测

例 5.88 replace 语句应用举例。

```
data master;
input name $ id $ phonenum;
cards;
Kevin 1100100    3750066
```

```
Sandi 11000001  3756666
Cindy 11000002  6758966
Jim   11000003  6750088
;
data trans;
input name $ id $ phonenum;
cards;
.     1100100   83750066
.     11000001  83756666
Vivan 21000001  83750387
;
data master;
modify master trans;
by id;
if _iorc_=%sysrc(_sok) then replace;           /* 在 master 中找到观测进行替代 */
else if _iorc_=%sysrc(_dsenmr) then do;
error=0; _iorc_=0;output;
end;
run;
proc print data=master;
title '含有新电话号码的数据集 MASTER';
run;
```

例中,用数据集 TRANS 中的值更新数据集 MASTER 中的电话号码,增加一个观测到数据集 MASTER 的结尾。SYSRC 对 MASTER 每次试图重新得到一个_IORC_的值,自动调用宏检验。

_IORC_为自动变量,_iorc_=%sysrc(_sok)表示已经导入观测,_iorc_=%sysrc(_dsenmr)表示在主数据集中没能找到与修改数据集相应的观测。更多可参见 SAS 帮助文档。

输出结果:

含有新电话号码的数据集 MASTER

Obs	name	id	phonenum
1	Kevin	1100100	83750066
2	Sandi	11000001	83756666
3	Cindy	11000002	6758966
4	Jim	11000003	6750088
5	Vivan	21000001	83750387

5.11　MISSING 语句

MISSING 语句规定缺失值的符号。读入含有缺失值的数据源时,必须用 MISSING 语句,否则可能产生读入错误。

5.11.1 语句格式

Missing charcter1…charctern;

其中,charcter 规定代表缺失值的字符。

5.11.2 应用举例

例 5.89 规定缺失值字符。

```
data period_a;
missing X I;
input Id $4. Foodpr1 Foodpr2 Foodpr3 Coffeem1 Coffeem2;
datalines;
1001 115 45 65 I 78
1002 86 27 55 72 86
1004 93 52 X 76 88
1015 73 35 43 112 108
1027 101 127 39 76 79
;
run;
```

例中,MISSING 语句规定用字符 X 和 I 表示缺失值。如果不用 MISSING 语句,当读入数值变量的缺失值时(这里为 X 和 I),就要产生错误。

5.12 其他语句

本节介绍语句 LIST、CALL、NULL 和 ERROR。

5.12.1 LIST 语句

LIST 语句在 SAS 日志窗口上列出正被加工处理观测的输入数据行。
LIST 语句被执行时,在列出的第一行记录之前,显示一条指示列数的标尺。
语句格式

LIST;

例 5.90 用 INPUT 语句读入可疑数据行时使用 LIST 语句。

```
data a;
input x y;
```

```
if x<0 then list;
cards;
2 6
4 2
-1 2
-4 6
;
run;
```

5.12.2　PUT 语句与 LIST 语句比较

PUT 语句也可以把一些行输出到 SAS 日志上。
PUT 语句与 LIST 语句的比较：
- LIST 语句在 DATA 步每次重复结束之后输出，而 PUT 语句立即输出；
- LIST 语句严格按变量的输出格式输出数据，而 PUT 语句可以定义输出数据的格式；
- 遇到非打印字符时，LIST 语句输出十六进制值，则 PUT 语句仅当指定十六进制格式时才用十六进制字符表示；
- LIST 语句只能在 LOG 窗口输出，而 PUT 语句可以输出到任意文件中；
- LIST 语句仅当数据用 INPUT 语句读入时才有效，而 PUT 语句对任意读入数据语句都有效。

总之 LIST 语句和 PUT 语句的功能差不多，但 PUT 语句的功能强很多。

5.12.3　CALL 语句

CALL 语句用于调用子程序。
语句格式：

Call routine(parameter-1<…parameter-n>);

选项说明：

Routine	规定要调用的子程序
Parameter	传递给子程序信息的参数或变量名等

5.12.4　CALL 语句调用子程序

随机数子程序如表 5.3 所示。特殊子程序如表 5.4 所示。

表 5.3 随机数子程序

子程序	作用
RANBIN(种子,n,p,随机数变量)	产生二项分布的随机数
RANCAN(种子,随机数变量)	产生柯西分布的随机数
RANEXP(种子,随机数变量)	产生指数分布的随机数
RANGAM(种子,参数,随机数变量)	产生 GAMMA 分布的随机数
RANNOR(种子,随机数变量)	产生正态分布的随机数
RANPOI(种子,参数,随机数变量)	产生 Poisson 分布的随机数
RANTRL(种子,概率值 1,…,概率值 n,随机数变量)	产生离散分布的随机数
RANTRI(种子,参数,随机数变量)	产生三角分布的随机数
RANUNI(种子,随机数变量)	产生均匀分布的随机数

表 5.4 特殊子程序

子程序名	格式	作用
Sound	Call Sound(频率,持续时间)	产生声音
Symput	Call Symput(宏变量,值)	创建包含 DATA 信息的宏变量
System	Call System(命令)	发布操作系统命令
Lable	Call Lable(变量 1,变量 2)	规定变量 1 的标签为字符变量 2 的值
Vname	Call Vname(变量 1,变量 2)	规定变量 1 的名字为变量 2 的值
Execute	Call Execute(字符表达式)	执行字符表达式规定的操作

例 5.91 产生声音。

```
data _null_;
call sound(20,800);        /*每秒产生 20 次声音,每次时间为 800×1/80 秒 */
run;
```

例中,频率为 20,即每秒发生 20 次。持续时间为 10 秒。

例 5.92 创建包含 DATA 信息的宏变量。

```
data a;
call symput('text1', 'march');    /*将 march 赋给宏变量 text1 */
call symput('beta', 100);         /*将 100 赋给宏变量 beta */
run;
```

例 5.93 发布操作系统命令。

```
data _null_;
call system('dir *.sas');         /*发布和操作系统命令 dir *.sas */
run;
```

5.12.5 NULL 语句

空语句是一个分号(;),用于固定位置。SAS 系统用一个分号(;)或 4 个分号(;;;;)来接受空语句。

一个分号(;)表示 CARDS(或 DATALINES)语句后数据行的结束。

4 个分号(;;;;)表示 CARDS4(或 DATALINES4)语句后数据行的结束。

虽然空语句没有执行动作,但它是可执行语句。

例 5.94　空语句表示数据行结束。

```
data a;
input x y z;
if x=. Then go to find;
list;
find :;
drop x;
cards;
1 2 5
. 1 3
2 5 8
. 3 9
;
proc print;
run;
```

在这个 DATA 步,CARDS 语句告诉 SAS 系统在这个作业流中,紧跟着的是数据行,当 SAS 遇到空语句(;)时,就知道数据行结束了。上例中的空语句也可以省略,因数据行后面第一个语句(PROC PRINT;)中包含一个分号。

5.12.6　ERROR 语句

ERROR 语句置自动变量 _error_ 为 1,并有选择地输出用户规定的一段信息到 SAS 的记录窗口。

语句格式:

ERROR <message>;

选项说明:

没有选项	规定_ERROR_为1,但没有在 LOG 窗口输出任何信息
Message	规定输出的信息

ERROR 语句等价于下面一系列语句:
- 赋值语句置_ERROR_为 1;
- 一个 FILE LOG 语句;
- PUT 语句规定一段信息;
- 新的一个 FILE 语句重新设置前一个 FILE 语句的设置。

例 5.95　ERROR 语句应用举例。

```
data a;
input name $ type $ age;
if type='teen' & age >19 then error "ype and age don't match"+3 age=;
cards;
Wu teen 20
Li teen 12
Cindy adult 28
;
run;

data a;
input name $ type $ age;
if type='teen' & age >19 then do;
put "type and age don't macth" +3 age=;
_error_=1;
end;
cards;
Wu teen 20
Li teen 12
Cindy adult 28
;
run;
```

上面两段程序的结果相同。第一段用 ERROR 语句;第二段用 PUT 和 _ERROR_ 语句。

可以通过 FILE 语句改变输出错误信息的地点。

5.12.7 RETURN 语句

RETURN 语句告诉 SAS 系统在 DATA 步当前位置上停止执行语句,返回到一个预定位置上继续执行。

1. 语句格式

RETURN;

RETURN 语句的作用:
- 在 LINK 语句后面,RETURN 语句让 SAS 系统立即返回到 LINK 后面的语句,并继续往下执行;
- 在 FILE 语句的选项 HEADER= 中,RETURN 语句让 SAS 系统立即返回到开始新页之前执行的最后一个语句后面的语句,并继续执行;
- 在 DATA 步的其他地方,RETURN 语句让 SAS 系统返回到 DATA 步开头。

第 5 章 DATA 步数据处理

2. 应用举例

例 5.96 让 SAS 系统返回到 DATA 步开头。

```
data survey;
input x y z;
if x=y then return;
x=y+z; a=x**2;
cards;
1 2 3
3 3 4
5 6 7
8 8 9
;
run;
```

例中，当 X=Y 时，RETURN 语句被执行。SAS 系统添加这个观测到数据集 SURVEY，并返回到 DATA 步的开头。IF 语句后面的两个赋值语句没有被执行。

例 5.97 让 SAS 系统返回到 DATA 步开头。

```
data report;
input a b c;
do x=1 to 5;
ax=a*x;
if ax>b then return;
output;
end;
cards;
1 12 3
3 30 4
5 22 7
8 8 9
;
run;
```

例中，在循环 DO 组中应用 RETURN 和 OUTPUT 语句。DATA 步从每个输入行产生多个观测形成 SAS 数据集 REPORT。在 DO 组中，当 AX<=B 时，SAS 输出观测到数据集，并继续执行 DO 组。当 AX>B 时，执行 RETURN 语句，SAS 返回到 DATA 步开头处理新的观测。

5.12.8 CONTINUE 语句与 LEAVE 语句

1. CONTINUE 语句

CONTINUE 语句停止当前的这次循环过程，继续进行下一次循环。

语句格式：

CONTINUE;

例 5.98   CONTINUE 语句停止当前的循环过程,继续进行下一次循环。

```
data a;
do i=1 to 5;
input name $ idno status $;
if status='PT' then continue;          /*返回到下次循环的开头*/
input benefits $10.;
output;
end;
cards;
Jones 9011 PT
Thomas 876 PT
Richards 1002 FT
Eye/Dental
Kelly 85111 PT
Smith 433 FT
HMO
Kelly 85111 PT
Smith 433 FT
HMO
Jones 9011 PT
Thomas 876 PT
Richards 1002 FT
Eye/Dental
;
run;
```

2. LEAVE 语句

LEAVE 语句停止当前 DO 组循环或 SELECT 组的处理过程,并继续执行 DO 组或 SELECT 组后面的语句。

语句格式：

LEAVE;

例 5.99   给定条件下停止 DO 循环的处理过程。

```
data week;
input name $ idno start status $ dept $;
bonus=0;
do year=start to 1991;
if bonus ge 500 then leave;
```

```
bonus+50;
end;
cards;
Jones 9011 1990 PT PUB
Thomas 876 1976 PT HR
Barnes 7899 1991 ft tech
Harrell 1250 1975 ft hr
Richards 1002 1990 ft dev
Kelly 85 1981 pt pub
Stone 091 1990 pt mait
;
run;
```

例中,首先由 IF 语句检查 BONUS 的值,当 BONUS 的值超过允许的最大值 500 时,用 LEAVE 语句来停止 DO 循环的处理过程。

3. LEAVE 语句与 CONTINUE 语句的差别

- LEAVE 语句使得当前的循环过程结束;
- CONTINUE 语句停止当前的这次循环过程,继续进行下一次循环;
- LEAVE 语句可以同 DO 循环或 SELECT 组一起使用;
- CONTINUE 语句只能用于 DO 循环中。

习 题 5

1. 创建一包含 10 000 个变量(X1~X10 000),100 个观测值的 SAS 数据集。分别用 DATA 步、DATA 步数组语句和 IML 过程实现。
2. 多种方法创建包含变量 X 的 10000 个观测值的 SAS 数据集。
3. 数据集 A 中日期变量 DATE 包含有缺失值,创建包含日期变量 DATE 的数据集 B,并填充开始到结束日之间的所有日期值。
4. 利用随机数函数 RANUNI 对某数据集设计返回抽样方案。
5. 利用随机数函数 RANUNI 对某数据集设计不返回抽样方案。
6. 给下段程序的主要语句加注释。STOP 语句能否删除? 为什么?

```
data a;
do obsnum=1 to last by 20;
set ResDat.stk000001 point=obsnum  nobs=last;
output;
end;
stop;
run;
```

7. SAS 系统显示表达式、函数、数据集、数组或矩阵的具体值时,常需要哪些语句和过程?

8. 写出下面各段程序创建数据集的所有观测值,并指出 PUT 语句分别在 LOG 窗口输出什么结果?

```
data a1;
do n=1 to 5;
output;
end;
put n=;
run;


data a1;
do n=1 to 5;
output;
put n=;
end;
put n=;
run;


data a1;
do n=1 to 5;
put n=;
end;
put n=;
run;


data a1;
do n=1 to 5;
end;
put n=;
run;


data a2;
n=1;
do until(n>=5);
n+1;
output;
end;
put n=;
run;


data a3;
n=1;
```

```
do while(n<5);
n+1;
output;
end;
put n=;
    run;

    data a4;
    n=7;
    do until(n>=5);
    n+1;
    output;
    end;
    put n=;
    run;
```

```
data a5;
n=7;
do while(n<5);
n+1;
output;
end;
put n=;
run;
```

数据集 A 有一个变量 n,5 个观测值 1,2,3,4,5。数据 A1 由下面程序 2 产生,同样有一个变量 n,5 个观测值 1,2,3,4,5。试分析下面两段程序中,PUT 语句在 Log 窗口输出结果的差异,为什么?

程序 1:

```
Data a;
Set a;
Put n=;
Run;
```

程序 2:

```
data a1;
do n=1 to 5;
output;
end;
put n=;
run;
```

9. 试由 9 种德国马克对美元汇率看跌期权和 9 种英镑对美元汇率的看跌期权产生 81 种组合,如表 5.5 和表 5.6 所示。

表 5.5 一年期,DM/USD 汇率的 9 种不同看跌期权的执行价格和成本

执行价格 Kdm	成本 Cdm	执行价格 Kdm	成本 Cdm	执行价格 Kdm	成本 Cdm
0.66	0.085855	0.63	0.017001	0.60	0.008388
0.65	0.032191	0.62	0.013711	0.59	0.006291
0.64	0.020795	0.61	0.010851	0.55	0.001401

表 5.6 一年期,BP/USD 汇率的 9 种不同看跌期权的执行价格和成本

执行价格 Kbp	成本 Cbp	执行价格 Kbp	成本 Cbp	执行价格 Kbp	成本 Cbp
1.30	0.137213	1.15	0.028348	1.00	0.003277
1.25	0.082645	1.10	0.016146	0.95	0.001134
1.20	0.045060	1.05	0.007860	0.90	0.000245

10. 利用锐思数据库股票"名称变更历史"表 2007 年 A 股上市公司股票为样本,找出在 2007 年摘帽的公司。

11. 利用锐思数据库股票"名称变更历史"表,找出 2009 年首次被 ST 的上市公司。

12. 不使用 SAS 函数,用宏％a(n,p)计算二项分布的概率分布和累计概率($k=1$, $2,\cdots,n$)。

$$P(X=k) = \binom{n}{k}p^k(1-p)^{n-k}$$

13. 数据集 Calendar 只有日期变量,test 包含股票代码、日期与收盘价三个变量。合并两个数据集,用 Calendar 中的日期数据替代 test 数据集中每只股票的日期数据。

14. 用线性插值法填充缺失数据。以下面的实际数据为基础,完成相关 SAS 程序的设计。银行间债券市场的回购行情如表 5.7 所示,对于一个月、二个月和三个月的回购利率,按如下要求设计填充回购利率的月底缺失数据。

表 5.7 第 14 题用表

日　期	基准利率代码	基准利率
…	…	…
2004-01-30	R2M	…
2004-02-02	R2M	…
…	…	…
2004-02-27	R2M	…
2004-02-27	R3M	…
2004-03-01	R1M	…
2004-03-01	R2M	…
…	…	…

注:…表示有数据值,.表示缺失值。

从所给数据集中识别出一个月、二个月和三个月的回购利率,建立一个仅包括日期 Date(2004 年 1 月到 2004 年 5 月)、一个月债券回购利率 R1M、二个月债券回购利率 R2M 和三个月债券回购利率 R3M 的数据集,对于不同期限的回购利率分别取每个月最后一天的回购利率,如果在月底当日没有交易,则采用该月最后一次交易与下月第一次交易的数据进行直线插值,作为当月最后一天相应期限的债券回购利率。

15. 滚动计算波动率程序。利用某股票(如 000898)的日回报数据,计算该股票每天由前半年数据得到的回报样本方差、标准差。比如,2006-01-04 的样本方差与标准差由 2005-07-01 到 2005-12-31 的回报数据算出,类似再算出 2006-01-05 的数据等(期望分别采用简单平均和 0,波动率存储在数据集 VAR 中)。

16. 对领导进行绩效考评时,往往会根据领导的职务起始年份和新职任命年份来确定业绩考察期间,这两个年份分别为 year0 和 year1,考察的依据则为在其任职期间的 GDP 平均增长率,比如一位领导任职三年,每年相应的 GDP 增长率分别为 8.9%、10.1% 和 7.4%,则计算该领导任职期间的平均年 GDP 增长率为 $1/3 \times (8.9\% + 10.1\% + 7.4\%) = 8.8\%$,并以此作为考察该领导工作能力的依据之一。

dataset1 为各领导任职年份和省份的相关情况。EventID 是字符变量,前 4 位地域代码,其中前两位表示省市自治区(字段 location 同样表示任职省份,更直观,可以直接对照),例如,AH00 表示安徽省,后两位是为以后做地级市用的。EventID 中第 5~第 8 位字为官员姓名代码(name 同样表示任职官员姓名,与之对应。),第 9~第 12 位为职务起始年份和月份,第 13~第 16 位为职务终止年份和月份。newdate2str 为新职任命的时间。

dataset2 为各省市相应年份的 GDP 增长速度。

请利用 dataset2 中的信息,计算 dataset1 中个领导相应任职期间的平均 GDP 增长速度,并将计算的数据合并到 dataset1 的后面(dataset1、dataset2 在本书样本数据集 resdat2 中)。

第 6 章 常用函数

本章用到的数据集：ResDat.idx000001、ResDat.stk000001。
本章内容包括：
- SAS 函数定义；
- SAS 函数自变量与结果；
- SAS 函数分类；
- 日期时间函数；
- 常用概率分布函数；
- 分位数函数；
- 样本统计函数；
- 随机数函数；
- SAS Call 子程序。

6.1 SAS 函数定义

6.1.1 函数定义

SAS 函数是一个子程序，对自变量返回一个结果值。
SAS 函数的形式：

函数名(X1, X2, …)

6.1.2 函数用法

1. 用于组合表达式和条件语句

函数用于组合表达式可以简化 DATE 步编程和一些统计计算。
例 6.1 表达式中用函数。

```
data a(keep=date y d  min);        /* 数据集 A 只保留 date, y, d, min 四个变量 */
set ResDat.idx000001;
y=year(date);                      /* 函数 year 给出变量 date 年份 */
d=weekday(date);                   /* 函数 weekday 给出变量 date 在一周内的哪一天 */
min=min(sum(oppr, hipr, lopr,clpr),1000);
run;
```

任何可用 SAS 表达式的地方都可以用 SAS 函数，这样可以简化条件语句。

例 6.2 条件语句中使用函数。

```
data a;
set ResDat.idx000001;
where year(date)>1996;             /* Where 语句中使用 Year 函数 */
run;
```

2. 用于处理多变量

例 6.3 用 SAS 函数处理多变量可以简化程序。

不用 SAS 函数的方法如下。

```
totx=x1+x2+x3+x4+x5+x6+x7+x8+x9+x10;
if totx<y then least=totx;
else least=y;
```

使用 SAS 函数的方法如下。

```
least=min(sum(of x1-x10),y);
```

例中，两段程序的结果相同，第二段只有一个语句，非常简单。

6.2 SAS 函数自变量与结果

6.2.1 函数自变量

1. 自变量类型

- 变量名；
- 常数；
- 函数；
- 表达式。

例 6.4 函数及其自变量类型举例。

函数举例	自变量类型
Max(X,Y);	变量名 X,Y
X=Repeat('---', 20);	常数
Least=Min(sum(of x1-x10),y);	变量名和函数
Num=sum((if x1>0),(if x2>0))	表达式

2. 自变量个数

有些函数不需要自变量,有些只需要一个自变量,有些函数有多个自变量。SAS9.1 中自变量个数不能超过 32767。如果函数的自变量是表达式,在函数被调用之前,首先计算所有表达式自变量。

3. 自变量表示法

当函数有多个自变量时,必须用逗号分隔开。

4. 自变量名缩写方法

- 函数名(OF 变量名 1-变量名 n);
- 函数名(OF 变量名 1…变量名 n)。

例 6.5 正确与错误的表示方法。

正确的表示方法	错误的表示方法
sum(x, y, z)	sum(x y z)
sum(of x1-x10)	sum(x1-x10)
sum(of x1-x10 d y1-y100)	sum(x1-x10 d y1-y100)

例 6.6 数组元素自变量的缩写方法。

```
array y{10} y1-y10;           /*定义数组 y{10} */
x=sum(of y{*});               /* y{*}中的"*"是显式下标数组的特殊表示符号 */
z=sum(of y1-y10);
```

例中,两个 SUM 函数的表示法是等价的。

6.2.2 函数结果

通常情况下,函数的结果由其自变量的属性决定:

- 自变量是字符时结果变量为字符;
- 自变量是数值时结果变量为数值。

PUT 函数是一个例外,不管自变量是什么类型,其结果总是字符值。根据缺省规则,对大多数函数来说,数值目标变量的长度是 8。目标变量长度不用缺省规则的函数由表 6.1 列出。

表 6.1 目标变量长度不用缺省规则的函数

函 数	目标变量类型	目标变量长度
INPUT	数值或字符	函数自身规定的输入格式的宽度
PUT	字符	函数自身规定的输出格式的宽度
SUBSTR	字符	自变量的长度
TRIM	字符	自变量的长度

6.2.3 显示函数值的简单方法

SAS 系统显示函数值的简单方法是用 PUT 语句在 LOG 窗口显示。

例 6.7 显示概率值和分位数。

```
data;
Y=probnorm(1.96);      /* 标准正态分布小于1.96的概率 */
put Y;
q1=tinv(.95, 2);       /* 自由度为2的t分布的0.95分位数 */
q2=tinv(.95, 2, 3);    /* 自由为2,非中心参数为3的t分布的0.95分位数 */
put  q1=q2=;
run;
```

6.3 SAS 函数分类

在 SAS 系统下的帮助菜单下选 SAS FUNCTIONS：Function Categories 即可得到如表 6.2 所示的 SAS 函数分类。

表 6.2 SAS 函数分类

函数分类	中文说明
Application Response Measurement(ARM)	反应测量
Arithmetic Functions	算术函数
Bitwise Logical Functions	逐位逻辑函数
Character Functions	字符函数
Character String Matching Functions	字符串匹配函数
Currency Conversion	货币转换函数
Date and Time Functions	日期和时间函数
DBCS Functions	双字节函数
Dynamic Link Library	动态连接库
External File Functions	外部文件函数
Financial Functions	金融函数
Library and Catalog Functions	库和目录册函数
Mathematical Functions	数学函数

续表

函 数 分 类	中 文 说 明
Probability and Density Functions	概率和密度函数
Quantile Functions	分位数函数
Random Number Functions	随机数函数
Sample Statistic Functions	样本统计量函数
SAS File I/O Functions	SAS 文件输入输出函数
Special Functions	特殊函数
State and Zip Code Functions	州和 ZIP 码换算函数
Trigonometric Functions	三角函数
Truncation Functions	截取函数
Variable Information Functions	变量信息函数
Noncentrality Functions	非中心分布函数
Web Tools	网络工具

SAS 函数与使用说明见附录 B。

SAS9.2 系统提供标准函数比一般高级语言多得多。如此丰富的 SAS 函数,为用户编写 SAS 程序带来极大的方便。

下面介绍几类常用的 SAS 函数。

6.4 日期时间函数

6.4.1 日期时间函数

SAS 日期和时间存储标准是以 1960 年 1 月 1 日 0 时 0 分 0 秒为起点,然后以相应的间隔记时,如 1960 年 1 月 1 日 9 时 0 分,按日记的数值就是 0,按小时记的数值就是 9。1960 年 1 月 2 日 0 时 0 分,按日记的数值就是 1,按小时记就是 24 等。

由于日期函数是一类非常重要的函数,特别是对金融数据处理和金融计算,借助日期函数可以极大提高效率。如果不将日期变量作为日期型设置,就会失去很多宝贵的信息,数据处理也不方便。因此,本部分特意将 SAS 日期和时间函数及其应用作较为详细的讨论,如表 6.3 所示。

表 6.3 日期时间函数

函 数	功能与举例
DATDIF(sdate,edate,basis)	返回两个日期之间的天数 DATDIF('01jan2002'd, '01jan2003'd, 'act/act'); DATDIF('01jan2002'd, '01jan2003'd, '30/360');
DATE()	返回当前日期的 SAS 日期值
DATEJUL(julian-date)	转换西洋 Julian 日期为 SAS 日期值

续表

函　数	功能与举例
DATEPART(datetime)	返回 SAS 日期时间值的日期部分
DATETIME()	返回当前日期和时间
DAY(date)	返回 SAS 日期值为某月的某一日
DHMS(date,hour,minute,second)	返回由日期，小时，分钟和秒构成的 SAS 日期时间值
HMS(hour,minute,second)	返回由小时，分钟和秒构成的 SAS 日期时间值
HOUR(<time ∣ datetime>)	返回 SAS 日期时间或时间值的小时数
INTCK('interval',from,to)	返回时间间隔数字 INTCK('30','01jan2002'd, '01jan2003'd);
INTNX('interval', start-from, increment<'alignment'>)	按给定间隔推算日期、时间或日期时间值
JULDATE(date)	返回 SAS 日期的西洋 Julian 日期
MDY(month,day,year)	返回由年，月和日定义的 SAS 日期值 MDY('10', '10', '2002')
MINUTE(time ∣ datetime)	返回 SAS 日期值或日期时间值的分钟数
MONTH(date)	返回 SAS 日期值的月份
QTR(date)	返回 SAS 日期值的季度
SECOND(time ∣ datetime)	返回 SAS 时间值或日期时间值的秒数
TIME()	返回当前日的时间
TIMEPART(datetime)	返回 SAS 日期时间值的时间部分
TODAY()	返回当前日期的 SAS 日期值。同 DATE()
WEEKDAY(date)	返回 SAS 日期值为一周内的第几天
YEAR(date)	返回 SAS 日期值的年份

YRDIF(sdate,edate,basis)	返回两个日期之间的年数
	yrdif('16oct1998'd, '16feb2003'd, '30/360');
	yrdif('16oct1998'd, '16feb2003'd, 'act/act');

YYQ(year,quarter)	返回由年和季定义的 SAS 日期值

6.4.2　应用举例

下面列举常用 SAS 日期函数在编程中的具体用法。供读者参考。

例 6.8　计算两个日期之间的天数。

```
data _null_;
sdate='01jan2002'd;
edate='01jan2003'd;
```

```
actual=datdif(sdate, edate, 'act/act');        /*按每个月的实际天数算 */
days360=datdif(sdate, edate, '30/360');        /*按每个月 30 天计算 */
put actual=   days360=;
run;

data _null_;
actual=datdif('01jan2002'd, '01jan2003'd, 'act/act');
days360=datdif('01jan2002'd, '01jan2003'd, '30/360');
put actual=   days360=;
run;
```

例中,两段程序的结果一样。actual=365,days360=360。

例 6.9 计算两个日期之间的年数。

```
data _null_;
sdate='16oct1998'd;
edate='16feb2003'd;
y30360=yrdif(sdate, edate, '30/360');          /* 30/360 规定求年数的标准 */
yactact=yrdif(sdate, edate, 'ACT/ACT');
yact360=yrdif(sdate, edate, 'ACT/360');
yact365=yrdif(sdate, edate, 'ACT/365');
put y30360=   yactact=   yact360=   yact365=;
run;
```

结果显示:

```
y30360=4.333
yactact=4.3369
yact360=4.4
yact365=4.3397
```

例 6.10 以日为单位计算当前日期的天数。

```
data;
x=date();
y=today();
put x=   y=;
run;
```

例中,DATE()和 TODAY()结果一样,都是返回当天的天数。当然,也可以用一定的日期格式表示它们。

```
data;
x=date();
y=today();
format  x y yymmdd10.;
put x=y=;
```

run;

例 6.11 以秒为单位计算当前的日期和时间。

```
data;
n=datetime();
put n=;

x=datetime();
put x=;
format x datetime20.4;              /* datetime20.4 为日期时间变量输出格式 */

y=datetime();
put y=;
format y nldatm20.;                 /* nldatm20.为日期时间变量输出格式 */

m=time();
put m=;

z=time();
put z=;
format z hhmm8.2;
run;
```

结果显示：

```
n=1347837287.5
x=16sep02:23:14:47.500
y=16sep2002:23:14:48
m=83687.5
z=23:14.79
```

例 6.12 计算日期值所在的年季月以及处于某月的第几天。

```
data a;
set ResDat.stk000001(obs=10);
keep date year qtr month day;
year=year(date);
qtr=qtr(date);
month=month(date);
day=day(date);
proc print noobs;
run;
```

例 6.13 计算当前时间的小时数和分钟数。

```
data;
h=hour(datetime()); put h=;
```

```
m=minute(datetime()); put m=;
```
run;

例6.14 将日期时间值换算为以秒计数的计算方法。

```
data;
mdy=mdy(08,18,2001);
put mdy=;
format mdy yymmdd10.;

hms=hms(21,50,51);
put hms=;
x=21*60*60+50*60+51; put x=;

dhms=dhms(date(),21,50,51);
put dhms=;

dhms=dhms(15263,21,50,51);
put dhms=;
y=15263*24*3600+x; put y=;
```
run;

结果显示：

```
mdy=2001-08-18
hms=78651
x=78651
dhms=1347832251
dhms=1318801851
y=1318801851
```

6.5 概率分布函数

SAS 系统分布和密度函数见附录 B。这里介绍 10 个常用概率分布函数。

6.5.1 标准正态分布

PROBNORM(X)计算标准正态分布随机变量小于 X 的概率。

例6.15 计算三个特殊的正态概率值。

```
data;
P1=probnorm(0);
P2=probnorm(1.96);
P3=probnorm(2.5758293);
```

```
put P1=P2=P3=;
run;
```

结果显示：

P1=0.5
P2=0.9750021049
P3=0.9949999999

6.5.2 卡方分布

PROBCHI(X,DF,NC)计算自由度为 DF，非中心参数为 NC 的 χ^2 分布随机变量小于 X 的概率。NC 的缺省值为 0，即中心的 χ^2 分布。自由度 DF 可以不是整数。

例 6.16 计算自由度为 88，非中心参数为 11 的 χ^2 分布小于 31 的概率值。

```
data;
P=1-Probchi(31,88,11);
put P=;
run;
```

6.5.3 伽马分布

PROBGAM(X,A)计算形状参数为 A 的 GAMMA 分布随机变量小于 X 的概率。

例 6.17 计算形状参数为 5.2 的 GAMMA 分布小于 7.5 的概率。

```
data;
P=Probgam(7.5,5.2);
put P=;
run;
```

6.5.4 贝塔分布

PROBBETA(X,A,B)计算形状参数为 A 和 B 的塔分布随机变量小于 X 的概率。其中，$0 \leqslant X \leqslant 1$, $A>0$, $B>0$。

例 6.18 计算形状参数为 4 和 2.5 的塔分布小于 0.75 的概率。

```
data;
P=Probbeta(0.75,4,2.5);
put P=;
run;
```

6.5.5 F 分布

PROBF(X, ndf, ddf, nc)计算自由度为(ndf,ddf)的 F 分布随机变量小于 X 的概率。自变量 nc 是非中心参数,缺省时 nc=0,即中心 F 分布。自由度可以是非整数。

例 6.19 计算自由度为 32 和 2,非中心参数为 30 的 F 分布小于 3 的概率。

```
data;
P=1-Probf(3,32,2,30);
put P=;
run;
```

6.5.6 t 分布

PROBT(X, df, nc)计算自由度为 df,非中心参数为 nc 的 t 分布随机变量小于 X 的概率。缺省时 nc=0,即中心 t 分布。自由度 df 可以是非整数。

双边 t 检验显著水平的计算公式:
$$(1-\text{probt}(\text{abs}(x), df)) \times 2$$

例 6.20 计算自由度为 6 的中心 t 分布绝对值大于 2.8 的概率。

```
data;
p=(1-probt(abs(-2.8), 6)) * 2;
put P=;
run;
```

6.5.7 二项分布

PROBBNML(p, n, M)计算参数为 p 和 n 的二项分布随机变量 X 小于 M 的概率。其中,$0 \leq p \leq 1, n \geq 1, 0 \leq m \leq n$。

计算 X=k 概率的公式:
$$\text{Probbnml}(p, n, k) - \text{Probbnml}(p, n, k-1)$$

例 6.21 计算成功概率为 0.6,实验次数为 20 二项分布成功次数等于 8 的概率。

```
data;
P=probbnml(0.6, 20, 8)-probbnml(0.6, 20, 7);
put P=;
run;
```

6.5.8 泊松分布

POISSON(lambda,n)计算 Poisson 分布随机变量小于等于 n 的概率。

其中,lambda≥0,n≥0。

例 6.22　计算参数为 0.88 泊松分布小于 6 的概率。

```
data;
P=Poisson(0.88, 6);
put P=;
run;
```

6.5.9　负二项分布

PROBNEGB(p,n,m)计算自参数为 P 和 n 的负二项分布随机变量小于等于 m 的概率。

其中,0≤p≤1,n>0,m≥0。

理论的概率计算公式:

$$\text{Prob} = \sum_{k=0}^{m} \frac{(n+k-1)!}{(n-1)!k!} p^n (1-p)^k$$

例 6.23　计算参数为 0.5 和 10 的负二项分布小于 2 的概率。

```
data;
P=Probnegb(0.5, 10, 2);
put P=;
run;
```

6.5.10　超几何分布

PROBHYPR(nn,k,n,X,or)

其中,nn≥1, 0≤k≤nn, 0≤n≤nn, max(0, k+n−nn)≤x≤min(k, n)。

超几何分布经常出现在产品的抽样调查中。设有 nn 件产品,其中有 k 件不合格品,随机地从 nn 件中抽取 n 件,这 n 件中不合格品的个数遵从超几何分布。该函数给出 n 件产品中不合格品的个数小于等于 X 的概率。K=0 是有效的值(即 nn 件产品中没有不合格品),由此导出 x=0,不管其他参数取什么值,该函数获得值 1。

参数 or 是不匀率,or 的缺省值为 1。

例 6.24　or=1.5 时表示抽到不合格品的概率是抽到合格品概率的 1.5 倍。

```
data;
P1=Probhypr(10, 5, 3, 2);
P2=Probhypr(10, 5, 3, 2, 1.5);
put P1=P2=;
run;
```

6.6 分位数函数

设连续型随机变量 X 的分布函数为 F(X)，对给定的 P(0≤P≤1)，若有 X_p 使得 $F(X_p)=P$，则称 X_p 为随机变量 X 的 P 分位数（或称分布 F(X) 的 P 分位数）。

6.6.1 卡方分布分位数

CINV(p, df, nc) 计算自由度为 df，非中心参数为 nc 的 χ^2 分布的 P 分位数。
其中，0≤p≤1, df>0, nc≥0。

6.6.2 贝塔分布分位数

BETAINV(p, a, b) 计算参数为 a 和 b 的贝塔分布的 P 分位数。
其中，0≤p≤1, a>0, b>0。
贝塔分布是一类十分重要的分布，与 F 分布、t 分布和二项分布等有密切的关系。比如，下面介绍的 F 分布的分位数就可以由贝塔分布的分位数得到。

6.6.3 F 分布分位数

FINV(p, ndf, ddf, nc) 计算自由度为 (ndf, ddf)，非中心参数为 nnc 的 F 分布的 P 分位数。Nc 很大时，使用的算法可能不成功，函数得到一个缺失值。
其中，0≤p≤1, ndf>0, ddf>0, nc≥0。

例 6.25 利用 F 分布和贝塔分布的关系，自由度为 2 和 10 的 F 分布的 0.95 分位数 q 也可以用贝塔分布的分位数计算。

```
Data;
q=10 * betainv(0.95, 1, 5)/(2 * (1-betainv(0.95, 1, 5)))=4.1028;
put q=;
run;
```

6.6.4 t 分布分位数

TINV(p, df, nc) 计算自由度为 df，非中心参数为 nc 的 t 分布的 P 分位数。nc 的绝对值很大时，使用的算法可能失败，函数得到一个缺失值。
其中，0≤p≤1, df>0。

6.6.5 正态分布分位数

PROIBT(p)计算标准正态分布的分位数,是概率函数 PROBNORM 的逆函数。
其中 0≤p≤1。

例 6.26 验证 Probit 是 Probnorm 的逆函数。

```
data;
P=probnorm(probit(0.025));
put P=;
run;
```

结果为 P=0.025。

6.6.6 伽马分布分位数

GAMINV(p,a)计算伽马分布的分位数。
其中,0≤p≤1,a>0。

6.7 样本统计函数

样本统计函数在实际中的用处不是很大,因为应用这些函数时,一定要把样本的观测数据放在同一行才可以,现实中样本的观测数据却往往是按一列一列排的。一般情况下,求变量 X 的样本统计函数值时要用别的方法。样本统计量函数共有 15 个。

1. 均值

MEAN(of x1-xn) 或 MEAN(x,y,z,…)计算非缺失自变量的算术平均。自变量中至少有一个非缺失值。

2. 最大值

MAX(of x1-xn) 或 MAX(x,y,…)计算非缺失值自变量中的最大值。自变量中至少有两个非缺失值。

3. 最小值

MIN(of x1-xn) 或 MIN(x,y,…)计算非缺失值自变量的最小值。自变量中至少有二个非缺失值。

4. 非缺失数据个数

N(of x1-xn) 或 N(x,y,…)计算非缺失自变量的个数。要求至少有一个自变量。

5. 缺失数据个数

NMISS(of x1-xn) 或 NMISS(x1,x2,…)计算自变量中缺失值的个数。要求至少有一个自变量。

6. 求和

SUM(of x1-xn) 或 SUM(x1,x2,…)计算自变量的和。要求有两个以上自变量。

7. 方差

VAR(of x1-xn) 或 VAR(x1,x2,…)计算自变量中非缺失值的方差。要求至少有两个自变量。

8. 标准差

STD(of x1-xn) 或 STD(x1,x2,…)计算非缺失自变量的标准差。要求至少有两个自变量。

标准差计算公式：

$$s = \sqrt{\frac{\sum_1^n (x_i - \bar{x})^2}{n-1}}$$

9. 标准误

STDERR(of x1-xn) 或 STDERR(x1,x2,…)计算非缺失自变量均值的标准差。要求至少有两个自变量。

标准误计算公式：

$$\delta = \frac{s}{\sqrt{n}} = \sqrt{\frac{\sum_1^n (x_i - \bar{x})^2}{n(n-1)}}$$

10. 变异系数

CV(of x1-xn)或 CV(x1,x2,…)计算自变量的变异系数 CV。

变异系数计算公式：

$$CV = \frac{s}{\bar{x}} \times 100$$

11. 极差

RANGE(of x1-xn) 或 RANGE(x1,x2,…)计算自变量值的极差。要求至少有两个自变量。

12. 校正平方和

CSS(of x1-xn) 或 CSS(x1, x2, …)计算非缺失自变量的校正平方和。

13. 未校正平方和

USS(of x1-xn) 或 USS(x1, x2, …)计算自变量的未校正平方和。

14. 偏斜度

SKEWNESS(of x1-xn) 或 SKEWNESS(x1, x2, …)计算自变量的偏斜度。

偏斜度计算公式：

$$\frac{n}{(n-1)(n-2)} \frac{\sum_1^n (x_i - \bar{x})^3}{s^3}$$

15. 峰度

KURTOSIS(of x1-xn) 或 KURTOSIS(x1, x2, …)计算自变量的峰度,要求至少有4个非缺失自变量。

峰度计算公式：

$$\frac{n(n+1)}{(n-1)(n-2)(n-3)} \frac{\sum_1^n (x_i - \bar{x})^4}{s^4} - \frac{3(n-1)^2}{(n-2)(n-3)}$$

6.8 随机数函数

SAS 系统提供 11 种随机数函数。由于随机数函数是进行随机模拟的基础,下面通过例子,给出每种随机数发生程序,供读者参考。

6.8.1 正态分布

例 6.27 用函数 RANNOR 产生正态分布随机数。

```
data RV;
retain _seed_ 0;                          /* retain 赋初值 0 给_seed_ */
mu=0;
sigma=1;
do _i_=1 to 1000;
Normal=mu +sigma * rannor(_seed_);        /* 均值为 mu,标准差为 sigma */
output;
end;
```

```
drop _seed_ _i_ mu sigma;
run;
```

例 6.28 用函数 NORMAL 产生正态分布随机数。

```
data RV;
retain _seed_ 0;
mu=0;
sigma=1;
do _i_=1 to 1000;
normal1=0 +1 * normal(_seed_);           /*均值为 mu,标准差为 sigma*/
output;
end;
drop _seed_ _i_;
run;
```

6.8.2 均匀分布

例 6.29 用函数 RANUNI 产生均匀分布随机数。

```
data RV1;
retain _seed_ 0;
a=-1;
b=2;
do _i_=1 to 1000;
uniform1=a + (b-a) * ranuni(_seed_);      /*区间[a,b]上的均匀分布*/
output;
end;
drop _seed_ _i_;
run;
```

例 6.30 用函数 UNIFORM 产生均匀分布随机数。

```
data RV1;
retain _seed_ 0;
a=-1;
b=2;
do _i_=1 to 1000;
uniform1=a + (b-a) * uniform(_seed_);     /*区间[a,b]上的均匀分布*/
output;
end;
drop _seed_ _i_;
run;
```

6.8.3 二项分布

例 6.31 产生二项分布 B(20, 0.6) 的随机数。

```
data RV2;
retain _seed_ 0;
n=20;
p=0.6;
do _i_=1 to 1000;
binom1=ranbin(_seed_, n, p);           /*二项分布 B(20, 0.6)*/
output;
end;
drop _seed_ _i_;
run;
```

6.8.4 伽马分布

例 6.32 产生自由度为 17 的 χ^2 分布的随机数。

```
data RV4;
beta=2;
alpha=17/2;
retain _seed_ 0;
do _i_=1 to 1000;

chisq1=beta*rangam(_seed_,alpha);       /*自由度为 17 的 $\chi^2$ 分布*/
output;
end;
drop _seed_ _i_ beta alpha;
run;
```

进一步说明:
形态参数为 ALPHA,尺度参数为 BETA 的 GAMMA 变量 X:

X=beta*rangam(seed,alpha);

当 2*ALPHA 为整数时,产生的变量 X 服从自由度为 2*ALPHA 的 χ^2 分布:

X=2*rangam(seed,alpha);

N 为整数时,产生的变量 X 服从 Erlang 分布:

X=beta*rangam(seed,N);

它是 N 个相互独立指数分布的和,其均值为 beta。

参数为 ALPHA 和 BETA 的 beta 分布 X 的随机数：

```
Y1=rangam(seed,alpha);
Y2=rangam(seed,beta);
X=Y1/(Y1+Y2);
```

6.8.5 泊松分布

例 6.33 产生 POISSON(2.1)分布的随机数。

```
data RV7;
retain _seed_ 0;
LAMBDA=2.1;
do _i_=1 to 1000;
poisson1=ranpoi(_seed_, LAMBDA);          /*参数为 LAMBDA */
output;
end;
drop _seed_ _i_ LAMBDA;
run;
```

6.8.6 贝塔分布

例 6.34 产生 POISSON(2.1)分布的随机数。

```
data RV8;
retain _seed_ 0;
alpha=0.6;
beta=1.2;
do _i_=1 to 1000;
_wm_=rangam(_seed_, alpha);
_dv_=rangam(_seed_, beta);
beta1=_wm_/(_wm_+_dv_);
output;
end;
drop _wm_ _dv_ _seed_ _i_ alpha beta;
run;
```

6.8.7 指数分布

例 6.35 产生参数为 1.11 的指数分布的随机数。

```
data RV9;
retain _seed_ 0;
```

```
LAMBDA=1.11;
do _i_=1 to 1000;
exp1=ranexp(_seed_)/ LAMBDA;
output;
end;
drop _seed_ _i_ LAMBDA;
run;
```

进一步说明：

具有参数 LAMBDA 的指数分布 X：

```
X=ranexp(seed)/lambda;
```

具有位置参数 ALPHA 和刻度参数 BETA 的极值分布 X：

```
X=alpha-beta*log(ranexp(seed));
```

具有参数 P 的几何分布 X：

```
X=floor(-ranexp(seed)/log(1-p));
```

6.8.8 几何分布

例 6.36 产生参数为 1~0.7 的几何分布的随机数。

```
data RV13;
retain _seed_ 0;
P=0.7;
do _i_=1 to 1000;
Geom1=floor(-ranexp(_seed_)/log(1-P));
output;
end;
drop _seed_ _i_ P;
run;
```

6.8.9 极值分布

例 6.37 产生位置参数为 1.2，尺度参数为 8.1 的极值分布的随机数。

```
data RV12;
retain _seed_ 0;
ALPHA=1.2;
BETA=8.1;
do _i_=1 to 1000;
Extreme1=ALPHA-BETA*log(ranexp(_seed_));
```

```
output;
end;
drop _seed_ _i_ ALPHA BETA;
run;
```

6.8.10 随机数函数自变量 SEED

随机数函数使用一个自变量 SEED 来选择产生随机数的初始种子值,由这个值开始产生随机数流。自变量 SEED 的取值和初始化类型如表 6.4 所示。

表 6.4 SEED 取值与初始化类型

自变量 SEED	初始化类型
≤0	等价于用计算机的日期时间值作为初始种子值来初始化随机数流
>0	用自变量 SEED 的值作为当前的初始种子值来初始化随机数流

产生随机数的过程中,自变量 SEED 的值保持不变,种子则不断变化。所以,用随机函数产生随机数时,不能控制种子的值,因此也不可能控制初始化之后的随机数。如果要控制随机数流,就要用随机数函数的 CALL 子程序。

6.9 SAS CALL 子程序

SAS 系统提供一系列 CALL 子程序,用于产生随机数或执行其他的系统功能。

6.9.1 CALL 子程序类型

随机数子程序列表如表 6.5 所示。特殊子程序列表如表 6.6 所示。

表 6.5 随机数子程序列表

子 程 序	说 明
RANBIN(种子,n,p,变量名)	产生二项分布的随机数
RANCAN(种子,变量名)	产生柯西分布的随机数
RANEXP(种子,变量名)	产生指数分布的随机数
RANGAM(种子,参数,变量名)	产生 GAMMA 分布的随机数
RANNOR(种子,变量名)	产生正态分布的随机数
RANPOI(种子,参数,变量名)	产生 Poisson 分布的随机数
RANTRL(种子,概率值1,…,概率值n,变量名)	产生离散分布的随机数
RANTRI(种子,参数,变量名)	产生三角分布的随机数
RANUNI(种子,变量名)	产生均匀分布的随机数

表 6.6 特殊子程序列表

子 程 序	说 明
Sound(频率，持续时间)	产生声音
Symput(宏变量，值)	创建包含 DATA 信息的宏变量
System(命令)	发布操作系统命令
Lable(变量1，变量2)	规定变量1的标签为字符变量2的值
Vname(变量1，变量2)	规定变量1的名字为变量2的值
Execute(字符表达式)	执行字符表达式规定的操作

特殊子程序的用法将在第 7 章介绍。

6.9.2 随机数子程序

用随机数子程序可以更好地控制种子流和随机数流。除 NORMAL 和 UNIFORM 这两个函数之外，所有随机数函数都有一个相应的子程序。

CALL 语句激活随机数子程序的格式为：

CALL routine(seed, <argument, >variate);

选项说明：

Routine	SAS 随机子程序名
Seed	存放当前种子值的变量
Argument	特殊分布要求的参数
Variate	存放生成随机数的变量名

使用 CALL 子程序时，首先要对 SEED 变量赋初值。同时产生几个随机数流时，用 CALL 子程序比用随机函数的效果更好。因为，用随机数函数同时创建的多个随机数变量都属于同一个随机数流。

例 6.38 使用随机函数产生两个随机数变量属于同一个随机数流。

```
data RV;
retain  seed1  seed2 161321804;
do I=1 to 5;
x1=ranuni(seed1);
x2=ranuni(seed2);
output;
end;
options nocenter;
proc print;
run;
```

结果显示：

Obs	seed1	seed2	I	x1	x2
1	161321804	161321804	1	0.43617	0.64888
2	161321804	161321804	2	0.34138	0.42729
3	161321804	161321804	3	0.43237	0.63834
4	161321804	161321804	4	0.74690	0.89710
5	161321804	161321804	5	0.13630	0.19031

例中,SEED1 和 SEED2 的初值相同,但 X1 和 X2 的第一个观测值却不相同。因为,SEED2 的值在这里不起作用,X2 的第一个值并不是由 SEED2 产生的,而是产生第一个 X1 后一个新种子的结果。所以,这里产生的两个随机数变量属于同一个随机数流。

例 6.39 使用 CALL 子程序产生两个独立的种子流和随机数流。

```
data RV;
retain seed3  161321804  seed4  135279821;
do I=1 to 5;
call ranuni(seed3, X3);
call ranuni(seed4, X4);
output;
end;
proc print;
run;
```

结果显示:

Obs	seed3	seed4	I	X3	X4
1	936674311	724196333	1	0.43617	0.33723
2	1393460745	1733883844	2	0.64888	0.80740
3	733112270	1200908019	3	0.34138	0.55922
4	917607517	674688435	4	0.42729	0.31418
5	928513130	1646762308	5	0.43237	0.76683

例中,产生两个独立的种子流和随机数流。因为 SEED3=SEED1,所以 X3 表示的随机数流就是 X1 和 X2 组成的随机数流。使用 CALL 语句时随时可以看到当前的种子值,用随机数函数则看不到。

习 题 6

1. 举例说明函数的作用。
2. SAS 函数的自变量有几类?
3. 举例说明自变量的表示方法和缩写规则。
4. 函数结果的属性是怎样确定的?

5. 举例说明怎样在 LOG 窗口显示函数值。
6. 使用特殊函数 input、put、symget、lag、dif 举例。
7. SAS 系统是怎样存储日期时间的？SAS 日期时间存储标准是什么？
8. 函数 DATE() 和 TODAY() 的结果相同吗？datetime() 和 time() 呢？
9. 分别说明日期时间函数 datdif、yrdif、date、datetime、mdy、dhms 有哪些实际用途。
10. 你在平时的学习中用到哪些概率分布函数？
11. 举出进行单边假设检验时怎样用分位数函数？
12. 解释下段程序的统计学含义：

```
data _null_;
q_f=finv(0.97,12,9);
put q_f=;
q_f=1/finv(1-0.97,9,12);
put q_f=;
run;
```

13. 查书使用 SAS 日期函数。
14. 查书实现常用分布随机数。

第 7 章 通用语句

本章用到的数据集：ResDat.class、ResDat.stk000002、ResDat.cl、ResDat.Idx000001。

7.1 全局通用语句

全局通用语句是可以用在任何地方的 SAS 语句，如表 7.1 所示。这些语句既可以用在数据步（DATA 步），也可以用在过程步（PROC 步），甚至还可以单独使用。

表 7.1 全局通用语句

语 句	用 途
*	规定注释
Dm	发布显示管理命令或文本编辑命令
X	发布主机操作系统命令
Title	规定输出打印的标题
Fotnote	规定输出打印的脚注
Run	运行 SAS 程序
Endsas	终止 SAS 作业
Filename	标记一个外部文件
Libname	定义 SAS 逻辑库
%Include	调用 SAS 语句和数据行
%Run	结束由加 * 号 %INCLUDE 语句要求从键盘输入的源语句
%List	列出在当前会话中的输入行
Missing	规定缺失值字符
Page	让 SAS 日志跳到新的一页
Skip	让 SAS 日志跳过规定的行数
Options	规定 SAS 系统选项
Goptions	规定图形设备和各种选项

7.1.1 注释语句

注释语句可以放在 SAS 程序的任何地方作为程序的说明，或者介绍整个程序的步骤或算法等。

1. 语句格式

格式一：

```
* message;
```

信息的长度可任意,但不能包含分号(;),最后的分号表示信息结束。

格式二：

```
/* message */
```

中间的信息可以包含分号,但这种形式的注释不能嵌套。

2. 应用举例

例 7.1 注释语句应用。

```
proc print data=ResDat.stk000002(obs=10) noobs;
                              /*输出前10个观测,不输出观测序号*/
var oppr hipr lopr clpr;
title "股票行情";
run;

proc means data=ResDat.stk000002;
*对数据集 ResDat.stk000002 使用 means 过程;
var oppr hipr lopr clpr;             /*输出变量 oppr hipr lopr clpr 的均值*/
run;
```

例 7.2 标准 SAS 程序开头,记录 SAS 程序信息的注释形式。

```
/*-----------------------------------------------------------*/
/*----Begin Estimation for Grunfeld's Investment Models  ----*/
/*----See SAS/ETS User's Guide, Version 5 Edition,       ----*/
/*----pages    .                                         ----*/
/*-----------------------------------------------------------*/
```

7.1.2 DM 语句与 X 语句

1. DM 语句

DM 语句用于发布 SAS 的显示管理命令或文本编辑命令。

DM 语句的用途：

- 在 SAS 会话期间改变显示管理工具；
- 自动引导文件中的 DM 语句可以在每一次启动 SAS 会话时改变显示管理方法；

- 在全屏幕应用中执行实用程序。

语句格式：

DM<window>'command-1<;…command-n>'<window><CONTINUE>;

其中：
- window 规定活动窗口；
- command 规定 SAS 要发布的命令，同时发布几个命令时用分号隔开；
- continue 规定继续执行 DM 语句后的 SAS 语句。

命令的执行方式：
- 命令在窗口名前，那么这些命令用于该窗口；
- 命令在窗口名后，那么执行这些命令后把该窗口打开；
- 省略窗口名时，使用 PROGAM EDITOR 窗口作为缺省窗口。

例 7.3　改变窗口颜色。

dm　'color text cyan; color command red';
run;

例中，改变窗口 PROGAM EDITOR 的文本颜色为深蓝色，而命令行文本颜色为红色。

例 7.4　清除窗口内容，改变窗口颜色，设置活动窗口。

dm log 'clear; pgm; color numbers green' output;
run;

例中，清除 LOG 窗口的内容，改变 PROGAM EDITOR 窗口中的行序号为绿色，设置 OUTPUT 窗口为活动窗口。

例 7.5　发布文本编辑命令。

Dm 'caps on';
run;

例中，DM 语句告诉 SAS 系统把输入在 PROGAM EDITOR 窗口的所有文本都转为大写。

例 7.6　发布显示管理命令。

dm'af c=ResDat.cl' coninue;　　　　　/*这段程序需要懂得 AF*/
proc means data=ResDat.stk000002;
var oppr hipr lopr clpr;
run;

例中，使得 SAS 系统显示 SAS/AF 应用系统的第一个窗口，执行 DATA 步，移光标到 SAS/AF 应用系统的开头域，并设置这个窗口为活动窗口。

例 7.7　AUTOEXEC.SAS 文件中用 DM 语句。

data a;

```
x=100;
run;
dm'menu' menu;
```

例中,启动 SAS 时,运行以上这些语句,产生一个数据集 a,并显示 MENU 窗口,同时光标就在 MENU 窗口中。

2. X 语句

运行 SAS 系统时,发布主机操作系统命令。

语句格式:

X <'command'>;

其中,command 规定主机操作系统的命令。

例 7.8 X 语句应用举例。

```
x 'mkdir d:\ResDat1';
libname ResDat1 'd:\ResDat1';
data ResDat1.class;
set ResDat.class;
run;
```

例中,在 SAS 会话期间用主机操作系统命令创建一个目录 D:\RESDAT1。

注意:输入 EXIT 命令退出操作系统返回到 SAS 会话。

7.1.3 TITLE 语句与 FOOTNOTE 语句

1. TITLE 语句

TITLE 语句规定 SAS 输出文件和其他 SAS 输出标题。

每一个 TITLE 语规定一级标题,最多可规定 10 级标题。

语句格式:

TITLE<n><'text'|"text">;

其中:
- n 紧跟在词 TITLE 后面(不能有空格)的数字,用来规定标题的级别;
- text 规定标题的内容。

规定标题的内容一直有效,但可以重新规定或取消。

例 7.9 只规定第 1 和第 5 级标题的内容时,中间标题为空白。

```
title 'this is the 1th title line';
title5 ' this is the 5th title line';
```

例 7.10 取消所有标题内容。

title;

例 7.11 取消第 3 级及以后的所有标题内容。

title3;

2. FOOTNOTE 语句

FOOTNOTE 语句在每一页的底部输出一些脚注行。最多可产生 10 个脚注行。
语句格式：

FOOTNOTE<n><'text'|"text">;

其中：
- n 紧跟在词 FOOTNOTE 后面（不能有空格）的数字，用来规定脚注的行号；
- text 规定脚注行的内容。

规定的脚注行内容将输出在所有过程的输出页上，但可以重新规定或取消。

例 7.12 规定脚注。

footnote '清华大学金融系';

例 7.13 取消所有已规定的脚注行。

footnote;

例 7.14 取消第 3 个及以后的所有脚注行。

footnote3;

7.1.4 RUN 语句与 ENDSAS 语句

1. RUN 语句

RUN 语句使 SAS 程序被执行。通常用 QUIT 语句来结束当前交互式过程的 DATA 步或 PROC 步。但新的 DATA 或 PROC 步也可以结束前一步程序。
语句格式：

RUN <CANCEL>;

其中，CANCEL 让 SAS 系统结束当前步的执行。SAS 将输出一个信息说明这一步没有执行。但 CANCEL 选项不能阻止包含 CARDS 或 CARDS4 语句的 DATA 步执行。

例 7.15 不能省略 RUN 语句的情况。

title 'using proc means';
proc means data=ResDat.class min max;
var age height weight;
run;   /* 此 RUN 语不能省略 */

```
title 'using proc plot';
proc plot data=ResDat.class;
plot age * height;
run;
```

例中,第一个 RUN 语句在读第二个 TITLE 语句之前执行 PROC MEANS 步。如果省略第一个 RUN 语句,SAS 系统在它读 PROC PLOT 语句之后执行 PROC MEANS 步。这时,第二个 TITLE 语句覆盖第一个 TITLE 语句,也就是两个过程的输出都包含了标题'USING PROC PLOT'。所以,这种情况下,第一个 RUN 语句不能省略。

例 7.16 使用选项 CANCEL。

```
proc means data=ResDat.idx000001;
var clpr X;              /*注意数据集中没有变量 X */
run cancel;
```

例中,当发现 SAS 程序有错误不能运行这一段序时,使用选项 CANCEL 结束当前步的执行。

2. ENDSAS 语句

ENDSAS 语句结束 SAS 作业或会话语句,该语句在交互的或显示管理会话中很有用。但该语句不能和其他语句(如 IF-THEN 语句)一起使用。

语句格式:

ENDSAS;

例 7.17 用语句退出 SAS 系统。

```
endsas;
run;
```

7.1.5 LIBNAME 语句

LIBNAME 语句定义 SAS 逻辑库。LIBNAME 语句把一个 libref(库标记名)和一个目录名联系起来,使用户可在 SAS 语句中使用库标记来指示这个目录。

1. 语句格式

```
LIBNAME libref <engine><'SAS-data-library'>
        <Access=Readonly|Temp>;
LIBNAME libref Clear;
LIBNAME libref |_All_List;
```

三种格式反映了 LIBNAME 语句的三种用法。

2. 选项说明

Libref	规定逻辑库
Engine	规定引擎
Sas-Data-Library	规定主机系统下一个有效的物理地址
Access=Readonly|Temp	规定逻辑库为只读或可修改属性
Clear	清除与库标记的联系
All	列出所有逻辑库的属性
List	在 Log 窗口列出逻辑库的属性

3. 应用举例

例7.18 LIBNAME 规定不同引擎的逻辑库。

```
libname SASDB1 tape 'SAS-data-library';      /*规定一个 TAPE 引擎*/
libname SASDB2 V6 'SAS-data-library';        /*规定版本为 V6 引擎*/
libname SASDB3 ODBC 'SAS-data-library';      /*规定版本为 ODBC 引擎*/
```

例7.19 不同引擎的逻辑库数据集的转换。

```
libname ResDatv6 v6 'D:\ResDat2';
data ResDatv6.class;
set ResDat.class;
run;
```

例7.20 对已经存在的逻辑库使用 LIBNAME 语句联系一个 SAS 引擎。

```
libname SASDB3 ODBC;
```

例7.21 一个物理地址联系两个库标记。

```
libname ResDat1  'D:\ResDat2';
libname ResDat2  'D:\ResDat2';
run;
```

例7.22 脱离与库标记的联系。

```
LIBNAME libref CLEAR;
```

例7.23 列出逻辑库的属性。

```
libname ResDat list;          /*列出逻辑库 RESDAT 的属性 */
libname _all_ list;           /*列出所有逻辑库的属性 */
run;
```

例7.24 多个物理地址指定一个逻辑库。

```
libname new('d:\ resdat2' 'd:\resstk');
```

例 7.25 多个不同的逻辑库组成一个逻辑库。

libname new(resdat resstk);

7.1.6 FILENAME 语句

FILENAME 语句把 SAS 的文件标记与外部文件的全名或输出设备联系起来。用 INFILE,FILE,或 %INCLUDE 语句中调用 SAS 文件前,要先使用 FILENAME 语句来定义文件。用户可以把一个文件标记同单个外部文件建立联系,也可以将很多外部文件建立联系。文件标记和文件名字之间的联系只保持在 SAS 会话期间,或下一个 FILENAME 语句再定义前。

1. 语句格式

建立文件标记与外部文件的联系:

FILENAME fileref <device-type>'external-file'<host-options>;

清除文件标记与外部文件的联系:

FILENAME fileref|_ALL_CLEAR;

建立文件标记与某个输出设备的联系:

FILENAME fileref device-type<host-options>;

列出外部文件的属性:

FILENAME fileref|_ALL_LIST;

其他格式:

FILENAME fileref CATALOG'catalog'<catalog-options>;
FILENAME fileref FTP'external-file'<ftp-options>;
FILENAME fileref SOCKET'external-file'<tcpip-options>;
FILENAME fileref SOCKET':portno' SERVER <tcpip-options>;

2. 选项说明

部分选项说明:

Fileref	规定任意有效的 SAS 名
External-File	规定外部文件的物理地址和名字
Device-Type	规定要联系输出设备的类型
Host-Option	规定主机系统的属性

设备类型(DEVICE-TYPE)

Disk	磁盘引擎器
Tape	磁带引擎器
Dummy	空设备
Terminal	终端
Printer	打印机
Plotter	绘图仪

3. 应用举例

例 7.26 规定文件标记 SCR 按路径选择终端屏幕。

filename SCR terminal;

例 7.27 规定文件标记 PL 按路径选择输出到打印机上。

filename PL printer;

例 7.28 读入外部文件创建 SAS 数据集。

filename delinfo "'d:\resdat2\delinfo.txt'";
data delinfo(label='退市信息|delist information');
format
stkcd $6.
lstknm $12.
lstdt yymmdd10.
delistdt yymmdd10.
exchflg $1.
stktype $1.;
informat
stkcd $6.
lstknm $12.
lstdt yymmdd10.
delistdt yymmdd10.
exchflg $1.
stktype $1.;
label
stkcd='股票代码|stock code'
lstknm='最新股票名称|latest stock name'
lstdt='股票上市日|list date'
delistdt='退市日期|delist date'
exchflg='交易所标识|exchange flag'
stktype='股票类型|stock type';
infile delinfo delimiter='09'x missover dsd firstobs=2;

input stkcd $6. lstknm $12. lstdt yymmdd10. delistdt ~yymmdd10. exchflg stktype 1.;
run;

例中，用文件标记 delinfo 识别外部文件(d：\resdat2\delinfo.txt)，读取其中的数据行，创建一个临时数据集 delinfo。

例7.29 列出 FTP 上的所有文件。

filename dir ftp '' ls user='zhusw' host='zhusw.dhs.org' prompt;
data _null_;
infile dir;
input;
put _infile_;
run;

例中，在 LOG 窗口列出 FTP：ZHUSW.DHS.ORG 上的所有文件。

/*在 FTP 上创建包含数据的文本文件*/
filename create ftp 'aa.txt'
host='zhusw.dhs.org'
user='zhusw'
prompt recfm=v;
data _null_;
file create;
do i=1 to 10;
put i=;
end;
run;

例7.30 访问 FTP。

filename myfile ftp 'data' cd='/u/kudzu/mydata'
user='guest' host='hp720.hp.sas.com'
recfm=v prompt;
data mydata / view=mydata;   /*产生数据视窗*/
infile myfile;
input x $10. y 4.;
run;
proc print data=mydata;   /*打印数据集列表*/
run;

例中，读远程 UNIX 主机 HP720 目录/u/kudzu/mydata 下名为 DATA 的文件程序。

例7.31 创建外部文件。

filename create ftp 'c:.dat'
host='winnt.pc'
user='bbailey'

```
prompt recfm=v;
data _null_;
file create;
do i=1 to 10;
put i=;
end;
run;
```

例中,在 C 盘根目录下为主机 WINNT.PC 用户 BBAILEY 创建文件 TEST.DAT。

例 7.32　从 MVS 系统读入 S370V-格式的文件。

```
filename viewdata ftp 'sluggo.stat.data'
user='sluggo'
host='mvshost1' s370v
prompt rcmd='site rdw';
data mydata/view=mydata;           /* 创建一个视图 */
infile viewdata;
input x $ebcdic8.;
run;
proc print data=mydata;            /* 展示数据 */
run;
```

例 7.33　将逻辑库的所有文件传送到一个压缩文件。

```
filename ResDat 'd:\ResDat2\ResDat2';
proc cport library=ResDat  file=ResDat2  memtype=data;
run;
```

例中,将 SAS 逻辑库 RESDAT 下的所有数据集传送到压缩文件 RESDAT2 中。

例 7.34　恢复将传送压缩为一个逻辑库。

```
libname ResDat1 'd:\ResDat1';
proc cimport  library=ResDat1  infile=ResDat2;
run;
```

例中,恢复由 CPORT 过程生成的传送压缩文件 RESDAT 为原来的形式。

7.1.7　%INCLUDE 语句

%INCLUDE|%INC 语句用于调用 SAS 语句和数据行。

1. 语句格式

%INCLUDE source(s) </<SOURCE2><S2=length><host-options>>;

2. 选项说明

Source(s)	规定要访问信息源
Source2	规定 LOG 窗口显示调用的源程序行
S2＝Length	规定调入记录行的长度
Host-Options	规定主机选项

SOURCE(S)语句规定要访问的信息源。

可以访问的三种信息源有：
- 外部文件；
- SAS 作业或会话中预先输入的语句和数据行；
- 键盘输入的语句和数据行。

％INCLUDE 语句中至少规定一个 SOURCE 语句。％INCLUDE 语句中可以规定信息源的个数是任意的，且可以引入混合类型的信息源。

信息源选项说明：

File-Specification	规定信息源为外部文件
Internal-Lines	规定信息源为内部数据行
Keyboard-Entry	规定信息源为键盘输入的语句和数据行

3. 应用举例

例 7.35　直接调用外部文件。

%include 'D:\ResDat2\fl.dat';

例 7.36　用文件标记调用外部文件。

filename Mac 'D:\ResDat2\宏文本\全部 A 股.txt';
%include Mac;

例 7.37　一次调用多个外部文件。

filename Mac 'D:\ResDat2\宏文本';
%Inc Mac(沪市全部 A 股.txt, 深市全部 A 股.txt);

例中，FILENAME 语句标记一个外部文件目录。

例 7.38　调用内部数据行。

%include 1 5 9-12 14:18;

例中，SAS 系统处理第 1、第 5、第 9～第 12、第 14～第 18 行，就像在终端上再一次输入它们一样。

注意：可以事先用％LIST 语句来确定要调用的内部数据行。

例 7.39　选项"＊"提示从终端输入数据行。

```
proc print data=ResDat.class;
%include  * ;
run;
```

例中的用法一般要和%RUN 语句配合。

7.1.8　%RUN 语句与%LIST 语句

1. %RUN 语句

%RUN 语句结束执行带星号(*)%INCLUDE 语句从终端输入的语句行。返回到原先的程序源继续处理。

"%include * ;"：执行这个语句时，SAS 系统提醒用户从键盘上输入语句行。键盘输入完毕后，输入%RUN 语句，返回到原先的程序源继续处理。

2. %LIST 语句

%LIST 语句规定列出当前会话中预先输入的数据行。

%LIST 语句可以来确定要引入的数据行。

除了在 CARDS 或 CARDS4 语句和匹配的分号(;)或(;;;;)之间外，%LIST 语句可以用 SAS 作业的任何地方。

语句格式：

%LIST <n<:m|-m>>;

其中：

- n 规定列出第 n 行；
- n:m|n-m 规定列出 n～m 行。

例 7.40　列出第 10～20 行。

```
%list 10-20;
%list 10:20;
```

7.1.9　MISSING 语句

MISSING 语句规定数值数据缺失值的代表字符。它通常出现在 DATA 步，但其使用范围是全局的。

1. 语句格式

MISSING character-1<…character-n>;

其中，character 缺失值代表字符。

2. 应用举例

例 7.41 读入有缺失值数据时必须用 MISSING 语句。

```
data fitness;
missing n r;
input name$ age weight;
cards;
Wang 23 78
Hu R 60
Tian R N
;
```

例中,N 表示被调查人不知道,R 表示被调查人拒绝回答问题。MISSING 语句指示在输入数据行里 N 和 R 的值是缺失值而不是无效的数据值。

7.1.10 PAGE 语句与 SKIP 语句

1. PAGE 语句

PAGE 语句使 SAS 日志跳到新的一页。该语句本身没有出现在日志中。用交互行方式运行 SAS 时,PAGE 语句可以输出空白行到终端上。

语句格式:

PAGE;

2. SKIP 语句

SKIP 语句使 SAS 日志跳过规定的行数。该语句本身没有出现在日志中。这个语句在所有运行方式下都可以使用。

语句格式:

SKIP<n>;

其中,n 规定要跳过的行数。如果规定的行数大于在这一页余下的行数,则 SAS 系统跳到下一页的开头。

7.1.11 OPTIONS 语句与 GOPTIONS 语句

1. OPTIONS 语句

OPTIONS 语句临时改变 SAS 系统的选项设置。改变后的选项设置在以后的 SAS 会话或作业中保持有效,直到再次改变它们。

语句格式:

OPTIONS option-1 <…option-n>;

其中,option 规定要改变的 SAS 系统选项。

例 7.42 运行调试好程序时常用的系统选项。

OPTIONS NODATE NONOTES NOSOURCE;

例中,运行调试好的大型程序时,为了抑制 LOG 和 OUTPUT 窗口的输出,用上面的系统选项就可以解决问题。

2. GOPTIONS 语句

GOPTIONS 语句指定图形设备和各种选项。它是 SAS/GRAPH 软件的一个语句。
语句格式:

GOPTIONS<options-list>;

(1) 选项说明

GOPTIONS 语句选项非常复杂,可通过 SAS 系统帮助或 SAS/GRAPH 软件专著查找,这里只介绍 RESET 选项和 DEVICE 选项的应用。

RESET=选项说明:

Global	将所有全局语句的设置恢复到缺省状态
Goptions	将所有关于图形的设置恢复到缺省状态
All	同时实现上述两项功能

注意:"RESET=.;"系统恢复缺省设置,初学作图时常用此选项。

DEVICE=选项说明:

WIN	规定屏幕显示为输出设备,缺省时的设置
WINPRTM	规定黑白打印机为输出设备
WINPRTG	规定灰度打印机为输出设备
WINPRTC	规定彩色打印机为输出设备

(2) 应用举例

例 7.43 重新定义图形符号。

Goptions reset=symbol;

退出 SAS/GRAPH 会话时,图形选项又被重新定义为缺省值。

例 7.44 显示 TITLE 和 FOOTNOTE 的内容。

goptions reset=global;
        title1 h=6 c=blue f=swissb 'Production Quality';
        title2 h=4 c=blue f=swissb 'January through June';
        footnote1 h=3 c=green f=swiss 'Data from SASDATA.QUALITY';
        footnote2 h=3 c=green f=swiss '* denotes approximations';

```
proc goptions nolist footnote;
run;
```

例 7.45 显示图形选项内容。

```
goptions reset=global gunit=pct border
        ftext=swissb htitle=6 htext=3
        ctext=red cpattern=blue ctitle=green
        colors=(blue green red) hby=4;
proc goptions short;
run;
```

7.2 过程步通用语句

过程步通用语句可以分为两类：
- 过程信息语句；
- 变量属性语句。

过程信息语句如表 7.2 所示。变量属性语句如表 7.3 所示。

表 7.2 过程信息语句

语句	功能	语句	功能
Proc	规定要运行的过程	Where	选择观测
Var	规定过程的分析变量	Class	规定分类变量
Model	规定模型的因变量和自变量及相关信息	By	规定分组处理变量
Weight	规定权数变量	Output	规定过程产生的输出数据集信息
Freq	规定频数变量	Quit	结束交互式过程
Id	规定用于识别观测的变量		

表 7.3 变量属性语句

语句	功能	语句	功能
Attrib	规定变量属性	Label	规定变量标签
Format	规定变量输出格式		

7.2.1 PROC 语句

PROC 语句用于规定将要运行的 SAS 过程。SAS 过程是已经写好的 SAS 程序。

例 7.46 PROC 调用打印输出过程 PRINT。

```
proc print data=ResDat.class;
var name age height;
```

```
by sex;
run;
```

例中,打印数据集 RESDAT.CLASS 中变量 NAME、AGE 和 HEIGHT 的观测值,并以性别 SEX 分类。

1. 语句格式

PROC program <options>;

其中:
- program 规定要运行 SAS 的过程;
- options 规定过程的选项。

OPTIONS 选项说明:
- 通用选项;
- 过程特定选项。

通用选项:

Keyword	规定过程要求的关键词
Keyword=Value	规定关键词的值
Keyword=SAS-Data-Set	规定输入或输出的 SAS 数据集

2. 应用举例

例 7.47 打印列表过程。

```
proc print data=ResDat.Idx000001(obs=10);
run;
```

例中,在 OUTPUT 窗口打印输出 RESDAT.IDX000001 的前 10 观测。

例 7.48 求均值过程。

```
proc means data=ResDat.Idx000001 maxdec=3 css;
var clpr;
run;
```

例中,在 OUTPUT 窗口输出变量 CLPR 的校正平方和(CSS),输出结果保留 3 位小数。

例 7.49 作图过程选项。

```
proc plot hpct=50 vpct=33;
```

例中,规定按横竖 50∶33 的比例作图。

7.2.2 VAR 语句与 MODLE 语句

1. VAR 语句

VAR 语句规定要分析的变量名。

语句格式:

VAR variables;

其中,variables 规定要分析的变量。

例 7.50 应用举例。

```
proc means data=ResDat.class;
var  weight  height;
run;
```

2. MODEL 语句

MODEL 语句规定过程需要的统计模型。

语句格式:

MODEL dependents=indepndenteffects/<options>;

其中:
- dependents 规定模型中的因变量;
- indepndenteffects 规定模型中的自变量;
- options 不同过程的特定选项。

例 7.51 模型设定。

```
model y=x1-x5;
model y1 y2=a b c d;
```

例 7.52 回归分析过程模型设定。

```
proc reg data=ResDat.class;
model height=weight / dw spec;
output out=out1  r=r   p=p  l95=l  u95=u;
run;
```

7.2.3 ID 语句与 WHERE 语句

1. ID 语句

ID 语句规定用于识别观测的变量。

语句格式：

ID variables;

其中，variables 规定用于识别观测的变量。

例 7.53　规定替代观测序号的变量。

proc print data=ResDat.class;
id name;
run;

例中，打印列表输出数据集 CLASS 时，用变量 NAME 的值来识别观测。

例 7.54　规定数据集转置后的观测值识别变量。

proc transpose data=ResDat.class out=a let;
id name;
run;

proc transpose data=ResDat.class out=a let;
id sex;
run;

运用上述程序段，查看输出结果。

2. WHERE 语句

WHERE 语句选择 SAS 数据集中的观测。
语句格式：

WHERE where-expression;

用法和 DATA 步中的用法类似。
WHERE 选项与其他选项的生效顺序：
- 选项 FIRSTOBS＝ 和 OBS＝；
- WHERE 选项；
- 创建 BY 组。

例 7.55　选择观测值。

proc print data=ResDat.class;
where sex='M';
run;

例 7.56　删除观测值。

proc print data=ResDat.class;
where sex^='M';
run;

以上两段程序都可以由数据集中的 where＝选项实现，程序如下：

```
proc print data=ResDat.class(where=(sex='M'));
run;

proc print data=ResDat.class(where=(sex^='M'));
run;
```

7.2.4　CLASS 语句与 BY 语句

1. CLASS 语句

CLASS 语句规定分类变量，SAS 过程对分类变量的不同值分别进行分析处理。
语句格式：

CLASS /CLASSES variables;

其中，variables 规定分析数据集中的分类变量。

例 7.57　应用 CLASS 语句。

```
proc means data=ResDat.class;
var weight height;
class sex;
output out=a mean=w_m h_m;
;
run;
```

OUTPUT 窗口输出：

Sex	Obs	Variable	N	Mean	Std Dev	Minimum	Maximum
F	9	Weight	9	90.1111111	19.3839137	50.5000000	112.5000000
		Height	9	60.5888889	5.0183275	51.3000000	66.5000000
M	10	Weight	10	108.9500000	22.7271864	83.0000000	150.0000000
		Height	10	63.9100000	4.9379370	57.3000000	72.0000000

例 7.58　应用 BY 语句。

```
proc means data=ResDat.class;
var weight height;
by sex;
output out=b mean=w_m h_m;
;
run;
```

OUTPUT 窗口输出：

```
----------------------------------Sex=F----------------------------------
Variable        N        Mean         Std Dev        Minimum        Maximum
-------------------------------------------------------------------------
Weight          9        90.1111111   19.3839137     50.5000000     112.5000000
Height          9        60.5888889    5.0183275     51.3000000      66.5000000
-------------------------------------------------------------------------


----------------------------------Sex=M----------------------------------
Variable        N        Mean         Std Dev        Minimum        Maximum
-------------------------------------------------------------------------
Weight         10       108.9500000   22.7271864     83.0000000     150.0000000
Height         10        63.9100000    4.9379370     57.3000000      72.0000000
-------------------------------------------------------------------------
```

2. BY 语句

BY 语句规定分组处理变量。使用 BY 语句时，数据集必须先按 BY 变量排序。
语句格式：

BY variable-list;

其中，variable-list 规定变量列表。

例 7.59 按 BY 组分开打印输出。

```
proc print data=ResDat.class;
by sex;
run;

proc means data=ResDat.class;
by sex;
var weight;
run;
```

7.2.5 OUTPUT 语句与 QUIT 语句

1. OUTPUT 语句

OUTPUT 语句规定过程产生的输出数据集。
语句格式：

OUTPUT <OUT=sas-data-set><keyword=names>;

其中：

- sas-data-set 规定输出的数据集；
- keyword=names 规定输出数据集中与关键词相联系的输出变量名。

例 7.60 应用举例。

```
proc means data=ResDat.class;
var height weight;
output out=out_m   mean=h_m   w_m;
run;
```

例中,过程 MEANS 计算变量 HEIGHT 和 WEIGHT 的均值统计量。关键词 MEAN=规定输出数据集 OUT_M 中的变量为 H_M 和 W_M。H_M 和 W_M 分别表示变量 HEIGHT 和 WEIGHT 的均值。

2. QUIT 语句

QUIT 语句用来结束一个交互式过程。

语句格式：

```
QUIT;
```

例 7.61 应用举例。

```
proc gplot data=ResDat.stk000002;
plot clpr * date;
title 'First Plot';
run;
plot oppr * date;
title 'Second Plot';
run;
quit;
```

7.2.6　FORMAT 语句与 ATTRIB 语句

1. FORMAT 语句

FORMAT 语句规定变量的输出格式。语句格式与 DATA 步中的格式相同。

应用 FORMAT 语句的规则：
- PROC 步中的输出格式只在 PROC 过程中有效,原来的输出格式仍保留在数据集中；
- 同时使用几个 FORMAT 语句时,最后一个 FORMAT 语句有效。

FORMAT 语句可以使用的输出格式：
- SAS 系统的输出格式；
- PROC FORMAT 过程自定义的输出格式。

例 7.62 引用 PROC FORMAT 过程定义的输出格式。

```
proc format;
value $sexfmt   'M'='male'   'F'='female';
proc print data=ResDat.class;
var name sex;
format sex $sexfmt.;
run;
```

例中,用 PROC FORMAT 过程定义的输出格式 SEXMFT. 来规定变量 SEX 的输出格式。

例 7.63 规定变量的输出格式。

```
proc print data=ResDat.stk000002(obs=10);
var date;
format date yymmdd10.;
run;

proc print data=ResDat.stk000002(obs=10);
var date;
format date date7.;
run;

proc print data=ResDat.stk000002(obs=10);
var date;
format date 8.;
run;
```

2. ATTRIB 语句

ATTRIB 语句规定变量的属性。语句格式与 DATA 步中的格式相同。其规定的属性在 PROC 步中以及由该过程产生的输出数据集中有效。

例 7.64 可参考的例句。

```
attrib x y z length=$4 label='sample variables';
attrib holiday informat=mmddyy. format=worddate.;
attrib day1-day7 label='day of week'   week1-week4 label='week of month'
    sale informat=comma8.2 format=dollar10. label='total sale';
```

7.2.7 LABEL 语句

LABEL 语句规定变量的标签。语句格式与 DATA 步中的格式相同。语句可以出现在 PROC 过程的任意地方,并只在该过程中有效。

例 7.65 输出图形时坐标轴使用变量标签。

```
proc gplot data=ResDat.stk000002;
```

```
plot clpr*date;
label clpr='收盘价' date='日期';
run;
```

习 题 7

1. 利用 X 语句,在 SAS 系统下执行操作系统命令 DIR,列出某文件夹下的所有文件名,并将列出的结果存在到文件中。

2. 怎样才能退出操作系统返回到 SAS 会话?

3. SAS 一共可以规定几级标题? 怎样规定 SAS 输出文件的标题? 怎样取消标题?

4. SAS 一共可以规定多少脚注行? 怎样规定 SAS 输出页的脚注行? 怎样取消脚注行?

5. 用 libname 语句建立 5 个不同引擎的逻辑库。怎样为一个已经存在的逻辑库联系一个 SAS 引擎。

6. 写出一个 SAS 逻辑库联系多个物理地址的语句,一个 SAS 逻辑库可以同时联系多个其他 SAS 逻辑库和多个物理地址吗? 怎样联系?

7. 不同库引擎 SAS 逻辑库中的数据集之间怎样转换?

8. 怎样列出逻辑库的属性? 怎样脱离与库标记的联系?

9. 说明编程时用 filename 语句的好处。

10. 什么情况适合用％include|％inc 语句调用 SAS 程序和数据行?

11. ％include 语句可以访问的数据源有哪些?

12. 根据目录 D:\下的所有 SAS 数据集形成文件名数据集。提示:先利用 X 语句,在 SAS 系统下执行 DOS 命令,列出目录 D:\下的所有文件名。

13. 过程步通用语句有几类? 相应的作用是什么?

14. proc 语句规定某过程的通用选项和特定选项的顺序是什么? proc 语句中的数据集可以规定选择项,怎样规定?

15. 解释下面 proc 过程:

```
proc print data=ResDat.idx000001(obs=10);
proc means data=a maxdec=3 css;
proc plot hpct=50 vpct=33;
```

16. var 语句有选项吗? var 语句可以使用缩写方式吗? DATA 步哪些语句和选项会起到和 var 语句相似的作用?

17. model 语句的选项要放在什么符号后?

18. id 语句和 var 语句有什么区别?

19. 过程步 where 语句和数据步 where 语句的用法相似吗? 除了 where 语句的用法外,还有没有 where 选项的用法?

20. class 语句和 by 语句有什么区别? DATA 步中有这两个语句吗?

21. 说明 DATA 步中 output 语句和 proc 步中 output 语句的区别。proc 步中 output 语句的一般形式是什么？

22. 为什么要用 quit 语句？

23. proc 步中 format 语句的格式和 DATA 步中 format 语句的格式相同吗？效果相同吗？format 是一个 sas 过程吗？

24. proc 步中 label 语句和 DATA 步中 label 语句的效果相同吗？

25. 解释下面两段程序的区别：

```
proc print data=ResDat.class;
var name;
run;
```

```
proc print data=ResDat.class;
id name;
run;
```

26. 说明 where 选项和选项 firstobs＝,obs＝,by 组选项一起使用时的生效顺序。

27. 解释下面两段程序的区别：

```
proc means data=ResDat.class;
var weight height;
class sex;
output out=a mean=w_m h_m;
run;
```

```
proc means data=ResDat.class;
var weight height;
by sex;
output out=a mean=w_m h_m;
run;
```

28. 根据日个股收益率，分别用等权平均法、流通市值加权平均法和总市值加权平均法，分交易所、分市场计算日市场收益率（提示：流通市值加权平均法和总市值加权平均法计算日市场收益率时所使用的权重为前一天的市值）。

从锐思 RESSET 数据库网站（www.resset.cn）下载日个股收益数据。

选择变量：股票代码 stkcd、日期 date、个股日收益率 dayret、交易所标识 exchflg、市场标识 mktflg。

第 8 章 变量输入输出格式

SAS 系统对变量有许多确定的输入和输出方式。数据处理必须要借助一定的输入和输出功能才能得到目标。

本章内容包括：
- 输入格式；
- 输出格式；
- SAS 日期时间存储方式；
- 日期时间输入格式；
- 日期时间输出格式；
- 缺失值处理。

8.1 输入格式

输入格式是 SAS 系统用来读入数据值的一个指令。

8.1.1 输入格式形式

```
<$>INFORMAT <W>.<D>
```

选项说明：

$	规定为字符输入格式
Informat	规定有效 SAS 输入格式
W	规定输入数据的列数
D	规定数值输入格式中保留小数的位数

通用规则：
- 所有输入格式必须包含一个点(.)作为名字的一部分；
- 对于省略 W 和 D 值的输入格式，使用系统缺省值。

8.1.2 输入格式使用方法

- INPUT 语句;
- INPUT 函数;
- DATA 步中用 INFORMAT 或 ATTRIB 语句;
- PROC 步中用 INFORMAT 或 ATTRIB 语句。

1. INPUT 语句

例 8.1 列格式输入。

```
input @6 date ddmmyy10.  +1 stkcd$8.  oppr 8.2;
```

例中,从第 6 列开始以 DDMMYY10. 格式读入变量 DATE,第 7 列开始以长度为 8 的字符格式读入变量 stkcd,然后以数值格式 8.2 读入变量 OPPR。

2. INPUT 函数

例 8.2 字符转换数值。

```
data;
x='98.6';
y=input(x,4.);
put x= y=;
run;
```

例中,INPUT 函数和 w.d 输入格式将 X 的字符值转换为一个数值 Y。INPUT 函数对于数据的转换是很有用的,当然,有更简单的方法将字符值转换为数值。

```
data;
x='98.6';
y=x-0;
put x= y=;
run;
```

例 8.3 数值转换为字符时会产生不正确结果。

```
data;
x=2557898;
y=input(x,$8.);
put y;
run;
```

例中,产生的结果为 255,不正确。

例 8.4 PUT 函数将数值转换为字符。

```
data;
x=2557898;
y=put(x,$8.);
put y;
run;
```

例中,用 PUT 函数得到正确结果,即字符型 2557898。

```
data;
x=2557898;
y=put(x,$3.);
put y;
run;
```

例中,Y 的结果为 3E6。

3. 在 DATA 步中用 INFORMAT 语句或 ATTRIB 语句

例 8.5　DATA 步中用 INFORMAT 语句。

```
data a;
input x;
informat x comma12.4;
cards;
12,345.1234
22,345.1234
;
run;
```

例中,最好就是只用 INFORMAT 语句,不要用 ATTRIB,这样可以少记些东西。

4. 永久性与临时性联系

- DATA 步规定的输入格式是永久联系的;
- PROC 步规定的输入格式是临时联系的。

8.1.3　输入格式类型

- 数值输入格式;
- 字符输入格式;
- 日期时间输入格式;
- 竖式二进制数输入格式;
- 使用 FORMAT 过程自定义的输入格式。

8.1.4　数值变量输入格式

常用数值型变量输入格式如表 8.1 所示。

表 8.1　常用数值型变量输入格式

输入格式	描 述	宽 度	缺省宽度
w.d	读入标准数值数据	1～32	8
bzw.d	转换空格为0	1～32	1
binaryw.d	转换正二进制数值为整数	1～64	8
bitsw.d	抽取一些位	1～64	1
commaw.d	读入包含字符的数值	1～32	1
commaxw.d	转换小数点和逗号	1～32	1
ew.d	读入科学表示法数值	7～32	

1. w.d 输入格式

读入标准数值数据。

例 8.6　INPUT 语句对变量使用列指针控制和 w.d 的输入格式。

```
INPUT X 8.2;
INPUT X 1-10.2;
```

W.D 输入格式把一个点(.)作为缺失值。

用 W.D 输入格式时,数值域尾部的空白不表示0,用 BZ. 输入格式可以把尾部空白读为0。

2. BZw.d 输入格式

将尾部空格看作0的输入格式。

例 8.7　变量 X 的尾部空格表示0,读入 X 时要用 BZw.d 输入格式。

```
data a;
input X BZ4. Y@;
cards;
34    125              /*34后有两个代表0的空格*/
233   178              /*233后有一个代表0的空格*/
5     2199             /*5后有四代表0的空格*/
;
options nocenter;
proc print noobs;
run;
```

输出结果：

```
3400    125
2330    178
5000    2199
```

3. COMMAw.d 输入格式

COMMAw.d 输入格式读入包含字符的数值。

数值数据内可能包含的字符有：
- 逗号；
- 空格；
- $；
- %；
- 破折号；
- 圆括号等。

例 8.8 读入带千分号的数据。

```
data a;
input x comma12.2@;
cards;
12,522.2315
;
run;
```

4. Ew.d 输入格式

例 8.9 读入科学表示法数值。

```
data;
input X e8.@;
cards;
1.257E3
;
proc print noobs;
run;
```

输出结果：

1257.

例 8.10 数值变量输入格式应用举例。

```
data;
informat x 8.2;
x=12345.1234;
put x=;
run;
```

结果显示 x=12345.1234。

```
data a;
x=12345.1234;
informat x 12.4;
format x 8.2;
```

```
put x=;
run;
```

结果显示 x=12345.12。

```
data a;
input x;
informat x comma12.4;
cards;
12,345.1234
22,345.1234
;
run;
```

8.1.5 字符变量输入格式

字符变量输入格式如表 8.2 所示。

表 8.2 字符变量输入格式

输入格式	描 述	宽 度	缺省宽度
$ w.	读入标准字符数据	1~200	8
$ asciiw.	转换 ASCII 字符数据为本机格式	1~200	1
$ binaryw.	转换二进制数值为字符数值	1~200	8
$ charw.	读含有空格的字符数据	1~200	1 或变量长度
$ charzbw.	把二进制 0 转换为空格字符	1~200	1 或变量长度
$ ebcdicw.	转换 EBCDIC 字符数据为本机格式	1~200	1
$ hexw.	转换十六进制数据为字符数据	1~200	2
$ octalw.	转换八进制数据为字符数据	1~200	3
$ phexw.	转换压缩的十六进制数据为字符数据	1~100	2
$ varyingw.	读可变长度的字符值	1~200	8 或变量长度
$ quotew.	从数据值中移走引号	1~200	8
$ upcasew.	转换数据值为大写	1~200	8
$ reveriw.	从右到左读文本并保留空格	1~200	1
$ reversw.	从右到左读文本并左对齐	1~200	1

1. $ w. 输入格式

读入标准字符数据。

在读入字符值之前,$ w. 输入格式清除字符值开头的空格。$ w. 输入格式把一个点(.)转换为空格,因为它把一个点看作缺失值。

例 8.11 读入数据时,清除数据开头空格并将(.)转换为缺失值。

```
data;
input  name $5.;
```

```
cards;
xyz
.
    uvw
;
options nocenter;
proc print noobs;
run;
```

输出结果：

```
xyz

uvw
```

2. $CHARw 输入格式

读含有空格的字符数据。$CHARw.输入格式除了不清除字符值开头的空格外，它等同于标准的$w.输入格式。

例 8.12 保留开头和结尾的空格。

```
data;
input  name $char10.;
cards;
    xyz
.
uvw
;
options nocenter;
proc print noobs;
run;
```

输出结果：

```
xyz
.
uvw
```

INPUT 语句采取自由格式输入时，INFORMAT 或 ATTRIB 语句中不能使用$CHAR.输入格式，因为 SAS 把空格看作数据行中数值间的分隔符。

例 8.13 不能放在一起使用的语句。

```
informat x $char12.;
input x y z;
```

例 8.14 直接赋值为字符型变量。

```
data a;
```

```
x1='st92';

x2='st92';
informat x3 $8.;

x3="12,345.1234";
run;
```

8.2 输出格式

输出格式是 SAS 系统用来输出数据值的一个指令。

8.2.1 输出格式形式

```
<$>FORMAT<W>.<d>
```

选项说明：

$	规定为字符输出格式
Format	规定有效 SAS 输出格式
W	规定输出数据的列数
D	规定数值输出格式中保留小数的位数

通用规则：

- 所有输出格式必须包含一个点(.)作为名字的一部分；
- 省略 W 和 D 的值时，使用系统的缺省值；
- 无论怎样规定输出格式中的小数位，输出格式都不会影响存储的数据值；
- 规定的输出格式宽度太窄小时，对字符格式截去右边的字符，对数值格式转换为 BESTw. 的格式；
- 使用一个不协调的输出格式时，SAS 系统首先试着使用其他类型的类似格式。如果行不通，将输出一个错误信息在 SAS 日志。

8.2.2 输出格式使用方法

- PUT 语句；
- PUT 函数；
- DATA 步中用 FORMAT 或 ATTRIB 语句；
- PROC 步中用 FORMAT 或 ATTRIB 语句。

1. PUT 语句

例 8.15 PUT 语句中使用输出格式。

```
data;
x=1145.32;
put x dollar10.2;
run;
```

结果为 $1,145.32。输出格式带千分号和美元号。

2. PUT 函数

PUT 函数对于将数值转换为字符,或改变变量的字符输出格式是很有用的。

例 8.16　PUT 函数中使用输入格式。

```
data;
cc=16;
cchex=put(cc,hex3.);
put cc hex3.;
run;
```

结果为 010。

例中,转换数值变量 cc 的值为三个字符的十六进制表达式。

```
data;
cc=16;
cc=put(cc,3.);
run;
```

例中,将数值 CC 转换为字符值。

3. DATA 步中用 FORMAT 或 ATTRIB 语句

例 8.17　DATA 步中用 FORMAT 或 ATTRIB 语句。

```
format sales1-sales12 comma10.2;
```

例中,FORMAT 语句对变量 sales1~sales12 规定输出格式 COMMAw.d。

```
attrib sales1-sales12 format=comma10.2;
```

例中,ATTRIB 语句对变量 sales1~sales12 规定输出格式 COMMAw.d。

4. 永久性与临时性联系

- DATA 步规定的输出格式是永久联系的;
- PROC 步规定的输出格式是临时联系的。

8.2.3　输出格式类型

- 数值输出格式;

- 字符输出格式；
- 日期时间输出格式；
- 使用 FORMAT 过程创建的自定义输出格式。

8.2.4 数值变量输出格式

常用数值型变量输出格式如表 8.3 所示。

表 8.3 常用数值型变量输出格式

输出格式	描述	宽度	缺省宽度
w.d	输出标准数值数据	1~32	
bestw.	选择最佳表示法	1~32	12
binaryw.	转换数值为二进制表示法	1~64	8
commaw.d	用含有逗号,小数点的格式来输出数值	2~32	6
commaxw.d	用含有逗号和小数的格式来输出数值,逗号和小数点互换	2~32	6
dollarw.d	用含有美元号,逗号和小数点的格式来输出数值	1~32	1
dollarxw.d	用含有美元号,逗号和小数点的格式来输出数值,逗号和小数点互换	1~32	1
ew.	用科学 E 表示法输出值	7~32	12

1. w.d 输出格式

输出标准数值数据。对超出输出格式宽度的数值进行四舍五入。数值过大时,使用 bestw. 输出。

例 8.18 w.d 输出格式应用。

```
data a;
x=23.45;
put x 6.3;
run;
```

结果是 23.450。

例 8.19 使用列输出法等价于使用指针控制和 w.d 的格式。

```
put x 1-8.2;
put @1 x 8.2;
```

例中,两个语句等价。

2. BESTw. 格式

没有对变量规定输出格式时,使用 BESTw. 的格式。SAS 在规定的宽度列数中选择能够给出该值最多信息的表示法作为输出格式。SAS 仍存储原来的完整数值。

例 8.20 用不同的 BESTw. 形式输出时,显示结果不一样,但在 SAS 存储的都是原来的完整数值。

```
data;
x=12570000;
put @10 x best6.;
run;
```

输出值为 1.26E7。正确地输出这个值需要 8 列,使用 E 表示法把这个值压缩为 6 列。

```
data;
x=12570000;
put @10 x best3.;
run;
```

输出值为 1E7。

```
data;
x=12570000;
put @10 x best2.;
run;
```

输出值为**。

3. COMMAw.d 输出格式

输出含有逗号和小数点的数值。D 的值只能规定为 0 或 2。

4. DOLLARw.d 输出格式

DOLLAR. 格式输出的数值为美元数额。一个美元符号放在数值前面,每三位用逗号隔开。D 的值只能规定为 0 或 2。若要输出的值相对于给定宽度太大,那么用 BESTw. 格式。

例 8.21 输出时美元符号放在数值前面,中间加上千分号。

```
data;
Netpay=1254.71;
put @53 netpay   dollar10.2;
run;
```

输出值为 $1,254.71。

5. Ew. 输出格式

例 8.22 用科学记数法表示输出数值。

```
data;
x=1257;
put @10 x e10.;
run;
```

输出值为 1.257E+03,共占 9 列。

6. ROMANw. 输出格式

输出数值为罗马数字。非整数值在输出前被转换为整数。

例 8.23 转换数值为罗马数字。

```
data;
x=1992;
put @25 x roman10.;
run;
```

输出值为 MCMXCII。

7. 输入输出控制流程

输入-存储-输出控制流程如表 8.4 所示。

表 8.4 输入-存储-输出控制流程

输入数据	输入格式	系统存储	输出格式	输出数据
12234.1234	8.2	12234.12	8.2	12234.12
12234.1234	Comma8.2	12234.12	comma8.2	12234.12
$12234.1234	dollar8.2	12234.12	dollar8.2	$12234.12

8.2.5 字符变量输出格式

字符变量输出格式如表 8.5 所示。

表 8.5 字符变量输出格式

输出格式	描述	宽度	缺省宽度
$ w.	输出标准字符数据	1～200	1 或变量长度
$ asciiw.	转换字符值为 ASCII 表示法	1～200	1
$ binaryw.	转换字符值为二进制表示法	1～200	8
$ charw.	输出标准字符数据	1～200	1 或变量长度
$ ebcdicw.	转换字符值为 EBCDIC 表示法	1～200	1
$ hexw.	转换字符值为十六进制表示法	1～200	4
$ octalw.	转换字符值为八进制表示法	1～200	8
$ varyingw.	输出可变长度的字符值	1～200	8 或变量长度
$ msgcasew.	根据系统选项 MSGCASE 的值用大写输出数据值	1～200	8 或变量长度
$ quotew.	输出带引号的数据值	1～200	8 或变量长度
$ upcasew.	用大写字母输出所有字符	1～200	8 或变量长度
$ reverjw.	用反转的次序输出文本,结果右对齐	1～200	1
$ reversw.	用反转的次序输出文本,结果左对齐	1～200	1

1. $w. 输出格式

$w.是最常用的字符数据输出格,w值给出输出字符值的列数。

例 8.24 $w.和列输出格式产生同样效果。

```
data;
name='ABC';
put @10 name $3.;
put name $10-12;
run;
```

例中,输出值为 ABC。

2. $CHARw. 输出格式

输出字符值时保留开头的空格。

8.3 日期时间存储方式

8.3.1 SAS 日期值存储方式

SAS 系统存储日期值为 1960 年 1 月 1 日到这个日期之间的天数。
日期存储方式举例如表 8.6 所示。

表 8.6 日期存储方式举例

日期	系统存储的天数	日期	系统存储的天数
1960 年 1 月 1 日	0	2002 年 10 月 1 日	15614
1962 年 3 月 3 日	792	1776 年 7 月 4 日	−67019
1985 年 8 月 4 日	9347		

例 8.25 表中天数的计算程序。

```
data;
date=mdy(1,1,1960);
put date 8.;
date=mdy(3,3,1962);
put date 8.;
date=mdy(8,4,1985);
put date 8.;
date=mdy(10,1,2002);
put date 8.;
date=mdy(7,4,1776);
put date 8.;
run;
```

8.3.2 SAS 日期时间值存储方式

SAS 存储时间值从 0 时开始以秒记数。日期时间值存储方式举例如表 8.7 所示。

表 8.7 日期时间值存储方式举例

时 间	存储秒数	计 算 方 法
21:50:51	78651	$21\times60\times60+50\times60+51$
2002 年 10 月 1 日 21 时 50 分 51 秒	1349128251	$15614\times24\times3600+21\times60\times60+50\times60+51$

例 8.26 表中秒数的计算程序。

```
data;
hms=hms(21,50,51);
put hms=;
x=21*60*60+50*60+51;
put x=;

date=mdy(10,1,2002);
put date=;
dhms=dhms(date,21,50,51);
put dhms=;
y=date*24*3600+x;
put y=;
run;
```

8.4 日期时间输入格式

8.4.1 日期时间输入格式

日期时间输入格式如表 8.8 所示。

表 8.8 日期时间输入格式

输入格式	描 述	例 子	宽度范围	缺省范围
datew.	Ddmmyy	1jan2003 01jan03 1-jan-2003	7~32	7
datetimew.	Ddmmyy hh:mm:ss.ss	01jan03:8:56:10.2 01jan2003/8:56:10	13~40	18

续表

输入格式	描　述	例　子	宽度范围	缺省范围
ddmmyyw.	Ddmmyy	010103 01/01/03 01-01-03 01 01 03	6～32	6
julianw.	Yydd|yyyddd	0301	5～32	5
mmddyyw.	Mmddyy	01 01 03 01-01-03 010103 01/01/03	6～32	6
monyyw.	Mmddyy	Jan03	5～32	5
timew.	hh:mm:ss.ss	14:22:25	5～32	8
yymmddw.		03 01 01 03/01/01 030101 20030101	6～32	6
yyqw.		03Q1	4～32	4

8.4.2　应用举例

例 8.27　使用 SAS 日期时间的输入格式。

```
data a;
input date mmddyy10.;
cards;
10-01-2002
10/01/2002
;
run;
```

8.5　日期时间输出格式

8.5.1　日期时间输出格式

假定日期时间值为 2003 年 3 月 27 日 12 点 5 分 5.49 秒,星期四,为 2003 年的第 86 天,第 1 季度,所在周的第 5 天。日期时间输出格式如表 8.9 所示。

表 8.9 日期时间输出格式

输出格式	描述	例子	宽度范围	缺省范围
datew.	Ddmmmyy	27MAR2003 27MAR03 27MAR	5～9	7
datetimew.d	Ddmmyy:Hh:Mm:Ss.Ss	27MAR03:12:05:05.49 27MAR03:12	7～40	16
dayw.	输出某月的日期值	27	2-32	2
ddmmyyw.	Ddmmyy	27/03/2003 27/03/03 270303 27	2～10	8
downamew.	输出日期为星期几	Thursday	1～32	9
hhmmw.d	输出小时和分钟	378996:05.09	2～20	5
hourw.d	时间值用十进制	378996.08	2～20	2
juldayw.	输出 Julian 日期值	86,	3～32	3
julianw.	输出 Julian 日期值	2003086	5～7	5
mmddyyw.	Mmddyy	03/27/03 032703 03	2～10	8
mmssw.d	转换为分秒数形式输出	22739765:05.49	2～20	5
monnamew.	输出某月的名称	November	5～32	9
monthw.	输出某年的月份	3	1～32	2
monyyw.	输出月和年	MAR2003	5～7	7
nengow.	输出本日的日期值	H.15/03/27 H15/03	2～10	10
qtrw.	输出某年的季度	1	1～32	1
timew.d	Hh:Mm:Ss.Ss	378996:05:05.49	2～20	8
todw.	输出时间部分	12:05:05.5	2～20	8
weekdatew.	输出星期和日期值	Thu,Mar 27,2003 Thursday Thu	3～37	29
weekdatxw.	输出星期和日期值	Thu,27 Mar 2003 Thursday	3～37	29
weekdayw.	输出星期几	5	1～32	1
worddatew.	Mmddyyyy	March 27,2003 Mar 27,2003	1～32	18
worddatxw.	Ddmmyyyy	27 March 2003	3～32	18

续表

输出格式	描述	例子	宽度范围	缺省范围
yearw.	输出日期值中的年份	2003 03	2~32	4
yymmddw.	Ymmdd	2003-03-27 03-03-27 03	2~10	8
yymonw.	Yymm	2003MAR 03MAR	5~32	7

表 8.9 中例子的生成程序如下。

```
Data;
dt1='27MAR2003'd;
dt2='27MAR2003'd;
dt3='27MAR2003'd;

dt4='27MAR2003:12:05:05.49'dt;
dt5='27MAR2003:12:05:05.49'dt;


dt6='27MAR2003'd;

dt7='27MAR2003'd;
dt8='27MAR2003'd;
dt9='27MAR2003'd;
dt10='27MAR2003'd;

dt11='27MAR2003'd;

dt12='27MAR2003:12:05:05.49'dt;

dt13='27MAR2003:12:05:05.49'dt;

dt14='27MAR2003'd;

dt15='27MAR2003'd;

dt16='27MAR2003'd;
dt17='27MAR2003'd;
dt18='27MAR2003'd;

dt19='27MAR2003:12:05:05.49'dt;
```

```
    dt20='27MAR2003:12:05:05.49'dt;

    dt21='27MAR2003'd;
    dt22='27MAR2003'd;

    dt23='27MAR2003'd;
    dt24='27MAR2003'd;

    dt25='27MAR2003'd;

    dt26='27MAR2003:12:05:05.49'dt;

    dt27='27MAR2003:12:05:05.49'dt;

    dt28='27MAR2003'd;
    dt29='27MAR2003'd;
    dt30='27MAR2003'd;

    dt31='27MAR2003'd;
    dt32='27MAR2003'd;

    dt33='27MAR2003'd;

    dt34='27MAR2003'd;
    dt35='27MAR2003'd;

    dt36='27MAR2003'd;

    dt37='27MAR2003'd;
    dt38='27MAR2003'd;

    dt39='27MAR2003'd;
    dt40='27MAR2003'd;
    dt41='27MAR2003'd;

    dt42='27MAR2003'd;
    dt43='27MAR2003'd;

    format
    Dt1 date9. dt2 date7. dt3 date5.
    Dt4 Datetime20.2 dt5 Datetime10.2
    Dt6 day6.
    Dt7 ddmmyy10.  dt8 ddmmyy8.  dt9 ddmmyy6.  dt10 ddmmyy2.
    Dt11 Downame10.
```

```
Dt12 Hhmm20.2
Dt13 Hour10.2
Dt14 Julday6.
Dt15 Julian7.
Dt16 Mmddyy8.    dt17   Mmddyy6.    dt18 Mmddyy2.
Dt19 Mmss20.2
Dt20 Monname12.
Dt21 Month10.
Dt22 Monyy7.
Dt23 Nengo10. dt24 Nengo6.
Dt25 Qtr4.
Dt26 Time20.2
Dt27 Tod10.2
Dt28 Weekdate20. dt29 Weekdate12.   dt30 Weekdate3.
Dt31 Weekdatx20.   dt32   Weekdatx10.
Dt33 Weekday2.
Dt34 Worddate32.   dt35 Worddate12.
Dt36 Worddatx32.
Dt37 Year10.    dt38 Year2.
Dt39 Yymmdd10. dt40 Yymmdd8. dt41 Yymmdd2.
Dt42 Yymon32.    dt43 Yymon5.
;
put dt1;
put dt2;
put dt3;
put dt4;
put dt5;
put dt6;
put dt7;
put dt8;
put dt9;
put dt10;

put dt11;
put dt12;
put dt13;
put dt14;
put dt15;
put dt16;
put dt17;
put dt18;
put dt19;
put dt20;
```

```
    put dt21;
    put dt22;
    put dt23;
    put dt24;
    put dt25;
    put dt26;
    put dt27;
    put dt28;
    put dt29;
    put dt30;

    put dt31;
    put dt32;
    put dt33;
    put dt34;
    put dt35;
    put dt36;
    put dt37;
    put dt38;
    put dt39;
    put dt40;

    put dt41;
    put dt42;
    put dt43;
run;
```

8.5.2 应用举例

日期时间值输入-存储-输出控制流程如表 8.10 所示。

表 8.10　日期时间值输入-存储-输出控制流程

输入日期	输入格式	系统存储	输出格式	输出日期形式
20Oct97	Date7.	13807	Date9.	20oct1997
20/10/97	ddmmyy8.	13807	Mmddyy6.	102097
1997/10/20	Yymmdd10.	13807	Yymmdd8.	97-10-20

例 8.28　使用 SAS 日期时间的输出格式。

```
data a;
input date mmddyy10.;
format date yymmdd10.;
put date=;
cards;
```

```
10-01-2002
10/01/2002
;
run;
```

显示结果：

```
date=2002-10-01
date=2002-10-01
```

```
data a;
input date mmddyy10.;
format date date9.;
put date=;
cards;
10-01-2002
10/01/2002
;
run;
```

显示结果：

```
date=01OCT2002
date=01OCT2002
```

```
data;
x=put(today(),date7.);put x;
y=put(today(),8.0); put y;
z=today(); put z;
u=put(15260,yymmdd10.);put u;
v=put(15260,date9.);put v;
run;
```

显示结果：

```
19SEP02
15602
15602
2001-10-12
12OCT2001
```

```
data;
x=13807;
format x yymmdd10.;
put x=;
run;
```

显示结果：

```
x=1997-10-20
```

data;
date='11oct2001'd;
put date=;
format date yymmdd10.;
run;

显示结果：

```
date=2001-10-11
```

8.6 缺失值处理

本节介绍含有缺失值数据的处理方法。

8.6.1 读入含缺失值的数据

可以表示缺失值的字符有：
- 空格；
- 点；
- MISSING 语句规定的字符。

例 8.29 空格表示缺失值的数据适合列方式读入。

```
data a;
input name $1-5 test1 7-8 test2 10-11;
cards;
ann   92  96
susan     84
bill  81
;
run;
```

例中，SUSAN 第一次测验缺席，BIL 第二次测验缺席，空格表示缺失值。

例 8.30 点表示缺失值的数据适合自由方式读入。

```
data b;
input name $ test1  test2;
cards;
ann   92   96
susan  .   84
```

```
bill    81      .
;
run;
```

例 8.31 读入由 MISSING 语句规定缺失值的数据。

```
data c;
Missing A;
input name $ test1   test2;
cards;
ann     92      96
susan   A       84
bill    81      A
;
run;
```

8.6.2 系统产生的缺失值

SAS 系统产生缺失值的情况有三种：
- 算术运算；
- 非法运算符；
- 非法字符转换为数值。

有缺失值的算术运算结果也为缺失值，称为缺失值的扩散。如果不想让缺失值参加算术运算，事先将相应的缺失值删除即可。

当用户执行一个非法运算时，SAS 输出错误信息并置结果为缺失值。

对字符变量进行算术运算时，SAS 将自动地转换字符值为数据值。如果字符值不包含数值信息而 SAS 试图转换它为数值时，SAS 将输出错误信息并转换结果为缺失值。

习 题 8

1. 分别说明怎样使用 SAS 系统的输入输出格式。
2. 什么时候得到永久的输入输出格式，什么时候得到临时的输入输出格式？
3. INPUT 函数能将字符转换为数值，能转换字符 1999-1-1 为数值吗？即下面程序能得到正常结果吗？

```
data a;
logdate='1999-1-1';
date=input(logdate,yymmdd10.);
run;
```

4. 解释下面输入格式的用法：

```
bzw.d
binaryw.d
commaw.d
commaxw.d
ew.d
$w.
$charw.
```

5. 列出你平时常用字符、数值和日期时间变量的输入输出格式。
6. SAS 系统怎样存储日期时间值？
7. 说明下面语句的结果：

```
data;
date=mdy(10,1,2002);
put date 8.;
x=put(today(),date7.);put x;
y=put(today(),8.0); put y;
z=today(); put z;
u=put(15260,yymmdd10.);put u;
v=put(15260,date9.);put v;
x=13807;
format x yymmdd10.;
put x=;
date='11oct2001'd;
put date=;
format date yymmdd10.;
run;
```

8. 你能给出几种计算某日在 SAS 系统内存储天数的方法。
9. SAS 系统产生缺失值的情况有哪些？

第 9 章 输出控制

本章用到的数据集：ResDat.class、ResDat.idx000001。
本章介绍 SAS 系统控制输出的基本方法。
本章内容包括：
- 输出窗口与内容；
- 日志输出控制；
- 运行结果输出控制；
- 图形存储利用与输出；
- 输出传送系统（ODS）。

9.1 输出窗口与内容

SAS 系统的输出窗口与内容如表 9.1 所示。

表 9.1 SAS 系统的输出窗口与内容

输 出 窗 口	输 出 内 容	输 出 窗 口	输 出 内 容
LOG	输出 SAS 日志	GRAPH1	输出图形
OUTPUT	输出 SAS 程序的运行结果		

9.2 日志输出控制

SAS 日志输出程序被执行的信息。SAS 日志输出的信息有助于用户解决系统运行过程中出现的各种问题。

9.2.1 日志输出信息类型

- 执行的程序语句；

- 程序创建的数据集;
- 程序执行期间遇到的警告或错误信息;
- 每个数据集包含多少个变量和多少个观测;
- 程序每一步执行的时间;
- 数据行的信息和列表。

9.2.2 日志输出信息控制

控制日志输出信息的方法有两类:
- 系统选项设置自动写入日志中的信息;
- SAS 语句。

控制日志输出信息的语句如表 9.2 所示。

表 9.2 控制日志输出信息的语句

语　　句	作　　用
Put	输出 DATA 步产生的一些行到日志上
%Put	运行宏程序时输出信息到日志上
List	输出正被处理的观测数据到日志上
Error	有选择地输出一条用户规定的信息到日志上
Errors=N	规定输出错误信息的个数

控制日志输出信息的系统选项:

News	控制新信息是否输出到 SAS 日志上
Notes	控制注释是否输出到 SAS 日志上
Source	控制 SAS 源程序是否输出到 SAS 日志上
Source2	控制用%INCLUDE 语句调用的源程序是否输出到 SAS 日志上

例 9.1 利用系统选项语句控制日志输出信息。

OPTIONS NODATE NONOTES NOSOURCE;

例中,规定不输出时间、注释和源程序到日志上。

9.2.3 日志输出地点

通常情况下,日志输出在 LOG 窗口。
SAS 日志可以输出的地点有:
- 终端;
- 外部文件;
- 打印机。

使用 PRINTTO 过程可以重新定义 SAS 日志的输出地点。

9.2.4 定制日志格式

定制日志格式的语句如表 9.3 所示。

表 9.3 定制日志格式的语句

语句	作用	语句	作用
Page	使 SAS 日志在新的一页继续输出	File	将 SAS 日志存储为外部文件
Skip	使 SAS 日志中跳过规定的行数继续输出		

定制日志格式系统的选项:

Linesize=Value	规定输出文件输出行的宽度
Pagesize=Value	规定输出页的行数

9.2.5 应用举例

例 9.2 将日志存储为外部文件。

proc printto log='d:\saslog.txt' new;
proc print data=ResDat.class;
run;

例中,语句 PRINTTO 选项的 NEW 表示替换文件 SASLOG.TXT 原有的内容。

例 9.3 增量输出日志。

proc printto log='d:\log.dat';
proc print data=ResDat.class;
run;

例 9.4 应用文件标记控制日志输出。

options nodate nonotes nosource;
filename f1 'd:\out.txt';
proc printto log=f1;
proc print data=ResDat.class;
run;

9.3 运行结果输出控制

SAS 系统产生的运行结果有两类:
- PROC 步产生的输出结果;
- DATA 步通过 FILE 和 PUT 语句产生的输出结果。

9.3.1 定制输出格式

定制输出格式的语句如表 9.4 所示。

表 9.4 定制输出格式的语句

语 句	作 用	语 句	作 用
Title	规定每一输出页的标题	Label	规定输出变量的标签
Footnote	规定每一输出页的脚注		

定制输出格式的系统选项：

Linesize=Value	规定行宽
Pagesize=Value	规定页长
Number	规定加页码
Pageno=	规定下一页的页码编号
Date	规定打印日期和时间
Center	规定输出居中
Missing=	规定缺失值的表示字符

例 9.5 输出时不加页码的系统选项。

options nonumber;

例 9.6 输出时不打印日期和时间。

options nodate;

例 9.7 左对齐输出选项。

options nocenter;

例 9.8 规定缺失值的表示字符。

options missing='B';

9.3.2 运行结果输出地点

通常情况下,运行结果输出在 OUTPUT 窗口。
SAS 运行结果可以输出的地点有：
- 终端；
- 外部文件；
- 打印机。

使用 PRINTTO 过程可以重新定义运行结果的输出地点。

9.3.3 应用举例

例 9.9 直接输出到外部文件。

```
proc printto print='d:\out.txt' new;
proc print data=ResDat.class;
run;
```

例中,PRINT 过程产生的输出结果直接存储到文件 D:\OUT.TXT 中,选项 NEW 表示替换原有文件 OUT.TXT。

例 9.10 增量输出。

```
proc printto print='d:\out.txt';
proc print data=ResDat.class;
run;
```

例 9.11 应用文件标记控制输出。

```
options nodate nonotes nosource;
filename f1 'd:\out.txt';
filename f2 'd:\out.list';
proc printto print=f2;
proc printto print='d:\out.list';
proc print data=ResDat.class;
run;
```

9.4 图形存储利用与输出

9.4.1 图形存储

SAS/GRAPH 软件是一个功能强大的图形软件包,有许多绘图过程。这些过程产生的图形一方面可以直接输出到显示设备(如 GRAPH1 窗口)上;另一方面也可以作为 SAS 图形存储到 SAS 目录册(Catalog)中。缺省的目录册名是 WORK.GRSEG,每幅图都是目录册的一个条目(ENTRY),条目的类型(TYPE)为 GRSEG。每个条目都有自己的名称(NAME)和描述(DESCRIPTION),缺省的名称和描述是过程名加上相应的序号。

在作图过程语句中加入选项 GOUT= 可以把过程生成的图形存入指定的逻辑库和目录册。

例 9.12 将图形存入目录册。

```
proc gplot data=ResDat.idx000001 gout=ResDat.graph;
symbol1 v=none  i=join c=blue;
```

```
plot Clpr * date=1;
run;
```

例中,将 GPLOT 过程产生的图形存入逻辑库 RESDAT 下的 GRAPH 目录册中。

例 9.13 存储图形时给出名称和描述。

```
proc gplot data=ResDat.idx000001 gout=ResDat.graph;
symbol1 v=none   i=join c=blue;
title1;
title2 "上证指数时序图";
plot Clpr * date=1/name='idx000001'  des='Time series plot for close price';
run;
```

例中,存储图形的名字为 idx000001,描述为 Time series plot for close price。

9.4.2 GREPLAY 过程

GREPLAY 过程提供了重复利用已生成图形,重新命名、复制和删除目录册中的图形条目等功能,这里仅介绍利用 GREPLAY 过程在一个画面显示多幅图形。

已存储在目录册中的图形可以按设定的模板进行显示和输出。模板是目录册中的一个条目,确定一个画面中怎样显示多幅图形。模板可以自行设计。逻辑库 SASHELP 中的目录册 TEMPLT 中存放了许多模板,L2R2 就是将 4 幅图按左面两幅右面两幅在一起显示的模板。

GREPLAY 过程的简单格式:

```
PROC GREPLAY nofs GOUT=<libref.>output-catalog IGOUT=<libref.>input-catalog;
            TC=template-catalog;
            TEMPLATE=template-entry;
            TREPLAY select-pair(s);
```

过程选项说明:

Nofs	不用菜单交互操作
GOUT	指定输出图形的目录册
IGOUT	指定已生成图形存放的目录册
TC	指定模板所在的目录册
TEMPLATE	指定模板

例 9.14 一个画面放 4 幅图。

```
proc greplay nofs igout=ResDat.graph  gout=ResDat.graph;
tc sashelp.templt;
template l2r2;
treplay 1:idx000001  2:idx000002  3: Idx399106  4:Idx399001;
run;
```

例中,将上证指数、上证 A 股指数、深证成指和深证综指这 4 幅时序图放在一个画面上。

```
proc greplay nofs igout=ResDat.graph gout=ResDat.graph;
tc sashelp.templt;
template l2r2;
treplay 1:idx000001 2:idx000002 3:Idx399001 4: template;
run;
```

例中,一个画面放 4 幅图,其中的第 4 幅图形使用模板合成的图形。

9.4.3 输出其他格式图形文件

SAS 系统可以输出许多格式的图形文件,如 BMP、EMF、WMF、JPG、JIF、TIF 等格式的文件,也可以直接带图形的 HTML 文件。

将图形直接写成其他格式文件的 GOPTIONS 语句选项:

```
GOPTIONS DEVICE=device-entry
         GSFNAME=fileref
         GSFMODE=APPEND|PORT|REPLACE;
```

选项说明:

DEVICE|DEV=	输出图形文件的格式
GSFNAME=	输出图形文件的逻辑文件名
GSFMODE=	输出图形文件的方式

例 9.15 显示当前输出图形文件的设备和格式。

```
proc gdevice;
run;
```

例 9.16 直接将输出图形存储其他格式的文件。

```
filename idx000001 "d:\ResDat2\idx000001.gif";
goptions reset=all  DEVICE=gif  GSFNAME=idx000001 GSFMODE=REPLACE;
proc gplot data=ResDat.idx000001 gout=ResDat.graph;
symbol1 v=none  i=join c=blue;
title1;
title2 "上证指数时序图";
plot Clpr * date=1/name='idx000001'  des='Time series plot for close price';
run;
quit;
```

例中,直接输出存储上证指数时序图为 GIF 格式的文件。

9.5 输出传送系统

利用 SAS 的输出传送系统(Output Delivery System,ODS)可以控制输出结果的形式及输出方法。

利用 SAS 系统进行数据加工整理时,最常见的输出结果有两种:
- OUTPUT 窗口显示字符文本;
- GRAPH1 窗口显示图形。

但是,这两种输出方式存在一定的局限性。
- OUTPUT 窗口的输出结果一般不能直接转换成 SAS 数据集;
- OUTPUT 窗口输出的表格是用等宽的列表字体显示的,无法在其他字体环境下使用;
- 输出是一个整体,无法选择输出内容。

只有部分过程可以直接输出数据集,但存入数据集的数据也不一定全面。另外,由于互联网信息技术的发展,需要将数据加工整理输出的各种信息直接存储为 HTML 的文件格式,以便在互联网上进行直接传输和交流。

SAS 系统从版本 7 开始提供了 ODS。利用 ODS 可以更方便、更灵活地使用 SAS 系统各个过程的输出结果,可以选择输出结果形式。

9.5.1 ODS 功能

- 挑选或剔除过程的输出;
- 将过程的输出转换成数据集;
- 输出到不同的平台;
- 个性化输出表格;
- 在交互操作环境的结果窗口组织和管理输出对象。

9.5.2 ODS 对象与传送目标

ODS 将每个过程的输出分成若干个对象。虽然每个对象的内容属性不同,但所有对象都由两部分构成:
- 数据部分:是输出内容包括的数值和字符;
- 模板部分:也称为表的定义,描述输出内容在输出显示时的布局。

ODS 对象的传送目标及生成的文件格式如表 9.5 所示。

当一个传送目标打开时,ODS 就将程序的输出对象传送到这一目标。系统可以同时打开多个传送目标。缺省时,LISTING 目标打开,其他目标 OUTPUT、HTML、PRINTER 和 RTF 都被关闭。

表 9.5 ODS 对象的传送目标及生成的文件格式

对象传送目标	生成的文件格式
OUTPUT	SAS 数据集
LISTING	OUTPUT 和 GRAPH1 窗口显示的列表
HTML	HTML 文件
PRINTER	*.PS,*.PCL,*.PDF 文件或直接在打印机输出
RTF	RTF 文件

9.5.3 ODS 语句

输出传送系统的管理通过 ODS 语句来实现。ODS 语句是全局语句，可以用在 SAS 程序的任何地方。ODS 语句控制 ODS 的各个特征。

ODS 语句分类说明如表 9.6 所示。

表 9.6 ODS 语句分类说明

按用途分类	语 句
打开关闭和管理 ODS 目标	ODS LISTING
	ODS HTML
	ODS PRINTER
	ODS OUTPUT
管理输出对象	ODS TRACE
	ODS EXCLUDE
	ODS SELECT
	ODS SHOW
其他	ODS PATH
	ODS VERIFY

9.5.4 传送目标控制

ODS 对象的传送目标有 OUTPUT、LISTING、HTML、PRINTER 和 RTF。这里介绍将 ODS 对象传送至这些目标的控制方法。

1. 传送至目标 LISTING

缺省的传送目标就是 LISTING。
LISTING 目标的显示方式：
- 字符文本在 OUTPUT 窗口显示；

- 图形在 GRAPH1 窗口显示。

关闭 LISTING 目标：

ODS LISTING CLOSE;

打开 LISTING 目标：

ODS LISTING;

例 9.17 关闭输出目标不输出任何结果。

```
ODS listing close;
proc print data=ResDat.class;
run;
```

例中，由于缺省情况下，LISTING 是唯一开放的目标，先关闭这一目标后，没有开放的传送目标，输出结果无可传送。

例 9.18 直接将输出结果存储为外部文本文件。

```
ODS Listing File='d:\ResDat2\f.txt';
proc print data=ResDat.idx000001;
var date clpr;
run;

filename F1 'd:\ResDat2\f.txt';
ODS Listing File=F1;
proc print data=ResDat.idx000001;
var date clpr;
run;
```

例中，用前面介绍的 PRINTTO 过程可以得到相同的效果。

2. 传送至目标 OUTPUT

对于 SAS7 前的版本，有许多过程的输出结果不能直接生成 SAS 数据集，要想将输出报告中的统计量直接转换成 SAS 数据集是件很麻烦的事。利用 ODS OUTPUT 语句可以为多数过程的输出对象建立数据集。

传送至目标 OUTPUT：

ODS OUTPUT 输出对象 1=数据集 1 输出对象 2=数据集 2…;

例 9.19 将 MEANS 过程的输出统计量直接写入 SAS 数据集。

```
Ods listing close;
Ods output  summary=sum;
proc means data=ResDat.idx000001;
var hipr clpr;
run;
```

```
Ods listing;
```

例 9.20 将回归分析的参数估计量直接写入 SAS 数据集。

```
Ods listing close;
Ods output  ParameterEstimates(match_all persist=proc)=Estimates;
proc reg data=ResDat.class;
model height=weight/ dw spec;
output out=out1   r=r    p=p   l95=l   u95=u;
run;
Ods listing;
```

例中,由于不需要将过程输出结果传送至目标 LISTING,所以开始时将 LISTING 关闭,结束后将 LISTING 开放,恢复缺省状态。

注意:由于过程 PRINT 和 REPORT 是直接用于数据集的过程,所以它们不支持 ODS OUTPUT 语句。

3. 传送至目标 PRINTER

传送至目标 PRINTER 是将输出对象直接在打印机输出或生成打印文件。
传送至目标 PRINTER:

```
ODS PRINTER <选项>;
```

例 9.21 直接输出到打印机上。

```
Ods listing close;
Ods printer;
proc print data=ResDat.class;
run;
Ods printer close;
Ods listing;
```

例中,没有选项时的缺省情况是将输出对象直接在系统缺省打印机上输出。
ODS PRINTER 语句常用选项说明:

选项	说明
Printer='打印机名'	规定直接传送至打印机的名字
File=文件标识|'文件物理地址'	规定将输出对象生成打印格式的文件(缺省为 PCL 格式)
Ps|Pdf	规定生成 PS 或 PDF 格式的文件
Ncolor|Color	规定输出对象包不包含彩色信息(缺省为 NCOLOR)
Style=格式	规定输出对象的基本格式

STYLE=格式包括:

缺省	Beige	D3D	Printer
Brown	Minimal	StatDoc	FancyPrinter
SansPrinter	SasdocPrinter	SerifPrinter	BarrettsBlue
Brick	NoFontDefault	Rtf	Theme

例 9.22 生成 PS 格式文件。

```
Ods listing close;
Ods printer file='d:\ResDat2\prt.ps' ps;
proc print data=ResDat.idx000001(obs=10);
run;
Ods printer close;
Ods listing;
```

例 9.23 生成 PDF 格式文件。

```
Ods listing close;
Ods printer file='d:\ResDat2\prt.pdf' pdf;
proc print data=ResDat.idx000001(obs=10);
run;
Ods printer close;
Ods listing;
```

```
Ods listing close;
Ods printer file='d:\ResDat2\prt.pdf' printer='acrobat pdfwriter';
proc print data=ResDat.idx000001(obs=10);
run;
Ods printer close;
Ods listing;
```

4. 生成 RTF 格式文件

直接将输出对象存为 RTF 格式文件的 ODS 语句格式：

```
ODS RTF FILE==文件标识|'文件物理地址'<STYLE=格式>;
```

例 9.24 将输出对象存为 RTF 格式文件。

```
Ods listing close;
Ods rtf file='d:\ResDat2\prt.rtf' style=statdoc;
proc print data=ResDat.idx000001(obs=10);
run;
Ods rtf close;
Ods listing;
```

5. 传送至目标 HTML

将输出结果直接转换成 HTML 文件的方式有以下三种：
- 用数据步；
- 用 SAS Web 发布工具提供的宏；
- 用 ODS。

利用 ODS 将输出结果转换成 HTML 文件是最为方便和直接的方式。

生成 HTML 目标的 ODS 语句格式一：

ODS HTML BODY='文件物理地址和名称';
SAS 程序;
ODS HTML CLOSE;

其中,'BODY='和'FILE='的效果相同。

例 9.25 生成绝对物理路径的 HTML 格式文件。

```
Ods listing close;
Ods html file='d:\ResDat2\prt.htm';
proc print data=ResDat.idx000001(obs=10);
run;
Ods html close;
Ods listing;
```

生成 HTML 目标的 ODS 语句格式二：

ODS HTML PATH='文件物理地址' <(URL=NONE)>BODY='文件名';
SAS 程序;
ODS HTML CLOSE;

其中,子选项'(URL=NONE)'表示当生成 HTML 文件包含有超链接时,不使用绝对物理路径,而使用相对路径。这对于生成多个 HTML 文件并将生成的 HTML 文件移到其他服务器上使用时是必须的。

例 9.26 生成使用相对路径的 HTML 格式文件。

```
Ods listing close;
Ods html path='d:\ResDat2\'(url=none) body='prt.htm';
proc print data=ResDat.idx000001(obs=10) label;
run;
Ods html close;
Ods listing;
```

6. 查询输出对象

ODS 可以将每个过程步的输出分成一个或多个对象。使用 ODS 语句可以查询和挑选这些对象。

在对某个过程的输出对象进行挑选前,首先要查询这个过程的输出包含哪些对象。

查询输出对象的语句格式：

ODS TRACE ON </选项>;
ODS TRACE OFF;

其中,ODS TRACE NO/OFF 表示打开或关闭输出对象的跟踪功能,缺省的状态跟踪功能是关闭的。跟踪功能打开后,每个运行的过程步都将在 LOG 窗口显示传送的输出对象名称。

选项及说明：

| LABEL | 要求提供每个输出对象的路径标签 |
| LISTING | 将跟踪结果显示在 OUTPUT 窗口的每个输出对象前 |

例 9.27 查询 MEANS 过程的输出对象。

```
ods trace on/label listing;
proc means data=ResDat.idx000001;
run;
ods trace off;
```

例 9.28 查询回归分析过程的输出对象。

```
ods trace on/label listing;
proc reg data=ResDat.class;
model height=weight/dw spec;
output out=out1  r=r   p=p   l95=l   u95=u;
run;
ods trace off;
```

注意：使用 ODS 的非缺省状态时，过程步的结束时最好都使用 RUN 语句，这样可以避免过程步界线不明而引起的一些意外结果。

9.5.5 选择输出对象

不同的 ODS 传送目标可以挑选不同的输出对象，如表 9.7 所示。

表 9.7 缺省情况

传送目标	缺省输出对象	传送目标	缺省输出对象
LISTING	全选	OUTPUT	全不选
HTML	全选	OVERALL	全选
PRINTER	全选		

选择输出对象的语句格式：

ODS <传送目标>SELECT 对象|ALL|NONE;
ODS <传送目标>EXCLUDE 对象|ALL|NONE;

对于输出对象，可以使用它的全路径或路径标签，也可以只用它的一部分（可省略任一点(dot)前的部分），路径和路径标签也可以混用。

例 9.29 查询 MEANS 过程的输出对象。

```
ods trace on/label listing;
proc means data=ResDat.idx000001;
```

```
run;
ods trace off;
```

输出结果：

```
名称:        Summary
标签:        Summary statistics
模板:        base.summary
路径:        Means.Summary
标签路径：'Means 过程'.'Summary statistics'
```

结果显示的输出对象只有一个。

于是，引用 MEANS 过程的输出对象时可以采用下面的任一种方式：

- 'Means 过程'.'Summary statistics'
- 'Summary statistics'
- Summary
- Means.Summary
- Means.'Summary statistics'
- 'Means 过程'.Summary

过程步结束时，ODS 自动清除对输出对象的挑选或删除，恢复缺省状态。在 ODS 语句中使用选项 PERSIST 时将保持关于对象的挑选。

查看关于输出对象选择状态的 ODS 语句格式：

```
ODS <传送目标> SHOW;
```

例 9.30 查看对输出对象的选择状态。

```
Ods listing exclude means.bygroup2.summary;
Ods listing show;
proc means data=ResDat.class;
by sex;
run;
```

习 题 9

1. 解释语句"options nodate nonotes nosource;"。
2. 解释以下程序段：

```
proc printto  log='d:\saslog.txt'  new;
proc print data=ResDat.class;
run;

proc printto  log='d:\log.dat';
proc print data=ResDat.class;
```

```
run;

options nodate nonotes nosource;
filename f1 'd:\out.txt';
proc printto log=f1;
proc print data=ResDat.class;
run;

options nonumber missing ='B';

proc printto print='d:\out.txt' new;
proc print data=ResDat.class;
run;

proc printto print='d:\out.txt';
proc print data=ResDat.class;
run;

options nodate nonotes nosource;
filename f1 'd:\out.txt';
filename f2 'd:\out.list';
proc printto print=f2;
proc printto print='d:\out.list';
proc print data=ResDat.class;
run;

proc gplot data=ResDat.idx000001 gout=ResDat.graph;
symbol1 v=none  i=join c=blue;
title1;
title2 "上证指数时序图";
plot Clpr * date=1/name='id000001'  des='Time series plot for close price';
run;
```

3. 怎样在一个画面放 4 幅图？解释下段程序：

```
proc greplay nofs  igout=ResDat.graph  gout=ResDat.graph;
tc sashelp.templt;
template l2r2;
treplay 1:id000001  2:id000002  3: Id399106  4:Id399001;
run;
```

4. 怎样输出其他格式的图形文件？解释下面两段程序：

```
proc gdevice;
run;
```

```
Filename id000001 "d:\ResDat\id000001.gif";
Goptions reset=all device=gif  gsfname=id000001 gsfmode=replace;
Proc gplot data=ResDat.idx000001 gout=ResDat.graph;
Symbol1 v=none   i=join c=blue;
Title1;
Title2 "上证指数时序图";
Plot clpr*date=1/name='id000001'  des='time series plot for close price';
Run;
Quit;
```

5. 什么是 ODS？它的作用和功能是什么？

6. 什么是 ODS 对象？ODS 对象的传送目标和相应的文件格式是什么？缺省的 ODS 传送目标是什么？

7. 怎样打开和关闭传送 ODS 目标？

8. 利用 ODS 将 SAS 系统的输出结果直接生成 SAS 数据集一般需要几步完成？举例说明直接生成 SAS 数据集的全过程。

9. 以生成图形为例，写一个 SAS 程序，说明 ODS 怎样将输出图形直接转换成 HTML 文件。

第 10 章 数据管理

本章用到的数据集：ResDat.idx000001、ResDat.stk000001、ResDat.class、ResDat.score、ResDat.fishdata、ResDat.stks。

本章内容包括：
- 数据集排序；
- 数据集转置；
- 添加观测。

10.1 数据集排序

利用 SAS 的排序过程可以对数据集中的观测重新排序。SAS 中有许多和 BY 配合使用的语句，如对数据集进行合并的语句或更新语句等，在使用前必须先对 BY 变量进行排序。

10.1.1 排序过程句法

```
PROC SORT <option(s)><collating-sequence-option>;
    BY <DESCENDING>variable-1 <…<DESCENDING>variable-n>;
```

10.1.2 PROC SORT 语句

```
PROC SORT <option-list><collating-sequence-option>;
```

选项说明：

DATA=	规定被排序数据集，缺省时为最新创建数据集
OUT=	创建输出数据集，省略时用排序后数据集替换原数据集
ASCII	规定按 ASCII 排序
EBCDIC	规定按 EBCDIC 排序

DANISH	规定按 Danish 排序
FINNISH	规定按 Finnish 排序
NORWEGIAN	规定按 Norwegian 排序
SWEDISH	规定按 Swedish 排序
NATIONAL	规定按习惯排序
SORTSEQ=	规定按其中任一标准排序：ASCII, EBCDIC, DANISH, FINNISH, ITALIAN, NORWEGIAN, SPANISH, SWEDISH
REVERSE	颠倒字符变量的次序
EQUALS	保持 BY 组内的顺序
NOEQUALS	允许 BY 组内顺序变化
NODUPKEY	删除重复 BY 值对应的观测
NODUPRECS	删除重复观测值
SORTSIZE=	规定有效存储空间
FORCE	强行实施多余排序
TAGSORT	减少临时存储空间

10.1.3　BY 语句

BY <DESCENDING>variable-1<…<DESCENDING>variable-n>;

PROC SORT 中必须使用 BY 语句，BY 语句中可以规定任意多个变量。
BY 语句中规定多个变量时，SORT 过程首先按第一个变量排序，然后是第二个变量等。
BY 语句中可以规定的选项：
DESCENDING—对变量按下降次序排序。

10.1.4　应用举例

例 10.1　按多变量排序。

```
data a;
set ResDat.idx000001;
year=year(date);
qtr=qtr(date);
month=month(date);
proc sort data=a out=b;
by year qtr month;
run;
```

例中，对上证指数 IDX000001 按年、季和月排序。

例 10.2　按单变量降序排列。

```
proc sort data=ResDat.stk000001 out=a;
by descending clpr;
proc print data=a  (obs=3)  noobs;
```

```
var date clpr;
run;
```

例中,按收盘价 CLPR 的降序排列。

10.2 数据集转置

转置就是把数据集的观测变为变量,变量变为观测。利用 SAS 的转置过程可以对数据集进行转置。

10.2.1 转置过程句法

PROC TRANSPOSE <DATA=input-data-set><LABEL=label><LET>
  <NAME=name><OUT=output-data-set><PREFIX=prefix>;
  BY <DESCENDING>variable-1
  <…<DESCENDING>variable-n>
  <NOTSORTED>;
  COPY variable(s);
  ID variable;
  IDLABEL variable;
  VAR variable(s);

语句说明:

BY	规定对每个 BY 组求转置,BY 变量包含在输出数据集中但没有被转置
COPY	将没有转置的变量直接拷贝到输出数据集中
ID	规定输入数据集中一个变量。其值为转置后数据集的变量名
IDLABEL	规定被转置变量的标签
VAR	列出要转置的变量

10.2.2 PROC TRANSPOSE 语句

PROC TRANSPOSE <option-list>;

选项说明:

DATA=	规定被转置的 SAS 数据集,省略时为最新创建的数据集
OUT=	转置后的 SAS 数据集,省略时 SAS 系统产生一个名字为 DATAn 的数据集
PREFIX=	规定转置后数据集变量名的前缀
NAME=	规定转置后数据集中的一个变量名,省略时该变量名为_NAME_
LABEL=	规定转置后变量的标签,省略该选项,且原数据集中至少有一个要转置的变量有标签时,该变量标签为_LABEL_
LET	允许 ID 变量出现相同的值。BY 组内最后一个 ID 值的观测被转置

10.2.3　VAR 语句和 ID 语句

1. VAR 语句

`VAR variable-list;`

VAR 语句列出要转置的变量。没有 VAR 语句时，则没有列在其他语句里的所有数值变量被转置。字符变量若要转置必须在 VAR 语句中列出。没有被转置的变量从新数据集中删除，要保留时须将它们在 COPY 或 BY 语句中列出。

2. ID 语句

`ID variable;`

ID 语句规定输入数据集中一个变量。ID 变量的值为转置后数据集的变量名。在没有选项 LET 时，ID 变量的值在数据集中只能出现一次，使用 BY 语句，BY 组内只包含最后的 ID 值。必要时过程会将 ID 变量的值改为有效的 SAS 名字。如将字符"＋"，"－"和"."改为 P、N 和 D。若第一个字符是数字，则用下划线(_)作为这个值的词头。

使用 ID 语句时，ID 变量的缺失值将从输出数据集中删去。

10.2.4　应用举例

例 10.3　ID 变量的值为转置后数据集的变量名。

```
proc transpose data=ResDat.class out=a let;
id name;
proc print;
run;
```

例中，原数据集 CLASS 中变量 NAME 的值为转置后数据集 A 的变量名，对所有数值变量转置。数据集 A 中还有一变量 _NAME_ 。

例 10.4　BY 组内最后一个 ID 值的观测被转置。

```
proc transpose data=ResDat.class out=a let;
id sex;
proc print;
run;
```

结果显示：

Obs	_NAME_	F	M
1	Age	15.0	15.0
2	Height	66.5	66.5
3	Weight	112.0	112.0

```
proc sort data=resdat.class out=sort;
by sex;
proc transpose data=sort out=a let;
id sex;
by sex;
proc print;
run;
```

结果显示：

Obs	Sex	_NAME_	F	M
1	F	Age	15.0	.
2	F	Height	66.5	.
3	F	Weight	112.0	.
4	M	Age	.	15.0
5	M	Height	.	66.5
6	M	Weight	.	112.0

```
proc transpose data=ResDat.class out=a;
var name height weight;
copy sex age;
proc print;
run;

proc sort data=ResDat.class out=a;
by name;
proc transpose data=a   let;
by name;
proc print;
run;
```

例 10.5　规定转置后数据集变量名的前缀。

```
options nodate pageno=1 linesize=80 pagesize=40;
proc transpose data=ResDat.score out=idnumber name=Test
prefix=sn;
id studentid;
run;

proc print data=idnumber noobs;
title 'Student Test Scores';
run;
```

例 10.6　规定转置后数据集变量名的标签。

```
options nodate pageno=1 linesize=80 pagesize=40;
```

```
proc transpose data=ResDat.score out=idlabel name=Test
prefix=sn;
id studentid;
idlabel student;
run;

proc print data=idlabel label noobs;
title 'Student Test Scores';
run;
```

例 10.7 对每个 BY 组转置。

```
options nodate pageno=1 linesize=80 pagesize=40;
proc transpose data = ResDat.fishdata   out = fishlength (rename = (col1 = Measurement));
var length1-length4;
by location date;
run;

proc print data=fishlength noobs;
title 'Fish Length Data for Each Location and Date';
run;
```

例 10.8 ID 变量有重复值时命名转置后的变量。

```
options nodate pageno=1 linesize=64 pagesize=40;
proc transpose data=ResDat.stks out=close let;
by company;
id date;
run;

proc print data=close noobs;
title 'Closing Prices for Horizon Kites and SkyHi Kites';
run;
```

10.3　添 加 观 测

利用 SAS 的 APPEND 过程可以将一个 SAS 数据集的观测添加到另一个 SAS 数据集的后面。当然，可以用 DATA 步中 SET 语句实现观测的添加，但用这种方法连接数据集时，SAS 系统必须处理两个数据集中的所有观测后再产生一个新的数据集。APPEND 过程避免处理原数据集中的数据，直接把新观测添加到原始数据集的后面。

注意：APPEND 过程只对 SAS 数据集（类型为 DATA 的数据库成员）进行操作。

10.3.1 APPEND 过程句法

PROC APPEND BASE=SAS-data-set <DATA=SAS-data-set><FORCE>;

APPEND 过程中只需要一个语句。

10.3.2 选项说明

选项说明：

BASE=|OUT=	规定基本数据集的名字
DATA=|NEW=	规定要添加在基本数据集后面的数据集名，缺省时使用最近创建的 SAS 数据集
FORCE	强迫 PROC APPEND 连接两数据集

强迫 PROC APPEND 连接两数据集的情况：
- 没有 BASE= 的数据集的变量；
- 与 BASE= 的数据集中变量的类型不相同；
- 多于 BASE= 的数据集中变量。

10.3.3 应用举例

例 10.9 有条件添加数据。

proc append base=a data=ResDat.stk000001(where=(year(date)=1999));
run;

例中，使用数据集选项 WHERE= 或 WHERE 语句来限制 DATA= 的数据集中只有满足条件的观测被加到 BASE= 的数据集中。

习 题 10

1. 通常在什么情况下要对数据集进行排序？怎样按降序排序？
2. 分析 SAS 编程语言的特点，说明 transpose 过程有什么具体用途？
3. 转置后数据集中的变量 _name_ 和 _label_ 表示什么意思？能不能规定它们的名字？
4. 一般在什么情况下使用 printto 过程？
5. 解释下列语句：

proc printto log='d:\saslog.txt' new;

```
filename f1 'd:\out.txt';
filename f2 'd:\out.list';
proc printto print=f2;
proc printto print='d:\out.list';
proc print data=class noobs;
```

6. append 过程和 DATA 步 set 语句实现的功能相同吗？应用时有什么区别？

第11章 统计量计算

本章用到的数据集：ResDat.fitness、ResDat.idx000001、ResDat.color、ResDat.fatcomp、ResDat.cake、ResDat.grade、ResDat.Charity、ResDat.statepop、ResDat.score1、ResDat.class。

本章内容包括：
- 相关过程；
- 频数过程；
- 均值过程；
- 单变量过程。

11.1 相关性过程

相关过程(CORR)用于计算变量间的相关系数。

11.1.1 相关过程句法

```
PROC CORR <option(s)>;
    BY <DESCENDING>variable-1<…<DESCENDING>variable-n><NOTSORTED>;
    FREQ frequency-variable;
    PARTIAL variable(s);
    VAR variable(s);
    WEIGHT weight-variable;
    WITH variable(s);
```

语句说明：

By	分别对每一 BY 组计算相关系数
Freq	规定一个数值变量,其值为每一观测值出现的频数
Partial	给出 Pearson,Spearman 或 Kendall 偏相关系数的变量名
Var	给出要计算相关系数矩阵的变量和顺序
Weight	计算加权的乘积矩相关系数时给出权数变量名字
With	计算变量组合之间的相关系数

11.1.2 PROC CORR 语句

PROC CORR <option(s)>;

PROC CORR 语句选项＜option(s)＞说明如表 11.1 所示。

表 11.1 PROC CORR 选项说明

选项	说明
ALPHA	输出 Cronbach 系数
BEST=	规定输出绝对值最大的相关系数的个数
COV	输出协方差
CSSCP	输出修正平方和与交叉乘积和
DATA=	输入数据集名
HOEFFDING	输出 Hoeffding D 统计量
KENDALL	输出 Kendall tau-b 相关系数
NOCORR	不输出 Pearson 相关系数
NOMISS	删除缺失值
NOPRINT	禁止打印输出
NOPROB	禁止输出显著性概率
NOSIMPLE	不输出单个变量的简单描述性统计量
OUTH=	规定创建存放 HOEFFDING 统计量的数据集
OUTK=	规定创建存放 Kendall 相关系数的数据集
OUTP=	规定创建存放 Pearson 相关系数的数据集
OUTS=	规定创建存放 Spearman 相关系数的数据集
PEARSON	输出 Pearson 相关系数
RANK	按绝对值从大到小输出相关系数
SINGULAR=p	确定变量的奇异性准则
SPEARMAN	输出 Spearman 相关系数
SSCP	输出平方与交叉乘积和
VARDEF=DF|N|WDF|WEIGHT|WGT	规定计算方差和协方差使用的除数

11.1.3 其他语句

1. VAR 语句

VAR variable-list;

列出要计算相关系数的变量。

2. WITH 语句

WITH variable-list;

该语句和 VAR 语句联合使用计算变量间特殊组合的相关系数。用 VAR 语句列出的变量放在相关阵的上方,而用 WITH 语句列出的变量放在相关阵左边。

3. PARTIAL 语句

`PARTIAL variable-list;`

计算 Pearson 偏相关、Spearman 偏秩序相关或 Kendall 偏 tau-b。该语句给出偏相关变量的名字。

4. WEIGHT 语句

`WEIGHT variable;`

计算加权的乘积矩相关系数,该语句给出权数变量名字。该语句用于 Pearson(皮尔逊)相关。

5. FREQ 语句

`FREQ variable;`

该语句指定一个数值型的 FREQ 变量,它的值表示输入数据集中相应观测出现的频数。该变量的值应为正整数。若 FREQ 变量值<1 或缺失,相应的观测不参加计算统计量;若这个值不是正整数,取整数部分。

6. BY 语句

`BY variable-list;`

对 BY 变量定义的观测组分别计算其相应的简单统计量。当使用 BY 语句时,要求输入数据集已按 BY 变量排序的次序排列,除非指定 NOTSORTED。

11.1.4 应用举例

例 11.1 计算 Pearson 相关系数及其他关联测度。

```
proc corr data=ResDat.fitness pearson spearman hoeffding;
var weight oxygen runtime;
title 'Measures of Association for';
title2 'a Physical Fitness Study';
run;
```

例 11.2 计算并输出相关指标。

```
proc corr data=ResDat.idx000001 pearson spearman kendall hoeffding;
var oppr hipr lopr clpr;
title 'Spearman 的 rho,Kendall 的 tau-b,Pearson 和 Hoeffding 相关';
run;
```

```
proc corr data=ResDat.idx000001 csscp cov;
var oppr hipr lopr;
partial clpr;
title '偏相关阵';
run;

proc corr data=ResDat.idx000001 cov alpha outp=corrout;
var oppr hipr lopr;
title '协方差阵和相关阵';
run;

proc print data=corrout;
title2 'PROC CORR 产生的输出数据集';
run;
```

例中，计算上证指数 RESDAT.IDX000001 中变量 OPPR、HIPR、LOPR、CLPR 之间 4 种类型的关联测度、PEARSON 偏相关阵、CRONBACH 系数并产生 TYPE＝CORR 的含有协方差及相关阵的输出数据集。

例 11.3 计算两个数据集中相同变量之间的相关系数。

```
data a;                              /*数据集准备*/
merge ResDat.idx000001(keep=date oppr clpr)
ResDat.Idx399001(keep=date oppr clpr rename=(oppr=oppr_sz clpr=clpr_sz));
by date;
run;

proc corr data=a nomiss cov;
var oppr_sz clpr_sz;
with oppr clpr;
title2 '长方形的 COV 和 CORR 阵';
run;

proc corr data=a cov csscp outp=oup;
title2 '从含有缺失值的数据集中计算 CSSCP 和 COV';
run;
```

例中，对上证指数 RESDAT.IDX000001 和深证成指 RESDAT.IDX399001 中的变量开盘价和收盘价作相应的计算。

例 11.4 输出偏相关系数到一个数据集中。

```
options nodate pageno=1 linesize=120 pagesize=60;
proc corr data=ResDat.fitness spearman kendall cov nosimple  outp=fitcorr;
var weight oxygen runtime;
partial age;
label age ='Age of subject'
```

```
        weight = 'Wt in kg'
        runtime = '1.5 mi in minutes'
        oxygen = 'O2 use';
title1 'Partial Correlations for a Fitness and Exercise Study';
run;
```

11.2 频数过程

频数过程(FREQ)用于计算各种形式的频数及一些检验统计量。

11.2.1 频数过程句法

PROC FREQ options;
  OUTPUT <OUT=SAS-data-set><output-statistic-list>;
  TABLES requests/options;
  WEIGHT variable;
  EXACT statistic-keywords;
  BY variable-list;

语句说明：

BY	对 BY 变量定义的观测组分别计算其相应的频数或相等交叉制表
EXACT	对特定统计量作精确检验
OUTPUT	产生包含特定统计量的数据集
TABLES	产生多变量交叉表并对关联度进行度量和检验
TEST	要求对关联度和一致性度量进行近似检验
WEIGHT	规定一个变量，其值为每一观测的权数

11.2.2 PROC FREQ 语句

PROC FREQ options;

选项说明：

Data=	规定输入数据集
Compress	在下一个单向频数表不适合页面的空间时强迫在当前页输出
Formchar=	规定用来构造列联表单元的轮廓线和分隔线的字符
Noprint	规定不输出任何描述统计量
Order=	规定输出频数表时分类变量的排序方式
Page	规定每页只输出一张表，否则按每页行数允许的空间输出多张表

ORDER＝选项及说明：

INTERNAL	缺省值,按数据值的次序排列
FREQ	按频数的降序排列
DATA	按数据集中数据出现的次序排列
EXTERNAL|FORMATTED	按数据输出格式值的次序排列

FORMCHAR(1,2,7)='符号串':
- 1 规定垂直线字符;
- 2 规定水平线字符;
- 7 规定水平与垂直交叉线字符。

通常情况下的 FORMCHAR=选项:

FORMCHAR(1,2,7)='|-+';

表格没有轮廓线和分隔线的 FORMCHAR=选项:

FORMCHAR(1,2,7)='   ';   /*三个空格*/

例 11.5 按格式化值的顺序排列。

```
proc format;
value $sfmt 'M'='male '   'F'='female';
proc freq data=ResDat.class order=formatted;
table sex;
format sex $sfmt.;
run;
```

例中,计算数据集 RESDAT.CLASS 中变量 SEX 的分布,并以格式化值的顺序排列。

输出结果为:

Sex	频数	Percent	Cumulative Frequency	Cumulative Percent
Female	9	47.37	9	47.37
Male	10	52.63	19	100.00

11.2.3 TABLES 语句

TABLES requests/options;

一个 PROC FREQ 过程可以任意多个 TABLES 语句。TABLES 语句缺省时,FREQ 对数据集中的每个变量都生成一个一维频数表。

1. requests 选项

由星号(*)连接起来的一个或几个变量名。一维频数表由单个变量名产生。双向交叉表由一个星号连接的两个变量生成。任意多个变量由星号连接起来可生成多维表。可以用较简便的写法生成许多表,如把几个变量用括号括起来对其他变量联立等。

例 11.6 TABLE 语句举例。

```
tables a*(b c);              /*等价于 Tables a*b a*c;*/
tables (a b)*(c d);          /*等价于 Tables a*c b*c a*d b*d;*/
tables (a b c)*d;            /*等价于 Tables a*d b*d c*d;*/
tables a-c;                  /*等价于 Tables a b c;*/
tables (a-c)*d;              /*等价于 Tables a*d b*d c*d;*/
```

2. OPTIONS 选项

MISSING	将缺失值作为非缺失值处理
OUT=	创建一个包括变量值和频数的输出数据集
AGREE	要求对分类的一致性进行测度和检验
ALL	要求检验和度量由 CHISQ、MEASURES 和 CMH 得到的关联度
CHISQ	对二维表进行齐性的独立性检验,并计算基于卡方统计量的关联度
CMH	计算 Cochran-Mantel-Haenszel 统计量
CMH1	仅计算第一个 Cochran-Mantel-Haenszel 统计量,即相关统计量
CMH2	计算前两个 Cochran-Mantel-Haenszel 统计量,即相关统计量和 ANOVA 统计量
EXACT	要求对于大于 2×2 表进行 Fisher 精确检验
JT	要求进行 Jonckheere-Terpstra 检验
MEASURES	要求关联度和它们的渐进标准差
PLCORR	计算多项(Polychoric 或 tetrachoric)相关系数
RELRISK	计算 2×2 表的相对风险测量
RISKDIFF	计算 2×2 表的风险和风险差异
TESTF=	对一维表的期望频率进行卡方检验
TESTP=	对一维表的期望比例进行卡方检验
TREND	对趋势进行 Cochran-Armitage 检验
ALPHA=	规定置信区间的显著水平
CONVERGE=	使用选项 PLCORR 时的收敛准则,缺省时为 0.0001
MAXITER=	使用选项 PLCORR 时的最大迭代次数
SCORES=	规定行和列的得分类型
CELLCHI2	输出每个单元对总 Pearson 卡方统计量的贡献
CUMCOL	要求在单元中输出累计列百分数
DEVIATION	输出每个单元频率和期望值之间的偏差
EXPECTED	输出每个单元格期望频数
MISSPRINT	输出缺失值的频数
SPARSE	列出变量水平的所有可能组合
TOTPCT	对于 n(n>2)维交叉表,输出总频数的百分数
NOCOL	不输出交叉表里单元列的百分数
NOCUM	不输出一维频数表和列表格式下的累计频数和累计百分数
NOFREQ	不输出交叉表的单元频数
NOPERCENT	不输出交叉表里单元百分数
NOPRINT	不输出频数表和交叉表
NOROW	不输出交叉表里单元行的百分数

11.2.4 WEIGHT 语句

WEIGHT variable;

该语句规定一个 WEIGHT 变量，它的值表示相应观测的权数。该变量的值应大于零。若这个值小于 0 或缺失，假定该值为 0。

11.2.5 BY 语句

BY variable-list;

对 BY 变量定义的观测组分别计算其相应的简单统计量。当使用 BY 语句时，要求输入数据集已按 BY 变量排序的次序排列，除非指定 NOTSORTED。

11.2.6 OUTPUT 语句

OUTPUT <OUT=SAS-data-set><output-statistic-list>;

该语句创建一个由 PROC FREQ 过程输出统计量的 SAS 数据集。OUTPUT 创建的数集可以包括由 TABLES 语句规定的任意统计量。

PROC FREQ 过程每一次只允许使用一个 OUTPUT 语句。当规定多个 TABLES 语句时，OUTPUT 语句创建的数据集内容对应于最后那个 TABLES 语句，当一个 TABLES 语句中规定多个表时，OUTPUT 创建的数据集内容对应于最后那个表。

选项说明：
- OUT=规定输出数据集；
- output-statistic-list 规定输出数据集中所包含的统计量。

11.2.7 应用举例

例 11.7 随机数频数分析。

```
data a;
do I=1 to 1000;
X=int(uniform(8888) * 3)+1;
Y=int(uniform(8888) * 4)+1;
output;
end;
proc freq data=a(drop=i);
title'没有 TABLES 语句';
run;
```

```
title;
proc freq;
tables x x * y/chisq;
run;


proc freq;
tables x * y/list;
run;
```

例中,产生区间[0,1]上均匀分布的随机数 1000 个,分别将区间[0,1]均分成 3 和 4 个小区间,并把产生的随机数按所属区间转换为整数。然后对这些整数作频数分析。

例 11.8 利用 TABLE 语句创建输出频率数据集。

```
options nodate pageno=1 linesize=80 pagesize=60;
proc freq data=ResDat.color;
weight count;
tables eyes hair eyes * hair/out=freqcnt outexpect sparse;
title 'Eye and Hair Color of European Children';
run;


proc print data=freqcnt noobs;
title2 'Output Data Set from PROC FREQ';
run;
```

例 11.9 对 One-Way 频率表作卡方检验。

```
proc sort data=ResDat.color;
by region;
run;


proc freq data=ResDat.color order=data;
weight count;
tables hair/nocum testp= (30 12 30 25 3);
by region;
title 'Hair Color of European Children';
run;
```

例 11.10 计算 One-Way 频率表的二项比例。

```
proc freq data=ResDat.color order=freq;
weight count;

tables eyes/binomial alpha=.1;

tables hair/binomial(p=.28);

title 'Hair and Eye Color of European Children';
```

```
run;
```

例 11.11 2×2 列联表分析。

```
options nodate pageno=1 linesize=84 pagesize=64;
proc format;
value expfmt 1='High Cholesterol Diet'
             0='Low Cholesterol  Diet';
value rspfmt 1='Yes'
             0='No';
run;

proc sort data=ResDat.fatcomp;
by descending exposure descending response;run;

proc freq data=ResDat.fatcomp order=data;
weight count;
tables exposure*response/chisq relrisk;
exact pchi or;
format exposure expfmt. response rspfmt.;
title 'Case-Control Study of High Fat/Cholesterol Diet';
run;
```

例 11.12 创建包含卡方统计量的数据集。

```
options nodate pageno=1 pagesize=60;
proc freq data=ResDat.color order=data;
weight count;
tables eyes*hair /chisq expected cellchi2 norow nocol;
output out=chisqdat pchi lrchi n nmiss;
title 'Chi-Square Tests for 3 by 5 Table of Eye and Hair Color';
run;

proc print data=chisqdat noobs;
title 'Chi-Square Statistics for Eye and Hair Color';
title2 'Output Data Set from the FREQ Procedure';
run;
```

11.3　均 值 过 程

均值过程(MEANS)用于计算变量的基本描述统计量。

11.3.1　均值过程句法

PROC MEANS <option(s)><statistic-keyword(s)>;

```
BY <DESCENDING>variable-1 <…<DESCENDING>variable-n><NOTSORTED>;
CLASS variable(s) </ option(s)>;
FREQ variable;
ID variable(s);
OUTPUT <OUT=SAS-data-set><output-statistic-specification(s)>
       <id-group-specification(s)><maximum-id-specification(s)>
       <minimum-id-specification(s)></ option(s)>;
TYPES request(s);
VAR variable(s) </WEIGHT=weight-variable>;
WAYS list;
WEIGHT variable;
```

语句说明：

BY	对 BY 变量定义的 BY 组分别计算其相应的简单统计量
CLASS	定义的观测组并分别计算观测组的描述统计量
FREQ	规定一个数值型的 FREQ 变量,其值表示输入数据集中相应观测出现的频数
ID	输出数据集增加一个或几个附加变量用于识别输出数据集里的观测
OUTPUT	规定描述统计量的输出数据集
TYPES	规定用 CLASS 变量的组合形式
VAR	规定要求计算简单描述统计量的数值变量及次序
WAYS	规定单一 CLASS 变量组合方式数
WEIGHT	规定一个 WEIGHT 变量,其值表示相应观测的权数

11.3.2 PROC MEANS 语句

`PROC MEANS <option-list><statistic-keyword-list>;`

option-list 选项说明：

ALPHA=	规定置信区间的显著水平 α
DATA=	规定输入数据集
NOPRINT	不输出任何描述统计量
MAXDEC=	规定输出小数的最大位数
FW=	规定打印统计量的宽度
MISSING	规定把 CLASS 变量的缺失值作为有效分组值处理
NWAY	规定仅对具有最高_TYPE_值的那个观察输出统计量
IDMIN	规定输出数据集 ID 变量的值为输入数据集对应观测的最小值
DESCENDING	规定输出数据集是按_TYPE_值降序(缺省是上升)排列,选择 NWAY 时该选项无效
ORDER=	规定输出时 CLASS 变量排序的方式
VARDEF=	规定计算方差时用的除数

ORDER=选项及说明：

第 11 章 统计量计算

INTERNAL	缺省值,按数据值的次序排列
FREQ	按频数的降序排列
DATA	按数据集中数据出现的次序排列
EXTERNAL|FORMATTED	按数据输出格式值的次序排列

VARDEF=选项及说明:

DF	缺省值,规定除数使用自由度 N-1
WEIGHT|WGT	规定除数使用权数和
N	规定除数使用观测个数 N
WDF	规定除数使用权数总和减 1

statistic-keyword-list 选项就是均值过程可以计算的描述统计量。规定的关键词可以分为三类,如表 11.2 所示。

- 描述统计量关键词;
- 分位数关键词;
- 假设检验关键词。

表 11.2 关键词

描述统计量关键词		描述统计量关键词	
CSS	偏差平方和	USS	平方和
CV	变异系数	VAR	方差
KURTOSIS|KURT	峰度	分位数关键词	
LCLM	置信区间下界	MEDIAN|P50	中位数
MAX	最大值	P1	1%分位数
MEAN	均值	P5	5%分位数
MIN	最小值	P10	10%分位数
N	样本数量	Q1|P25	四分之一分位数
NMISS	含缺失值样本数量	Q3|P75	四分之三分位数
RANGE	极差	P90	90%分位数
SKEWNESS|SKEW	偏度	P95	95%分位数
STDDEV|STD	标准差	P99	99%分位数
STDERR	标准误	QRANGE	
SUM	和	假设检验关键词	
SUMWGT	WEIGHT 变量的和	PROBT	相伴概率
UCLM	置信区间上界		

11.3.3 其他语句

1. VAR 语句

```
VAR variable-list
```

规定要求计算简单描述统计量的数值变量及次序。缺省时指输入数据集中除 BY、CLASS、ID、FREQ 和 WEIGHT 语句中列出的变量之外所有数值变量。

2. BY 语句

`BY variable-list;`

对 BY 变量定义的 BY 组分别计算其相应的简单统计量。当使用 BY 语句时,要求输入数据集已按 BY 变量排序的次序排列,除非指定 NOTSORTED。

3. CLASS 语句

`CLASS variable-list;`

该语句和 BY 语句一样,定义的观测组并分别计算观测组的描述统计量。不同点是在排序要求及输出格式上的不同,CLASS 语句不要求输入数据集事先已按 CLASS 变量排序。CLASS 语句和 BY 语句可以一起使用。

4. FREQ 语句

`FREQ variable;`

该语句指定一个数值型的 FREQ 变量,它的值表示输入数据集中相应观测出现的频数。该变量的值应为正整数。当 FREQ 变量值<1 或缺失时,相应的观测不参加计算,若这个值不是正整数,取整数部分。

5. WEIGHT 语句

`WEIGHT variable;`

该语句规定一个 WEIGHT 变量,其值表示相应观测的权数。该变量的值应大于零。当这个值<0 或缺失时,假定该值为 0。

6. ID 语句

`ID variable-list;`

该语句对 MEANS 过程产生的输出数据集增加一个或几个附加变量,用于识别输出数据集里的观测。在输出数据集里,某个观测的 ID 变量值规定为生成这个观测的数据集中相应观测组里 ID 变量具有的最大值,除非在 PROC MEANS 语句的选项中指定 IDMIN。如果有两个以上 ID 变量,这个最大值的选择是对输入数据集的相应观测组中的每个观测,这些 ID 变量组合成一个值的最大值。

7. OUTPUT 语句

`OUTPUT <OUT=SAS-data-set><output-statistic-list>`
`        <MINID|MAXID < (var-1< (id-list-1) >`

```
<…var-n<(id-list-n)>>)=name-list>;
```

该语句要求 MEANS 过程把计算的描述统计量输出到新的 SAS 数据集里，并用任选项规定新数据集的名字及所包含变量的名字列表。

11.3.4 应用举例

例 11.13 分组求均值。

```
proc sort data=ResDat.class out=a;
by sex;
proc means data=a  noprint;
by sex;
var age;
output out=sum sum=sum_age;
run;
```

例 11.14 计算特定的描述统计量。

```
options nodate pageno=1 linesize=80 pagesize=60;
proc means data=ResDat.cake n mean max min range std fw=8;
var PresentScore TasteScore;
title 'Summary of Presentation and Taste Scores';
run;
```

例 11.15 计算有 CLASS 变量时的描述统计量。

```
proc means data=ResDat.grade maxdec=3;
class Status Year;
types () status * year;
var Score;
title 'Final Exam Grades for Student Status and Year of Graduation';
run;
```

例 11.16 BY 语句和 CLASS 变量一起使用。

```
options nodate pageno=1 linesize=80 pagesize=60;
proc sort data=ResDat.Grade out=GradeBySection;
by section;
run;

proc means data=GradeBySection min max median;
by section;
class Status Year;
var Score;
title1 'Final Exam Scores for Student Status and Year of Graduation';
title2 ' Within Each Section';
```

```
run;
```

例 11.17 CLASSDATA=选项和CLASS变量一起使用。

```
options nodate pageno=1 linesize=80 pagesize=60;
proc format;
   value $flvrfmt
                'Chocolate'='Chocolate'
                'Vanilla'='Vanilla'
                'Rum','Spice'='Other Flavor';
   value agefmt (multilabel)
                15-29='below 30 years'
                30-50='between 30 and 50'
                51-high='over 50 years'
                15-19='15 to 19'
                20-25='20 to 25'
                25-39='25 to 39'
                40-55='40 to 55'
                56-high='56 and above';
run;
proc means data=ResDat.cake range median min max
           fw=7 maxdec=0 classdata=ResDat.caketype exclusive printalltypes;
class flavor layers;
var TasteScore;
title 'Taste Score For Number of Layers and Cake Flavor';
run;


proc means data=ResDat.cake fw=6 n min max median nonobs;
class flavor/order=freq;
class age /mlf order=fmt;
types flavor flavor*age;
var TasteScore;
format age agefmt. flavor $flvrfmt.;
title 'Taste Score for Cake Flavors and Participant''s Age';
run;
```

例 11.18 计算输出统计量。

```
options nodate pageno=1 linesize=80 pagesize=60;
proc means data=ResDat.Grade noprint;
class Status Year;
var finalgrade;
output out=sumstat mean=AverageGrade
       idgroup (max(score) obs out (name)=BestScore) /ways levels;
run;

proc print data=sumstat noobs;
```

```
title1 'Average Undergraduate and Graduate Course Grades';
title2 'For Two Years';
run;
```

例 11.19 计算并存储多个变量的统计量。

```
options nodate pageno=1 linesize=80 pagesize=60;
proc means data=ResDat.Grade noprint descend;
class Status Year;
var Score FinalGrade;
output out=Sumdata (where= (status='1' or _type_=0))
    mean=median(finalgrade)=MedianGrade;
run;

proc print data=Sumdata;
title 'Exam and Course Grades for Undergraduates Only';
title2 'and for All Students';
run;
```

例 11.20 计算带有缺失值 CLASS 变量时的输出统计量。

```
options nodate pageno=1 linesize=80 pagesize=60;
proc means data=ResDat.cake chartype nway noprint;
class flavor /order=freq ascending;
class layers /missing;
var TasteScore;
output out=cakestat max=HighScore;
run;

proc print data=cakestat;
title 'Maximum Taste Score for Flavor and Cake Layers';
run;
```

例 11.21 利用输出统计量判别极端值。

```
options nodate pageno=1 linesize=80 pagesize=60;
proc means data=ResDat.Charity n mean range;
class School Year;
var MoneyRaised HoursVolunteered;
output out=Prize   maxid(MoneyRaised(name)
                hoursVolunteered(name))=MostCash MostTime
            max=;
title 'Summary of Volunteer Work by School and Year';
run;

proc print data=Prize;
title 'Best Results: Most Money Raised and Most Hours Worked';
run;
```

11.4 单变量过程

单变量过程(UNIVARIATE)除了能计算均值过程的基本统计量外,还可以实现的计算和功能有:
- 稳健性估计量;
- 描述变量的分布图;
- 频数表;
- 多项检验。

11.4.1 单变量过程句法

```
PROC UNIVARIATE <option(s)>;
    BY <DESCENDING>variable-1 <…<DESCENDING>variable-n><NOTSORTED>;
    CLASS variable-1<(variable-option(s))><variable-2<(variable-option(s))>>
        </ KEYLEVEL='value1'|('value1' 'value2')>;
    FREQ variable;
    HISTOGRAM <variable(s)></ option(s)>;
    ID variable(s);
    INSET <keyword(s)></ option(s)>;
    OUTPUT <OUT=SAS-data-set>statistic-keyword-1=name(s)
        <…statistic-keyword-n=name(s)><percentiles-specification>;
    PROBPLOT <variable(s)></ option(s)>;
    QQPLOT <variable(s)></ option(s)>;
    VAR variable(s);
WEIGHT variable;
```

语句说明:

BY	对 BY 变量定义 BY 组计算统计量
CLASS	规定产生高精度柱形图的分组变量
FREQ	规定包含每一观测频率的变量
HISTOGRAM	规定产生高精度柱形图
ID	规定识别极端值的变量
INSET	规定在高精度图形中插入描述统计量表
OUTPUT	产生包含指定统计量的数据集
PROBPLOT	产生高精度概率图
QQPLOT	产生高精度 Q-Q 图
VAR	规定将要计算描述统计量的数值变量及次序
WEIGHT	规定一个 WEIGHT 变量,其值表示相应观测的权数

11.4.2 PROC UNIVARIATE 语句

```
PROC UNIVARIATE DATA=SAS-datas-et <option-list>;
```

选项说明：

DATA=	规定输入数据集
NOPRINT	规定不输出描述统计量
PLOT	要求生成茎叶图（或水平直方图）、盒形图和正态概率图
FREQ	规定生成包括变量值、频数、百分数和累计频数的频率表
NORMAL	规定计算关于输入数据服从正态分布假设检验的统计量
PCTLDEF=	规定计算百分位数
VARDEF=	规定方差计算公式中的除数
ROUND=	规定变量数值四舍五入的单位

VARDEF=选项及说明：

DF	缺省值，规定除数使用自由度 N−1
WEIGHT|WGT	规定除数使用权数和
N	规定除数使用观测个数 N
WDF	规定除数使用权数总和减 1

11.4.3 其他语句

1. VAR 语句

VAR variable-list;

规定将要计算描述统计量的数值变量及次序。缺省时，为 BY、CLASS、ID、FREQ 和 WEIGHT 语句中列出的变量之外所有数值变量。

2. BY 语句

BY variable-list;

对 BY 变量定义 BY 组计算统计量。当使用 BY 语句时，要求输入数据集已按 BY 变量排序的次序排列，除非指定 NOTSORTED。

3. FREQ 语句

FREQ variable;

指定一个数值型的 FREQ 变量，它的值表示输入数据集中相应观测出现的频数。该变量的值应为正整数。若 FREQ 变量值<1 或缺失，相应的观测不参加计算统计量，若这个值不是正整数，取整数部分。

4. WEIGHT 语句

WEIGHT variable;

规定一个 WEIGHT 变量，其值表示相应观测的权数。该变量的值应大于零。若这个值<0 或缺失,假定该值为 0。

5. ID 语句

`ID variable-list;`

对 UNIVARIATE 过程产生的输出数据集增加一个或几个附加变量,目的在于识别输出数据集里的观测。在输出数据集里,某个观测的 ID 变量值规定为生成这个观测的数据集中相应观测。组里 ID 变量具有的最大值,除非在 PROC UNIVARIATE 语句的选项中指定 IDMIN。如果有两个以上 ID 变量,这个最大值的选择是对输入数据集的相应观测组中的每个观测,这些 ID 变量组合成一个值的最大值。

6. OUTPUT 语句

```
OUTPUT OUT=<OUT=SAS-data-set>statistic-keyword-1=name(s)
       <…statistic-keyword-n=name(s)><percentiles-specification>;
```

要求 UNIVARIATE 过程把计算的描述统计量输出到新的 SAS 数据集里,keyword 为统计量关键词,names 为存放输出统计量的变量名称。

statistic-keyword-list 选项就是单变量过程 UNIVARIATE 可以计算的描述统计量。规定的关键词可以分为四类,如表 11.3 和表 11.4 所示。

- 描述统计量关键词;
- 分位数关键词;
- 稳健估计量关键词;
- 假设检验关键词。

单变更量过程输出全部均值过程的描述统计量与分位数。

表 11.3 可以用均值过程的全部关键词

描述统计量关键词		描述统计量关键词	
CSS	偏差平方和	USS	平方和
CV	变异系数	VAR	方差
KURTOSIS|KURT	峰度	分位数关键词	
LCLM	置信区间下界	MEDIAN|P50	中位数
MAX	最大值	P1	1%分位数
MEAN	均值	P5	5%分位数
MIN	最小值	P10	10%分位数
N	样本数量	Q1|P25	四分之一分位数
NMISS	含缺失值样本数量	Q3|P75	四分之三分位数
RANGE	极差	P90	90%分位数
SKEWNESS|SKEW	偏度	P95	95%分位数
STDDEV|STD	标准差	P99	99%分位数
STDERR	标准误	QRANGE	
SUM	和	假设检验关键词	
SUMWGT	WEIGHT 变量的和		
UCLM	置信区间上界	PROBT	相伴概率

表 11.4 其他可以用的关键词

稳健估计量关键词			假设检验关键词		
GINI	MAD	QN	NORMAL	PROBN	MSIGN
SN	STD_GINI	STD_MAD	PROBM	SIGNRANK	PROBS
STD_QN	STD_QRANGE	STD_SN	T	PROBT	

11.4.4 应用举例

例 11.22 应用单变量过程进行多变量分析。

```
options nodate pageno=1 linesize=80 pagesize=72;
proc univariate data=ResDat.statepop;
var citypop_90 citypop_80;
title 'United States Census of Population and Housing';
run;
```

例 11.23 规定四舍五入单位并识别极端值。

```
options nodate pageno=1 linesize=80 pagesize=68;
proc univariate data=ResDat.statepop freq round=1 nextrobs=2 nextrval=4;
var citypop_90;
id region state;
title 'United States Census of Population and Housing';
run;
```

例 11.24 计算稳健估计量。

```
options nodate pageno=1 linesize=80 pagesize=72;
proc univariate data=ResDat.statepop robustscale trimmed=6 .25 winsorized=.1;
var citypop_90;
title 'United States 1990 Census of Population and Housing';
run;
```

例 11.25 配对数据的符号检验。

```
options nodate pageno=1 linesize=80 pagesize=60;
proc univariate data=ResDat.score1 loccount modes
        alpha=.01 cibasic(alpha=.05) cipctldf;
var scorechange;
label scorechange='Change in Test Scores';
title 'Test Scores for a College Course';
run;
```

例 11.26 分布拟合与存储分位数。

```
options nodate pageno=1 linesize=64 pagesize=58;
```

```
proc univariate data=ResDat.score1 mu0=80 alpha=.1 cibasic(type=lower)
             cipctlnormal normal plots plotsize=26;
var final;
output out=pctscore median=Median pctlpts=98 50 20 70
         pctlpre=Pctl_ pctlname=Top Mid Low;
title 'Examining the Distribution of Final Exam Scores';
run;

proc print data=pctscore noobs;
title1 'Quantile Statistics for Final Exam Scores';
title2 'Output Data Set from PROC UNIVARIATE';
run;
```

例 11.27 多变量时创建输出数据集。

```
options nodate pageno=1 linesize=80 pagesize=60;
proc univariate data=ResDat.score1 noprint;
var test1 test2;
output out=teststat mean=MeanTest1 MeanTest2 std=StdDeviationTest1
       pctlpts=33.3 66 99.9  pctlpre=Test1_  Test2_ pctlname=Low;
run;

proc print data=teststat noobs;
title1 'Univariate Statistics for Two College Tests';
title2 'Output Data Set from PROC UNIVARIATE';
run;
```

例 11.28 对 BY 组产生示意图和输出数据集。

```
options nodate pageno=1 linesize=120 pagesize=80;
proc format;
value Regnfmt 1='Northeast'
              2='South'
              3='Midwest'
              4='West';
run;

data metropop;
set ResDat.statepop;
keep Region Decade Populationcount;
label PopulationCount='US Census Population (millions)' Decade='Census year';
decade=1980;
populationcount=sum(citypop_80,noncitypop_80);
output;
decade=1990;
populationcount=sum(citypop_90,noncitypop_90);
```

```
output;

proc sort data=metropop;
by region decade;
run;

proc univariate data=metropop nextrobs=0 plots plotsize=20;
var populationcount;
by region decade;
output out=censtat sum=PopulationTotal mean=PopulationMean
       std=PopulationStdDeviation pctlpts=50 to 100 by 25 pctlpre=Pop_;
format region regnfmt.;
title 'United States Census of Population and Housing';
run;

proc print data=censtat;
title1 'Statistics for Census Data by Decade and Region';
title2 'Output Dataset From PROC UNIVARIATE';
run;
```

例 11.29　拟合密度曲线。

```
options nodate pageno=1 linesize=80 pagesize=60;
goptions htitle=4 htext=3 ftext=swissb ftitle=swissb;

data distrdata;
drop n;
label
normal_x='Normal Random Variable'
exponential_x='Exponential Random Variable';
do n=1 to 100;
normal_x=10 * rannor(53124)+50;
exponential_x=ranexp(18746363);
output;
end;
run;

proc univariate data=distrdata noprint;
var Normal_x;
histogram Normal_x /normal(noprint) cbarline=grey;
title '100 Obs Sampled from a Normal Distribution';
run;

proc univariate data=distrdata noprint;
var Exponential_x;
```

```
histogram /exp(fill l=3) cfill=yellow midpoints=.05 to 5.55 by .25;
title '100 Obs Sampled from an Exponential Distribution';
run;
```

例 11.30 在正态概率图上显示参考线。

```
goptions htitle=4 htext=3 ftext=swissb ftitle=swissb;
symbol value=star;

proc univariate data=distrdata noprint;
var Normal_x;
probplot normal_x /normal(mu=est sigma=est) pctlminor;
inset mean std/format=3.0
               header='Normal Parameters'  position=(95,5) refpoint=br;
title1 '100 Obs Sampled from a Normal Distribution';
title2 'Normal Probability Plot';
run;
```

例 11.31 创建 Two-Way 比较柱状图。

```
goptions htitle=4 htext=3 ftext=swiss ftitle=swiss;

proc format;
value Regnfmt 1='Northeast'
              2='South'
              3='Midwest'
              4='West';
run;

proc univariate data=metropop noprint;
var populationcount;
class region decade(order=freq);
histogram/nrows=4 ncols=2 intertile=1 cfill=cyan vscale=count
        vaxis=0 4 8 12 vaxislabel='No. of States'  midpoints=0 to 30 by 5;
inset sum='Total Population:' (4.1)/noframe
                            position=ne height=2 font=swissxb;
format region regnfmt.;
title 'United States Census of Population and Housing';
run;
```

习 题 11

1. 什么是偏相关系数,怎样利用 sas 的 corr 过程和 partial 语句计算偏相关系数。
2. 解释频数过程的应用程序:

```
proc format;
value $sfmt 'M'='male '   'F'='female';
proc freq data=ResDat.class order=formatted;
table sex;
format sex $sfmt.;
run;
```

3. 列出频数过程在统计量计算和检验方面的应用。

4. 写出均值过程最常用的形式,并解释下面程序。

```
proc means data=ResDat.class;
var height weight;
output out=stat   sum=s_h s_w n=n_h n_w mean=m_h m_w   std=std_h std_w;
run;
```

5. 单变量过程(UNIVARIATE)除了能计算均值过程的基本统计量外,还有哪些功能?单变量过程的格式和均值过程相似吗?

6. 均值过程(MEANS)计算的许多统计量都可以由 DATA 步实现,你能写出相应的计算程序吗?用样本统计量函数怎样实现均值过程的功能?

第 12 章 制表与绘图

本章用到的数据集：ResDat.energy、ResDat.customer_response、ResDat.radio、ResDat.Fundrais、ResDat.jobclass、ResDat.jobs、ResDat.djia、ResDat.minntemp、ResDat.totals、ResDat.fit、ResDat.classes。

本章内容包括：
- 制表过程；
- 作图过程；
- 图表过程。

12.1 制表过程

利用 TABULATE 过程可以制作汇总报表展现数据。制表过程既有频数统计和常用描述统计的计算功能，又有很强的用表格展现数据的功能。

12.1.1 制表过程句法

```
PROC TABULATE <option(s)>;
BY <DESCENDING>variable-1 <…<DESCENDING>variable-n><NOTSORTED>;
CLASS variable(s) </options>;
CLASSLEV variable(s)/style =<style-element-name|<PARENT>>
            <[style-attribute-specification(s)]>;
FREQ variable;
KEYLABEL keyword-1='description-1' <…keyword-n='description-n'>;
KEYWORD keyword(s)/style =<style-element-name|<PARENT>>
            <[style-attribute-specification(s)]>;
TABLE << page-expression,> row-expression,> column-expression </table-option
(s)>;
VAR analysis-variable(s)</options>;
WEIGHT variable;
```

语句说明：

BY	规定分别按 BY 组制表
CLASS	规定分类变量
CLASSLEV	规定分类变量级别标题的格式
FREQ	规定一个数值变量，其值为每一观测值出现的频数
KEYLABEL	规定关键词的标签
KEYWORD	规定关键词标题的格式
TABLE	规定要产生表格的布局
VAR	规定分析变量
WEIGHT	规定权数变量，其值为一观测的权数

12.1.2 TABLE 语句

TABLE <<page-expression,>row-expression,>column-expression </table-option(s)>;

和 PRINT 过程不同，TABULATE 过程没有一个缺省的报表格式，所有由 TABULATE 过程输出报表时，必须先对报表进行布局设计。报表布局设计要用到 TABLE 语句。TABLE 语句的选项非常复杂，使用时可查看 SAS 系统的帮助。这里通过例子来说明一些选项的使用方法。

12.1.3 应用举例

例 12.1 创建二维报表，如表 12.1 所示。

```
proc format;
value regfmt 1='Northeast'
             2='South'
             3='Midwest'
             4='West';
value divfmt 1='New England'
             2='Middle Atlantic'
             3='Mountain'
             4='Pacific';
value usetype 1='Residential Customers'
              2='Business Customers';
run;

options nodate pageno=1 linesize=80 pagesize=60;
proc tabulate data=ResDat.energy format=dollar12.;
class region division type;
var expenditures;
table region * division,type * expenditures/rts=25;
```

```
format region regfmt. division divfmt. type usetype.;
title 'Energy Expenditures for Each Region';
title2 '(millions of dollars)';
run;
```

表 12.1　创建二维报表

		Type	
		Residential Customers	Business Customers
		Expenditures	Expenditures
		Sum	Sum
Region	Division		
Northeast	New England	$7,477	$5,129
	Middle Atlantic	$19,379	$15,078
West	Mountain	$5,476	$4,729
	Pacific	$13,959	$12,619

表头：Energy Expenditures for Each Region (millions of dollars)

例 12.2　规定 CLASS 变量组合出现在报表中，如表 12.2 所示。

表 12.2　规定 CLASS 变量组合出现在报表中

		Type	
		Residential Customers	Business Customers
		Expenditures	Expenditures
		Sum	Sum
Region	Division		
Northeast	New England	$7,477	$5,129
West	Pacific	$13,959	$12,619

表头：Energy Expenditures for Each Region (millions of dollars)

第 12 章　制表与绘图

```
options nodate pageno=1 linesize=80 pagesize=60;
proc tabulate data=ResDat.energy format=dollar12. classdata=ResDat.classes
exclusive;
class region division type;
var expenditures;
table region*division,type*expenditures/rts=25;
format region regfmt. division divfmt. type usetype.;
title 'Energy Expenditures for Each Region';
title2 '(millions of dollars)';
run;
```

例12.3 使用CLASS变量事先设定的输出格式,如表12.3和表12.4所示。

```
options nodate pageno=1 linesize=80 pagesize=60;
proc tabulate data=ResDat.energy format=dollar12.;
class region division type/preloadfmt;
var expenditures;
table region*division,type*expenditures/rts=25 printmiss;
format region regfmt. division divfmt. type usetype.;
title 'Energy Expenditures for Each Region';
title2 '(millions of dollars)';
run;

proc tabulate data=ResDat.energy format=dollar12. out=tabdata;  /*不显示缺失项*/
class region division type/preloadfmt exclusive;
var expenditures;
table region*division,type*expenditures/rts=25;
format region regfmt. division divfmt. type usetype.;
title 'Energy Expenditures for Each Region';
title2 '(millions of dollars)';
run;
Proc Print data=tabdata;
run;
```

例12.4 定制行列标题,如表12.5所示。

```
options nodate pageno=1 linesize=80 pagesize=60;
proc tabulate data=ResDat.energy format=dollar12.;
class region division type;
var expenditures;
table region*division,type='Customer Base'*expenditures=' '*sum=' '/rts=25;
format region regfmt. division divfmt. type usetype.;
title 'Energy Expenditures for Each Region';
title2 '(millions of dollars)';
run;
```

表 12.3 规定 CLASS 变量组合出现在报表中

Energy Expenditures for Each Region
(millions of dollars)

		Type	
		Residential Customers	Business Customers
		Expenditures	Expenditures
		Sum	Sum
Region	Division	$7,477	$5,129
Northeast	New England		
	Middle Atlantic	$19,379	$15,078
	Mountain	.	.
	Pacific	.	.
South	New England		
	Middle Atlantic		
	Mountain		.
	Pacific		.
Midwest	New England		
	Middle Atlantic		
	Mountain		.
	Pacific		.
West	New England	.	.
	Middle Atlantic	.	.
	Mountain	$5,476	$4,729
	Pacific	$13,959	$12,619

表 12.4 例 12.3 用表 2

Energy Expenditures for Each Region
(millions of dollars)

		Type	
		Residential Customers	Business Customers
		Expenditures	Expenditures
		Sum	Sum
Region	Division	$7,477	$5,129
Northeast	New England		
	Middle Atlantic	$19,379	$15,078
West	Mountain	$5,476	$4,729
	Pacific	$13,959	$12,619

表 12.5 定制行列标题

Energy Expenditures for Each Region
(millions of dollars)

		Customer Base	
		Residential Customers	Business Customers
Region	Division	$7,477	$5,129
Northeast	New England		
	Middle Atlantic	$19,379	$15,078
West	Mountain	$5,476	$4,729
	Pacific	$13,959	$12,619

例 12.5 利用通用 CLASS 变量 ALL 概况信息，如表 12.6 所示。

```
options nodate pageno=1 linesize=64 pagesize=60;
proc tabulate data=ResDat.energy format=comma12.;
class region division type;
var expenditures;
table region * (division all='Subtotal')  all='Total for All Regions' * f=dollar12.,
```

```
               type='Customer Base'*expenditures=' '*sum=' '
                       all='All Customers'*expenditures=' '*sum=' '/rts=25;
format region regfmt. division divfmt. type usetype.;
title 'Energy Expenditures for Each Region';
title2 '(millions of dollars)';
run;
```

表 12.6 利用通用 CLASS 变量 ALL 概况信息

		Energy Expenditures for Each Region (millions of dollars)		
		Customer Base		All Customers
		Residential Customers	Business Customers	
Region	Division	7,477	5,129	12,606
Northeast	New England			
	Middle Atlantic	19,379	15,078	34,457
	Subtotal	26,856	20,207	47,063
West	Division	5,476	4,729	10,205
	Mountain			
	Pacific	13,959	12,619	26,578
	Subtotal	19,435	17,348	36,783
Total for All Regions		$46,291	$37,555	$83,846

例 12.6 取消行标题,如表 12.7 所示。

```
options nodate pageno=1 linesize=80 pagesize=60;
proc tabulate data=ResDat.energy format=dollar12.;
class region division type;
var expenditures;
table region*division*expenditures=' '*sum=' ',type='Customer Base'/rts=25
row=float;
format region regfmt. division divfmt. type usetype.;
title 'Energy Expenditures for Each Region';
title2 '(millions of dollars)';
run;
```

表 12.7 取消行标题

		Energy Expenditures for Each Region (millions of dollars)	
		Customer Base	
		Residential Customers	Business Customers
Region	Division	$7,477	$5,129
Northeast	New England		
	Middle Atlantic	$19,379	$15,078
West	Mountain	$5,476	$4,729
	Pacific	$13,959	$12,619

例 12.7 取消水平分隔符并缩进行标题,如表 12.8 所示。

```
options nodate pageno=1 linesize=80 pagesize=60;
proc tabulate data=ResDat.energy format=dollar12. noseps;
class region division type;
var expenditures;
table region*division,
type='Customer Base'*expenditures=' '*sum=' '/rts=25 indent=4;
format region regfmt. division divfmt. type usetype.;
title 'Energy Expenditures for Each Region';
title2 '(millions of dollars)';
run;
```

表 12.8 取消水平分隔符并缩进行标题

		Energy Expenditures for Each Region (millions of dollars)	
		Customer Base	
		Residential Customers	Business Customers
Northeast	New England	$7,477	$5,129
	Middle Atlantic	$19,379	$15,078
West	Mountain	$5,476	$4,729
	Pacific	$13,959	$12,619

例 12.8 创建多页报表,如表 12.9 所示。

```
options nodate pageno=1 linesize=80 pagesize=60;
proc tabulate data=ResDat.energy format=dollar12.;
class region division type;
var expenditures;
table region='Region: ' all='All Regions',division all='All Divisions',
    type='Customer Base'*expenditures=' '*sum=' '/rts=25 box=_page_ condense
    indent=1;
format region regfmt. division divfmt. type usetype.;
title 'Energy Expenditures for Each Region and All Regions';
title2 '(millions of dollars)';
run;
```

表 12.9 创建多页报表

Energy Expenditures for Each Region and All Regions		
(millions of dollars)		

Region: Northeast	Customer Base	
	Residential Customers	Business Customers
New England	$7,477	$5,129
Middle Atlantic	$19,379	$15,078
All Divisions	$26,856	$20,207

Region: West	Customer Base	
	Residential Customers	Business Customers
Mountain	$5,476	$4,729
Pacific	$13,959	$12,619
All Divisions	$19,435	$17,348

续表

All Regions	Customer Base	
	Residential Customers	Business Customers
New England	$7,477	$5,129
Middle Atlantic	$19,379	$15,078
Mountain	$5,476	$4,729
Pacific	$13,959	$12,619
All Divisions	$46,291	$37,555

例 12.9 多重相应调查数据报表，如表 12.10 所示。

```
data _null_;
    if 0 then set ResDat.customer_response nobs=count;
    call symput('num',left(put(count,4.)));
    stop;
run;


proc format;
picture pctfmt low-high='009.9%';
run;


proc tabulate data=ResDat.customer_response;
var factor1-factor4 customer;
table factor1='Cost'
    factor2='Performance'
    factor3='Reliability'
    factor4='Sales Staff',
    (n='Count' * f=7. pctn<customer>='Percent' * f=pctfmt9.);
title 'Customer Survey Results: Spring 1996';
title3 'Factors Influencing the Decision to Buy';
run;


options nonumber;
proc tabulate data=ResDat.customer_response;
var source1-source3 customer;
table source1='TV/Radio'
    source2='Newspaper'
    source3='Word of Mouth',
    (n='Count' * f=7. pctn<customer>='Percent' * f=pctfmt9.);
title 'Source of Company Name';
```

```
footnote "Number of Respondents: &num";
run;

options formdlim=' '  number;
run;
```

表 12.10　多重相应调查数据报表

Customer Survey Results: Spring 1996

Factors Influencing the Decision to Buy

	Count	Percent
Cost	87	72.5 %
Performance	62	51.6 %
Reliability	30	25.0 %
Sales Staff	120	100.0 %

Source of Company Name

	Count	Percent
TV/Radio	92	76.6 %
Newspaper	69	57.5 %
Word of Mouth	26	21.6 %

Number of Respondents: 120

例 12.10　多重选择调查数据报表,如表 12.11 所示。

```
options nodate pageno=1 linesize=132 pagesize=40;
proc format;
value $timefmt 'Time1'='6-9 a.m.'
               'Time2'='9 a.m. to noon'
               'Time3'='noon to 1 p.m.'
               'Time4'='1-4 p.m.'
               'Time5'='4-6 p.m.'
               'Time6'='6-10 p.m.'
```

```
                'Time7'='10 p.m. to 2 a.m.'
                other='*** Data Entry Error ***';
value $pgmfmt '0'="Don't Listen"
                '1','2'='Rock and Top 40'
                '3'='Country'
                '4','5','6'='Jazz,Classical,and Easy Listening'
                '7'='News/Information/Talk'
                '8'='Other'
                other='*** Data Entry Error ***';
run;

proc transpose data=ResDat.radio
                out=radio_transposed(rename=(col1=Choice))
                name=Timespan;
by listener;
var time1-time7;
run;

proc tabulate data=radio_transposed format=12.;
class timespan choice;
table timespan='Time of Day',
choice='Choice of Radio Program' * n='Number of Listeners';
format timespan $timefmt. choice $pgmfmt.;
title 'Listening Preferences on Weekdays';
run;
```

表 12.11 多重选择调查数据报表

	Listening Preferences on Weekdays					
	Choice of Radio Program					
	Don't Listen	Rock and Top 40	Country	Jazz, Classical, and Easy Listening	News/ Information /Talk	Other
	Number of Listeners	Number of Listeners	Number of Listeners	Number of Listeners	Number of Listeners	Number of Listeners
Time of Day	1224	530	38	304	201	55
*** Data Entry Error ***						

Number of Respondents: 120

例12.11 计算百分比统计量,如表12.12所示。

```
options nodate pageno=1 linesize=105 pagesize=60;
proc format;
picture pctfmt low-high='009 %';
run;
title "Fundraiser Sales";

proc tabulate data=ResDat.Fundrais format=7.;
class team classrm;
var sales;
table (team all) * sales=' ',
        classrm='Classroom' * (sum
        colpctsum * f=pctfmt9.
        rowpctsum * f=pctfmt9.
        reppctsum * f=pctfmt9.)
        all   /rts=20 row=float;
run;
```

表12.12 计算百分比统计量

Fundraiser Sales

	Classroom								All
	A				B				
	Sum	ColPctSum	RowPctSum	RepPctSum	Sum	ColPctSum	RowPctSum	RepPctSum	Sum
team BLUE	31	34 %	46 %	15 %	36	31 %	53 %	17 %	67
GREEN	18	19 %	31 %	8 %	39	34 %	68 %	19 %	57
RED	42	46 %	52 %	20 %	38	33 %	47 %	18 %	80
All	91	100 %	44 %	44 %	113	100 %	55 %	55 %	204

Number of Respondents: 120

例12.12 定义分子分母,显示基本频数和百分比,如表12.13所示。

```
options nodate pageno=1 linesize=80 pagesize=60;
proc format;
value gendfmt 1='Female'
              2='Male'
```

```
            other='*** Data Entry Error ***';
value occupfmt 1='Technical'
               2='Manager/Supervisor'
               3='Clerical'
               4='Administrative'
          other='*** Data Entry Error ***';
run;

proc tabulate data=ResDat.jobclass format=8.2;
class gender occupation;
table (occupation='Job Class' all='All Jobs')
         * (n='Number of employees' * f=9.
            pctn<gender all>='Percent of row total'
            pctn<occupation all>='Percent of column total'
            pctn='Percent of total'),
         gender='Gender' all='All Employees'/rts=50;
format gender gendfmt. occupation occupfmt.;
title 'Gender Distribution';
title2 'within Job Classes';
run;
```

表 12.13 定义分子分母,显示基本频数和百分比

Gender Distribution within Job Classes				
		Gender		All Employees
		Female	Male	
Job Class		16	18	34
Technical	Number of employees			
	Percent of row total	47.06	52.94	100.00
	Percent of column total	26.23	29.03	27.64
	Percent of total	13.01	14.63	27.64

续表

Manager/Supervisor	Number of employees	20	15	35
	Percent of row total	57.14	42.86	100.00
	Percent of column total	32.79	24.19	28.46
	Percent of total	16.26	12.20	28.46
Clerical	Number of employees	14	14	28
	Percent of row total	50.00	50.00	100.00
	Percent of column total	22.95	22.58	22.76
	Percent of total	11.38	11.38	22.76
Administrative	Number of employees	11	15	26
	Percent of row total	42.31	57.69	100.00
	Percent of column total	18.03	24.19	21.14
	Percent of total	8.94	12.20	21.14
All Jobs	Number of employees	61	62	123
	Percent of row total	49.59	50.41	100.00
	Percent of column total	100.00	100.00	100.00
	Percent of total	49.59	50.41	100.00

Number of Respondents: 120

例 12.13 输出为 HTML 格式的报表，如表 12.14 所示。

表 12.14　输出为 HTML 格式的报表

Energy Expenditures
(millions of dollars)

Region by Division by Type		Type		Total
		Residential Customers	Business Customers	
		Expenditures	Expenditures	Expenditures
		Sum	Sum	Sum
Region	Division	$7,477	$5,129	$12,606
Northeast	New England			
	Middle Atlantic	$19,379	$15,078	$34,457
	Total	$26,856	$20,207	$47,063
West	Division	$5,476	$4,729	$10,205
	Mountain			
	Pacific	$13,959	$12,619	$26,578
	Total	$19,435	$17,348	$36,783
Total	Division	$7,477	$5,129	$12,606
	New England			
	Middle Atlantic	$19,379	$15,078	$34,457
	Mountain	$5,476	$4,729	$10,205
	Pacific	$13,959	$12,619	$26,578
	Total	$46,291	$37,555	$83,846

Number of Respondents: 120

```
ods html body='d:\ResDat2\html.htm';
proc tabulate data=ResDat.energy style=[font_weight=bold];
class region division type/style=[just=center];
classlev region division type/style=[just=left];
var expenditures/style=[font_size=3];
keyword all sum/style=[font_width=wide];
keylabel all="Total";
table (region all) * (division all * [style=[background=yellow]]),
      (type all) * (expenditures * f=dollar10.)/
      style=[background=red]
      misstext=[label="Missing" style=[font_weight=light]]
      box=[label="Region by Division by Type"
      style=[font_style=italic]];
format region regfmt. division divfmt. type usetype.;
title 'Energy Expenditures';
title2 '(millions of dollars)';
run;

ods html close;
run;
```

12.2 作图过程

图形是展现数据的重要方法，图形的形象直观是数据报表无法替代的。SAS/GRAPH 软件具有强大的作图功能。作图过程 GPLOT 输出高精度散点图及连线图。

12.2.1 作图过程句法

```
PROC GPLOT <DATA=input-data-set><ANNOTATE=Annotate-data-set>
     <GOUT=<libref.>output-catalog><IMAGEMAP=output-data-set>
     <UNIFORM>;
BUBBLE plot-request(s) </option(s)>;
BUBBLE2 plot-request(s) </option(s)>;
PLOT plot-request(s) </option(s)>;
PLOT2 plot-request(s) </option(s)>;
```

12.2.2 PLOT 语句

PLOT 语句规定横轴变量（行在前面）和竖轴变量（列在后面）。
选项说明：

HAXIS=	规定横轴
VAXIS=	规定竖轴
HMINOR=	规定横轴上每两个大刻度之间小刻度的个数
VMINOR=	规定竖轴上每两个大刻度之间小刻度的个数

12.2.3 SYMBOL 语句

SYMBOL 语句规定图中线和符号的特征。
选项说明：

V=	规定数据点的图形符号
H=	规定图形符号的高度
I=	规定两点之间的插值方法
FONT=	规定字体
L=	规定点之间插值线的类型
COLOR=	规定图形线的颜色

12.2.4 AXIS 语句

AXIS 语句规定图形的轴的表现形式。
选项说明：

LABEL=	给轴加标签
ANGLE=	规定轴标签的角度。0——水平,90——竖直
ORDER=	规定坐标轴上大刻度的范围和顺序
R=	规定 SYMBOL 语句重复的次数

12.2.5 应用举例

例 12.14 创建简单泡沫(Bubble)图,如图 12.1 所示。

```
goptions reset=global gunit=pct border cback=white
         colors= (black blue green red)
         ftitle=swissb ftext=swiss htitle=6 htext=4;
title1 'Member Profile';
title2 'Salaries and Number of Member Engineers';
footnote h=3 j=r 'GR21N01 ';
axis1 offset= (5,5);
proc gplot data=ResDat.jobs;
format dollars dollar9.;
bubble dollars * eng=num/haxis=axis1;
```

```
run;
quit;
```

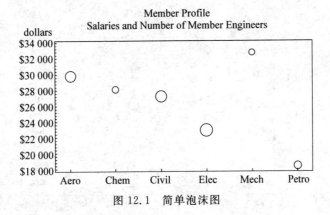

图 12.1　简单泡沫图

例 12.15　规定泡沫的大小和标签，如图 12.2 所示。

```
goptions reset=global gunit=pct border cback=white
        colors= (black blue green red)
        ftitle=swissb ftext=swiss htitle=6 htext=4;
title1 'Member Profile';
title2 h=4 'Salaries and Number of Member Engineers';
footnote1 h=3 j=r 'GR21N02 ';
axis1 label=none
      offset= (5,5)
      width=3
      value= (height=4);
axis2 order= (0 to 40000 by 10000)
       label=none
       major= (height=1.5)
       minor= (height=1)
       width=3
       value= (height=4);

proc gplot data=ResDat.jobs;
format dollars dollar9. num comma7.0;
bubble dollars * eng=num/haxis=axis1
                  vaxis=axis2
                  vminor=1
                  bcolor=red
                  blabel
                  bfont=swissi
                  bsize=12
                  caxis=blue;
```

```
run;
quit;
```

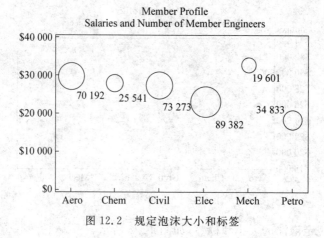

图 12.2 规定泡沫大小和标签

例 12.16 右侧加一垂直轴,如图 12.3 所示。

```
goptions reset=global gunit=pct border cback=white
        colors= (black blue green red)
        ftitle=swissb ftext=swiss htitle=6 htext=3;


data ResDat.jobs2;
set ResDat.jobs;
yen=dollars*125;
run;

title1 'Member Profile';
title2 h=4 'Salaries and Number of Member Engineers';
footnote j=r 'GR21N03 ';

axis1 offset=(5,5)
label=none
width=3
value=(h=4);

proc gplot data=ResDat.jobs2;
format dollars dollar7. num yen comma9.0;
bubble dollars * eng=num/haxis=axis1
                 vaxis=10000 to 40000 by 10000
                 hminor=0
                 vminor=1
                 blabel
                 bfont=swissi
                 bcolor=red
```

```
                bsize=12
                caxis=blue;
bubble2 yen * eng=num/vaxis=1250000 to 5000000 by 1250000
                vminor=1
                bcolor=red
                bsize=12
                caxis=blue;
run;
quit;
```

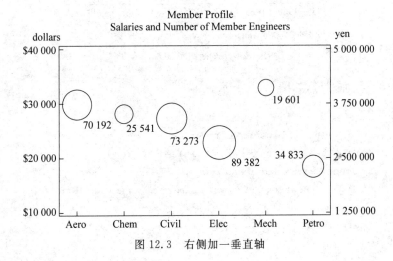

图 12.3　右侧加一垂直轴

例 12.17　连接图形的观测点，如图 12.4 所示。

```
goptions reset=global gunit=pct border cback=white
        colors=(black blue green red)
        ftitle=swissb ftext=swiss htitle=6 htext=4;
title1 'Dow Jones Yearly Highs';
footnote1 h=3 j=l ' Source: 1997 World Almanac'
          j=r 'GR21N05 ';
symbol1 color=red  interpol=join value=dot height=3;
proc gplot data=ResDat.djia;
plot high * year/haxis=1955 to 1995 by 5
            vaxis=0 to 6000 by 1000
            hminor=3
            vminor=1
            vref=1000 3000 5000
            lvref=2
            cvref=blue
            caxis=blue
            ctext=red;
run;
quit;
```

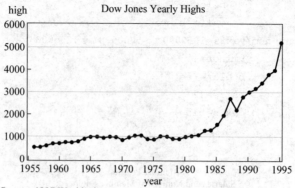

图 12.4 连接图形的观测点

例 12.18 叠加图形,如图 12.5 所示。

```
goptions reset=global gunit=pct border cback=white
        colors= (black blue green red)
        ftitle=swissb ftext=swiss htitle=6 htext=4;
title1 'Dow Jones Yearly Highs and Lows';
footnote1 h=3 j=l ' Source: 1997 World Almanac'  j=r 'GR21N06 ';
symbol1 color=red
        interpol=join
        value=dot
        height=3;
symbol2 font=marker value=C
        color=blue
        interpol=join
        height=2;
axis1 order=(1955 to 1995 by 5) offset=(2,2)
      label=none
      major=(height=2) minor=(height=1)
      width=3;
axis2 order=(0 to 6000 by 1000) offset=(0,0)
      label=none
      major=(height=2) minor=(height=1)
      width=3;
legend1 label=none
        shape=symbol(4,2)
        position=(top center inside)
        mode=share;

proc gplot data=ResDat.djia;
plot high*year low*year/overlay legend=legend1
             vref=1000 to 5000 by 1000 lvref=2
```

```
            haxis=axis1 hminor=4
            vaxis=axis2 vminor=1;
run;
quit;
```

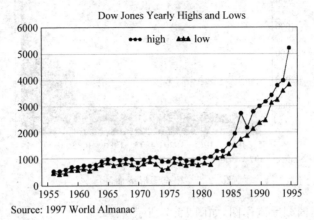

图 12.5 叠加图形

例 12.19 填充图形下面的区域，如图 12.6 所示。

```
goptions reset=global gunit=pct border cback=white
        colors=(blue red) ctext=black
        ftitle=swissb ftext=swiss htitle=6 htext=4;
title1 'Dow Jones Yearly Highs and Lows';
footnote1 h=3 j=l ' Source: 1997 World Almanac' j=r 'GR21N07 ';
symbol1 interpol=join;
axis1 order=(1955 to 1995 by 5) offset=(2,2)
      label=none
      major=(height=2)
      minor=(height=1);
axis2 order=(0 to 6000 by 1000) offset=(0,0)
      label=none
      major=(height=2)
      minor=(height=1);

proc gplot data=ResDat.djia;
plot low*year high*year/overlay
                      haxis=axis1
                      hminor=4
                      vaxis=axis2
                      vminor=1
                      caxis=black
                      areas=2;
run;
```

quit;

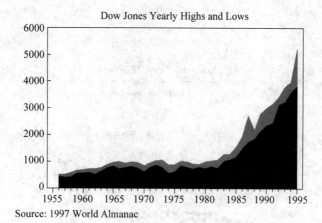

图 12.6　填充图形下面的区域

例 12.20　不同刻度值作图，如图 12.7 所示。

```
goptions reset=global gunit=pct border cback=white
        colors=(black blue green red)
        ftitle=swissb ftext=swiss htitle=6 htext=3;
title1 'Average Monthly Temperature for Minneapolis';
footnote1 j=l ' Source: 1984 American Express';
footnote2 j=l '          Appointment Book'
         j=r 'GR21N09 ';

symbol1 interpol=needle
        ci=blue
        cv=red
        width=3
        value=star
        height=3;
symbol2 interpol=none
        value=none;
axis1 label=none
        value=('JAN' 'FEB' 'MAR' 'APR' 'MAY' 'JUN' 'JUL' 'AUG' 'SEP' 'OCT' 'NOV' 'DEC')
        offset=(2)
        width=3;
axis2 label=('Degrees' justify=right ' Centigrade')
        order=(-20 to 30 by 10)
        width=3;
axis3 label=(h=3 'Degrees' justify=left 'Fahrenheit')
        order=(-4 to 86 by 18)
        width=3;
```

```
proc gplot data=ResDat.minntemp;
plot c2*month   /caxis=red
                haxis=axis1 hminor=0
                vaxis=axis2 vminor=1;
plot2 f2*month/caxis=red
                vaxis=axis3
                vminor=1;
run;
quit;
```

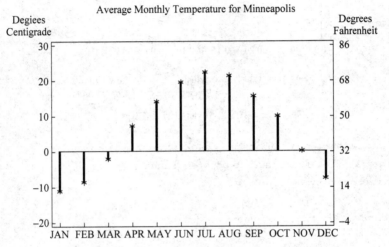

图 12.7　不同刻度值作图

例 12.21　回归结果作图，如图 12.8 所示。

从锐思数据库下载股票 600603 月持有期收益：股票——收益——持有期收益——月收益，选择 600603 股票并下载生成 sas 数据集 res_sas.Monret_1。

```
/*计算超额收益*/
data r600603_month;
set res_sas.Monret_1;
r600603=Monret-MonRfRet;
r_m=Mretmc-MonRfRet;
run;
/*回归与作图*/
proc reg data=r600603_month;
model r600603=r_m/dw spec;
    output out=out1   r=r    p=p   l95=l   u95=u;
slope:test r_m=1;
title2 '兴业房产股票';
run;
```

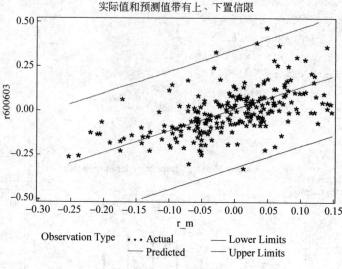

图 12.8 回归结果作图

```
goptions reset=global gunit=pct cback=white border
htitle=6 htext=3 ftext=swissb colors=(black);
goptions reset=symbol;


proc sort data=out1 out=r_out;
by r_m;
run;


data regdata(keep=y_value pt_type r_m);
set r_out;
label pt_type='Observation Type';
array regvar(4) r600603  p   l u;
array varlabel(4) $12. _temporary_
        ('Actual' 'Predicted'  'Lower Limits'  'Upper Limits');
do i=1 to 4;
    y_value=regvar(i);
    pt_type=varlabel(i);
    output;
end;
run;


proc gplot data=regdata;
plot y_value*r_m=pt_type/haxis=axis1 vaxis=axis2
                        hminor=4 vminor=4;
symbol1 v=* h=3.5 pct font=swissb color=black r=1;
symbol2 i=join font=swissb l=1 color=blue r=1;
symbol3 i=join font=swissb l=1 color=green r=1;
```

```
symbol4 i=join font=swissb l=1 color=red r=1;
axis1 order=(-.3 to .15 by .05);
axis2 label=(angle=90 'r600603')
      order=(-.5 to .5 by .25);
title f=SIMSUN '实际值和预测值';
title2 f=SIMSUN '带有上、下置信限';
run;
quit;
```

例中,进行回归分析后,再绘制预测值、实际值以及上、下置信限的折线图。

12.3　图表过程

图表过程 GCHART 输出高精度图表。使用 GCHART 过程可以制作二维或三维的柱状图和饼图。

12.3.1　图表过程句法

```
PROC GCHART<DATA=input-data-set><ANNOTATE=Annotate-data-set>
        <GOUT=<libref.>output-catalog><IMAGEMAP=output-data-set;>
    BLOCK chart-variable(s) </option(s);>
    HBAR|HBAR3D|VBAR|VBAR3Dchart-variable(s) </option(s);>
    PIE|PIE3D|DONUT chart-variable(s) </option(s);>
    STAR chart-variable(s) </option(s);>
```

过程 GCHART 表现的是数据的汇总信息,即在某种分类下分析变量的某些统计量,如表 12.15 所示。

表 12.15　GCHART 过程的图形类别及相关统计量数值的表示方法

图形名	说明	每个类别对应的图像元素	统计量的值的表示方法
HBAR	水平柱状图	一个柱	柱的长
HBAR3D	3维水平柱状图	一个柱	柱的长
VBAR	垂直柱状图	一个柱	柱的高
VBAR3D	3维垂直柱状图	一个柱	柱的高
BLOCK	3维平铺柱状图	一个柱	柱的高
PIE	饼图	一个角	角的度数
PIE3D	3维饼图	一个角	角的度数
STAR	星形图	一条射线	线的长度

12.3.2　分类变量及类别

分类变量(chart-variable)也称为作图变量,GCHART 过程根据它的值将数据分成若干类,然后分别对柱或角来表示分析变量在某一类中的汇总结果,如表 12.16 所示。

表 12.16 分类变量确定类别的方法

分类变量类型	确定类别的缺省方法
字符	变量的每个值是一个类别
数值	将分类变量的变化范围分成若干个等长的区间,每个区间是一类,并在图形中以区间的中点为该类的标签

GCHART 过程还提供不同的选项允许按不同的要求进行分类。GCHART 过程不提供分析变量时,作图时使用的缺省统计量是频数,指明分析变量时使用的缺省统计量是总和。为了控制柱(饼的角)的排列顺序和用数值变量分类时类的个数。可以使用 GCHART 过程与分类变量有关的选项。

与分类变量有关的选项说明:

LEVEL=N	对数值型变量设定为 N 类
MINDPOINT=值列	对字符型变量依次列举每个类的变量值,对数值型变量列举每个分类的中点
DISCRETE	对数值型变量设定每个值为一类
ASCENDING	按统计量的升序排列各个柱(饼的角)
DESCENDING	按统计量的降序排列各个柱(饼的角)

例 12.22 分类变量选项举例。

```
vbar sales/levels=10;
vbar sales/1000 to10000 by 1000;
vbar year/discrete;
hbar city/mindpoint='BJ' 'SH' 'GZ';
hbar city/ascending;
```

12.3.3 选择分析变量和统计量

没有选择分析变量时,缺省使用每个类的观测频数为输出统计量。

选择分析变量和统计量的选项有:

- SUMVAR＝规定分析变量;
- TYPE＝FREQ|CFREQ|PERCENT|CPERCENT|MEAN|SUM 分别设定统计量为频数、累积频数、百分比、累积百分比、均值或总和。没有规定分析变量时,缺省统计量为 FREQ,规定分析变量时,缺省统计量为 SUM。使用统计量 MEAN 和 SUM 时必须规定分析变量。

例 12.23 规定分析变量和统计量。

```
hbar city/sumvar=sales type=mean;
```

12.3.4　应用举例

例 12.24　总和统计量柱形图,如图 12.9 所示。

```
goptions reset=global gunit=pct border cback=white
        ctext=black colors=(blue green red)
        ftext=swiss ftitle=swissb
        htitle=6 htext=3.5;
title 'Total Sales';
footnote j=r 'GR13N01 ';
proc gchart data=ResDat.totals;
format sales dollar8.;
block site/sumvar=sales;
run;
quit;
```

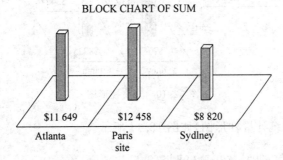

图 12.9　总和统计量柱形图

例 12.25　分组柱形图,如图 12.10 所示。

```
goptions reset=global gunit=pct border cback=white
        colors=(blue green red) ctext=black
ftitle=swissb ftext=swiss htitle=4 htext=3;
title 'Average Sales by Department';
footnote j=r 'GR13N02   ';
legend1 cborder=black
        label=('Quarter:')
        position=(middle left outside)
        mode=protect
        across=1;

proc gchart data=ResDat.totals;
format quarter roman.;
```

```
format sales dollar8.;
label site='00'x dept='00'x;
block site/sumvar=sales
        type=mean
        midpoints='Sydney' 'Atlanta'
        group=dept
        subgroup=quarter
        legend=legend1
        noheading
        coutline=black
        caxis=black;
run;
quit;
```

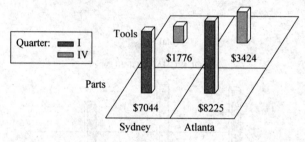

图 12.10　分组柱形图

例 12.26　总和统计量柱形图，如图 12.11 所示。

```
goptions reset=global gunit=pct border
        colors=(black red blue green)
        cback=white ftitle=swissb ftext=swiss
        htitle=6 htext=3.5;
title1 'Total Sales';
footnote1 h=3 j=r 'GR13N03(a) ';
pattern1 color=red;

proc gchart data=ResDat.totals;
format sales dollar8.;
hbar site/sumvar=sales;
run;

footnote1 h=3 j=r 'GR13N03(b) ';
vbar3d site/sumvar=sales
        coutline=black;
run;
```

```
quit;
```

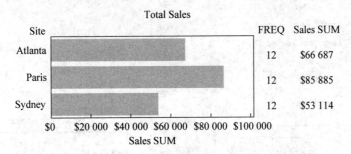

图 12.11　显示数据

例 12.27　3D 子组垂直柱形图,如图 12.12 和图 12.13 所示。

```
goptions reset=global gunit=pct border cback=white
     colors=(black red green blue) ftitle=swissb
     ftext=swiss htitle=6 htext=4
     offshadow=(1.5,1.5);
title1 'Total Sales by Site';
footnote1 h=3 j=r 'GR13N04 ';
axis1 label=none
    origin=(24,);
axis2 label=none
    order=(0 to 15000 by 3000)
    minor=(number=1)
    offset=(,0);
legend1 label=none
     shape=bar(3,3)
     cborder=black
     cblock=gray
     origin=(24,);
pattern1 color=lipk;
pattern2 color=cyan;
pattern3 color=lime;

proc gchart data=resdat.totals;
format quarter roman.;
format sales dollar8.;
vbar3d site/sumvar=sales
        subgroup=dept
        inside=subpct
        outside=sum
        width=20
        space=5
        maxis=axis1
```

```
            raxis=axis2
            cframe=gray
            coutline=black
            legend=legend1;
run;
quit;
```

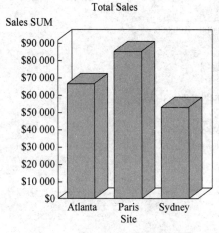

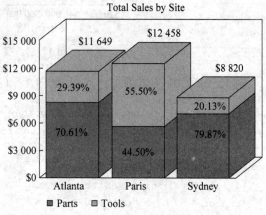

图 12.12 3D 子组垂直柱形图(1)　　　图 12.13 3D 子组垂直柱形图(2)

例 12.28　控制水平柱形图中点和统计量，如图 12.14 和图 12.15 所示。

```
goptions reset=global gunit=pct border cback=white
        colors=(black blue green red) ftext=swiss
        ftitle=swissb htitle=6 htext=3.5;
title1 'Fitness Program Participants';
footnote h=3 j=r 'GR13N05(a) ';
axis1 label=('Number of People')
      minor=(number=1)
      offset=(0,0);
legend1 label=none
        value=('Women' 'Men');
pattern1 color=cyan;
pattern2 color=blue;

proc gchart data=ResDat.fit;
hbar age/subgroup=sex
        legend=legend1
        autoref
        clipref
        coutline=black
        raxis=axis1;
run;
```

```
footnote h=3 j=r 'GR13N05(b) ';
axis1 order= (0 to 5 by 1)
      label=('Number of People')
      minor=(number=1)
      offset=(0,0);
axis2 label=('Age ' j=r 'Group');
hbar3d age/midpoints=(30 40 50)
          freq
          freqlabel='Total in Group'
          subgroup=age
          autoref
          maxis=axis2
          raxis=axis1
          legend=legend1
          coutline=black;
run;
quit;
```

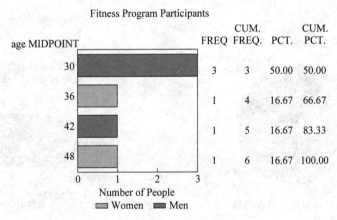

图 12.14 控制水平柱形图中点和统计量(1)

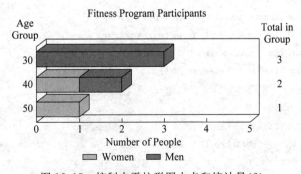

图 12.15 控制水平柱形图中点和统计量(2)

例 12.29 总和统计量饼图，如图 12.16 和图 12.17 所示。

```
goptions reset=global gunit=pct border cback=white
        colors= (blue green red) ctext=black
        ftitle=swissb ftext=swiss htitle=6 htext=4;
title 'Total Sales';
footnote j=r 'GR13N08(a) ';

proc gchart data=ResDat.totals;
format sales dollar8.;
pie site/sumvar=sales
        coutline=black;
run;

footnote j=r 'GR13N08(b) ';
pie3d site/sumvar=sales
        coutline=black
        explode='Paris';
run;
quit;
```

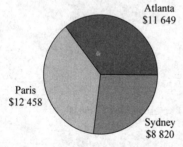
图 12.16　总和统计量饼图(1)

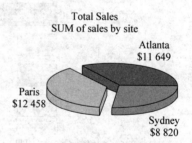
图 12.17　总和统计量饼图(2)

例 12.30 分组圆环图或饼图，如图 12.18 所示。

```
goptions reset=global gunit=pct border cback=white
      colors= (blue green red) ctext=black
      ftext=swissb ftext=swiss htitle=6 htext=4;
title 'Sales by Site and Department';
footnote h=3 j=r 'GR13N09 ';
legend1 label=none
        shape=bar(4,4)
            position= (middle left)
            offset= (5,)
            across=1
            mode=share;
```

```
proc gchart data=ResDat.totals;
format sales dollar8.;
donut site/sumvar=sales
        subgroup=dept
        donutpct=30
        label=('All' justify=center 'Quarters')
        noheading
        legend=legend1
        coutline=black
        ctext=black;
run;
quit;
```

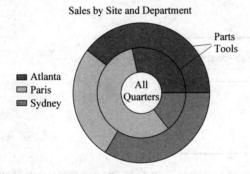

图 12.18　分组圆环图

习　题　12

1. 用 SAS 软件作三维 Hat 图，x 和 y 轴取值区间为 $[-5,5]$，$z=\sin(\text{sqrt}(y*y+x*x))$。

2. 创建马鞍图形，其数学公式为 $z=-\dfrac{x^2}{p}+\dfrac{y^2}{q}$，p 和 q 的值不同会导致图形的变化，生成 p=20, q=1 的马鞍图形。

提示：产生 x,y 和 z 的数据后，用下面的过程实现作图。

```
proc g3d;
plot y*x=z;
run;
```

3. 写出使用 tabulate 过程创建二维报表的简单程序？怎样定制行列标题？

4. 举例说明作图过程(GPLOT)的一般格式，怎样叠加图形？怎样填充图形下面的区域？

5. 写出右侧加一垂直轴的作图选项语句。

6. 作图时怎样控制坐标轴的刻度值？
7. 解释 PLOT 语句的选项：

    HAXIS=
    VAXIS=
    HMINOR=
    VMINOR=

8. 解释 SYMBOL 语句规定图中线和符号的特征。

    V=
    H=
    I=
    FONT=
    L=
    COLOR=

9. 解释 AXIS 语句规定图形的轴的表现形式。

    LABEL=
    ANGLE=
    ORDER=
    R=

10. 怎样画总和统计量柱形图、分组柱形图、3D 子组垂直柱形图、总和统计量饼图、分组圆环图或饼图？怎样对饼图子片排序和加标签？

第 13 章　SQL

本章用到的数据集：ResDat. dret、ResDat. lstkinfo、ResDat. yrret、ResDat. qttndist、ResDat. stk000001、ResDat. china、ResDat. usa、ResDat. sampstk。

本章内容包括：
- 查询语句；
- 连接查询；
- 子查询；
- 合并查询；
- 表；
- 视图。

13.1　SQL 过程简介

结构化查询语言(Structured Query Language,SQL)是一种标准、应用广泛的检测和更新数据语言。SQL 语言结构简洁，功能强大，简单易学，自从 IBM 公司 1981 年推出以来，得到了广泛的应用。目前，常用的数据库开发系统都支持 SQL 作为查询语言。

可以通过调用 SAS 的 SQL 过程使用 SQL 语言。PROC SQL 是 BASE SAS 软件的一部分。PROC SQL 可以使用 DATA 选项、函数、INFORMAT、FORMAT 和通用的 SAS 语句。

PROC SQL 的功能包括：
- 产生汇总统计表；
- 从表和视图中检索数据；
- 合并表和视图中的数据；
- 建立表、视图和索引；
- 更新 PROC SQL 表中的数据值；
- 更新和检索 DBMS 数据管理系统中的表；
- 修改、添加、剔除 PROC SQL 表中的数据列。

因为 PROC SQL 继承了 SQL,所以和其他 SAS 过程步有一定的区别。
- PROC SQL 持续运行直至遇到 QUIT 语句、DATA 步或其他 SAS 过程。因此,不用在每个 SQL 语句中重复 PROC SQL。
- SQL 过程语句有多个子句。例如,最基本的 SELECT 语句包括 SELECT 和 FROM 子句。还有很多附属子句,可以根据实际情况选择。
- SELECT 语句在检索数据的同时会在输出窗口输出数据,使用 NOPRINT 选项可以阻止该项输出。
- ORDER BY 子句对数据进行排序。这个子句和 SORT 过程作用一样,即用 ORDER BY 语句可以代替 SORT 过程来完成排序。
- RUN 语句在 PROC SQL 语句中不起作用。SAS 系统忽略和 PROC SQL 语句一起使用的 RUN 语句。

13.2 查询语句

查询语句,即 SELECT 语句是 PROC SQL 的主要工具。使用 SELECT 语句可以识别、检索和操作表中的数据,使用 SELECT 子句可以设定查询条件。SELECT 语句格式如下:

```
SELECT <DISTINCT>object-item <,…object-item>
    <INTO macro-variable-specification
<,…macro-variable-specification>>
    FROM from-list
    <WHERE sql-expression>
    <GROUP BY group-by-item
<,…group-by-item>>
    <HAVING sql-expression>
    <ORDER BY order-by-item
<,…order-by-item>>;
```

SELECT 语句中的子句顺序是有严格规定的,下面的顺序为从上至下。

```
SELECT
FROM
WHERE
GROUP BY
HAVING
ORDER BY
```

注意:这里只有 SELECT 和 FROM 子句是必要的,其他子句都是可选的。

13.2.1 SELECT 子句

1. 语句格式

SELECT <DISTINCT>object-item
<,…object-item>
FROM from-list

Object-item 选项说明：

选 项	说 明
*	表示 from 子句中表和视图的所有列
case-expression <AS alias>	从 CASE expression 中得到一个列
column-name <<AS> alias> <column-modifier <…column-modifier>>	命名一个单独的列
sql-expression <<AS> alias> <column-modifier <…column-modifier>>	由 sql-expression 得到一列 sql-expression 和 column-modifier
table-name	表名为 table-name 的所有列
table-alias	别名为 table-alias 的表(table-name)的所有列
view-name	视图名为 view-name 的所有列
view-alias	别名为 view-alias 视图(view-name.)的所有列
DISTINCT	删除重复观测

From-list 选项说明：

选 项	说 明
table-name <<AS> alias>	命名一个 PROC SQL 表，表名可以是一层名称，两层名称，或者包含在单引号之间的文件物理地址
view-name <<AS> alias>	命名一个 SAS 数据视图。视图名称可以是一层名称，两层名称，或者包含在单引号之间的文件物理地址
joined-table	设定一个连接
(query-expression) <AS alias> <(column <,…column>)>	设定一个线内视图
CONNECTION TO	设定一个 DBMS 表

DATA SET 选项可以用在 table-name 和 view-name 后面的括号中，更详细介绍参见 SAS 帮助文档。

2. 选择所有列

语句格式：

COLUMN-NAME= * (asterisk)
select * from from-list

SELECT 子句中，"*"号表示选择表中的所有列。

```
proc sql outobs=3;
  select *
    from ResDat.dret;
```

选项 OUTOBS＝规定输出的观测个数，功能上类似于 DATA 的 OBS＝选项。选定所有列时，结果列的排列方式与原表中列的排列方式一致。

3. 选择特定列

语句格式：

```
Select column-name from from-list
```

例 13.1 选择特定列。

```
proc sql outobs=3;
title '股票代码';
select stkcd from ResDat.lstkinfo;
proc sql outobs=3;
title '股票代码和名称';
select stkcd,lstknm from ResDat.lstkinfo;
quit;
```

选择特定列时，PROC SQL 将按照 SELECT 子句中的变量顺序排列。

4. 用 DISTINCT 语句剔除查询结果中重复观测

语句格式：

```
<Keywords>=distinct
```

使用 SELECT 子句中的 DISTINCT 关键词，可以删除重复观测。

例 13.2 删除重复观测。

```
proc sql;
    select distinct stkcd
      from ResDat.yrret;
quit;
```

5. 计算新列值

语句格式：

```
Calculating Values =Calculating Expression of columns
```

利用一些数值型列进行计算，得到一列新的数值。

例 13.3 计算股票每日成交金额。

```
proc sql outobs=3;
    title 'Trading Sum';
```

```
select stkcd,lstknm,clpr * trdvol format=12.2
from ResDat.qttndist;
quit;
```

format 子句用于设定被计算列的输出格式。

输出结果:

```
                    Trading Sum
                    最新股票名称|
股票代码|Sto         Latest Stock
ck Code             Name
--------------------------------------------------
   000001           S 深发展 A         3946648.52
   000001           S 深发展 A         1420743.60
   000001           S 深发展 A         1120732.50
```

6. 为列分配别名

语句格式:

SELECT calculation-form <as><column name>

别名必须符合 SAS 名称要求,别名只在当前的查询中有效。

例 13.4 为列分配别名。

```
proc sql outobs=3;
title 'Trading Sum';
select stkcd,lstknm,clpr * trdvol as trdsum format=12.2
from ResDat.qttndist;
quit;
```

输出结果:

```
                    Trading Sum
                    最新股票名称|
股票代码|Sto         Latest Stock
ck Code             Name              trdsum
--------------------------------------------------
   000001           S 深发展 A         3946648.52
   000001           S 深发展 A         1420743.60
   000001           S 深发展 A         1120732.50
```

7. CALCULATED 语句

语句格式:

Calculated Column-name

使用别名引用一个计算过的列值时,必须使用 Calculated 关键词,并将 Calculated 放在列名称之前,以此告知 PROC SQL 这个列是经计算得到的。

例 13.5 使用别名引用一个计算过的列值时,使用 Calculated 关键词。

```
proc sql outobs=3;
select stkcd,lstknm,date,clpr*mcfacpr as adjpr format 8.2,
     (calculated adjpr*trdvol) as trdsum format 12.2 from ResDat.qttndist;
quit;
```

输出结果:

```
                最新股票名称|
股票代码|Sto    Latest Stock
ck Code         Name            日期|Date    adjpr       trdsum
--------------------------------------------------------------
000001          S 深发展 A      1991-01-02  66.94       3946648.52
000001          S 深发展 A      1991-01-03  66.89       1420743.60
000001          S 深发展 A      1991-01-04  66.75       1120732.50
```

例中使用 Calculated 语句引用被计算过列的别名 adjpr,计算得到一个别名为 trdsum 的新列。

注意:只能在 SELECT 和 WHERE 子句中设定 Calculated 列。

8. 指定列属性

语句格式:

```
Specifying columns' attributes
FORMAT=
INFORMAT=
LABEL=
LENGTH=
```

设定列的属性时,SQL 按照新设定的属性输出。不设定属性时,SQL 使用原数据集默认的属性输出。

例 13.6 指定列的属性。

```
proc sql outobs=3;
select stkcd,lstknm,date,oppr label='当日开盘价'
    from ResDat.qttndist;
        quit;
```

输出结果:

```
                最新股票名称|
股票代码|Sto    Latest Stock
ck Code         Name            日期|Date    当日开盘价
--------------------------------------------------------------
```

000001	S 深发展 A	1991-01-02	66.94
00001	S 深发展 A	1991-01-03	66.89
000001	S 深发展 A	1991-01-04	66.75

LABEL＝是可选的，如下面两个语句是等同的。

```
select Name label='State',Area format=comma10.
select Name 'State',Area format=comma10.
```

13.2.2　WHERE 子句

用 WHERE 子句可以选择满足条件的观测，该子句可以包含表中的任何列，包括一些没有选择的列。

1. 语句格式

```
WHERE sql-expression
```

选项说明：sql-expression（见 sql-expression 定义）。

例 13.7　用 WHERE 语句选择 1991 年以前上市的股票。

```
proc sql outobs=3;
select lstknm,lstdt from ResDat.lstkinfo where lstdt<'31dec1991'd;
quit;
```

输出结果：

```
最新股票名称|
Latest Stock Name      股票上市日|List Date
---------------------------------------------------
S 深发展 A              1991-04-03
万科 A                  1991-01-29
*ST 国农                1991-01-14
```

Where 语句的比较算符如表 13.1 所示。Where 语句的逻辑算符如表 13.2 所示。

表 13.1　Where 语句的比较算符

算　　符	等价形式	定　义	举　　例
=	EQ	相等	where Name='Asia';
^= or ~= or = or <>	NE	不相等	where Name ne 'Africa';
>	GT	大于	where Area>10000;
<	LT	小于	where Depth<5000;
>=	GE	大于等于	where Statehood>='01jan1860'd;
<=	LE	小于等于	where Population<=5000000;

表 13.2　Where 语句的逻辑算符

算　符	等价形式	定　义	举　例
&	AND	& 两边的条件必须同时满足	Continent='Asia' and Population>5000000
!or|or¦	OR	!（或¦）两边的条件至少要满足一个	Population<1000000 or Population>5000000
^or~or¬	NOT	^后面的条件为假	Continent <> 'Africa'

Where 语句的条件算符如表 13.3 所示。

表 13.3　Where 语句的条件算符

算　符	定　义	举　例
ANY	从查询得到的数据中至少有一个满足条件	where Population>any (select Population from sql.countries)
ALL	从查询达到的所有数据都要满足条件	where Population>all (select Population from sql.countries)
BETWEEN-AND	检查数据是否在一个指定区间内 t	where Population between 1000000 and 5000000
CONTAINS	检查数据是否包含某个字符串	where Continent contains 'America';
EXISTS	检查是否能从查询中得到结果 t	where exists (select * from sql.oilprod);
IN	检查数据是否和列表中的某一个值 t	where Name in ('Africa','Asia');
IS NULL or IS MISSING	检查缺失值	where Population is missing;
LIKE	检查数据是否满足否一种样式	where Continent like 'A%';
=*	检查数据是否完全等于指定值	where Name=* 'Tiland';

说明：

- 百分号"%"可以代替任何数量的字符；
- 下划线"_"只能代替一个字；
- 在所有算符前面加一个 NOT 算符,得到相反的选择条件；
- 可以将表达式用括号围起来,以增强语句的可读性：

```
where (stkcd='000001' and lstdt lt '1dec1991'd) or
      (stkcd='000002' and lstdt lt '1dec1991'd)
```

2. 使用 IN 算符

例 13.8　简单 IN 算符用法。

```
proc sql outobs=3;
select lstknm,stkcd from ResDat.lstkinfo
where stkcd in ('000001' '600651' '000004');
```

quit;

输出结果：

最新股票名称丨Latest Stock Name	股票代码丨Stock Code
S 深发展 A	000001
*ST 国农	000004
飞乐音响	600651

3. 使用 IS MISSING 算符

例 13.9 使用 IS MISSING 算符找出包含缺失值的观测。

proc sql outobs=3;
select lstknm,stkcd from ResDat.lstkinfo
where Lzipcd is missing;
quit;

输出结果：

最新股票名称丨Latest Stock Name	股票代码丨Stock Code
方正科技	600601
广电电子	600602
轻工机械	600605

例中找出邮政编码为空的股票。

注意：IS NULL 算符与 IS MISSING 算符等价。

4. 使用 BETWEEN-AND 算符

例 13.10 使用 BETWEEN-AND 算符选择满足一定范围的观测。

proc sql;
create table stkinfo1991 as select * from ResDat.lstkinfo
where lstdt between '1jan1991'd and '31dec1991'd;
quit;

例中，从股票信息表中选出 2001 年上市的股票，并创建数据集 stkinfo2005。这里使用了 create table 语句，后面会对该语句作详细讲解。

5. 使用 LIKE 算符

例 13.11 使用匹配算符 LIKE 选择观测。

proc sql;

```
select stkcd,lstknm from ResDat.lstkinfo
   where lstknm like 'ST%';
quit;
```

输出结果：

股票代码|Stock Code	最新股票名称|Latest Stock Name
000005	ST 星源
600603	ST 兴业

6. 使用 WHERE 语句遇到空值时的处理

例 13.12 当被选择的列含有缺失值时，会产生一些意外的结果。

```
/* 不正确的输出 */
proc sql;
select lstknm,yrtrds from ResDat.stk000001
    where yrtrds<240;
quit;
```

输出结果：

最新股票名称 Latest Stock Name	日期|Date	年交易天数 Annual Observations
S 深发展 A	1991-01-02	.
S 深发展 A	1991-01-03	.
S 深发展 A	1991-01-04	.
S 深发展 A	1991-01-05	.
...	...	

例中，where 子句选择的列 yrtrds 存在缺失值，由于系统规定缺失值或空值比所有值都小，所以，选择年交易日小于 240 天的年份时，就会包含这些缺失值。这个问题可以通过调整 where 表达式解决。

```
/* 正确输出 */
proc sql outobs=3;
select lstknm,date,yrtrds from ResDat.stk000001
    where yrtrds<240 and yrtrds^=.;
quit;
```

输出结果：

最新股票名称 Latest Stock Name	日期|Date	年交易天数 Annual Observations

S深发展A	1997-12-31	237
S深发展A	1999-12-30	237
S深发展A	2000-12-29	238

13.2.3 使用汇总函数

使用汇总函数可以产生数据的统计量。PROC SQL 中的汇总函数对一个或多个列进行操作。对于由汇总函数计算得到的列,在 WHERE 和 SELECT 后面的引用中,要用到 Calculated 关键词和列的别名。

使用汇总函数时,如果没有 GROUP BY 子句对表进行分组,就默认整个表为一个组,汇总函数直接作用到整个表。可以在 SELECT 或 WHERE 语句中使用汇总函数。

有关 GROUP BY 子句的用法见后面章节。

1. 汇总函数

汇总函数及其定义如表 13.4 所示。

表 13.4 汇总函数及其定义

函数	定义
AVG,MEAN	均值
COUNT,FREQ,N	非缺失数据的个数
CSS	修正平方和
CV	变异系数(百分比)
MAX	最大值
MIN	最小值
NMISS	缺失值的个数
PRT	T 分布中绝对值大于该值的概率
RANGE	数据的取值范围
STD	标准差
STDERR	均值的标准差
SUM	求和
SUMWGT	权变量的和
T	检验总体均值是否为 0 的 t 值
USS	未修正平方和
VAR	方差

注意:在 SQL 过程中,每个观测权重为 1。

PROC SQL 可以使用绝大多数的 SAS 函数,但是不在上表中的函数不能作为汇总函数使用。

2. 用 WHERE 子句汇总数据

例 13.13 使用乘法函数算出代码为 000002 的股票调整后的收盘价。

```
proc sql outobs=3;
select stkcd,lstknm,clpr*mcfacpr as adjpr
from ResDat.qttndist
        where stkcd='000002';
quit;
```

输出结果：

```
                    最新股票名称|
股票代码|Sto ck Code   Latest Stock Name    adjpr
-----------------------------------------------
000002                  万科A              15.52
000002                  万科A              15.57
000002                  万科A              15.48
```

3. 使用 SUM 函数

例 13.14 使用 sum 函数计算深发展历年派发现金红利总额。

```
proc sql;
select sum(dividend) format=8.2 as totledv
from ResDat.stk000001;
quit;
```

输出结果：

```
totledv
------------
  2.70
```

例中，sum 函数只输出了一个观测，这是因为 select 语句中没有其他变量。通过汇总函数可以将多个观测合并成一个观测。

4. 观测数汇总

存在重复观测值时的观测数汇总。

语句格式：

```
Select count(distinct <column-name>) as <new column-name>
```

例 13.15 存在重复观测值时的观测数汇总。

```
proc sql;
select count(distinct stkcd) as count
     from ResDat.qttndist;
quit;
```

例中，stkcd 有很多重复的值，汇总时所有相同值只汇总一次。

注意：不能使用 select count(distinct *)。因为 PROC SQL 不知道删除哪个列的重复值。

1) 非缺失值个数

```
proc sql;
select count(Lzipcd) as count
    from ResDat.lstkinfo;
quit;
```

输出结果：

```
Count
-----------
     22
```

2) 所有观测个数

```
proc sql;
title 'Number of total Rows';
select count(*) as number
    from ResDat.lstkinfo;
quit;
```

输出结果：

```
Number of total Rows
Number
----------------------------------------
    30
```

5. 含缺失值数据汇总

汇总有缺失值的列时，可能引起错误。

要特别说明，对一般数据步中的统计量函数，汇总函数是不考虑缺失值的。例如，函数 AVG 只返回非空值的平均值。

例 13.16 汇总有缺失值的列。

```
proc sql;
select avg(trdsum) as avgtrdsum format 13.2
from ResDat.idx000001;
quit;
```

输出结果：

```
avgtrdsum
-----------------
```

```
6245814519.99
proc sql;
select
    case
    when trdsum is missing then 0
    else trdsum
    end as newtrdsum,
    avg(calculated newtrdsum) as avgtrdsum format 13.2
    from ResDat.idx000001;
quit;
```

输出结果：

```
avgtrdsum
---------------------
6218526201.60
```

当上证指数的成交金额缺失时，第一个程序不考虑该观测，第二个程序将缺失值置为0。所以结果略微不同。

13.2.4 GROUP BY 子句

GROUP BY 子句设定分组标志，并将观测进行分组。使用带 GROUP BY 子句的汇总函数时，将分组对数据进行汇总。

1. 语句格式

语句格式：

```
<GROUP BY group-by-item
<,…group-by-item>>
```

选项说明：

group-by-item 可以是如下：

integer	等同于一个列在 SELECT 子句中的位置
Column-name	列的名称或别名
Sql-expression	见附录 sql-expression

2. 以某列值作为分组依据

例 13.17 分组进行汇总。

```
proc sql outobs=3;
title '2005年股票月收益平均值';
```

```
select stkcd,avg(monret) from ResDat.monret
    where '1jan2005'd<=date<='31dec2005'd
    group by stkcd;
quit;
```

输出结果：

```
2005年股票月收益平均值
股票代码|Stock Code
-----------------------------
000001           -0.0017
000002            0.025023
000004           -0.03469
```

用 group by 子句进行分组，但没有使用汇总函数时，proc sql 将 group by 子句当成 order by 子句使用，并在 log 窗口输出相关信息。

3. 对缺失值排序

例 13.18 如果某列有缺失值，PROC SQL 会将这些缺失值看成为一个单组。

```
proc sql outobs=3;
select count(*) as num from ResDat.lstkinfo
    group by lzipcd
    order by lzipcd;
quit;
```

输出结果：

```
num
--------
8
2
1
```

例中，对股票的最新邮编。邮编缺失的观测为第一组。

13.2.5 HAVING 子句

HAVING 子句对由 GROUP BY 分组观测的影响与 WEHRE 语句对所有观测的影响相同。使用 HAVING 语句时，满足条件的组就会被检索出来。所以，可以用 GROUP BY 和 HAVING 子句来进行组数据的筛选。

1. 语句格式

```
<HAVING sql-expression>
```

2. 简单 HAVING 子句

例 13.19 算出 A 股市场股票 2005 年的交易天数。

```
proc sql;
select stkcd,count(*)as trday from ResDat.dret
where '1jan2005'd<=date<='31dec2005'd
group by stkcd
having substr(stkcd,1,1) in ('0','6') or substr(stkcd,1,2)='99';
quit;
```

输出结果：

```
股票代码|Sto
ck Code            trday
----------------------------------
000002             212
000007             241
000011             230
000016             239
600601             241
600604             232
600651             239
600653             240
```

3. HAVING 子句与 WHERE 子句的区别

HAVING 和 WHERE 语句的区别如表 13.5 所示。

表 13.5 HAVING 和 WHERE 语句的区别

HAVING 子句	WHERE 子句
对组设定选择条件,用来包含或剔除相关的组	对数据设定选择条件,用来包含或剔除相关观测
有 GOURP BY 子句时,必须放在 GROUP BY 子句后面	有 GOURP BY 子句时,必须放在 GROUP BY 子句前面
受 GOURP BY 子句影响,没有 GROUP BY 子句时,与 WHERE 子句的作用相同	不受 GOURP BY 子句影响
在 GROUP BY 子句和汇总函数后面运行	在 GROUP BY 子句和汇总函数前运行

注意：在使用 HAVING 子句时,如果没有使用 GROUP BY 子句,PROC SQL 就会将 HAVING 子句当成 WHERE 子句来处理,同时在日志窗口中输出相关信息。

4. HAVING 子句与汇总函数一起使用

例 13.20 列出 2005 年交易天数不小于 240 天的股票。

```
proc sql;
```

```
select stkcd,count(*)as trday from ResDat.dret
where '1jan2005'd<=date<='31dec2005'd
group by stkcd
having calculated trday>=240;
quit;
```

输出结果：

股票代码|Stock Code	trday
000007	241
600601	241
600653	240
900901	240
900903	241
900905	240

13.2.6 ORDER BY 子句

通过 ORDER BY 子句可以对表中的观测进行排序，被排序的列包括 SELECT 子句的列、被计算过的列和没有被选择的列。

1. 语句格式

```
ORDER BY order-by-item <ASC|DESC><,…order-by-item <ASC|DESC>>;
```

选项说明：

order-by-item 可以是如下：

integer	等同于一个列在 SELECT 子句中的位置
column-name	列的名称或者别名
sql-expression	见附录中的 sql-expression
ASC	升序排列数据，默认方式
DESC	降序排列数据

例 13.21 对股票上市时间列进行排序。

```
proc sql outobs=3;
select lstknm,lstdt from ResDat.lstkinfo
order by lstdt;
quit;
```

输出结果：

最新股票名称|
Latest Stock   股票上市日|L

```
Name                    ist Date
---------------------------------------------
ST 星源                  1990-12-10
爱使股份                 1990-12-19
广电电子                 1990-12-19
```

ORDER BY 语句只改变输出部分的顺序,没有改变原表观测的顺序。

多个列进行排序的原理和 BY 语句是一样的,先对第一个列进行排序,然后在第一个列的基础上对第二个列进行排序,以此类推。

2. 对 CALCULATED 列排序

语句格式:

ORDER BY <calculated column-name>

在 ORDER BY 子句中设定计算过列的别名就可以对计算过的列排列。

例 13.22　对计算过的列排列。

```
proc sql outobs=3;
select stkcd,lstknm,date,clpr*mcfacpr as adjpr format 8.2
from ResDat.qttndist
order by adjpr;
quit;
```

输出结果:

```
最新股票名称|
股票代码|Sto   Latest Stock
ck Code        Name              日期|Date          adjpr
-----------------------------------------------------------
200017         *ST 中华 B        1999-03-10        0.73
200017         *ST 中华 B        1999-03-09        0.73
200017         *ST 中华 B        1999-03-08        0.75
```

3. 用没被选择列排序

语句格式:

ORDER BY <unselected column-name>

可以用没被 SELECT 子句选择的列进行排序。

例 13.23　对日期进行排序。日期列并没有被 select 语句选择。

```
proc sql outobs=3;
select stkcd,lstknm,clpr*mcfacpr as adjpr format 8.2
from ResDat.qttndist
```

```
order by date;
quit;
```

输出结果：

```
                        最新股票名称|
股票代码 |Stock Code    Latest Stock Name    adjpr
---------------------------------------------------
600656                  S*ST 源药            260.00
600651                  飞乐音响              320.30
600601                  方正科技              185.30
```

4. 对含缺失值列进行排序

PROC SQL 对空值、缺失值排序时，默认这些值小于一般的非空、非缺失值，所以使用升序排序时，这些值会出现在查询结果的最新面。

13.3　JOIN 连接查询

连接语句可以从多个表中检索数据，不改变原有的表。

最基本的连接就是两个表的简单连接。

例 13.24　表 China 与表 USA 的简单连接程序。

中国队和美国队打乒乓球比赛，队员分成 5 个水平，每个水平的球员都要和对手同一水平的队员打一场比赛，基础表数据如下。

```
China Player
level   China
0       c01
1       c02
2       c03
3       c04


USA player
level   USA
1       u00
2       u01
2       u02
3       u03
4       u04
```

```
proc sql;
select * from ResDat.china,ResDat.usa;
quit;
```

简单连接结果：

```
        level   China        level   USA
---------------------------------------------
          0      c01           1      u00
          0      c01           2      u01
          0      c01           2      u02
          0      c01           3      u03
          0      c01           4      u04
          1      c02           1      u00
          1      c02           2      u01
          1      c02           2      u02
          1      c02           3      u03
          1      c02           4      u04
          2      c03           1      u00
          2      c03           2      u01
          2      c03           2      u02
          2      c03           3      u03
          2      c03           4      u04
          3      c04           1      u00
          3      c04           2      u01
          3      c04           2      u02
          3      c04           3      u03
          3      c04           4      u04
```

例中，表 China 中的每个行都要和表 USA 中所有行连接。

对于行数较多的大型表，简单连接会产生非常巨大连接表，可以使用连接 JOIN 的方式选择相应的子集。

通常连接 JOIN 方式分为两种类型：
- 内部 JOIN，只返回连接表中匹配连接条件的行。
- 外部 JOIN，是内部连接的补充，还包括除内部连接部分以外不符合连接条件的行，外部连接分三种：left(左连接)、right(右连接)和 full(完全连接)。

13.3.1 内部连接查询

数据格式：

Proc sql;
Select object-item from table-name <<AS>alias>,table-name <<AS>alias>
Where sql-expression;

内部连接返回两表中匹配的连接行。where 语句设定匹配的条件。

例 13.25 只对相同水平的运动员进行连接。

proc sql;
select * from ResDat.china,ResDat.usa
where china.level=usa.level;
quit;

输出结果：

level	China	level	USA
1	c02	1	u00
2	c03	2	u01
2	c03	2	u02
3	c04	3	u03

1. 使用表的别名

通常的查询时会遇到两个表有相同名字的列，为了在引用时不产生混淆，需要在列名前加上表名或表的别名。如果列名是两个表中的唯一列，引用时可以加表名或别名。表的别名是临时的，用于代替表的名字。需要在 from 子句中设定表的别名。引用别名会使程序编写和阅读更加简单明了。

语句格式：

From table-name <as>table-alias,<other table-names expression>

例 13.26 使用表的别名。

proc sql;
select * from ResDat.china as a,ResDat.usa as b
where a.level=b.level;
quit;

引用表的名称作为前缀可以区分两个表中的同名列。设定表的别名后，就可以在程序中引用表的别名作为列名的前缀。关键词 as 是可选的，可以不写。

2. 使用别名进行表的自我连接

例 13.27 一个表的自我连接。

proc sql;
select * from ResDat.china a,ResDat.china b
where a.level<b.level;
quit;

输出结果：

```
level  China        level  China
----------------------------------
  0     c01          1      c02
  0     c01          2      c03
  0     c01          3      c04
  1     c02          2      c03
  1     c02          3      c04
  2     c03          3      c04
```

3. 使用关键词 INNER JOIN 的内部连接

语句格式：

From table-name <INNER> JOIN table-name
ON sql-expression

关键词 INNER JOIN 用于连接多个表的数据。关键词 inner 是可选的,语句中用 ON 代替了原来设定匹配条件的 where 语句。这种新的语言格式和前面的用 where 语句设定匹配条件选取子集效果相同。PROC SQL 使用 INNER JOIN 主要是为了和其他的连接(OUTER,RIGHT,and LEFT JOIN)相比较。

例 13.28　使用关键词 INNER JOIN 内部连接。

proc sql;
select * from ResDat.china a inner join ResDat.china b
on a.level=b.level;
order by level;
quit;

4. 使用比较算符连接表

ON 子句中不仅可以使用等号,还可以使用比较符来规定连接条件。

例 13.29　使用比较算符连接表。

proc sql;
select * from ResDat.china a inner join ResDat.china b
on a.level<b.level;
quit;

5. 缺失值对连接的影响

PROC SQL 把空值看成一种实体,在连接中,任何一个缺失值都和其他相同类型(数值或字符)的缺失值相等。

例 13.30　缺失值的影响。

表 A：

```
Obs   stkcd
------------------
1     000001
2
```

表 B：

```
Obs   stkcd
------------------
2
3     000001
4     000011
5
```

```
proc sql;
   title ' Table A and B Joined';
   select a.obs 'A-OBS',a.stkcd,b.obs 'B-OBS',b.stkcd
      from a,b
      where a.stkcd=b.stkcd;
```

输出结果：

```
Table A and B Joined
A-OBS   stkcd      B-OBS   stkcd
--------------------------------------------
2                  4
1       000001     3       000001
2                  5
```

连接时为了避免缺失值的影响，可以使用 IS NOT MISSING 算符。

```
proc sql;
   title ' Table A and B Joined';
   select a.Obs 'A-OBS',a.Stkcd,b.Obs 'B-OBS',b.Stkcd
      from a,b
      where a.stkcd=b.stkcd and
            a.stkcd is not missing;
```

输出结果：

```
Table A and B Joined
A-OBS   stkcd      B-OBS   stkcd
--------------------------------------------
1       000001     3       000001
```

6. 从多于两个表的数据集中查询数据

例13.31　简单的多表连接。

```
proc sql outobs=3;
select a.stkcd,b.lstknm,c.clpr
from ResDat.sampstk a,ResDat.lstkinfo b,ResDat.qttndist c
where a.stkcd=b.stkcd and  b.stkcd=c.stkcd and a.stkcd=c.stkcd;
quit;
```

输出结果：

股票代码|Stock Code	最新股票名称|Latest Stock Name	收盘价|Close Price
000002	万科A	15.52
000002	万科A	15.57
000002	万科A	15.48

13.3.2　外部连接查询

语句格式：

From table-name LEFT JOIN|RIGHT JOIN|FULL JOIN

外部连接 table-name ON sql-expression 就是内部连接另外加上连接表中不符合匹配条件的行。不符合匹配条件行中属于另一个表的列都是缺失值。外部连接时同INNER JOIN 一样都要用 ON 来替代 where 设定连接条件,但仍然可以用 where 子句对连接的表取子集。

1. 左外部连接

左外部连接选择符合匹配的行、左边表中(在JOIN关键词左边的表)不符合匹配的行,如图13.1所示。

例13.32　左外部连接。

```
proc sql;
select * from ResDat.china a left join ResDat.usa b
on a.level=b.level;
quit;
```

输出结果：

```
level  China          level  USA
--------------------------------------------
```

```
0    c01              .
1    c02          1   u00
2    c03          2   u02
2    c03          2   u01
3    c04          3   u03
```

结果比以前的内部连接多了一行,该行就是 Table china 与 Table usa 不匹配的行,不匹配行中 Table usa 的列为缺失值。

2. 右外部连接

右外部连接选择符合匹配的行、右边表中(在 JOIN 关键词左边的表)不符合匹配的行,如图 13.2 所示。

图 13.1 左外部连接选择示意图

图 13.2 右外部连接选择示意图

例 13.33 右外部连接。

proc sql;
select * from ResDat.china a right join ResDat.usa b
on a.level=b.level;
quit;

输出结果:

```
level  China        level  USA
-------------------------------------------
1    c02          1   u00
2    c03          2   u02
2    c03          2   u01
3    c04          3   u03
.                 4   u04
```

结果比以前的内部连接多了一行,该行就是 Table USA 与 Table China 不匹配的行,不匹配行中 Table China 的列都是缺失值。

3. 完全外部连接

完全外部连接选择符合匹配的行、左右边表中不符合匹配的行,如图 13.3 所示。

例 13.34 完全外部连接。

proc sql;

图 13.3 完全外部连接示意图

```
select * from ResDat.china a full join ResDat.usa b
on a.level=b.level;
quit;
```

输出结果：

```
level  China        level  USA
--------------------------------------------
  0    c01            .
  1    c02            1    u00
  2    c03            2    u02
  2    c03            2    u01
  3    c04            3    u03
  .                   4    u04
```

结果显示，两个表中所有不匹配的行都出现在完全连接的输出结果中。

13.3.3　JOIN 连接和 MERGE 语句的比较

DATA 步中的 MERGE 语句和 JOIN 连接可以产生相同的结果，区别是在用 JOIN 连接表之前，不用对表进行排序。

1. 所有行匹配无重复值情况

两个表中的 by 变量的值都相等且没有重复值的时候，可以使用一个内部连接来产生同样的效果。

例 13.35　BY 变量值相等且没有重复值。

```
Table a                Table b

code   Manager         code   Assistant
 145   Max              145   Tracy
 150   Jack             150   Yao
 155   Paul             155   Chen
```

程序如下：

```
data merge1;
  merge a b;
  by code;
run;

proc print data=merge1 noobs;
  title 'Table MERGE1';
run;
```

输出结果：

```
   Table MERGE1
code    Manager      Assistant
145     Max          Tracy
150     Jack         Yao
155     Paul         Chen
```

Merge 在合并前的两个数据集已经按 code 排过序，而 PROC SQL 则不需要排序，下面程序给出和上面同样的结果。

```
proc sql;
    title 'Table MERGE1';
    select a.code,a.manager,b.assistant
        from a,b
        where a.code=b.code;
quit;
```

2. 部分行匹配无重复值情况

只有部分 BY 中对应的变量的值匹配时，可以使用 full 外部连接的方式产生同样的输出。

例 13.36　只有部分 BY 中对应的变量的值匹配。

```
Table a                    Table b
code    Manager            code    Assistant
 145    Max                 145    Tracy
 150    Jack                151    Yao
 155    Paul                155    Chen
 160    Usher
```

DATA 步

```
DATA merge2;
   merge a b;
   by code;
run;
proc print DATA=merge2 noobs;
   title 'Table MERGE2';
run;
```

输出结果：

```
Table MERGE2
code    Manager      Assistant
145     Max          Tracy
```

```
150     Jack
151             Yao
155     Paul    Chen
160     Usher
```

下面程序给出和上面同样的结果。

```
proc sql;
select code,a.manager,b.assistant
from a natural full join b;
quit;
```

3. 有重复值情况

当用来连接两个表的列变量或 BY 组中有重复值时，Merge 和 Proc sql 的处理方式有所区别。

例 13.37   BY 组中有重复值。

```
Table newA                  Table  newB

code    Manager             code    Assistant

145     Max                 145     Jerry
145     Xam                 145     Tracy
155     Paul                155     Chen
```

DATA 步：

```
data merge3;
    merge newA newB;
    by code;
run;
proc print data=merge3 noobs;
    title 'Table MERGE3';
run;
```

用 Merge 合并两个表时，若遇到重复的 by 值，则按照位置顺序的方式来合并，结果如下：

```
    Table Merge3
code    Manager     Assitant
145     Max         Jerry
145     Xam         Tracy
155     Paul        Chen
```

若用 SQL，则会出现下面的结果：

Proc sql;

```
Title 'Table Merge3';
Select a.code,a.manager,b.assistant
From newA a full join newB b
On a.code=b.code;
quit;
```

输出结果：

```
Table Merge3
code    manager    assistant
---------------------------
145     Max        Jerry
145     Max        Tracy
145     Xam        Jerry
145     Xam        Tracy
155     Paul       Chen
```

因为 PROC SQL 不是根据位置来进行连接，而是根据具体值来进行连接。

13.4 子 查 询

语言格式：

(select <column-name-x>..from<table-y>..<(where/having).>);

13.4.1 简单子查询

在简单子查询中，子查询独立于外部查询。根据返回结果的不同可以分为单值子查询和多值子查询。

1. 产生单个值的子查询

一个单值子查询返回单个的行和列。可以用在 Where 和 Having 语句中，伴随着一个比较符。单值子查询必须只返回一个值，否则查询失败，在日志中给出出错信息。

例 13.38 考虑例 13.36 的两个表。

```
Proc sql;
Title 'Which Manager has the same code as Assistant Chen';
Select *
From a
Where code eq (select code from b where assistant='Chen');
Quit;
```

输出结果：

```
Which Manager has the same code as Assistant Chen
code    manager
-------------------
155     Paul
```

上例在 where 子句中用子查询选出在 Table b 中 Assistant Chen 的代码，然后将代码 155 返回给外部查询。外部查询再从 Table a 中的选出代码为 155 的 manager。

2. 产生多个值的子查询

多值子查询可以返回一个列中的多个值。可以用在含有 in 或其他由 Any 或 All 修饰的比较符的 Where 和 Having 子句中。

例 13.39 根据表 sampstk 中给定股票的股票代码，从表 lstkinfo 中选出相应的股票信息。

```
Proc sql;
select stkcd,lstknm,lstdt from ResDat.lstkinfo
where stkcd in (select stkcd from ResDat.sampstk);
quit;
```

输出结果：

```
                最新股票名称|
股票代码|Sto  Latest Stock   股票上市日|L
ck Code       Name           ist Date
----------------------------------------
000002        万科A          1991-01-29
000007        深达声A        1992-04-13
000011        S深物业A       1992-03-30
```

若查询中使用 not in 算符，查询结果就会给出不在表 sampstk 中的股票的信息。

13.4.2 混合子查询

前面的简单子查询与外部查询独立，而混合子查询则需要一个从外部循环传输过来的值，在该子查询运行之后，再把这个结果返回到外部查询中。混合子查询也可以返回单值或多值。

例 13.40 选出表 ResDat.yrret 中所有 A 股 2005 年的年收益率。

```
proc sql;
select stkcd,yrret from ResDat.yrret a
    where (select stktype from ResDat.lstkinfo b
```

```
                where a.stkcd=b.stkcd)='A'
        and 'ljan2005'd<=date<='31dec2005'd;
quit;
```

输出结果：

```
股票代码|Stock Code    年收益率|Yearly Return
─────────────────────────────────────────
000002              0.2576
000007             -0.0473
000011              0.3737
000016             -0.3481
600601             -0.3711
600604             -0.1297
600651             -0.2040
600653             -0.4478
```

注意：如果子查询返回的只是一个单值，where 子句可以使用等号，当子查询返回多值时，必须使用 in 或含有 any、all 的比较算符。

13.4.3 子查询与 JOIN 连接的使用

从多个表中检索数据时，可以使用连接和子查询。连接和子查询经常同时使用。以下为连接和子查询的使用技巧：

- 若所需数据存放于多个表中，则必须使用连接。
- 若需要在一个表的不同观测之间进行运算，可以将这表和本身连接。
- 当数据检索结果需要多个查询而且每个查询都可以产生一个子集时，就需要使用子查询。
- 如果查询需要 NOT EXISTS 或 EXISTS 条件，必须使用子查询，因为这个条件只在子查询中起作用。

很多查询可以通过 join 连接或子查询实现，一般来说，JOIN 连接比子查询更有效。

13.5 合并查询

13.5.1 SET 算符综述

PROC SQL 可以通过使用如表 13.6 所示的 SET 算符来合并两个或两个以上的查询结果。

表 13.6　SET 算符

算符	说明
UNION	从多个查询中产生所有的非重复观测
EXCEPT	产生只单独属于第一个查询的观测，第二个查询的公共部分就会被排除掉
INTERSECT	产生两个查询中公共部分的观测
OUTER UNION	对多个查询结果直接连接

SET 算符在两个查询中间使用，举个简单的例子：

```
select columns from table
set-operator
select columns from table;
```

在语句格式中只在第二个 SELECT 语句后有一个分号。SET 算符在合并查询结果时以其在各自 select 语句中的位置为根据，与本身的列名无关。在两个查询中的有相同位置的列必须有相同的数据形式。列名取的是第一个查询中的列的名字。

若使用关键词 ALL，则 PROC SQL 不会剔除结果数据中重复观测。因此，使用 ALL 比不用更有效。在 OUTER UNION 算符中不需要使用该关键词。

CORR 和 EXCEPT、INTERSEC、UNION 一起使用时，可以合并两个表中有相同名字的列。

以下的 SET 算符例子都基于下面两个表。
Table A：

```
x  y
------------------
1  one
2  two
2  two
3  three
```

Table B：

```
x  z
------------------
1  one
2  two
4  four
```

与 JOIN 的横向连接不同，SET 连接是竖直的连接。

13.5.2　由多个查询产生非重复观测（UNION 算符）

UNION 算符合并两个查询的结果，显示两个查询中所有非重复观测，如图 13.4 所示。

例 13.41 UNION 算符合并两个查询结果。

```
proc sql;
   title 'A UNION B';
   select * from A
   union
   select * from B;
quit;
```

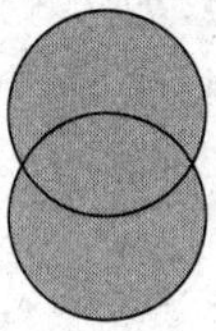

图 13.4 产生非重复观测示意图

输出结果：

```
A UNION B

x  y
------------------
1  one
2  two
3  three
4  four
```

可以使用 ALL 关键词展示所有观测。

```
proc sql;
   title 'A UNION ALL B';
   select * from A
   union all
   select * from B;
quit;
```

输出结果：

```
A UNION ALL B

x  y
------------------
1  one
2  two
2  two
3  three
1  one
2  two
4  four
```

13.5.3 产生只属于第一个查询的观测（EXCEPT 算符）

EXCEPT 算符产生只属于第一个查询的观测，将两个查询的公共部分从第一个查询中剔除,如图 13.5 所示。

例 13.42 EXCEPT 算符产生只属于第一个查询的观测。

```
proc sql;
   title 'A EXCEPT B';
   select * from A
   except
   select * from B;
quit;
```

图 13.5 产生仅属于一个查询的观测示意图

输出结果:

```
A EXCEPT B
x   y
------------------
3   three
```

注意到在 A 中包含数据 2 和 TWO 的观测并没有显示在结果中,这是因为 B 表中有同样的观测,EXCEPT 把不符合连接条件的所有重复观测都排除掉。若使用 ALL 关键词,就会输出一个包含 2 和 TWO 的观测,这种处理类似于将每个观测都看成独立的个体,EXCEPT 算符从第一个查询结果中去掉两个查询公共的部分。A 中有两个包含 2 和 TWO 的观测,而 B 中只有一个,双方的公共部分也就只有一个这样的观测,所以 EXCEPT 就执行了从 A 中剔除掉一个。

使用 ALL 关键词:

```
proc sql;
   title 'A EXCEPT ALL B';
   select * from A
   except all
   select * from B;
```

输出结果:

```
A EXCEPT ALL B
x   y
------------------
2   two
3   three
```

13.5.4 从多个查询中产生公共部分(INTERSECT 算符)

INTERSECT 算符返回两个查询中的公共部分,如图 13.6 所示。

例 13.43 INTERSECT 算符返回两个查询中的公共部分。

```
proc sql;
   title 'A INTERSECT B';
   select * from A
   intersect
   select * from B;
```

图 13.6 多个查询公共
        部分示意图

输出结果:

```
  A INTERSECT B
x  y
---------------
1  one
2  two
```

这里的连接是把两个查询中的观测进行比较,匹配的观测只能是一对一的情况,一个表内的重复观测不能同时和另一个表内符合匹配条件的一个观测连接。如 A 中的两个含有 2 和 TWO 的观测就只有一个可以和 B 中的观测匹配,所以输出中也只有一个这样的观测。这一点 INTERSECT 与 INTERSECT ALL 没有区别。

13.5.5 直接连接查询结果(OUTER UNION 算符)

OUTER UNION 算符可以直接连接查询的结果,这里的连接是横向的,如图 13.7 所示。

例 13.44 OUTER UNION 算符直接连接查询的结果。

```
proc sql;
   title 'A OUTER UNION B';
   select * from A
   outer union
   select * from B;
```

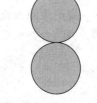

图 13.7 横向连接
        示意图

输出结果:

```
     A OUTER UNION B
x  y             x  z
----------------------------
1  one           .
2  two           .
2  two           .
3  three         .
.                1  one
.                2  two
.                4  four
```

注意：OUTER UNION 不合并两个表中有相同名称和数据类型的列。若想合并，需要加上 CORR(CORRESPONDING)关键词。

```
proc sql;
    title 'A OUTER UNION CORR B';
    select * from A
    outer union corr
    select * from B;
```

输出结果：

```
A OUTER UNION CORR B
x    y         z
------------------------------
1    one
2    two
2    two
3    three
1              one
2              two
4              four
```

13.5.6 特殊查询合并方式

要产生除去查询 1 和查询 2 的公共部分的合并结果，PROC SQL 中没有相关的关键词。去除合并示意图如图 13.8 所示。可以通过下面的操作得到：

(query1 except query2)
union
(query2 except query1)

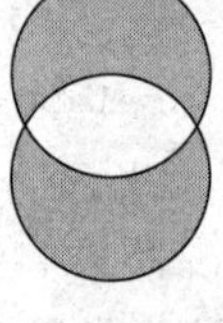

例 13.45 产生非公共部分合并结果。

图 13.8 去重合并示意图

```
proc sql;
    title 'A EXCLUSIVE UNION B';
    (select * from A
        except
        select * from B)
    union
    (select * from B
        except
        select * from A);
```

输出结果:

```
A EXCLUSIVE UNION B
x   y
------------------
3   three
4   four
```

第一个 EXCEPT 返回 A 中的一个观测,第二个 EXCEPT 返回 B 中的一个观测。中间的 UNION 将两个结果合并。

13.6 创建与更新表

13.6.1 创建表

Create Table 语句创建一个表。可以通过定义列创建一个空表,也可以从查询的结果创建。同样,可以使用查询语句来复制一个已经存在的表。常用语句如下。

(1) CREATE TABLE table-name
   (column-specification<,…column-specification|constraint-specification>);

(2) CREATE TABLE table-name AS query-expression
   <ORDER BY order-by-item<,…order-by-item>>;

(3) CREATE TABLE table-name LIKE table-name2;

1. 用列定义方式创建表

语句格式:

CREATE TABLE table-name
   (column-specification<,…column-specification|constraint-specification>);

通过定义列的方式,可以创建一个没有观测的新表。该方法只需要设定列的名字、类型、长度、输入格式、输出格式和标签。

例 13.46 创建一个新的股票信息表。

```
proc sql;
create table Newstkinfo
    (
    stkcd char(6),
    lstknm char(20),
    lstdt  num informat=date9.            /*规定输入和输出*/
           format=date9.                  /*格式为 DATE9.*/
```

    );
quit;

新表 newstkinfo 有三列和零行。

使用 describe Table 语句来检查这个新表,并从日志中查看列的信息:

proc sql;
   describe table newstkinfo;

日志信息:

```
10   proc sql;
11   describe table newstkinfo;
NOTE: SQL 表 WORK.NEWSTKINFO 已创建为类似

create table WORK.NEWSTKINFO(bufsize=4096)
  (
   stkcd char(6),
   lstknm char(20),
   lstdt num format=DATE9. informat=DATE9.
  );


12   quit;
NOTE: "PROCEDURE SQL"所用时间(总处理时间)
      实际时间         0.06秒
CPU 时间         0.00秒
```

2. 从查询结果创建表

语句格式:

CREATE TABLE table-name AS query-expression

使用 Create Table 语句从查询结果创建表需要将 Create Table 语句放在 Select 语句前面。按照 select 语句的特点,新表的数据是从 From 语句后的表中读入,列是 select 子句所选择的列,属性则是该列原来的属性。

例 13.47 用 Create Table 语句从股票信息表创建的查询结果表。

```
proc sql outobs=3;
   title 'Stock Information';
   create table stkinfo as
      select stkcd,lstknm,lstdt
         from ResDat.lstkinfo;
quit;
```

一个比较简单的使用 PROC SQL 复制表的方式就是用 CREATE TABLE 语句加一

个查询来复制整个表。

Proc sql;
Create table stkinfo2 as select * from stkinfo;
quit;

这样建立的 stkinfo2 和 stkinfo 是一样的。

3. 复制已有表属性

语句格式：

CREATE TABLE table-name LIKE table-name2;

可以在 CREATE TABLE 语句中使用 LIKE 子句来复制一个已经存在的表或视图的列的属性和结构，创建一个空表。

例 13.48　通过复制 stkinfo2 的结构和列属性创建空表 stkinfo3。

Proc sql;
Create table stkinfo3 LIKE stkinfo2;

用 DESCRIBE TABLE 语句查看 stkinfo3 的信息：

Proc sql;
　describe table stkinfo3;

SAS 日志信息：

56　Proc sql;
57　　　describe table stkinfo3;
NOTE：SQL 表 WORK.STKINFO3 已创建为类似

create table WORK.STKINFO3(bufsize=4096)
　(
　Stkcd char(6) format=$6. informat=$10. label='股票代码|Stock Code',
　Lstknm char(12) format=$12. informat=$12. label='最新股票名称|Latest Stock Name',
　Lstdt num format=YYMMDD10. label='股票上市日|List Date'
　);

58
59
60
61　quit;
NOTE："PROCEDURE SQL"所用时间(总处理时间)
　　　实际时间　　　　0.00 秒
　　　CPU 时间　　　　0.00 秒

---

4. 使用 DATA SET 选项语句

在 CREATE TALBE 语句中使用 DATA SET 选项语句。

例 13.49 使用 DATA SET 选项语句去掉 stkcd 变量。

```
Proc sql;
   CREATE TABLE stkinfo4 as select * from  stkinfo2 (drop=stkcd);
```

即在 from 语句中的 table name 和 view name 后面可以使用 DATA SET 选项语句。

13.6.2 在表中插入行

PROC SQL 中使用 INSERT 语句将观测行插入表中。该语句先在已存在的表中插入一行，然后将行的信息导入。可以使用 SET 子句或者 VALUES 子句来设定行的信息，也可以插入从查询结果中得到的观测行。在绝大多数的情况下，在表中插入数据是通过 PROC SQL 和 SAS/ACESSS 视图的方法。

1. 用 SET 子句插入观测

语句格式：

```
INSERT INTO table-name|sas/access-view|proc-sql-view <(column<,…column>)>
SET column=sql-expression <,…column=sql-expression>
<SET column=sql-expression <,…column=sql-expression>>;
```

在 SET 子句中，可以根据列名来赋值，列的先后顺序任意。

例 13.50 用两个 SET 语句往空表 Newstkinfo 中插入两个观测行。

```
proc sql;
insert into Newstkinfo
set stkcd='000002',lstknm='万科 A',lstdt='29jan1991'd
set stkcd='000004',lstknm='* ST 国农',lstdt='14jun1991'd;
select stkcd,lstknm,lstdt from Newstkinfo;
quit;
```

输出结果：

```
                   最新股票名称|
股票代码|Sto  Latest Stock   股票上市日|L
ck Code      Name            ist Date
-------------------------------------
000002       万科 A          1991-01-29
000004       * ST 国农       1991-06-14
```

SET 子句的特点：

- 使用逗号来分隔开每个列，同时在最后一个 SET 子句的末尾要加上分号；

- 如果在赋值的时候漏掉个别列,该观测行的这个列默认为缺失;
- 可以设定某些观测行的个别列为缺失。

2. 用 VALUES 子句插入行

语句格式:

```
INSERT INTO table-name|sas/access-view|proc-sql-view <(column<,…column>)>
VALUES (value <,…value>)
<…VALUES (value <,…value>)>;
```

VALUES 子句需要对应列的位置来赋值,同时在 VALUES 子句中赋值的时候,需要对每一个列都赋值,如果某个列是缺失的,也要在分隔符逗号之间写上对应的数值或字符的缺失值。

例 13.51 用 VALUES 语句插入两个观测行。

```
proc sql;
insert into stkinfo3
values ('000001','S深发展 A',.)
values ('000005',' ','10dec1990'd);
select stkcd,lstknm,lstdt from stkinfo3;
quit;
```

输出结果:

```
                    最新股票名称|
股票代码|Sto   Latest Stock       股票上市日|L
ck Code       Name                ist Date
------------------------------------------------
000002        万科 A               1991-01-29
000004        *ST 国农              1991-06-14
000001        S深发展 A              .
000005                             1990-12-10
```

VALUES 子句的特点:
- 用逗号来隔开各列,必须在最后一个 VALUES 子句末尾加上分号;
- 不同于 SET 子句,如果没有为某列赋值,就会得到一个错误信息,插入过程也没有被执行;
- 和 SET 子句一样,用两个单引号中间加空格和一个英文句号的方式来分别给字符和数值列赋空值。

13.6.3 对表的其他操作

先创建一个基本表,记录一个投资者的股票持仓情况。

```
data invest;
```

```
input stkcd $ stknm $ inv;
cards;
000001   S深发展   100000
000002   万科A    50000
600601   方正科技  40000
;
run;
```

1. 删除观测行

DELETE 语句用于删除表（视图）中的一个或多个观测。

```
proc sql;
delete from invest where stkcd='600601';
quit;
```

如果在 DELETE 语句中没有使用 WHERE 子句，则删除所有观测。

2. 列修改

ALTER TABLE 语句可以增加、修改、和删除表中的列。注意，只能在表中使用该语句，而不能在视图中使用。

1) 增加列

语句格式：

```
PROC SQL <option(s)>;
    ALTER TABLE table-name
    <ADD <CONSTRAINT> constraint-clause<,…constraint-clause>>
    <ADD column-definition<,…column-definition>>
```

ADD 子句在已存在的表中加入一个新的列，必须设定列名和数据类型，同时也可以设定列的其他属性，如长度（LENGTH＝），输出格式（FORMAT＝），输入格式（INFORMAT＝），和一个标签（LABEL＝）。

例 13.52 在 invest 表中加入该投资者的总股本和投资比例。

```
proc sql;
alter tabel invest
add total num label='总股本',ratio num label='投资比例';
select stkcd label='股票代码',stknm label='股票名称',inv label='投资额度',
      total,ratio
   from invest;
quit;
```

输出结果：

股票代码	股票名称	投资额度	总股本	投资比例

```
-----------------------------------------------------------------
000001      S 深发展      165000         .           .
000002      万科 A        77000          .           .
```

目前增加的列中还没有信息,需要用 UPDATE 语句来补充这些缺失值。

```
proc sql;
update invest set total=400000;
update invest set ratio=inv/total;
select * from invest;
quit;
```

输出结果:

```
-----------------------------------------------------------------
股票代码    股票名称    投资额度    总股本      投资比例
-----------------------------------------------------------------
000001      S 深发展     165000      400000      0.4125
000002      万科 A       77000       400000      0.1925
```

2) 修改列

语句格式:

```
ALTER TABLE table-name
    <MODIFY column-definition<,…column-definition>>;
```

选项说明:

使用 MODIFY 子句来改变列的长度、输入格式、输出格式、标签。要改变列名字可以使用 DATA SET 选项 RENAME=,但不能用 MODIFY 语句改变列的数据类型。

例如,要用 UPDATE 改变变量 stkcd 的值,但新的变量长度超过原变量的长度,所以在改变 stkcd 的值时,需要将变量长度加长,这就需要用 MODIFY 改变列变量的长度 length 和输出格式 format。

```
proc sql;
alter table invest
     modify stkcd char(10) format=$10.;
update invest set stkcd='res'||stkcd;
select * from invest(rename=(stkcd=resstkcd));
quit;
```

输出结果:

```
-----------------------------------------------------------------
resstkcd     stknm       inv         total       ratio
-----------------------------------------------------------------
res000001    S 深发展    165000      400000      0.4125
res000002    万科 A      77000       400000      0.1925
```

3) 删除列

语句格式:

ALTER TABLE table-name
<DROP CONSTRAINT constraint-name <,…constraint-name>>
    <DROP column<,…column>>
    <DROP FOREIGN KEY constraint-name>
    <DROP PRIMARY KEY>

DROP 子句用来删除表中的列。

```
proc sql;
    alter table invest
        drop  stknm;
```

3. 删除表

```
proc sql;
    drop table Invest;
```

13.7 创建和使用视图功能

PROC SQL 视图包含一个储存的查询语句,该查询在使用 SAS 过程步的时候运行。

视图的优点如下:

(1) 节省磁盘空间。因为视图并不实际储存数据,所以文件的大小相比其相应的 SAS 数据集要小很多。

(2) 不用持续地执行查询来省略一些不希望得到的列和观测。

(3) 隐藏一些机密或敏感的列。

(4) 确保数据及时更新。因为视图在打开的时候相当于执行了一个查询语句。原数据集的变化能及时体现。

(5) 可以隐藏复杂的查询语句。打开视图时,并不知道这个试图所包含的查询语句。

13.7.1 建立和描述视图

1. 建立视图

语句格式:

CREATE VIEW proc-sql-view < (column-name-list)>AS query-expression <ORDER BY order-by-item<,…order-by-item>>

```
<USING libname-clause<,…libname-clause>>
```

格式说明：
- column-name-list：一个由逗号隔开列名单，用来代替在后面查询语句中 select 子句中的列和相应列的别名。列的数量和顺序要和 select 子句中一样，否则 SAS 日志中会出现警告。
- query-expression：table-expression ＜ set-operator table-expression＞ ＜…set-operator table－expression＞ Table-expression 就是 Select 语句，set-operator 则是连接查询结果的 set 算符。
- libname-clause 是如下几种形式：

```
LIBNAME libref <engine>' SAS-data-library' <option(s)><engine-host-option(s)>
LIBNAME libref SAS/ACCESS-engine-name <SAS/ACCESS-engine-connection-option(s)>
<SAS/ACCESS-engine-LIBNAME-option(s)>
```

这部分请见有关 SAS LIBNAME 语句部分的介绍。
- order-by-item：见 order-by-item 子句。
- proc-sql-view：设定所要创建的视图的名称。

例 13.53 创建 avgret 视图。

```
proc sql obs=3;
create view avgret as
     select stkcd,lstknm,avg(yrret) as avgret
     from ResDat.yrret
        group by stkcd;
select * from avgret;
quit;
```

输出结果：

```
股票代码|  最新股票名称|
Stock Code   Latest Stock Name   avgret
------------------------------------
000002          万科 A           0.338818
000002          万科 A           0.338818
000002          万科 A           0.338818
```

2. 描述视图

DESCRIBE VIEW 语句将 PROC SQL 视图的内容写入 SAS 日志。

例 13.54 描述 avgret 视图。

```
proc sql;
describe view avgret;
```

quit;

日志信息如下:

```
319  proc sql;
320  describe view avgret;
NOTE: SQL 视图 WORK.AVGRET 定义为

      select stkcd,lstknm,AVG(yrret) as avret
        from RESDAT.YRRET
      group by stkcd;

321  quit;
NOTE: "PROCEDURE SQL"所用时间(总处理时间)
      实际时间          0.00 秒
      CPU 时间          0.00 秒
```

13.7.2 更新视图

用 PROC SQL 对 SAS/ACCESS 视图进行插入(insert 语句)、删除(Delete 语句),以及更新(Update 语句)。

- 通过一个视图只能更新一个表,且该表不能与别的表连接;
- 视图不能包含子查询;
- 当视图访问一个数据库系统的数据集时,必须已经得到该外部数据系统的权限,且必须安装 SAS 软件;
- 可以使用列的别名来更新一个列,但不能更新衍生列,即一个由表达式产生的列;
- 可以更新包含 where 子句的视图,该 where 子句可以在 Update 语句中,也可以在视图中。不能更新带有其他子句,如 order by、Having 等的视图。

13.7.3 删除视图

DROP VIEW 语句用来删除一个视图。

例 13.55 删除 avgret 视图。

```
proc sql;
drop view avgret;
quit;
```

13.7.4 SQL 视图过程技巧

- 避免在视图中使用 ORDER BY 子句,否则每次使用视图都会排一次序;

- 如果必须在程序多处或多个程序中使用数据，最好使用数据集；
- 如果使用的视图和其引用的数据表在同一个逻辑库中，则引用表的名称可以不包含逻辑库名字，默认为该视图所在的逻辑库；
- 为了防止视图所引用的表结构发生变化而导致的错误，视图在引用到一个不存在的列时失效；
- 同样可以将视图用在 SAS 程序的 DATA 步，或其他 SAS 过程步，其语法和 SAS 数据集一样。

习 题 13

1. 选择 resdat.class 数据集中，名字包含字母 a、年龄在 12～16 岁之间的女同学。

2. 创建数据集 a，包含数据集 resdat.class 中的变量：name、height、age，计算 height/age（命别名为 haratio，输出格式为 6.2）；按照年龄分组，统计每组人数（命别名为 n）。

3. 数据集 resdat.china 和 resdat.usa 分别包括中美两队队员的 level 和代码，请按照两队 level 相同的原则匹配中美两队队员，分别选择：
- 中国队所有队员的匹配情况；美国队所有队员的匹配情况；
- 中美两队成功匹配的队员；中美两队所有队员的匹配情况。

4. 试由如表 13.7 和表 13.8 所示的 9 种德国马克对美元汇率看跌期权和 9 种英镑对美元汇率的看跌期权产生 81 种组合。

表 13.7　一年期，DM/USD 汇率的 9 种不同看跌期权的执行价格和成本

执行价格 Kdm	成本 Cdm	执行价格 Kdm	成本 Cdm
0.66	0.085855	0.61	0.010851
0.65	0.032191	0.60	0.008388
0.64	0.020795	0.59	0.006291
0.63	0.017001	0.55	0.001401
0.62	0.013711		

表 13.8　一年期，BP/USD 汇率的 9 种不同看跌期权的执行价格和成本

执行价格 Kbp	成本 Cbp	执行价格 Kbp	成本 Cbp
1.30	0.137213	1.05	0.007860
1.25	0.082645	1.00	0.003277
1.20	0.045060	0.95	0.001134
1.15	0.028348	0.90	0.000245
1.10	0.016146		

5. 数据集 Calendar 只有日期变量，test 包含股票代码、日期与收盘价三个变量。合并两个数据集，用 Calendar 中的日期数据替代 test 数据集中每只股票的日期数据。

6. 控制权价值研究中的数据处理问题。

计算每只股票相应 DATE 前 30 个交易日的平均收盘价格。

股票代码 Stkcd 与日期 DATE 的数据集由下面 SAS 程序给出。

```
data stkDate;
input Stkcd $6. Date;
informat Date yymmdd10.;
format Date yymmdd10.;
cards;
000024   20010405
000510   20011020
000526   20010222
000533   20010911
000533   20010913
000533   20011025
000558   20011013
000712   20010406
000712   20010506
000712   20010712
000735   20011024
000735   20011024
000883   20011116
600070   20011229
600291   20011228
600752   20010217
600752   20010407
600769   20011229
600769   20011229
600800   20010515
600899   20010605
000033   20020308
600805   20040410
;
run;
```

7. 通常,读者可能会综合数据库中多张表的内容,来更直观更方便地获得全面信息。例如,需要把同一公司的主要财务比率和财务指标放在一起来研究整个公司。

数据合并举例:

Is_old 数据集:利润及利润分配表_旧准则。

Finind_Old 数据集:财务指标_旧准则。

Scf_old 数据集:现金流量表_旧准则。

需要把这三个表中的以下变量综合起来:

Is_old 表：主营业务利润(Mopeprf)、营业利润(Opeprf)、营业外收支净额＝营业外收入 Noperev －营业外支出 Nopeexp、利润总额(Totprf)，净利润。

Finind_Old 表：每股收益摊薄(EPS)、流动比率(Currt)、速动比率(Qckrt)、资产负债率(Dbassrt)、每股净资产(NetassPS)、销售净利率(Netprfrt)、每股经活动产生的现金流量净额(OpeCFPS)、总资产周转率（次）(Totassrat)、净利润（扣除非经常性损益后 Netprfcut)。

Scf_old 表：经营活动产生的现金流量净额(NCFope)、现金及现金等价物净增加额(NetincrCCE)。

数据来源：锐思 RESSET 数据库网站(www.resset.cn)。

第 14 章 SQL 过程编程

本章用到的数据集：ResDat.lstkinfo、ResDat.dret、ResDat.yrret。
本章主要内容：
- 使用 PROC SQL 选项建立和调试查询；
- 优化查询；
- 表词典(dictionary tables)定义以及作用；
- 如何在 PROC SQL 中使用 SAS 宏工具；
- 如何使用 SAS 输出传输系统(ODS)来对 PROC SQL 输出进行格式化。

14.1 使用 PROC SQL 选项来建立和调试查询

语句格式：

PROC SQL(OPTIONS)

可用 PROC SQL 选项对查询进行控制。
- INOBS=、OUTOBS= 和 LOOPS= 选项通过限制观测和反复的数量来减少程序运行的时间；
- EXEC 和 VALIDATE 语句快速检查查询的语法；
- FEEDBACK 选项展示出由"SELECT *"语句所选中的列；
- PROC SQL STIMER 选项记录和展示查询运行的时间。

可以先在 PROC SQL 过程前面的部分设置一个选项，然后用 RESET 语句来改变这个选项的设置，而不用结束目前的 PROC SQL 步。

14.1.1 使用 INOBS 和 OUTOBS 减少运行时间

在对含有大量数据的表进行操作时，可以通过限制访问的观测数量来减少程序运行时间。用 WHERE 语句对数据集取子集是一种方法，也可以使用 INOBS 和 OUTOBS。
INOBS= 选项用于限制 PROC SQL 从数据源表或视图读入的观测数量，和 SAS 系统选项 OBS 类似。

OUTOBS=选项用于限制 PROC SQL 展示或者写入表的观测数量。

在查询中注意要使用正确的选项。比如在计算列的总和时，如果用 INBOS=5 选项，则返回前 5 个观测的总和。

14.1.2 用 LOOPS 选项来限制反复

LOOPS=选项用于限制 PROC SQL 内部反复的次数。这个限制可以阻止查询消耗大量的系统资源。例如，简单连接多个含有大量数据的表时，不设定匹配条件，就会大量占用资源，通过限制内部反复的次数可以避免这种情况。可以使用 SQLOOPS 宏变量中报告的反复次数来给 LOOPS 选择一个合适的值。若将 PROMPT 选项和 INOBS、OUTOBS、LOOPS 等一起使用，就会在达到限制数量时，提示停止或继续运行。

14.1.3 使用 NOEXEC 选项和 VALIDATE 语句检查语法

NOEXEC 选项或 VALIDATE 语句用于不实际执行 PROC SQL 程序而直接检查语法，两者效果一样。NOEXEC 用在 PROC SQL 语句中，所有的查询语句都会在没有被执行的情况下检查其准确性。如果程序语法是有效的，SAS 日志给出信息说明其有效。如果语法无效，则在日志中显示错误。自动宏变量 SQLRC 包含一个 ERROR 代码，这个代码可以声明这个程序语法是否正确。

14.1.4 用 FEEDBACK 选项展开 SELECT*

FEEDBACK 选项将"SELECT*"（选择所有的列）语句中的列的情况全部展现出来。该选项也可以展示相关的宏处理和宏变量的值。

例如，下面的语句。注意日志中的信息。

proc sql feedback;
  select * from ResDat.yrret;

日志信息如下：

```
346  proc sql feedback;
347  select * from ResDat.yrret;
NOTE: Statement transforms to

     select YRRET.Stkcd,YRRET.Lstknm,YRRET.Date,YRRET.Yrtrds,YRRET.Yrret
       from RESDAT.YRRET;
348  quit;
NOTE: "PROCEDURE SQL"所用时间 (总处理时间)
     实际时间        0.00秒
     CPU 时间        0.00秒
```

14.1.5 使用 STIMER 选项计时

SAS 中的 STIMER 选项给出整个程序运行的累计时间,而 PROC SQL 中的 STIMER 选项则给出每个单独语句运行的时间,这样就能够为改进查询而提供很好的参考。

例 14.1 比较普通查询语句与包含子查询的查询语句。

```
proc sql stimer;
create table new as select a.stkcd,b.dret
from ResDat.lstkinfo a,ResDat.dret b
where a.stkcd=b.stkcd and a.stktype='A';
quit;
```

输出结果:

```
94    proc sql stimer;
NOTE: "SQL Statement"所用时间(总处理时间)
      实际时间           0.00 秒
      CPU 时间           0.00 秒


95    create table new as select a.stkcd,b.dret
96    from ResDat.lstkinfo a,ResDat.dret b
97    where a.stkcd=b.stkcd and a.stktype='A';
NOTE: 表 WORK.NEW 创建完成,有 29339 行,2 列

NOTE: "SQL Statement"所用时间(总处理时间)
      实际时间           0.04 秒
      CPU 时间           0.04 秒


98    quit;
NOTE: "PROCEDURE SQL"所用时间(总处理时间)
      实际时间           0.00 秒
      CPU 时间           0.00 秒
```

```
proc sql stimer;
create table new as select stkcd,dret
from ResDat.dret
where stkcd in (select stkcd from ResDat.lstkinfo
                where stktype='A');
quit;
```

输出结果:

```
99    proc sql stimer;
NOTE: "SQL Statement"所用时间(总处理时间)
      实际时间         0.01 秒
      CPU 时间         0.01 秒

100   create table new as select stkcd,dret
101   from ResDat.dret
102   where stkcd in (select stkcd from ResDat.lstkinfo
103                   where stktype='A');
NOTE: 表 WORK.NEW 创建完成,有 29339 行,2 列

NOTE: "SQL Statement"所用时间(总处理时间)
      实际时间         0.07 秒
      CPU 时间         0.07 秒

104   quit;
NOTE: "PROCEDURE SQL"所用时间(总处理时间)
      实际时间         0.00 秒
      CPU 时间         0.00 秒
```

比较两个查询的运行时间,第一个使用连接查询的 CPU 用时为 0.04 秒,第二个使用子查询语句的 CPU 用时为 0.07 秒。一般地,一个连接会比同等情况的子查询运行起来要快。

14.1.6 使用 RESET 语句重置 PROC SQL 选项

RESET 语句用于增加、减少和改变选项。在 SQL 过程中可以用 RESET 语句任意设定选项的顺序,选项在 RESET 之前一直起作用。

例 14.2 先用 NOPRINT 选项阻止 SELECT 语句输出数据到输出窗口,再用 RESET 重置 NOPRINT 选项为 PRINT 选项,并加入了 NUMBER 选项,在输出窗口中显示出观测的序号。

```
proc sql noprint outobs=3;
title '所有 A 股';
select stkcd,lstknm from ResDat.lstkinfo
where stktype='A';
reset print number;
select stkcd,lstknm,stktype from ResDat.lstkinfo
where stktype='A';
quit;
```

输出结果：

```
                       所有 A 股
                       最新股票名称|
             股票代码|Sto  Latest Stock    股票类型|Sto
        Row  ck Code      Name            ck Type
        ------------------------------------------
         1   000001       S深发展 A        A
         2   000002       万科 A           A
         3   000004       *ST 国农         A
```

14.2 优化查询

优化查询的方法包括：
- 使用简单索引 INDEX 和复杂索引 COMPOSITE INDEXES；
- 用 SET 算符连接查询结果时，如果事先知道查询结果中没有重复的观测，或允许结果有重复观测，则可以使用关键词 ALL 来优化查询；
- 在创建表和视图时不用 ORDER BY 子句；
- 使用线内视图代替临时表；
- 使用连接 JOIN 代替子查询；
- 使用 WHERE 表达式限制结果表的大小。

14.2.1 使用索引优化查询

索引可以由 SQL 过程中 CREATE INDEX 语句或 DATASETS 过程中的 MODIFY 及 INDEX CREATE 语句来创建。索引会被储存在特殊的 index 类文件中。这个文件中的索引值会随原表自动更新。

索引在下面几种情况下可能对查询进行优化：
- WHERE 语句中把索引列与固定值进行比较；
- WHERE 子句中存在复杂索引中的列；
- …WHERE VAR1 IN(SELECT ITEM1 FROM TABLE1)…其中外部查询中的 VAR1 的值是从内部查询中通过索引方式取得的；
- 连接的匹配条件中的列在原表中被设定为索引时，索引可以优化连接。注意此时连接的匹配条件必须是等号形式。

14.2.2 在 SET 算符操作中使用关键词 ALL

SET 算符，如 UNION、OUTER UNION、EXCEPT 和 INTERSECT 可以用来连接查询结果。加上 All 关键词可以防止在程序的最后删除重复观测。如果事先知道查询结果中没有重复观测,或允许结果表有重复观测,则可以使用关键词 All 来优化查询。

14.2.3 创建表和视图时不使用 ORDER BY 子句

使用 ORDER BY 子句会在检索数据时对程序运行有一定的消耗,特别是操作比较大的表。如果输出顺序并不是很重要的话,可以不使用排序子句。

14.2.4 使用线内视图来代替临时表

在实际应用中,有时会将一个查询分解成几个步骤,通过创建一些临时文件来保持程序的衔接。若把这些查询合并成一个查询并利用线内视图的方法,程序可能会变得更加有效。在特殊情况下,将查询分步,并创建临时文件的方法效率也不低,此时需要通过比较来决定哪个程序更有效。

14.2.5 比较子查询和连接

多数子查询语句也可以表示为连接。一般来说,连接比子查询更有效。PROC SQL 会临时存储每个查询中相关的列,因此减少对子查询的计算就会减少这种存储所需要的消耗。

14.2.6 连接表时使用 WHERE(ON)表达式

在连接表时应该设定一个 WEHRE(ON)式。没有 WHERE 表达式的简单连接会消耗大量时间,因为表与表之间的简单连接产生的观测数量等于两个表的观测数量相乘。

SQL 过程在处理连接的 WHERE 表达式时,不管条件是不是均等连接条件,其选择的方法都是采用均等连接的方式获得最后结果,所以不用均等作为连接条件的 WHERE 表达式比使用均等条件语句的性能要差。例如,使用一个计算式=0 的条件就不如直接让两个列均等的方式有效:

```
WHERE TABLE1.COLUMNA-TABLE2.COLUMNB=0
WHERE TABLE1.COLUMNA=TABLE2.COLUMNB
```

SQL 过程在运行没有均等连接条件的 WHERE 子句时,将每个观测行代入到 WHERE 子句中进行比较,因此在连接效率上,非均等条件的连接就会比均等连接的效率要低。

14.3 用表词典来访问 SAS 系统信息

14.3.1 表词典概念

表词典(dictionary tables)是特殊的只读 PROC SQL 表。这些表包含所有的 SAS 数据逻辑库、SAS 数据表、系统选项以及和 SAS SESSION 有关的外部文件信息。

PROC SQL 将简称自动分配给表词典。想检索表词典的信息,需要在 from 子句里面设定表词典的名称。表词典的名称只在 PROC SQL 中有效。但是,SAS 提供的基于这些表辞典的 PROC SQL 视图可以在其他 SAS 过程和 DATA 步中使用。这些视图储存在 SASHELP 逻辑库中,一般被称为"SASHELP 视图"。

表 14.1 列出了表词典和相对应的视图,完整列表可以在 SAS 帮助文档中的过程指导部分查到。

表 14.1 表词典和相应的视图

表　　名	包含的信息	视　图　名
DICTIONARY.CATALOGS	SAS 目录册及所包含的条目	SASHELP.VCATALG
DICTIONARY.COLUMNS	列(或变量)及其特征	SASHELP.VCOLUMN
DICTIONARY.DICTIONARIES	所有的表词典	SASHELP.VDCTNRY
DICTIONARY.EXTFILES	文件标识名和外部文件的物理存储地址	SASHELP.VEXTFL
DICTIONARY.INDEXES	SAS 数据集的索引	SASHELP.VINDEX
DICTIONARY.MEMBERS	SAS 数据集	SASHELP.VMEMBER
DICTIONARY.OPTIONS	目前设定的 SAS 系统选项	SASHELP.VOPTION
DICTIONARY.STYLES	ODS 类型	SASHELP.VSTYLE
DICTIONARY.TABLES	SAS 数据文件和视图	SASHELP.VTABLE
DICTIONARY.VIEWS	SAS 数据视图	SASHELP.VVIEW

用 DESCREIBE 语句可以查看每个表词典是如何定义的。例如:

```
proc sql;
    describe table dictionary.tables;
```

类似地,可以使用 DESCRIBE VIEW 语句查看 SASHELP 视图是如何构造的。

```
proc sql;
    describe view sashelp.vtable;
```

输出结果:

```
1165  proc sql;
1166      describe view sashelp.vtable;
NOTE: SQL 视图 SASHELP.VTABLE 定义为

      select *
        from DICTIONARY.TABLES;

1167  quit;
```

14.3.2　使用 DICTIONARY.TABLES

知道表词典是如何定义后,就可以在 SELECT 语句中使用其列名以及用 WHERE

语句得到更多信息。

例 14.3 检索在 RESDAT 逻辑库下所有永久性表和视图的信息。

```
proc sql outobs=3;
   title 'All Tables and Views in the RESDAT Library';
   select libname,memname,memtype,nobs
      from dictionary.tables
   where libname='RESDAT';
quit;
```

输出结果：

All Tables and Views in the RESDAT Library

Library Name	Member Name	Member Type	Number of Physical Observations
RESDAT	BANKIR	DATA	108
RESDAT	BCHMKIR	DATA	80483
RESDAT	BDID	DATA	1480

14.3.3 使用 DICTIONARY.COLUMNS

在找一些特殊列时，表词典十分有用。

例 14.4 找出 RESDAT 逻辑库下所有含有 Stkcd 的列。

```
proc sql outobs=3;
   title 'All Tables that Contain the Stkcd Column';
   select libname,memname,name
      from dictionary.columns
   where name='Stkcd' and libname='RESDAT';
quit;
```

输出结果：

All Tables that Contain the Stkcd Column

Library Name	Member Name	Column Name
RESDAT	DIST	Stkcd
RESDAT	DRET	Stkcd
RESDAT	HALT	Stkcd

注意：这里查询要区分大小写，而且逻辑库的名字一定要大写。

14.3.4 使用表视图技巧

- DATA 选项不能和表视图一起使用。
- DICTIONARY.DICTIONARIES 表包含所有表词典每个列的信息。
- 很多字符值(如表名和逻辑库名)是用全部大写的方式储存的,在查询中要特别注意。
- 表词典是只读的,所以无法进行修改,如插入观测或者列、改变列的属性,以及加入完整性约束。
- 对于 DICTIONARY.TABLE 和 SASHELP.VTABLE,如果一个表的读取是由密码保护的,则这个表所展示的信息只包含逻辑库名称,表名称,表的类型以及密码保护的类型。其他的信息都被设定为缺失。
- 在查询一个表词典时,SAS 启动一个检索程序来收集这个表的相关信息。不同于其他 SAS 过程步和 DATA 步,PROC SQL 可以在检索程序启动之前就最优化查询程序。因此,使用 PROC SQL 来检索表词典信息比用其他方法更有效率。
- SAS 不能在不同的查询中保持相同的信息,因为每次检索都要启动一个新的检索程序。因此,最好创建一个临时文件来储存所需要的表词典的信息。

14.4 在 PROC SQL 中使用宏工具

宏工具是一个很强大的编程工具,使用宏可以避免大量重复工作,改善 SQL 程序的性能和用途。它可以给一些字符串或 SAS 程序语句组设定一个名称,然后通过名称来调用程序。关于宏工具的更多信息可以查阅 SAS 的宏的相关部分。

宏变量在 SAS 代码中提供了一个很有效的方式来代替文本字符串。由 SAS 提供的宏变量则叫做自动宏变量。关于自动宏变量的更多信息,可以参考 PROC SQL 自动宏变量部分。

14.4.1 在 PROC SQL 中创建宏变量

SQL 可以嵌入到其他语言中,在 SQL 中引用这些语言的变量和列称为主变量引用。引用主变量时,在 SELECT 语句的列名前加上冒号来区别于一般列的引用。

SAS 中唯一的用到的主变量就是宏语言,宏语言属于 BASE SAS 的一部分。使用宏工具 macro-variable 可以储存查询结果。该结果可以通过宏变量被其他 PROC SQL 查询和 SAS 过程引用。主变量存储 SELECT 子句所列对象的值,主变量只能被用于 SELECT 语句的外部查询,而不能用于子查询,主变量不能用在 CAREATE TABLE 语句中。

如果一个查询结果中有多个观测,则该宏变量只包含第一个观测的值。如果这个查询结果中没有观测,则不会创建宏变量。

PROC SQL 的自动宏量 SQLOBS 包含了查询所产生的观测数量。

```
SELECT <DISTINCT>object-item <…object-item>
       <INTO macro-variable-specification <…macro-variable-specification>>
   FROM from-list
```

14.4.2　由查询结果的第一个观测创建宏变量

若在 INTO 子句中设定一个宏变量,则 PROC SQL 会将 SELECT 语句中相应列的第一个观测值赋给该宏变量。

例 14.5　将最新股票信息表 ResDat.lstkinfo 中第一个观测的 stkcd 和 lstknm 赋值给宏变量 stkcd 和 lstknm。用 %PUT 语句把宏变量的内容写入 SAS 日志。

```
proc sql;
select stkcd,lstknm
into :stkcd,:lstknm
from ResDat.lstkinfo;
quit;
%put &stkcd &lstknm;
```

输出结果:

```
139  proc sql;
140  select stkcd,lstknm
141  into :stkcd,:lstknm
142  from ResDat.lstkinfo;
143  quit;
NOTE: "PROCEDURE SQL"所用时间 (总处理时间)
     实际时间        0.00 秒
     CPU 时间        0.00 秒

144  %put &stkcd &lstknm;
000001 S 深发展 A
```

14.4.3　从汇总函数结果中创建宏变量

宏变量的一个比较有用的特性就是可以在 SAS 的标题中使用。

例 14.6　找出某只股票历年的最高收益。

```
proc sql outobs=3;
reset noprint;
select max(yrret)into :myrret
```

```
from ResDat.yrret where stkcd='000002';
reset print;
title "最高年收益为 &myrret.%";
select stkcd,date,yrret from ResDat.yrret
where stkcd='000002';
quit;
```

输出结果:

```
               最高年收益为 2.340115%
股票代码|Sto                     年收益率|Yea
ck Code         日期|Date        rly Return
-----------------------------------------------------
000002          1992-12-31        1.4000
000002          1993-12-31        0.0925
000002          1994-12-30       -0.5404
```

14.4.4 创建多个宏变量

在 INTO 字句中使用 THROUGH,THRU,或连字号(-)可以从 SELECT 语句的结果中为每一个观测创建一个宏变量。

例 14.7 将股票信息表中前三支股票的代码和名称分配给宏变量。然后用%PUT 将结果写入 SAS 日志。

```
proc sql noprint;
select stkcd,lstknm
into :stkcd1-:stkcd3,:lstknm1-:lstknm3
from ResDat.lstkinfo;
quit;
%put &stkcd1 &lstknm1;
%put &stkcd2 &lstknm2;
%put &stkcd3 &lstknm3;
```

输出结果:

```
189  proc sql;
190  select stkcd,lstknm
191  into :stkcd1-:stkcd3,:lstknm1-:lstknm3
192  from ResDat.lstkinfo;
193  quit;
NOTE: "PROCEDURE SQL"所用时间 (总处理时间)
      实际时间        0.00 秒
      CPU 时间        0.00 秒

194  %put &stkcd1 &lstknm1;
```

```
000001 S 深发展 A
195    %put &stkcd2 &lstknm2;
000002 万科 A
196    %put &stkcd3 &lstknm3;
000004 * ST 国农
```

14.4.5 在宏变量中实现连接

可以将一个列的值连接到一个宏变量中。这在建立一列宏变量和常数的时候非常有用。使用 SEPARATED BY 关键词设定一个字符来分隔宏变量。

例 14.8 用 inobs 选项限制 proc sql 读入前 3 个观测,再将其读入到宏变量中。一般用逗号或空格来分隔宏变量的值。

```
proc sql inobs=3 noprint;
select stkcd
into :stkcds separated by ','
from ResDat.lstkinfo;
quit;
%put &stkcds;
```

输出结果:

```
197   proc sql inobs=3;
198   select stkcd
199   into :stkcds separated by ','
200   from ResDat.lstkinfo;
WARNING: Only 3 records were read from RESDAT.LSTKINFO 由于 INOBS=选项
201   quit;
NOTE: "PROCEDURE SQL"所用时间(总处理时间)
      实际时间          0.00 秒
      CPU 时间          0.00 秒

202   %put &stkcds;
000001,000002,000004
```

创建宏变量时,会去掉开头和结尾的空格。如果想保留空格,则可以在 INTO 子句中加上 NOTRIM。

14.4.6 使用宏创建表

宏在表的连接方面非常有效。可以使用 SAS 宏工具来创建新表或在已有表中加入观测。

例 14.9 用宏计算制定代码和年份的股票交易天数。

```
proc sql noprint;
create table trdays
(stkcd char(6),trdays num);
%macro trad(stkcd,year);
select count(*) into :count
from ResDat.dret
where stkcd="&stkcd" and year(date)=&year;
insert into trdays(stkcd,trdays) values("&stkcd",&count);
%mend;
%trad(000002,1999);
%trad(000002,2000);
%trad(000016,1999);
%trad(000016,2000);
quit;
```

14.4.7 使用 PROC SQL 自动宏变量

PROC SQL 在每个语句运行之后产生三个宏变量,可以用这三个宏变量来检测 SQL 语句,并决定是否继续运行。

(1) SQLOBS 包含 SQL 过程运行的观测数量。

(2) SQLOOPS 包含 PROC SQL 运行的内部循环次数。

(3) SQLRC 属性变量,记录 PROC SQL 的语句是否成功运行。

例 14.10 从 ResDat.fdinfo 检索数据。%PUT 宏语言语句在日志中展示这三个宏变量的值。

```
proc sql noprint;
   select * from ResDat.lstkinfo;
%put SQLOBS=*&sqlobs* SQLOOPS=*&sqloops* SQLRC=*&sqlrc*;
quit;
```

输出结果:

SQLOBS=*1* SQLOOPS=*11* SQLRC=*0*

```
proc sql;
   select * from ResDat.lstkinfo;
%put SQLOBS=*&sqlobs* SQLOOPS=*&sqloops* SQLRC=*&sqlrc*;
quit;
```

输出结果:

SQLOBS=*30* SQLOOPS=*41* SQLRC=*0*

上面两个语句的区别在于第一个语句没有 PRINT 输出查询信息。NOPRINT 时,

SQLOBS 只运行了一个观测。而第二个语句则运行了 30 个观测。

注意：可以在 %PUT 语句中使用 _AUTOMATIC_ 选项列出所有的自动宏变量。例如,刚才的语句中要加入 _AUTOMATIC_ 选项。

```
proc sql noprint;
    select * from ResDat.lstkinfo;
%put _AUTOMATIC_;
```

14.5　PROC SQL 使用 SAS 输出传输系统 ODS

输出传送系统（output delivery system, ODS）可以控制 PROC SQL 输出结果的形式及输出方法。数据和其输出的结构定义被称为输出对象。输出对象被送往不同的目标,其中包括 Listing、HTML、output（常用的输出界面）和 printer。

下面以 HTML 为传送目标,并将结果保存为 html 文件。

```
ods html body='d:\odsout.htm';
    proc sql outobs=3;
        title 'STOCK INFORMATION';
        select stkcd,lstknm,lstdt
            from ResDat.lstkinfo;
ods html close;
```

输出结果：

STOCK INFORMATION

股票代码|Stock Code	最新股票名称|Latest Stock Name	股票上市日|List Date
000001	S深发展A	1991-04-03
000002	万科A	1991-01-29
000004	*ST国农	1991-01-14

习　题　14

1. 了解 PROC SQL 各选项的作用。
2. 什么时候可以使用索引来优化查询？
3. 什么是表词典？如何利用表词典列出 RESDAT 逻辑库中表 Lstkinfo 包含的所有列？
4. 在 PROC SQL 中如何创建和输出宏变量？请举例说明。

第15章 IML 编程技术

本章用到的数据集：D:\ResDat2\code.txt、ResDat.class。

SAS/IML(interactive matrix language)是在一种在动态和交互式环境下实现的强大而灵活的过程语言(交互式矩阵语言)。IML 最基本的数据对象是矩阵。在 SAS/IML 模式下，可以立刻看到语句运行的结果，也可以把语句存储在一个模块中为以后使用。

15.1 概 述

15.1.1 SAS/IML 软件特点

利用 SAS/IML 软件可以轻易地进行高效编程和使用一系列子程序。因为 SAS/IML 软件是 SAS 系统的一个模块，所以可以使用 SAS 数据集和外部文件，也可以对一个已有的 SAS 数据集进行编辑或创建一个新的 SAS 数据集。

SAS/IML 软件的特点：
- 是一种编程语言；
- 对矩阵作运算；
- 有强大的算符功能，有许多函数和 CALL 子程序；
- 将算符应用到整个矩阵；
- 是交互式的；
- 是动态的；
- 可以处理数据；
- 可以作图。

15.1.2 一个简单 IML 交互程序

例 15.1 求平方根 IML 程序。

```
proc iml;                        /* 激活 IML */
reset deflib=ResDat;             /* 指定 ResDat 为默认的 SAS 逻辑库 */
```

```
start approx(x);              /*定义模块开始*/
   y=1;                       /*初始化 y*/
   do until(w<1e-3);          /*循环开如,1e-3=0.001*/
   z=y;
   y=.5#(z+x/z);              /*估计开方根*/
   w=abs(y-z);                /*计算估计值之间的差异*/
   end;                       /*循环结束*/
   return(y);                 /*返回近似值*/
finish approx;                /*模块结束*/
t=approx({3,5,7,9});          /*调用函数 APPROX*/
print t;                      /*打印矩阵*/
quit;
run;
```

15.2 理解 IML 语言

15.2.1 定义矩阵

SAS/IM 软件对矩阵作运算,这里矩阵的定义同矩阵代数中矩阵的定义一样,是一个两维的(行×列)数组。SAS/IM 软件可以定义数值矩阵也可以定义字符矩阵。

特殊矩阵定义:
- 1×N 矩阵称作行向量;
- M×1 矩阵称作列向量;
- 1×1 矩阵称作标量。

矩阵名字是一个合法的 SAS 名字,不能超过 8 字节。

矩阵标识是由它的值表示的矩阵。

例 15.2 矩阵名举例。

A,XX,MATRIX1.

例 15.3 矩阵标识举例。

100,.,HI,{1 2 2 8 8 },{3,3,6,6}.

15.2.2 由矩阵标识创建矩阵

1. 创建标量矩阵

例 15.4 创建标量矩阵。

proc iml;

```
reset deflib=ResDat;
a=100;
b=.;
c="IML";
```

2. 创建数值矩阵

含有多个元素的矩阵标识要用括号把元素括起来。用逗号将矩阵的行分开。

例 15.5 由矩阵标识创建的数值阵。

```
X={1 2 3 4 5 6};          /*定义一个行向量 X*/
Y={1,2,3,4,5};            /*定义一个列向量 Y*/
Z={1 2,3 4,5 6};          /*定义一个 3×2 矩阵 Z*/
W=3#Z;                    /*创建一个新矩阵 W,它的每个元素是矩阵 Z 相应元素的 3 倍*/
```

3. 创建字符矩阵

例 15.6 创建字符矩阵时,字符长度取最长字符的长度。

```
a={IML  Modual};          /*字符长度以较长的字符为准,这里为 6*/
B={'abc'  'DEFG'};
```

4. 重复因子

重复因子用括号括起来放在要重复的元素前面。

例 15.7 用与不用重复因子的等价语句。

```
ANS={[2] 'Yes',[2] 'No'};
ANS={'Yes' 'Yes','No' 'No'};
```

5. 赋值语句

结果=表达式：

```
w=3#z;
```

函数作为表达式：

```
a=sqrt(b);
y=inv(x);
r=rank(x);
```

6. 表达式中的三种运算符

表达式中的运算符如表 15.1 所示。

表 15.1　表达式中的运算符

运算符	在表达式中的位置	运算符	在表达式中的位置
前缀运算符	放在运算对象前面(－A)	后缀运算符	放在运算对象后面(A')
中缀运算符	放在运算对象之间(A * B)		

15.2.3　语句类型

SAS/IML 软件语句大致分为三类：
- 控制语句；
- 函数和 CALL 语句；
- 命令语句。

1. 控制语句列表

控制语句列表如表 15.2 所示。

表 15.2　控制语句列表

语　　句	功　　能
DO,END	组语句
循环 DO,END	循环语句
GOTO,LINK	转移控制
IF-THEN/ELSE	条件执行
PAUSE	暂停模块
QUIT	退出 SAS/IML
RESUME	恢复执行模块
RETURN	从 LINK 语句或 CALL 模块返回
RUN	运行模块
START,FINISH	定义模块
STOP,ABORT	停止执行 IML 程序

2. 函数

函数的一般形式：

Result=Function (arguments);

其中，Argument 可以是矩阵名、矩阵本身或表达式。

SAS/IML 软件中的函数类型：
- 矩阵查询函数；
- 标量函数；
- 概括函数；
- 矩阵变形函数；

- 矩阵算术函数；
- 线性代数和统计函数。

常用 SAS/IML 软件函数列表见附录 B。读者可以通过 SAS 系统帮助查找 IML 函数的用法。

3. 与 DATA 步中函数相比的例外之处

SAS/IML 支持许多 DATA 步中的函数，输出结果与输入的维数一样。

SAS/IML 不支持的 DATA 步函数：DIFn、HBOUND、LAGn、PUT、DIM、INPUT、LBOUND。

SAS/IML 中有不同用法的函数：MAX、RANK、SOUND、SUBSTR、MIN、REPEAT、SSQ、SUM。

随机数函数 UNIFORM 与 NORMAL 和 DATA 步中的 RANUNI 与 RANNOR 的效果一样。

例 15.8 IML 随机数函数应用举例。

```
proc iml;
Rv=Uniform(Repeat(0,10,1));
Rv=Ranuni(Repeat(0,10,1));
Rv=Normal(Repeat(0,10,1));
Rv=Rannor(Repeat(0,10,1));
Rv=Ranbin(Repeat(0,10,1),20,0.5);
Rv=Rancau(Repeat(0,10,1));
Rv=Ranexp(Repeat(0,10,1));
Rv=Rangam(Repeat(0,10,1),1);
Rv=Ranpoi(Repeat(0,10,1),2);
Rv=Rantri(Repeat(0,10,1),3);
```

例中，形式 REPEAT(X,Y,Z) 中，X 是随机数种子，Y 是产生的随机数个数，Z 是产生的随机数列数。

例 15.9 DATA 步下随机数产生 SAS 程序例子。

```
data RV;
    retain _seed_ 0;                        /*retain 赋初值 0 给_seed_*/
    mu=0;
    sigma=1;
    do _i_=1 to 1000;
    Normal1=mu+sigma*rannor(_seed_);        /*均值为 mu,标准差为 sigma*/
    output;
    end;
    drop _seed_ _i_ mu sigma;
run;
```

SAS/IML 不支持 OF 语句：

```
A=mean(of x1-x10);
```

在 SAS/IML 中 x1-x10 被当成 x1 减 x10,而不是 x1 到 x10。

4. CALL 语句与子程序

CALL SUBROUTINE arguments;

例 15.10 使用 CALL 子程序。

```
call eigen(val,vec,t);
call delete(DAT);
```

第一个例句,用 CALL 语句创建矩阵,得到矩阵 t 的特征值和特征向量;第二句,删除数据集 DAT。

例 15.11 自建子程序。

```
start mymod(a,b,c);
    a=sqrt(c);
    b=log(c);
finish;
run mymod(a,b,10);        /*运行模型 MYMOD 或"run mymod(x,y,10)";*/
```

例中,建立一个模块 MYMOD,分别得到输入矩阵的平方根和自然对数值。
CALL 的其他一用法:

```
call gstart;              /*激活 graphics 模块*/
call gopen;               /*打开一个新的 graphics 片段*/
call gpoint(x,y);         /*作散点图*/
call gshow;               /*显示散点图*/
```

5. 命令

利用 SAS/IML 命令用于实现一些具体的系统功能,例如,存储和加载矩阵、或进行特定的数据处理等。

SAS/IML 命令列表如表 15.3 所示。

表 15.3 SAS/IML 命令列表

命　令	功　能	命　令	功　能
FREE	清空矩阵的值以释放空间	RESET	设置系统选项
LOAD	从存储库中加载矩阵或模块	REMOVE	从存储库中移走矩阵或模块
MATTRIB	规定矩阵的打印属性	SHOW	显示系统信息
PRINT	打印矩阵或相关信息	STORE	存储矩阵或模块至存储库中

例 15.12 SAS/IML 命令用法举例。

```
proc iml;
    A={1 2 3,4 5 6,7 8 9};
```

```
    B={2 2 2};
show names;
store a b;
show storage;
remove a b;                    /*移走矩阵 a,b*/
show storage;
load a b;
quit;
proc iml;
    A={1 2 3,4 5 6,7 8 9};
    B={2 2 2};
print a b;
free a b;                      /*清空矩阵 a,b*/
print a b;
quit;
```

6. 数据管理命令列表

数据管理命令表如表 15.4 所示。

表 15.4 数据管理命令表

命令	功能	命令	功能
APPEND	给 SAS 数据集添加观测值	PURGE	删除有删除标记的观测
CLOSE	关闭 SAS 数据集	READ	由 SAS 数据集的观测产生 IML 变量
CREATE	创建 SAS 数据集	SETIN	使 SAS 数据集成为当前的输入数据集
DELETE	删除 SAS 数据集中的观测	SETOUT	使 SAS 数据集成为当前的输出数据集
EDIT	编辑已存在的 SAS 数据集	SORT	对 SAS 数据集排序
FIND	查找符合条件的观测	USE	打开已存 SAS 数据集
LIST	观测值列表		

7. 缺失值

SAS/IML 软件也有缺失值的问题。注意,矩阵中的缺失值不能视为 0,矩阵标识中,数值缺失值用点"."表示。SAS/IML 软件支持缺失值的方式是有限的。许多矩阵运算不允许有缺失值,如矩阵乘法、矩阵求逆等。另外,支持缺失值的矩阵运算也会产生不一致的结果。

15.3 线性回归 IML 模块

15.3.1 解方程组

例 15.13 线性解方程组。

$$\begin{cases} 3x_1 - x_2 + 2x_3 = 8 \\ 2x_1 - 2x_2 + 3x_3 = 2 \\ 4x_1 + x_2 + 4x_3 = 9 \end{cases}$$

用符号表示为：

$$Ax = c$$

解方程组程序：

```
proc iml;
a={3  -1   2,
   2  -2   3,
   4   1  -4};
c={8,  2,  9};
x=inv(a)*c;
print a c x;
quit;
run;
```

15.3.2 线性回归 IML 模块程序

例 15.14 线性回归 IML 模块程序。

```
proc iml;
  x={1  1   1,
     1  2   4,
     1  3   9,
     1  4  16,
     1  5  25};
  y={1,5,9,23,36};
b=inv(t(x)*x)*t(x)*y;
yhat=x*b;
r=y-yhat;
sse=ssq(r);
dfe=nrow(x)-ncol(x);
mse=sse/dfe;

start regress;                          /*定义模块开始*/
    xpxi=inv(t(x)*x);                   /*矩阵 X'X 的逆*/
    beta=xpxi*(t(x)*y);                 /*参数估计*/
    yhat=x*beta;                        /*预测值*/
     resid=y-yhat;                      /*残差*/
     sse=ssq(resid);                    /*SSE*/
     n=nrow(x);                         /*观测值数*/
     dfe=nrow(x)-ncol(x);               /*误差自由度 DF*/
```

```
        mse=sse/dfe;                                /* MSE        */
        cssy=ssq(y-sum(y)/n);                       /* 校正平方和  */
        rsquare=(cssy-sse)/cssy;                    /* RSQUARE    */
        print,"Regression Results",  sse dfe mse rsquare;
        stdb=sqrt(vecdiag(xpxi)*mse);               /* 参数估计的标准差 */
        t=beta/stdb;                                /* 参数的 t 检验 */
        prob=1-probf(t#t,1,dfe);                    /* p-值 */
        print,"Parameter Estimates",, beta stdb t prob;
        print,y yhat resid;
finish regress;                                     /* 模块结束 */

reset noprint;
run regress;                                        /* 执行 REGRESS 模块 */
reset print;                                        /* 打开自动打印 */
covb=xpxi*mse;                                      /* 参数估计协方差阵 */
s=1/sqrt(vecdiag(covb));
corrb=diag(s)*covb*diag(s);                         /* 参数估计的相关系数 */
x1={1,2,3,4,5};                                     /* 矩阵 X 的第二列 */
x=orpol(x1,2);                                      /* 产生正交多项式 */
reset noprint;                                      /* 关闭自动打印 */
run regress;                                        /* 运行 REGRESS */
reset print;
covb=xpxi*mse;
s=1/sqrt(vecdiag(covb));
corrb=diag(s)*covb*diag(s);
reset fuzz;
corrb=diag(s)*covb*diag(s);

x=orpol(x1,2);                                      /* 产生矩阵 a 的正交多项式 */
```

下面程序可以帮助理解:

```
proc iml;
a={1,2,3,4,5};
b=orpol(a,2);
c=orpol(a,3);
d=c[,2];
e=c[,3];
f=t(d)*d;
g=t(e)*e;
h=t(e)*d;
print a b c d e f g h;
run;
quit;
```

15.3.3 回归结果作图

例 15.15 回归结果作图。

```
xy=x1||resid;                        /*将 x1 与 resid 按列合并*/
call pgraf(xy,'r','x','Residuals','Plot of Residuals');
            /* x 为横轴,Residuals 纵轴,数据点用'r'标识,Plot of Residuals 为标题*/
xyh=x1||yhat;
call pgraf(xyh,'*','x','Predicted','Plot of Predicted Values');

newxy=(x1//x1)||(y//yhat);
n=nrow(x1);
label=repeat('y',n,1)//repeat('p',n,1);
call pgraf(newxy,label,'x','y','Scatter Plot with Regression Line');
quit;
run;
```

15.4 矩 阵 操 作

15.4.1 输入数据创建矩阵标识

SAS/IML 可以使用多种方式输入数据创建矩阵标识。

1. 创建标量矩阵标识

例 15.16 创建标量矩阵例。

```
proc iml;
    x=12;
    y=12.34;
    z=.;
    a='Hello';
    b="Hi there";
print x y z a b;
```

2. 创建多元素矩阵

创建多元素矩阵时,用括号把元素括起来,用逗号(,)把行分开。

例 15.17 创建多元素矩阵例。

```
reset print;
    coffee={4 2 2 3 2,
            3 3 1 2 1,
```

```
            2 1 0 2 1,
            5 4 4 3 4};
    names={Jenny,Linda,Jim,Samuel};
print coffee [rowname=names];
```

15.4.2 使用赋值语句创建矩阵

1. 简单赋值语句

例 15.18 简单赋值语句创建矩阵。

```
reset noprint;
    daycost=0.30#coffee;
    print "Daily totals",daycost[rowname=names format=8.2];
ones={1,1,1,1,1};
    weektot=daycost*ones;
    print "Week total",weektot[rowname=names format=8.2];
grandtot=sum(coffee);
    average=grandtot/ncol(coffee);
    print "Total number of cups",grandtot,,"Daily average",average;
```

2. 创建特殊矩阵函数

SAS/IML 软件有很多内置函数来产生一些特殊矩阵。创建特殊矩阵函数如表 15.5 所示。

表 15.5 创建特殊矩阵函数

函　　数	功　　能	函　　数	功　　能
BLOCK	创建分块对角阵	J	创建同元素矩阵
DESIGNF	创建满秩设计阵	SHAPE	由输入矩阵创建一定形状的矩阵
I	创建单位阵		

例 15.19 创建分块对角阵。

```
BLOCK(matrix1,<matrix2,…,matrix15);
a={1 1,1 1};
b={2 2,2 2};
c=block(a,b);
```

例中,创建分块对角阵 C,其主对角线元素分别是矩阵 A 和 B。

例 15.20 创建同元素矩阵。

```
J(nrow<,ncol<,value  );
one=j(2,5,88);
```

创建一 2 行 5 列矩阵 one,其元素全部为 88。

例 15.21 创建单位阵。

I(dimension);
I3=I(3);

创建 3×3 单位阵 I3。

例 15.22 创建满秩设计阵。

DESIGNF(column-vector);
d=designf({1,1,1,2,2,3,3});

例中,为单因素方差分析创建了一个满秩矩阵,其中,关键因素有三个水平,$n_1=3$, $n_2=2$,和 $n_3=2$。即

D={1   0,
   1   0,
   1   0,
   0   1,
   0   1,
  -1   -1,
  -1   -1}

例 15.23 由输入矩阵创建一定形状的矩阵。

SHAPE(matrix<,nrow<,ncol<,pad-value);

其中,nrow,ncol,和 pad-value 是随意的,但一般情况下要给它们赋值。

aa=shape({99 33,99 33},3,3,0);
Aa={99   33   99,
    33   0   0,
     0   0   0}

例中,nrow,ncol 和 pad-value 全被赋值。

aa=shape({99 33,99 33},3,3);
Aa={99   33   99,
    33   99   33,
    99   33   99}

例中,pad-value 未赋值,SHAPE 函数循环并用值填充。

3. 用指数算符产生向量

用指数算符(:)可以方便地产生向量。如果步长不是 1,可以用 DO 函数。

例 15.24 用指数算符产生向量,样例如下。

例 句	产 生 向 量
R=1:5;	R={1 2 3 4 5};
s=10:6;	S={10 9 8 7 6};
t='abc1':'abc5';	T={abc1 abc2 abc3 abc4 abc5};
r=do(-1,1,.5);	r={-1 -0.5 0 0.5};

15.4.3 使用矩阵表达式

矩阵表达式由一系列名字、算符和函数构成。它的作用是完成计算,判断条件和巧妙处理数值。表达式可以出现在赋值语句的任何一边。

1. 算符

矩阵表达式中使用的算符可以分为三种:
- 前缀算符;
- 中缀算符;
- 后缀算符。

算符优先级如表 15.6 所示。

表 15.6 算符优先级

优先级	算符	优先级	算符
Ⅰ(最高)	^ 下标 −(前缀) ## **	Ⅴ	< <= == ^=
Ⅱ	* # << / @	Ⅵ	&.
Ⅲ	+ −	Ⅶ(最低)	|
Ⅳ	|| // :		

2. 复合表达式

```
a=x+y+z;
a=(-x)#(y-z);
a=x+y*z;
a=x/y/z;
```

3. 二目元素算符

二目元素算符是对两个矩阵的元素分别进行操作二目元素算符如表 15.7 所示。

表 15.7 二目元素算符

算符	用途	算符	用途	算符	用途
+	加	<	元素最小值	>=	大于等于
−	减	|	逻辑"或"	^=	不等于
#	元素相乘	&	逻辑"和"	=	等于
##	元素乘方	<	小于	MOD(m,n)	余数
/	除	<=	小于等于		
<	元素最大值	>	大于		

4. 下标

下标的一般形式：

operand[row,column]

其中：
- operand 通常是一个矩阵名，也可以是表达式或矩阵本身；
- row 规定矩阵的行数，可以是表达式，也可以是标量或向量；
- Column 规定矩阵的列数，可以是表达式，也可以是标量或向量。

下标的用途：
- 选择矩阵的一个元素；
- 选择矩阵的一整行或列；
- 选择矩阵的子阵；
- 简化矩阵的一行或列。

例 15.25 选择矩阵的一个元素。

```
print  coffee[rowname=names];
c21=coffee[2,1];                         /*矩阵 coffee 第 2 行 1 列元素*/
print c21;
```

也可以寻找超出行范围的元素，这时得到的是以行为顺序第 6 个元素。

```
c6=coffee[6];
print c6;
```

例 15.26 选择矩阵的一整行或列。

```
jim=coffee[3,];                          /*第 3 行元素*/
print jim;
friday=coffee[,5];                       /*第 5 列元素*/
print friday;
```

例 15.27 选择矩阵的子阵。

```
submat1=coffee[{1 3},{2 3 5}];
/*第一个向量{1 3}选择行，第二个向量{2 3 5}选择列*/
print submat1;
/*可以事先创建一个向量并以他们的名字作为输入*/
rows={1 3};                              /*事先创建向量 rows*/
cols={2 3 5};                            /*事先创建向量 cols*/
submat1=coffee[rows,cols];               /*以事先创建向量的名字作输入*/
submat2=coffee[1:3,3:5];                 /*选择矩阵 coffee 的第 1~3 行，第 3~5 列*/
print submat2;
```

例 15.28 根据下标位置进行相应元素的赋值。

```
coffee[1,2]=4;           /*将矩阵coffee的第1行2列处的元素值改为4*/
print coffee;
coffee[,5]={0,0,0,0};    /*将矩阵coffee的第5列元素全部设为0*/
print coffee;
t={3  2 -1,
   6 -4  3,
   2  2  2};
print t;
i=loc(t<0);
print i;
```

```
      I
3     5
```

```
t[i]=0;
print t;
```

```
      T
3     2     0
6     0     3
2     2     2
```

下标也可以包含运算结果为行数或列数的表达式。例如，表达式可以为：

```
t[loc(t<0)]=0;
```

5. 简化下标算符

简化下标算符列表如表15.8所示。常用例句及功能列表如表15.9所示。

表15.8 简化下标算符列表

算 符	功 能	算 符	功 能
+	加	<:>	最大值位置指标
#	乘	>:<	最小值位置指标
<>	最大	:	均值（与MATRIX过程不同）
><	最小	##	平方和

表15.9 常用例句及功能列表

例 句	功 能	例 句	功 能
B=A[{i j},+];	矩阵A第i,j行求和	B=A[,<:>];	行最大值位置指标
B=A[+,<>];	列和的最大值	B=A[,>:<];	行最小值位置指标
B=A[<>,+];	列最大值和	B=A[<:>,];	列最大值位置指标
B=A[,><][+,];	行最小值和	B=A[>:<,];	列最小值位置指标
B=A[,<>][+,];	行最大值和	B=A[:];	所有元素均值

例18.29 简化下标算符的应用。

```
proc iml;
```

```
A={0 10 2,
5 4 30,
7 6 8};
print A;
B=A[{2 3},+];                    /*矩阵A第2,3行求和*/
Print a b;
B=A[+,{2 3}];                    /*矩阵A第2,3列求和*/
print a b;
B=A[+,<>];                       /*列和的最大值*/
Print a b;
B=A[<>,+];                       /*列最大值和*/
Print a b;
B=A[,><][+,];                    /*行最小值和*/
Print a b;
B=A[,<>][+,];                    /*行最大值和*/
Print a b;
B=A[,<:>];                       /*行最大值位置指标*/
Print a b;
B=A[,>:<];                       /*行最小值位置指标*/
Print a b;
B=A[<:>,];                       /*列最大值位置指标*/
Print a b;
B=A[>:<,];                       /*列最小值位置指标*/
Print a b;
B=A[:];                          /*所有元素均值*/
Print a b;
Run;
```

15.4.4 利用行列标展现矩阵

可以使用 AUTONAME 选项,"ROWNAME＝,COLNAME＝"选项或 MATTRIB 语句来显示相关矩阵。

例 15.30 使用自动命名选项。

```
coffee={4 2 2 3 2,
        3 3 1 2 1,
        2 1 0 2 1,
        5 4 4 3 4};
print coffee;
names={Jenny,Linda,Jim,Samuel};
print coffee [rowname=names];
reset autoname;
print coffee;
```

例 15.31 使用 ROWNAME= 和 COLNAME= 选项。

```
names={jenny linda jim samuel};
days={mon tue wed thu fri};
print coffee[rowname=names colname=days];
```

例 15.32 使用 MATTRIB 语句。

```
mattrib coffee rowname=({jenny linda jim samuel})
            colname=({mon tue wed thu fri})
            label='Weekly Coffee'
            format=2.0;
print coffee;
```

15.4.5 缺失值运算举例

例 15.33 有缺失值元素参加运算的结果仍是缺失值。

```
X={1 2 .,. 5 6,7 . 9};
Y={4 . 2,2 1 3,6 . 5};
B=X+Y;                        /*矩阵相加*/
C=X#Y;                        /*元素相乘*/
D=X[+,];                      /*列求和*/
```

请读者自己运行上述语句查看结果。

15.5　IML 编程语句

15.5.1　IF-THEN 语句

语句格式：

```
IF expression THEN statement1;
ELSE statement2;
```

例 15.34 语句举例。

```
if max(a)<20 then p=0;
    else p=1;
if x=y then
    if abs(y)=z then w=-1;
    else w=0;
else w=1;
```

等价表达式：

If x<y then statement;	If all(x<y) then statement;
If a^=b then statement;	If ^(a=b) then statement;

例中，THEN 子句只有在 A 和 B 的对应元素都不相等时才执行。如果想要在 A 和 B 的对应元素有一个不相等时为真,要用 ANY 函数。

例 15.35 用 ANY 函数的表达式。

```
If any(a^=b) then    statement;
```

例中，在 A 和 B 中对应元素有一个不相等时值为真。

15.5.2 DO 组语句

DO 组的两个主要用法：
- 将一组语句设成一个 DO 组，应用时作为一个单位执行；
- 将条件语句中的一组语句设成一个 DO 组。

DO 组语句格式：

```
DO;
    additional statements
END;
```

例 15.36 DO 组例句。

```
if x<y then
    do;
        z1=abs(x+y);
        z2=abs(x-y);
    end;
else
    do;
        z1=abs(x-y);
        z2=abs(x+y);
    end;
```

15.5.3 循环语句

1. DO DATA 语句

```
DO DATA;
```

例 15.37 读入外部数据文件。

```
proc iml;
infile 'D:\ResDat2\code.txt';           /*读入外部文件*/
```

```
    do data;                    /* 开始读循环 */
      input xx;                 /* 读一个数据值 */
      x=x//xx;                  /* 连接数据值 */
    end;
```

例中,将外部文件中的数据导入到一个向量。一次读一个数据值到虚变量 xx 中,再用竖直连接算符(//)把数值导到向量 x 中。

2. 循环 DO 语句

DO variable=start **TO** stop <**BY** increment;

例 15.38　循环 DO 例句。

```
do i=10 to 100 by 10;
```

3. DO While 语句

DO WHILE expression;

例 15.39　DO WHILE 例句。

```
do while(count<5);
   print count;
   count=count+1;
end;
```

4. DO UNTIL 语句

DO UNTIL expression;

例 15.40　DO UNTIL 例句。

```
do until(count>5);
   print count;
   count=count+1;
end;
```

15.5.4　转移语句

```
GOTO   label;
LINK   label;
```

GOTO 和 LINK 语句都可以使得 IML 立刻转移到标记语句。
GOTO 和 LINK 语句都被限制在同一个模块或 DO 组中,如下面两段程序。

例 15.41　使用 GOTO 或 LINK 语句。

```
X=-2;
```

程序段 1：

```
do;
if x<0 then goto negative;
y=sqrt(x);
print y;
stop;
negative:
print "Sorry,X is negative";
end;
```

程序段 2：

```
do;
if x<0 then link negative;
y=sqrt(x);
print y;
stop;
negative:
print "Using Abs. value of negative X";
x=abs(x);
return;
end;
```

例 15.42 不使用 GOTO 或 LINK 语句。

```
if x<0 then print "Sorry,X is negative";
else
do;
y=sqrt(x);
print y;
end;
```

15.5.5 创建和运行模块语句

模块的用途有两个：
- 创建一组语句使得能够在程序的任意一个地方作为一个单位引用，也就是创建一个子程序或函数；
- 创建一个独立的环境。

模块通常以 START 开始以 FINISH 结束。

1. 创建和运行模块

创建模块：

START<name<(arguments)<**GLOBAL**(arguments);
FINISH<name;

缺省的模块名字是 MAIN。

运行模块：

RUN name<(arguments);
CALL name<(arguments);

RUN 语句的运行顺序为：
- 用户定义的模块；
- IML 自带的子程序或函数。

CALL 语句的运行顺序为：
- IML 自带的子程序或函数；
- 用户定义的模块。

2. 模块嵌套

可以在一个模块中嵌入另一个模块。在模块嵌套时，必须保证子模块完全包含在母模块里。每个模块是独立编译的。

例 15.43　在一个模块嵌入另外模块。

```
start a;
    reset print;
    start b;
        a=a+1;
    finish b;
    run b;
finish a;
run a;
```

在上面程序段中，IML 先开始编译模块 A，在编译该模块的过程中，遇到模块 B 的开始。因此，IML 保存当前对模块 A 的编译，开始编译 B，直至遇到第一个 FINISH 语句，结束对 B 的编译，继续编译 A。下面程序可以得到同样的结果。

```
start b;
    a=a+1;
finish;
start a;
    reset print;
    run b;
finish;
run a;
```

3. 不含参数模块

创建一个不含参数模块时，不创建局部符号表。在模块内定义的变量是全局变量，可以在模块内和模块外引用。模块内对这些变量的操作也是全局性的。

例 15.44 创建不含参数的模块。

```
proc iml;
    a=10;                /*A 为全局*/
    b=20;                /*B 为全局*/
    c=30;                /*C 为全局  */
start mod1;              /*定义模块开始*/
    p=a+b;               /*P 为全局*/
    q=b-a;               /*Q 为全局*/
    c=40;                /*C 已经全局*/
finish;                  /*模块结束*/
run mod1;
print a b c p q;
```

输出结果:

A	B	C	P	Q
10	20	40	30	10

例中,创建一个不含参数的模块,所以符号(变量)都是全局的。
模块执行后:
- A 还是 10;
- B 还是 20;
- C 被改成 40;
- 创建 P 和 Q,添加到全域变量表,相应的值分别为 30 和 10;
- 可以把变量名作为输入;
- 如果有几个输入值,用逗号分隔;
- 如果既有输出变量又有输入变量,最好是把输出变量放在前面;
- 调用 RUN 或 CALL 语句,输入可以是名称,表达式或矩阵本身。

4. 含有参数模块

一般来说,含有参数模块有以下特点:
- 可以用变量名的方式指定参数。
- 如果指定了若干个参数,则需要用逗号隔开。
- 如果同时有输入变量和输出变量,最好把输出变量列在前面。
- 用 RUN 或 CALL 语句调用模块时,参数可以是任意的名称,表达式或文字。但若该参数用于输出结果时,则必须是变量名,而不能是表达式或文字。

用 RUN 语句或 CALL 语句执行一个模块时,每个参数的值从全局符号表转到局部符号表。在例 15.45 中,开始 4 个语句提交到全局环境中,定义了 4 个变量 A,B,C,D,它们的值存储在全局符号表中。START 语句标明模块 MOD2 的开始,列出两个参数 X 和 Y。同时创建了 MOD2 的局部符号表,所有在模块中用到的参数(X、Y、P、Q 和 C)都在局部符号表中。同时，RUN 语句中的变量 A、B 和 START 语句中的变量 X，Y 是一一对应的。变量 A、B、D 只存在于全局符号表中，变量 X、Y、P 和 Q 只存在于局部符号表中，而变量 C 在全局和局部符号表中是独立存在的。当通过语句 RUN MOD2(A，B) 执行 MOD2 时，将全局符号表中变量 A 的值赋给局部符号表中的 X，B 的值类似。因为 C 不是参数，所以局部符号表中 C 的值和全局表中的 C 没有任何联系。当模块执行完毕后，将局部符号表中 X 和 Y 的最终值赋给全局表中的 A、B。

例 15.45 创建含参数模块。

```
proc iml;
    a=10;
    b=20;
    c=30;
    d=90;
start mod2(x,y);
    p=x+y;
    q=y-x;
    y=100;
    c=25;
finish mod2;
run mod2(a,b);
print a b c d;
```

输出结果：

A	B	C	D
10	100	30	90

模块执行后：

- A 还是 10；
- B 变成 100，因为在模块里面输入 Y 被改变成了 100；
- C 还是 30，在模块里面 C 被设定成 25，但是全域变量 C 与局域变量 C 没有对应；
- D 还是 90。

5. 定义函数模块

函数是返回一个单一值的特殊模块。一般的模块能通过参数列表的方式返回任意多个变量值。函数模块包含一个 RETURN 语句，指定所要返回的值。定义函数模块后，可以像调用一般函数那样调用函数模块。

例 15.46 定义了一个函数模块，将局部符号表变量 C 的值赋给全局变量 Z。

例 15.46 定义函数模块。

```
proc iml;
    a=10;
    b=20;
```

```
        c=30;
        d=90;
start mod3(x,y);
    p=x+y;
    q=y-x;
    y=100;
    c=40;
    return (c);                             /*返回函数值*/
finish mod3;
z=mod3(a,b);                                /*调用函数*/
print a b c d z;
```

输出结果：

A	B	C	D	Z
10	100	30	90	40

模块执行后：
- A 还是 10；
- B 变成 100，因为在模块里面输入 Y 被改变成了 100；
- C 还是 30，在模块里面 C 被设定成 25，但是全域变量 C 与局域变量 C 没有对应；
- Z 被设定成 40，是局域变量列表中的 C 值。

例 15.47 定义函数 ADD 用来对两个变量求和。

```
proc iml;
reset print;
start add(x,y);
    sum=x+y;
    return(sum);
finish;
    a={9 2,5 7};
    b={1 6,8 10};
    c=add(a,b);
print a b c;
```

例 15.48 函数模块的相互调用。

```
d=add(add(6,3),add(5,5));
print d;
```

例中，在 ADD 内部调用 ADD 模块。

函数调用顺序：
- IML 自带函数；
- 用户自己定义的函数；
- SAS DATA 步中的函数。

6. GLOBAL 子句

一般来说，在含参数的模块中，模块内的局部变量和模块外的全局变量即使它们有相同的变量名，也没有任何联系。若想在模块内外引用同一个变量，可以通过 GLOBAL 子句，指定该变量从全局符号表中调用。

例 15.49 使用 GLOBAL 子句指定全局变量。

```
proc iml;
    a=10;
    b=20;
    c=30;
    d=90;
start mod4(x,y) global (c);
    p=x+y;
    q=y-x;
    y=100;
    c=40;
    d=500;
finish mod4;
run mod4(a,b);
print a b c d;
```

输出结果：

A	B	C	D
10	100	40	90

模块执行后：
- A 还是 100；
- B 被改成 100V
- C 被改成 40，因为它是全局变量；
- D 还是 90 而不是 500，因为 D 独立的存在于局部符号表和全局符号表。

7. 含参数模块嵌套

在含参数的模块嵌套中，全局变量和局部变量的概念与前面有所不同。

例 15.50 模块嵌套。

```
start mod1 (a,b);
    c=a+b;
    d=a-b;
    run mod2 (c,d);
    print c d;
finish mod1;
```

```
start mod2 (x,y);
    x=y-x;
    y=x+1;
    run mod3(x,y);
    finish mod2;

start mod3(w,v);
    w=w#v;
finish mod3;
```

例中，MOD1 的局部变量实际上是 MOD2 的全局变量，MOD2 的局部变量是 MOD3 的全局变量。全局环境和局部环境的差别只是在有参数的时候才有意义。如果一个模块（如 A）调用另外一个不含参数的模块（如 B）时，B 拥有 A 的局部符号表中的所有符号。

例 15.51　模块嵌套出错。

```
x=457;
start a;
    print 'from a' x;
    finish;
start b(p);
    print 'from b' p;
    run a;
    finish;
run b(x);
```

输出结果：

```
         P
from b   457
ERROR: Matrix X has not been set to a value.
Error occured in module A
called  from     module B
stmt: PRINT
Paused in module A.
```

例中，模块 A 被模块 B 调用。因此，B 的局部变量是 A 的全局变量。模块 A 可以使用模块 B 中的任何变量。模块 B 的局部变量中没有 X，因而模块 A 不能使用 X。这就产生了 'X is unvalued' 的错误。

8. 关于参数的进一步说明

可以将表达式或有下标的矩阵作为参数传递给模块，但在使用时要理解 IML 是怎样计算表达式的值并传递给模块的。IML 线计算表达式的值，将该值存储在一个临时变量里。类似地，IML 通过下标变量创建子矩阵，并将子矩阵存储在临时变量中。然后将临时变量传递给模块,而原始的矩阵却没有改变。

例 15.52 输入变量举例。

```
proc iml;
    reset printall;
    start square(a,b);
    a=b##2;
finish;
    x={5 9};
    y={10 4};
do i=1 to 2;                    /*按逐个元素向模块中输入矩阵*/
    run square(x[i],y[i]);
end;
print x y;                      /*X,Y 未变化*/
```

输出结果:

X		Y	
5	9	10	4

例中,X 并没有改变,改变的只是没有显示出来的临时变量。

9. 模块的储存

使用 STORE 和 LOAD 语句可储存和调用一个模块。

STORE MODULE=name;
LOAD MODULE=name;

使用 SHOW 语句可以显示储存模块的名称。

SHOW storage;

15.5.6 停止执行

使用 PAUSE、STOP 或 ABORT 语句可以停止执行,QUIT 语句也是一个停止语句,不过它要求退出 IML 环境。

PAUSE 语句格如下:

PAUSE <message><*>;

恢复执行语句为 RESUME。

例 15.53 PAUSE 例句。

```
pause *;                                                    /*不显示任何提示信息*/
pause "Please enter an assignment for X,then enter RESUME;";
msg="Please enter an assignment for X,then enter RESUME;";
pause msg;
```

15.6 SAS 数据集操作

15.6.1 打开 SAS 数据集

1. USE 语句

USE 语句仅用于打开和读入 SAS 数据集。
语句格式:

USE SAS-data-set <**VAR** operand <**WHERE**(expression);

2. EDIT 语句

EDTI 语句用于读写 SAS 数据集。

EDIT SAS-data-set <**VAR** operand <**WHERE**(expression);

3. CREATE 语句

CREATE 语句用于创建 SAS 数据集。

CREATE SAS-data-set <**VAR** operand;
CREATE SAS-data-set **FROM** from-name
　　<[**COLNAME**=column-name **ROWNAME**=row-name];

15.6.2 编辑 SAS 数据集

可以使用 EDIT 语句对一个 SAS 数据集进行编辑,更新变量值,标记要删除的观测,删除已标记观测,储存修改后的结果。
　　EDIT 语句格式:

EDIT SAS-data-set <**VAR** operand <**WHERE**(expression);

其中:
- SAS-data-set 为已存在的数据集名;
- operand 选择变量集;
- expression 值为真或假的表达式。

1. 更新观测

例 15.54　更新观测。

data class;

```
set ResDat.class;
proc iml;
use class;
edit class;
find all where(name={'John'}) into d;
print d;
list point d;
age=15;
replace;
list point 14;
quit;
```

2. 删除观测

DELETE <range <**WHERE**(expression);

其中：
- range 规定观测范围；
- expression 值为真或假的表达式。

例 15.55 DELETE 语句正确例句。

```
delete;                                /*删除当前观测*/
delete point 10;                       /*删除第 10 个观测*/
delete all where (age>12);             /*删除 AGE>12 的所有观测*/
```

例 15.56 当一个文件的许多观测被删除后，可以使用 PURGE 语句对观测进行重新排序。

```
proc iml;
use class;
edit class;
find all where(name={'John'}) into d;
print d;
delete point d;
list all;
purge;
list all;
run;
```

15.6.3 SAS 数据集排序

例 15.57 直接对 SAS 数据集排序。

```
close class;
sort class out=sorted by descending name;
```

```
show names;

sort class by name;
```

15.6.4 由 SAS 数据集创建矩阵

READ 语句读入 SAS 数据集并创建矩阵。注意,要读的数据集必须已经打开。使用 USE 或 EDIT 语句可以打开一个 SAS 数据集。如果打开了多个数据集,可以使用 SETIN 语句指向需要的数据集,使它成为一个当前输入数据集。

READ <range   <**VAR** operand   <**WHERE**(expression)
          <**INTO** name;

其中:
- range 规定观测范围;
- operand 选择变量集;
- expression 值为正确或错误的表达式;
- name 规定要创建矩阵的名称。

例 15.58 带 VAR 从句的 READ 语句。

```
proc iml;
reset deflib=RESDAT;
use class;
list all;
list;
read all var {age height weight};
show names;
run;
```

前面两个语句也可写成:

```
use class var{age height weight};
read all;
```

例 15.59 带 VAR 和 INTO 从句的 READ 语句。

```
read all var _num_ into x;
print x;
```

例 15.60 READ 语句的中 WHERE 从句。

```
read all var _num_ into female where(sex="F");
print female;

read all var{name} into j where(name=:"J");
print j;
```

例中,创建一个包含姓名以子母 J 开始的学生信息矩阵。

```
read all var{name} into al where(name?"Al");
print al;
```

例中,创建一个包含姓名含有"Al"字符串的学生信息矩阵。

15.6.5 由矩阵创建 SAS 数据集

使用 CREATE 和 APPEND 语句从一个矩阵创建一个 SAS 数据集,矩阵的列变成数据集的变量,矩阵的行变成数据集的观测。因而一个 n×m 矩阵变成一个含有 m 个变量和 n 个观测的数据集。CREATE 语句打开一个新的 SAS 数据集作为输入和输出对象,APPEND 语句把数据写到数据集后面。

1. 带有 FROM 选项的 CREATE 语句

```
CREATE SAS-data-set FROM matrix
    <[COLNAME=column-name ROWNAME=row-name];
```

其中:
- SAS-data-set 要创建的数据集名;
- matrix 为包含数据的矩阵名;
- column-name 为数据集中的变量名;
- row-name 为数据集中增加一个包含行标题的变量名。

例 15.61　用 CREATE 语句的 FROM 选项创建 SAS 数据集。

```
proc iml;
use class;
read all var {age height weight};
htwt=height/weight;
show names;
create ratio from htwt[colname='htwt'];
append from htwt;
show datasets;
show contents;
close ratio;
```

2. 带有 VAR 从句的 CREATE 语句

例 15.62　用带 VAR 从句的 CREATE 语句创建 SAS 数据集。

```
create ratio2 var{name htwt};
append;
show contents;
close ratio2;
```

15.6.6 与 DATA 步的比较

如果要在 IML 环境下模仿 DATA 步的处理方式,就必须了解 IML 和 DATA 步的不同之处。

在 SAS/IML 软件环境下,使用 CREATE 语句而不是 DATA 语句。创建数据集前还必须清晰地设定所有变量的属性。也就是说,事先须设定任意字符变量的长度。数值变量是缺省定义,所以,任何未被定义的变量都被定义为数值变量。DATA 步下,变量的属性可以由整个 DATA 步的上下文来定义。

在 SAS/IML 软件环境下,须用 APPEND 语句输出一观测值。DATA 步下,即可以用语 OUTPUT 语句也可以用 DATA 步本身输出。

在 SAS/IML 软件环境下,用 DO DATA 循环进行反复。DATA 步下,反复是隐含的。

在 SAS/IML 软件环境下,如果不用 QUIT 语句退出 IML,就必须用 COSE 语句关闭数据集。DATA 步下,关闭数据集由 DATA 步结束自动完成。

DATA 步通常比 IML 运行的快。

总之,DATA 步处理问题更简洁,程序更短。IML 更灵活,因为它是交互式的,并且有强大的矩阵处理功能。

15.7 访问外部文件

15.7.1 打开外部文件

1. 打开外部文件语句

和 DATA 步一样,IML 打开输入和输出文件的方式有两种:
- 文件路径;
- 文件标识。

例 15.63 用文件路径打开外部文件。

```
infile 'user.text.class';
file 'user.text.newclass';
```

例 15.64 用文件标识打开外部文件。

```
filename inclass 'user.text.class';
infile inclass;
filename outclass 'user.text.newclass';
file outclass;
```

和 DATA 步一样,文件标识 CARDS、LOG 和 PRINT 对 IML 有特殊意义。

- CARDS 为输入数据流标识；
- LOG 为 og 窗口输出标识；
- PRINT 为 OUTPUT 窗口输出标识。

2. 外部文件类型

IML 可以处理的外部文件有二进制文件和文本文件两种。

用 INFILE 语句打开二进制外部文件时，须有选项 RECFM=N，且在 INPUT 语句中用字符算符(<)来指定要读入每一项数据的长度。

语句 FILE 和 PUT 用于向当前的输出文件写数据。如果输出文件是二进制文件，须在 FITLE 语句中加选项 RECFM=N。

15.7.2 读入外部文件

1. 使用 infile 语句

infile 语句选项：

FLOWOVER	使 INPUT 语句指向下一个记录
LENGTH=	设定 INPUT 语句中变量的长度
MISSOVER	阻止从新数据行读数据，未赋值的变量值为缺失值
RECFM=N	设定打开是的二制文件
STOPOVER	在当前观测所有变量没取得数据之前，停止读入

例 15.65 使用 INPUT 语句读入外部文件。

```
filename inclass 'user.text.class';
infile inclass missover;
infile 'user.text.class' missover;
```

2. 使用 INPUT 语句

可参阅 DATA 步中的相关内容。

例 15.66 使用 INPUT 语句和 INFILE 语句读入外部文件。

```
filename inclass 'user.text.class';
infile inclass missover;
name="12345678";
sex="1";
create class var{name sex age height weight};

do data;
input name $ sex $ age height weight;
append;
```

```
end;
close class;
closefile inclass;
```

3. 和 DATA 步的不同之处

下列功能 IML 不支持或与其在 DATA 步中的作用不相同：
- 符号（♯）不支持多当前行记录；
- 不支持括号嵌套；
- 不支持冒号（:）格式修饰符；
- 支持二进制文件的字节操作符（< and）有新特征；
- 遇到逗号时，格式修饰符（&）使 IML 停止读数据；
- 不支持选项 RECFM=F。

15.7.3 生成外部文件

1. 使用 FILE 语句

例 15.67 使用 FILE 语句产生外部文件。

```
file 'user.text.newclass';
filename outclass 'user.text.class';
file outclass;
```

FILE 语句的两个选项：
- RECFM=N 指明要写的数据是没有记录分隔符的纯二进制文件；
- LRECL=operand 指明观测保留缓冲的大小。

2. 使用 PUT 语句

PUT 语句向 SAS LOG 窗口、SAS 输出窗口或任何由 FILE 语句指定的外部文件。
PUT 语句的选项：

Variable	IML 变量
Literal	要输出的矩阵标识，可以紧跟在输出格式后
expression	必须产生标量的表达式，可以紧跟在输出格式后
Format	输出格式名
pointer-control	移动输出指针到相应的行或列

3. 和 DATA 步的不同之处

下列功能 IML 不支持或与其在 DATA 步中的作用不相同：
- 符号（♯）不支持多当前行记录；

- 不支持括号嵌套；
- 支持二进制文件的字节操作符（< and）有新特征。

4. 应用举例

例 15.68　由矩阵产生外部文件。

```
proc iml;
use ResDat.class;
read all into x;
print x;
run;

filename out 'D:\user.txt';
    file out;
    do i=1 to nrow(x);
        do j=1 to ncol(x);
            put @ (x[i,j]) 1.0 +2 @;
        end;
        put;
    end;
    closefile out;
run;
```

输出文件含有矩阵的每行记录。

例 15.69　快速输出 PRINT 文件。

```
file print;
    do a=0 to 6.28 by .2;
    x=sin(a);
    p=(x+1)#30;
    put @1 a 6.4 +p x 8.4;
    end;
run;
```

15.7.4　关闭打开的外部文件

例 15.70　用 CLOSEFILE 语句关闭外部文件。

```
filename in 'user.txt';
infile in;
closefile in;
```

习 题 15

1. SAS/IML 最基本的数据对象是什么?
2. 为什么说 SAS/IML 是一种交互式矩阵语言?
3. 如何定义 N 维行向量、N 维列向量和标量?
4. 创建 8×8 单位阵,创建 2×5 元素全为 9 的矩阵。
5. a={3 3,4 4},b={9 9,12 12},创建分块对角阵 c,使其主对角线元素是 a 和 b。
6. DATA 步中哪些函数 SAS/IML 中不支持?
7. DATA 步中哪些函数在 SAS/IML 中有不同用法?
8. 用 SAS 函数实现:求矩阵均值、最大值和最小值。
9. 不利用 SAS 函数实现:矩阵 a={1 3,5 4,2 1}各列的均值、最大值和最小值。
10. 由 SAS 数据集创建矩阵。
11. 由矩阵创建 SAS 数据集。
12. IML 可以处理几种外部文件,分别是什么?
13. IML 如何访问外部文件?
14. 选择矩阵的子阵有哪几种实现方式?
15. 如何从存储库中加载矩阵或模块?
16. 如何存储矩阵或模块至存储库中?
17. 在 IML 中如何为数据集建立索引?
18. 解释 IML 中下列命令的功能:append、find、list、purge、read、setin、remove、setout、show。
19. 用转移语句实现:当成绩小于 60 时,输出"该生成绩不合格"的信息,否则输出此成绩。
20. 已知矩阵 $X = \begin{bmatrix} 1 & 2 & 5 \\ 4 & 1 & 6 \\ 4 & 0 & 4 \end{bmatrix}$,b=[2,2,−1],编程求 Xb 的均值和方差。
21. 利用 IML 编程求解线性解方程组。

$$\begin{cases} 3x_1 - x_2 + 2x_3 = 8 \\ 2x_1 - 2x_2 + 3x_3 = 2 \\ 4x_1 + x_2 + 4x_3 = 9 \end{cases}$$

22. 利用 IML 编程实现:三个正态分布的零均值随机变量,协方差矩阵为 corr= $\begin{bmatrix} 1 & 0.3 & 0.1 \\ 0.3 & 1 & 0.2 \\ 0.1 & 0.2 & 1 \end{bmatrix}$,分别产生 100 个这三个随机变量的随机数实现。

23. 不利用 SAS 函数,用 IML 编写求立方根函数模块。推广到求指数、对数等其他函数的值。

24. 写一个将变量标准化的模块:将矩阵 x 每一列均值化为 0,标准差化为 1。

25. 企业每年都会有一个新的评级(AAA、AA、A、BBB、BB、B、CCC、Default 其中之一),评级的标准采取资产价值模型,即一个企业的资产价值决定了它偿还债务的能力,所以有一系列的资产价值水平决定期末的信用评级。这样就存在企业资产价值到信用评级的映射,知道企业的资产价值阈值,就可以得出信用评级的变化。假设公司资产价值的变化(即资产收益率,用 R 表示)是正态分布,均值为 μ,标准差为 σ(不妨设 $\mu=0, \sigma=1$)。两级债券信用评级转移概率如表 15.10 和表 15.11 所示。根据资产价值模型可以确定资产收益率阈值 Z_{Def}, Z_{CCC} 等,如果 $R < Z_{Def}$,则债务人违约;如果 $Z_{Def} < R < Z_{CCC}$,则债务人降级为 CCC 等。在 R 为正态分布的假设条件下,可以计算出这些事件发生的概率,列在下表的第三列中,第二列是由历史数据获得的债券的信用评级转移概率。第二列和第三列的对应值相等。由违约概率 $\Phi(Z_{Def}) = 1.06\%$,可以解得 Z_{Def}。

$$Z_{Def} = \Phi^{-1}(1.06\%) = -2.30$$

依次可以获得 Z_{CCC}, Z_B 等(注意:没有 Z_{AAA} 的值)。利用 IML 编程实现阈值的确定 $Z_{AA} \sim Z_{Def}, Z'_{AA} \sim Z'_{Def}$。

表 15.10　BB 级债券信用评级转移概率

评　级	转移矩阵所得概率	资产价值模型所得概率
AAA	0.03	$1 - \phi(Z_{AA})$
AA	0.14	$\phi(Z_{AA}) - \phi(Z_A)$
A	0.67	$\phi(Z_A) - \phi(Z_{BBB})$
BBB	7.73	$\phi(Z_{BBB}) - \phi(Z_{BB})$
BB	80.53	$\phi(Z_{BB}) - \phi(Z_B)$
B	8.84	$\phi(Z_B) - \phi(Z_{CCC})$
CCC	1.00	$\phi(Z_{CCC}) - \phi(Z_{Def})$
Default	1.06	$\phi(Z_{Def})$

表 15.11　A 级债券信用评级转移概率

评　级	转移矩阵所得概率	资产价值模型所得概率
AAA	0.09	$1 - \phi(Z'_{AA})$
AA	2.27	$\phi(Z'_{AA}) - \phi(Z'_A)$
A	91.05	$\phi(Z'_A) - \phi(Z'_{BBB})$
BBB	5.52	$\phi(Z'_{BBB}) - \phi(Z'_{BB})$
BB	0.74	$\phi(Z'_{BB}) - \phi(Z'_B)$
B	0.26	$\phi(Z'_B) - \phi(Z'_{CCC})$
CCC	0.01	$\phi(Z'_{CCC}) - \phi(Z'_{Def})$
Default	0.06	$\phi(Z'_{Def})$

26. 矩阵如下:

$$c = \begin{pmatrix} 1 & 1 & 1 & 1 & 0 & 0 & 0 & 0 & \cdots & 0 & 0 & 0 & 0 \\ 0 & 0 & 0 & 0 & 1 & 1 & 1 & 1 & \cdots & 0 & 0 & 0 & 0 \\ & & & & & & & & \cdots & & & & \\ 0 & 0 & 0 & 0 & 0 & 0 & 0 & 0 & \cdots & 0 & 0 & 0 & 0 \end{pmatrix}_{n \times 4n}$$

$$\boldsymbol{V}_{4n\times 4n} = \sigma^2 \begin{bmatrix} 1 & \rho & \rho^2 & \cdots & \rho^{4n-1} \\ \rho & 1 & \rho & \cdots & \rho^{4n-2} \\ \rho^2 & \rho & 1 & \cdots & \rho^{4n-3} \\ \vdots & \vdots & \vdots & \cdots & \vdots \\ \rho^{4n-1} & \rho^{4n-2} & \rho^{4n-3} & \cdots & 1 \end{bmatrix}_{4n\times 4n}$$

(1) 计算 $\boldsymbol{V}_a = \boldsymbol{cVc}'$。

(2) 计算 $\boldsymbol{V}_a$ 中上三角元素之和与对角线元素之和的比值。

(3) 计算 $\boldsymbol{V}_a^{-1}$。

第 16 章　宏编程技术

本章用到的数据集：ResDat.class、ResDat.stk000002。
本章内容包括：
宏工具是一种可以用来扩展 SAS 功能,减少普通工作文本输入量的 SAS 工具。宏工具可以给一段文本或 SAS 程序命名,并通过引用这个名称来使用这段程序或文本。
宏工具的功能非常强大,使用宏工具来完成以下任务。
- 使用宏变量实现文本替代;
- 使用宏产生程序语句;
- 使用宏循环及条件判断语句完成程序交互。

SAS 中宏工具包含两个部分:
- 宏处理器:SAS 软件中用来处理宏的工具。
- 宏语言:SAS 中与宏处理器进行交流而使用的语法。

16.1　宏　变　量

宏变量的用途是替代 SAS 程序文本,即通过将一段文本赋值给一个宏变量,从而可以很灵活的通过引用这个宏变量来达到使用这段文本的效果。宏变量值的最大长度是 65 534 个字符。宏变量的长度是由自身的文本长度决定的,而不是通过设定得到,所以宏变量的值是随着文本的长度而任意发生变化。

宏变量包含的只是字符数据。但 SAS 宏工具可以使包含数字的宏变量值在程序中作为数值使用,详细地请看后面的宏表达式和宏函数。

宏变量独立于 SAS 数据集变量。

宏变量分为用户自定义宏变量和自动宏变量。SAS 系统定义的宏变量称为自动宏变量。SAS 程序的任何地方都可以使用自动宏变量,不过数据行除外。

宏变量从使用范围上分还分为局部宏变量和全局宏变量。当一个宏变量被定义时,宏处理器将它加入到程序的某个宏变量符号表中。宏变量在宏程序之外定义,或由 SAS 定义时(除了 SYSPBUFF),这个变量就是全局宏变量,存放在 SAS 启动时产生的通用符号表中。宏变量在宏程序内部定义,且没有被定义成全局宏变量时,这个变量就是局部宏变量,存放在这个宏自身的符号表中,即该宏运行时产生的符号表。

16.1.1 定义宏变量

最简单的定义宏变量的方式就是使用程序语句%LET。

```
%let DSN=ResDat.class;
```

例中,DSN 是宏变量名,ResDat.class 为宏变量 DSN 的值。

对已经存在的宏变量,如果再对它进行赋值,这个宏变量的值就会被替换。

16.1.2 引用与显示宏变量

1. 引用宏变量

宏变量被定义后,就可以通过在其名称前使用 & 来对其进行引用。

例 16.1　引用宏变量 A。

```
%let a=ResDat.class;
data a;
set &a;
run;
```

上段程序等价于:

```
data a;
set ResDat.class;
run;
```

在带有引号的文本中引用宏变量时,需要将这个文本字符串用双引号括起来。

例 16.2　宏处理器只能在双引号内进行替代。

```
%let a=january;
data;
put "This is the time series plot for &A";
run;
```

例中,在引号内引用宏变量的值时必须用双引号。因为宏处理器只能在双引号内进行替代。

例 16.3　多次引用宏变量。

```
%let a=ResDat.class;
data male;
set &a;
if sex='M';
proc print;
```

```
title "subset of &a";
data female;
set &a;
if sex='F';
proc print;
title "subset of &a";
run;
```

例 16.4 改变宏变量的值。

```
%let m=2000;
%let n=1;
data a;
set ResDat.stk000002;
where  year(date)=&m  and  month(date)=&n;
proc gplot data=a;
title2 "&m 年 &n 月份收盘价时序图";
plot clpr*date=1;
symbol1 v=star i=join r=1 c=red;
run;
```

例中,改变宏变量的值,如%LET N=2,3,4,5,…,12 可以分别得到 12 个月的时序图。请读者自己操作。不过,更好的方法是用宏循环来实现这里的要求。

例 16.5 宏变量的值为一段完整的 SAS 程序段。

```
%let plot=%str(
proc gplot data=a;
plot clpr*date=1;
symbol1 v=star i=join r=1 c=red;
run;
);
```

例中,必须使用%STR 函数围住宏变量的值,在以后的程序中可以用 &PLOT 来引用这段程序。

```
%let m=2000;
%let n=1;
data a;
set ResDat.stk000002;
where year(date)=&m and month(date)=&n;
&plot;
title2 "&m 年 &n 月份收盘价时序图";
run;
```

例中,如果不执行宏 &PLOT 步的程序时,可将其设定为空值(%LET PLOT=;)。

例 16.6 宏变量的嵌套引用。

```
%let m=2000;
%let n=1;
%let xvar=date;
%let yvar=clpr;

%let plot=%str(
proc gplot data=a;
title2 "&m 年 &n 月份收盘价时序图";
plot &yvar * &xvar=1;
symbol1 v=star i=join r=1 c=red;
run;
);

data a;
set ResDat.stk000002;
where year(date)=&m and month(date)=&n;
run;
&plot;

proc print;
title "&m 年 &n 月份收盘价";
run;
```

2. 如何隔开宏变量引用和文本

在混合使用宏变量引用和文本时,会遇到宏变量后面紧跟着文本的情况。这时如果不采取措施,SAS 对宏变量引用进行解读就会产生意想不到的后果。如定义宏变量 name 后,当使用 &name1, &name2 时,如果不定义 name1 和 name2 这两个宏变量,系统就会提示这两个宏变量并不存在,因为在 SAS 识别宏变量时,自动将 name1 和 name2 当成了宏变量的名称。

在宏的引用过程中,当词段扫描器识别一个宏变量名称时,从 & 开始直到遇到一个 SAS 名称中不允许出现的字符为止。所以空格等一些不允许出现在 SAS 名称中的字符就可以作为分隔符出现,但是为了不显示这些分隔符,一般使用句号作为分隔符。

例 16.7 隔开宏变量引用和文本。

```
%let name=Resdat;
%PUT &name^1;
%put &name.1;
%put &name..sheet;
```

/* 日志窗口信息 */
```
12   %let name=ResDat;
13   %PUT &name^1;
```

```
ResDat^1
14    %put &name.1;
ResDat1
15    %put &name..sheet;
ResDat.sheet
```

3. 显示宏变量的值

显示宏变量的最简单方法是使用%put 语句,将文本输出到 SAS 日志窗口。
语句格式:

```
%PUT <text|_all_|_automatic_|_global_|_local_|_user_>;
```

例 16.8 显示宏变量的值。

```
data _null_;
%let a=first;
%let b=macro variable;
%put   &a !!! &b !!!;
run;
```

LOG 窗口显示:

```
first !!! macro variable !!!
```

4. 间接引用宏变量

前面提到使用 &name 引用宏变量的方式是直接引用宏变量方式,使用宏变量时还会用到间接引用宏变量方式。例如,一系列的宏变量引用,如 data1、data2、data3 这一系列中部分文本是固定的名称,而另一部分是变化的数字。这时就可以采取间接引用方式。

例 16.9 间接引用宏变量。

```
%let data1=x;
%let data2=y;
%let data3=z;
%macro test;
%do i=1 %to 3;
%put &&data&i;                        /* &data&i 不能用 */
%end;
%mend test;
%test
```

例中,使用宏变量引用一系列的宏变量值。&data&i 是不正确的引用方式,这时候会出现一个警告信息提示"没有解析符号引用 DATA"。因为使用间接引用时,宏工具并不认为这是一个间接引用,它会自动去寻找 &data 和 &i 的对应值,但 &data 并不存在。

间接引用宏变量时,必须让宏处理器多扫描一次从而来确认宏变量的间接引用,所以

需要加上两个 &。当宏处理器遇到多个 & 时，基本的操作就是将两个 & 解析成一个 &。

16.1.3 宏变量范围

宏变量以使用范围分为全局宏变量和局部宏变量，全局变量可以在 SAS 对话运行期间使用并且可以在程序的任何地方引用，局部变量则只能在创建该局部变量的宏中使用，在这个宏之外，这个局部变量就没有任何意义。

宏可以嵌套，但要注意的是，宏中定义的宏变量都是局部变量，所以需要了解局部宏变量的使用范围。例如，如果在宏 MACRO1 中创建了一个宏 macro2 和一个宏变量 a，同时 macro2 创建了宏变量 b，这时候宏变量 a 是 macro1 和 macro2 的局部变量，而 b 则只是 macro2 的局部变量，对 macro1 没有意义。

宏变量是保存在符号表中的，这个符号表是用来列出宏变量的名称和它的值。符号表也分为全局符号表，用来呈现全局宏变量，还有针对不同宏的局部变量表，局部宏变量被储存在局部符号表中。局部符号表在宏运行之前创建。

使用 %SYMEXIST 语句可以查看一个宏是否存在。

```
%let madc=321;
%put %SYMEXIST(madc);
```

如果这个宏变量存在，函数 %SYMEXIST 就会返回 1，如果不存在就会返回 0。

下面讲解全局宏变量和局部宏变量。

1. 全局宏变量

全局宏变量包括：
- 除 SYSPBUFF 的所有自动宏变量；
- 在任何宏之外创建的宏变量；
- 由 %GLOBAL 语句创建的宏变量；
- 绝大多数由 CALL SYMPUT 语句创建的宏变量。

可以在 SAS 运行期间任何时间创建全局宏变量，同时除了一些不可改写的自动宏变量外，还可以在 SAS 运行期间的任意时间修改全局宏变量的值。在大多数的情况下，一旦定义了一个全局宏变量，它的值在整个 SAS 运行期间都是有效的，除非被修改。所以，如果一个全局宏变量名称存在，同时在一个宏里定义了一个有相同名称的局部宏变量（不是在 %LOCAL 语句中创建的宏变量或不是宏参数），这种情况下得到宏变量不是局部的，而是全局的，因为这个创建局部宏变量的语句，在同名称的全局宏变量存在的条件下被修改成全局宏变量，而不是创建局部变量。

使用全局变量遇到的一些例外：
- 当一个宏变量既存在于全局符号表和局部符号表中时，不能在定义这个变量的宏中引用这个全局变量，因为当遇到 & 宏变量名称的时候，宏处理器会先从局部变量符号表中寻找需要解析的宏变量,这时宏处理器就会优先选择引用局部宏变量。
- 数据步程序中使用 SYMPUT 子程序创建的宏变量,只能在该数据步结束后才能使用,因为 SYMPUT 子程序是在数据步的结尾才起作用并创建宏变量,而在该宏变量创建之前是无法引用的。

可以使用%SYMGLOBL 函数来查看一个宏变量是否存在于全局符号表中。

2. 局部宏变量

局部宏变量是定义在宏之中的宏变量。每个宏都有自己的局部符号表,这些局部宏变量在宏运行结束后自动消失。

创建局部符号表的方式:
- 一个或多个宏参数;
- %LOCAL 语句;
- 用来定义宏变量的宏语句。

注意:宏参数永远都是宏的局部变量。可以把宏参数的值赋值给全局宏变量。

使用%SYMLOCAL 函数来查看一个已经存在的宏变量是否存在于局部符号表。

在宏处理器创建一个宏变量,或修改宏变量的值以及对宏变量进行解析之前,宏处理器会先从符号表中进行查询来确定变量是否存在。遇到宏变量引用时,查询顺序先从最内部的局部符号表中寻找,然后从较外部的局部符号表中寻找,直到最后在全局符号表中寻找。

16.2 宏

宏是被编辑过的可以从 SAS 程序中调用的程序。同宏变量一样,一般可以使用宏来产生文本,但是宏还有一些其他的功能。例如,宏的一些判断语句可以控制文本何时何处输出,宏可以包含参数,通过改变相应的参数来多次使用这个宏。

16.2.1 定义宏

定义宏的格式:

%**Macro** MAC;
　　文本;
%**mend** MAC;

例 16.10 定义宏 plot。

%**macro** plot;
proc gplot data=ResDat.stk000002;

```
title2 "收盘价时序图";
plot clpr*date=1;
symbol1 v=star i=join r=1 c=red;
%mend plot;
```

16.2.2 调用宏

用一个百分号(%)加宏名字就可以调用该宏。

例 16.11 定义并调用宏 plot。

```
%macro plot;
proc gplot data=ResDat.stk000002;
title2 "收盘价时序图";
plot clpr*date=1;
symbol1 v=star i=join r=1 c=red;
%mend plot;                           /*以上定义宏 plot*/
%plot;                                /*调用宏*/
run;
```

16.2.3 改变宏内宏变量的值

例 16.12 改变宏内宏变量的值,分以下几步完成。

(1) 定义宏 plot：

```
%macro plot;
proc gplot data=ResDat.&dat;
title2 "&pr 时序图";
plot &price*date=1;
symbol1 v=star i=join r=1 c=red;
%mend plot;
```

(2) 定义宏变量：

```
%let dat=stk000002;
%let pr=收盘价;
%let price=clpr;
```

(3) 调用宏 plot：

```
%plot;
```

(4) 改变宏变量的值：

```
%let dat=stk000002;
%let pr=最高价;
```

```
%let price=hipr;
```

(5) 再次调用宏 plot：

```
%plot;
run;
```

以上各段程序可以连在一起运行。

16.3 宏 参 数

宏变量和宏结合在一起是一种强有力的编程方法,但应用起来并不方便。最常用的是在宏中使用宏参数。实际上,真正有实际应用价值的也是宏参数。

16.3.1 创建宏参数

用 %LET 语句改变宏内宏变量的值会使程序变得很长,另外频繁改变宏变量的值也不方便。在宏中定义宏参数就可以解决这个问题。大程序中一般都用宏参数。宏参数是一种特殊的宏变量,是定义在宏 %MACRO 语句内的宏变量。

例 16.13 创建宏参数。

```
%macro plot(dat,pr,price);
proc gplot data=ResDat.&dat;
title2 "&pr 时序图";
plot &price * date=1;
symbol1 v=star i=join r=1 c=red;
%mend plot;
```

例中,在 %MACRO 语句括号内定义的宏变量 DAT、PR 和 PRICE 称为宏参数。
通过给宏参数赋值来调用宏。

```
%plot(stk000002,收盘价,clpr);
```

例中,运行时,宏处理器把第一个值(STK000002)赋给第一个宏参数 DAT,第二个值(收盘价)赋给第二个宏变量 PR,以此类推。

例 16.14 多次执行宏。

```
%macro plot(dat,pr,price);
proc gplot data=ResDat.&dat;
title2 "&pr 时序图";
plot &price * date=1;
symbol1 v=star i=join r=1 c=red;
%mend plot;
%plot(stk000002,收盘价,clpr);
```

```
%plot(stk000002,最高价,hipr);
run;
```

例中，对宏参数赋一次值，宏执行一次。这里，宏 PLOT 被执行两次。对参数分配的值只在宏执行过程中有效。

使用宏参数的优点：
- 可以少写几个 %let 语句；
- 保证该宏参数变量在宏之外的程序部分不被引用；
- 调用宏时并不需要知道这些宏参数的名字，只要知道相应的取值。

16.3.2 宏参数赋值

例 16.15 创建宏参数时直接赋值。

```
%macro plot(dat=stk000002,pr=收盘价,price=clpr);
proc gplot data=ResDat.&dat;
title2 "&pr 时序图";
plot &price * date=1;
symbol1 v=star i=join r=1 c=red;
%mend plot;
%plot;
run;
```

例 16.16 运行宏时赋值。

```
%macro plot(dat,pr,price);
proc gplot data=ResDat.&dat;
title2 "&pr 时序图";
plot &price * date=1;
symbol1 v=star i=join r=1 c=red;
%mend plot;
%plot(stk000002,收盘价,clpr);
%plot(stk000002,最高价,hipr);
run;
```

16.3.3 宏调用宏

1. 产生数据集宏

```
%macro create;
data temp;
set ResDat.&dat;
if year(date)=&year;
%mend create;
```

2. 画时序图宏

```
%macro plot;
proc gplot data=temp;
title2 "&pr  &year1 时序图";
plot &price*date=1;
symbol1 v=star i=join r=1 c=red;
%mend plot;
run;
```

3. 宏调用宏

```
%macro analyze(dat,year,pr,price,year1);
%create;              /*产生数据集 TEMP*/
%plot;                /*作图*/
%mend analyze;
```

4. 运行宏

```
%analyze(stk000002,2000,收盘价,clpr,2000);
run;
```

例 16.17 运行完整的宏调用宏程序。

```
%macro create;
data temp;
set ResDat.&dat;
if year(date)=&year;
%mend create;

%macro plot;
proc gplot data=temp;
title2 "&pr  &year1 时序图";
plot &price*date=1;
symbol1 v=star i=join r=1 c=red;
%mend plot;
run;

%macro analyze(dat,year,pr,price,year1);
%* create the data set TEMP;
%create;
%* plot the variables selected;
%plot;
%mend analyze;
%analyze(stk000002,2000,收盘价,clpr,2000);
run;
```

16.3.4 条件表达式

例 16.18 用条件表达式 %if-%then 定义宏。

```
%macro analyze(getdata,dat,year,pr,price,year1);
%if &getdata=yes %then %create;
%plot;
%mend analyze;
%analyze(yes,stk000002,2000,收盘价,clpr,2000);
%analyze(no,stk000002,2000,最高价,hipr,2000);
run;
```

例 16.19 多个 %THEN 分句。

```
%macro analyze(getdata,dat,year,pr,price,year1);
title;
%if &getdata=yes %then
%do;
%create;
title3 "Data Set Created for The Plot";
%end;
%plot;
%mend analyze;

%analyze(yes,stk000002,2000,收盘价,clpr,2000);
%analyze(no,stk000002,2000,最高价,hipr,2000);
run;
```

对于上述的宏 analyze，如果用下面语句"%analyze(YES,stk000002,2000,收盘价，clpr,2000);"来调用它，宏处理器就不能调用宏 Create 来产生数据集，因为 %IF 条件是小写字符值 yes。为了避免这种情况出现，可以使用宏函数 %upcase。

例 16.20 大小写字符的统一。

```
%macro analyze(getdata,dat,year,pr,price,year1);
%if %upcase(&getdata)=YES %then %create;
%plot;
%mend analyze;
/* 这样无论是 yes 或 YES,%IF 条件就都成立了。即:*/
%analyze(yes,stk000002,2000,收盘价,clpr,2000);
%analyze(no,stk000002,2000,最高价,hipr,2000);
%analyze(YES,stk000002,1999,收盘价,clpr,1999);
%analyze(YES,stk000002,1999,最高价,hipr,1999);
run;
```

16.3.5　生成重复文本

例 16.21　定义生成重复文本宏。

```
%macro names(name,number);
%do n=1 %to &number;
&name&n
%end;
%mend names;
```

例中,宏 names 通过宏参数 name、number 和宏变量 n 可以生成一系列的名字。
在 DATA 语句中调用宏 NAMES:

```
data %names(dsn,5);
run;
```

产生下列 DATA 步语句:

DATA DSN1 DSN2 DSN3 DSN4 DSN5;

例 16.22　生成某个引用的词尾。

```
%macro namesx(name,number);
%do n=1 %to &number;
&name.x&n
%end;
%mend namesx;
```

例中,在成生一系列名字的同时,在前缀和数字之间放一个字母 X。
调用宏 NAMESEX:

```
data %namesx(dsn,5);
run;
```

产生如下 DATA 步语句:

DATA DSNX1 DSNX2 DSNX3 DSNX4 DSNX5;

16.4　宏表达式

宏表达式一般分为文本,逻辑和算术表达式三种。
文本表达式就是文本、宏变量、宏函数、宏调用的任意组合。文本表达式能够被宏处理器解析从而生成文本,如 &test,%macro1,%eval(1+2)等。
宏逻辑表达式和宏算术表达式就是一系列的算符和组件的组合,并且可以生成一个结果。算术表达式包含算术算符,逻辑表达式包含逻辑算符。

算术和逻辑表达式中的组件是文本,但是一个表示数字的组件可以在表达式被解析时被暂时的转换成一个数值并进行相应的数值计算。

16.4.1 宏处理器如何处理算术表达式

通常,宏处理器使用整数算法对数值进行计算,这时默认只有整数和十六进制的整数值可以进行数值计算。其他的如带有小数点的数值文本,则不会被自动转换。只有使用%sysevalf 函数来将带有小数点的数值文本在表达式被解析时,算术文本暂时被转换成数值。

例 16.23 宏处理器处理算术表达式。

```
%let x=%eval(1+1);
%let y=%eval(10 * 4);
%let z=%eval(5/3);
%put a=&x;
%put b=&y;
%put c=&z;
/* %PUT 语句会在日志窗口中展示下列信息:
a=2
b=40
c=1 */
```

例 16.24 使用%sysevalf 函数处理算术表达式。

```
%let x=%sysevalf(9.0+2.0);
%let y=%sysevalf(9.5+2.8);
%let z=%sysevalf(9.0/3.2);
%put 9.0+2.0=&x;
%put 9.5+2.8=&y;
%put 9.0/3.2=&z;
/* %PUT 语句会在日志窗口中展示下列信息:
9.0+2.0=11
9.5+2.8=12.3
9.0/3.2=2.8125
*/
```

16.4.2 宏处理器如何处理逻辑表达式

一个逻辑表达式返回一个值,这个值可以被判断为正确还是错误,任何非零的数值都是正确的,而零就是错误。

```
%PUT %sysevalf(2>1)
%PUT %sysevalf(1>2)
/* 日志窗口会显示 1 和 0,也就是第一个是正确的,第二个是错误的 */
```

16.5 数据步接口程序

宏处理器只在 DATA 步或 PROC 步的编译期间起作用。如果想用数据步产生的信息值创建宏变量,以便于在后面的程序中使用,可以用下面的编程技术。

16.5.1 数据步接口程序

如表 16.1 所示,两个接口程序可在 DATA 步执行期间创建宏变量,指定它们的值,及重新得到它们的值。

表 16.1 数据步接口程序

子 程 序	说 明
SYMPUT 子程序	由数据步产生的信息值创建宏变量
SYMGET 函数	由数据步产生的信息值创建宏变量

16.5.2 应用举例

例 16.25 由数据步产生的信息值创建宏变量。

```
%macro create;
data temp;
set ResDat.&dat  end=final;
if year(date)=&year  then
do;
n+1;
output;
end;
if final then call symput ('number',n);      /* 创建的宏变量为 number,其值为 n */
run;
%mend create;

%macro plot;
proc gplot data=temp;
title2 "&pr  &year1 时序图";
plot &price * date=1;
symbol1 v=star i=join r=1 c=red;
%mend plot;
run;

%macro analyze(getdata,dat,year,pr,price,year1);
```

```
%if  %upcase(&getdata)=YES %then %create;
footnote "Plot of &number Observations";
%plot;
%mend analyze;
%analyze(yes,stk000002,1999,收盘价,clpr,1999);
%analyze(yes,stk000002,2000,收盘价,clpr,2000);
%analyze(yes,stk000002,2001,收盘价,clpr,2001);
run;
```

例中,由于 SYMPUT 子程序用 BEST12. 的格式输出 N 的值,故 NUMBER 的值居右。为了使该值居左,在 SYMPUT 子程序中使用 LEFT 函数。

例 16.26 在 SYMPUT 子程序中使用 LEFT 函数。

```
data A;
x=1;
call symput('num1',x);
call symput('num2',left(x));
call symput('num3',trim(left(put(x,8.))));
run;
%put num1=***&num1***;
%put num2=***&num2***;
%put num3=***&num3***;
```

输出结果:

```
num1=***           1***
num2=***1             ***
num3=***1 * * *
```

16.6 宏程序语句和宏函数

宏功能包括很多宏程序语句和宏函数,前面已经简单介绍了几个。下面按字母顺序列出 SAS 系统有效的宏程序设计语句和宏函数,如表 16.2~表 16.5 所示。

16.6.1 宏程序语句

表 16.2 宏程序设计语句及用途

语　句	用　途
%Cms	执行 CMS 主机系统下的 CMS 或 CP 命令
%*注释	宏注释语句
%Display	显示宏窗口
%Do	条件处理至一个匹配的 %END 语句

续表

语 句	用 途
重复%Do	根据下标变量的值循环执行
%Do%Until	重复循环直到条件为真
%Do%While	重复循环满足条件的一组语句
%End	结束%DO组
%Global	创建全局宏变量
%Goto|%Go To	转移执行
%If-%Then/%Else	有条件执行宏
%Input	为宏变量提供值
%Keydef	定义显示管理功能
%Label	识别%GOTO语句指定的部分
%Let	创建宏变量
%Macro-Name	调用宏
%Macro	定义宏
%Mend	结束宏定义
%Put	输出文件到LOG窗口
%Sysexec	执行主机命令
%Tso	执行TSO命令
%Window	定义宏窗口

16.6.2 宏函数

表 16.3 宏计算函数

函数名	说 明	函数名	说 明
%Eval	计算算术和逻辑表达式 整数格式	%SYSEVALF	计算算术和逻辑表达式 浮点格式

表 16.4 宏字符函数

函数名	说 明
%Index	寻找在一字符串中第一次出现的某个字符串
%Length	返回自变量的长度
%Qscan	扫描包括%和&的单词
%Qsubstr	提取字符串中的包括%和&的子串
%Qupcase	转换包括%和&的小写字符为大写
%Scan	扫描单词
%Substr	提取字符串中的子串
%Upcase	转换小写字符为大写字符

宏引用函数执行的动作等价于单引号或又引号围住SAS语句的某一部分。

表 16.5 宏引用函数

函 数 名	说　　　　明
%Bquote	引用一个可分辨的值,包括未处理的特殊符号和寄存器操作符
%Nrbquote	引用一个可分辨的值,包括未处理的特殊符号和寄存器操作符
%Nrquote	引用一个可分辨的值,包括 & 和 %
%Nrstr	引用固定文本,包括 % 和 &
%Quote	引用一个除 % 和 & 之外的可分辨值
%Str	引用除 % 和 & 之外的固定文本
%Superq	引用具有不确定变量值的宏变量
%Unquote	没有被引用

例 16.27 用%EVAL 函数计算宏表达式的值。

```
data;
%let x=100;
%let y=%eval(&x+200);
%let z=&x+200;
%put y=&y z=&z;
run;
```

提交上述程序后,Log 窗口显示的结果为:

y=300　z=100+200

例中,宏变量 Y 的值是一数值,而宏变量 Z 的值是字符串"100+200"。

例 16.28 用%substr 函数生成某字符串的子串。

```
data %substr(&sysday,1,3);
run;
```

例 16.29 用%QOUTE 函数引用一个可分辨的值。

```
%macro dept(X);
%if %quote(&X)=fn %then
%put Financial Department;
%else %put other Department;
%mend dept;
%dept(fn);
%dept(math);
run;
```

习　题　16

1. 怎样定义和引用宏变量?
2. 在引号内引用宏变量时,是用单引号还是双引号,为什么?

3. 怎样将一个完整的 SAS 程序段赋给一个宏变量?

4. 显示宏变量的值,解释下面程序:

```
data _null_;
%let a=first;
%let b=macro variable;
%put  &a !!! &b !!!;
run;
```

5. 什么是宏?怎样定义宏?

6. 怎样调用宏?

7. 什么是宏参数?

8. 使用宏参数的优点有哪些?

9. 解释并调用下面一段宏:

```
%Macro names(name,number);
%do n=1 %to &number;
&name&n
%end;
%mend names;
```

10. 用 SYMPUT 子程序创建一个值来自 DATA 步的宏变量,写出例程并说明 SYMPUT 子程序的作用。

将数据步中变量 X 的值赋给宏变量 A 时,以下两种方法都可以吗?为什么?

```
call symput('A',X);
%let A=X;
```

分析下面程序在 LOG 窗口的输出结果:

```
data a;
set ResDat.class nobs=nobs;
call symput('b',nobs);
%let a=nobs;
%put &a &b;
run;
```

11. 数据步之间的变量传递可以通过宏变量来进行。例如,可以在一个数据步中将变量 X 的值赋给宏变量 A,再在另一个数据步中引用宏变量 A,这样就完成了数据步之间的变量传递。用 SAS 程序举例说明这种数据步之间的变量传递方式是怎样进行的。

```
data a;
x='stkcd';
call symput('a',x);
data b;
set ResDat.lstkinfo;
```

```
keep &a;
run;
```

12. 引用宏变量的值作为前缀时,如宏变量 A 的值为 QH,将其为作前缀得到 QHIDX,能不能用 &AIDX 的方式引用?为什么?怎样实现这一功能?

13. 使用下面语句时可以直接使用表达式吗?怎样实现使用表达式的功能?

```
重复%Do
%Do%Until
%Do%While
```

14. 创建一包含 10000 个变量(X2,X4,…,X20000),100 个观测值的 SAS 数据集。利用宏实现。

15. 根据数据集中的某一个变量,将一个大数据集拆分为多个小数据集。

例如,根据数据集 ResDat.qttndist 中的变量 stkcd 将其拆分为多个数据集。其中,stkcd 的格式为 $6。

16. SAS 数据集导出多个 TXT 文本。

设数据集名称为 resDat.qttndist,要求导出三个文本 000001.txt、000002.txt、000003.txt,变量名及变量格式如表 16.6 所示。

表 16.6 变量及格式

变量名	中文全称	类型	长度
Stkcd	股票代码	字符	6
Lstknm	最新股票名称	字符	12
Stkcdotrd	交易时股票代码	字符	6
Stknmotrd	交易时股票名称	字符	12
Date	日期	日期	8
Oppr	开盘价	数值	8.2
Hipr	最高价	数值	8.2
Lopr	最低价	数值	8.2
Clpr	收盘价	数值	8.2
Trdvol	成交量	数值	15.
Trdsum	成交金额	数值	20.2

17. 设宏变量已由 %let X=10 给出,用一句 SAS 语句将宏变量 X 与 100 相加的和写到 LOG 中。

附录 A SAS 函数与功能

SAS 函数与功能如表 A.1～表 A.13 所示。

表 A.1 算术函数

函　　数	功能与举例
ABS(X)	返回 X 的绝对值
DIM<n>(X)	返回数组 X 第 n 维元素的个数
DIM(X,n)	返回数组 X 第 n 维元素的个数
HBOUND<n>(X)	返回数组 X 第 n 维元素的上界
HBOUND(X,n)	返回数组 X 第 n 维元素的上界
LBOUND<n>(X)	返回数组 X 第 n 维元素的下界
LBOUND(X,n)	返回数组 X 第 n 维元素的下界
MAX(X1,X2,…)	返回自变量的最大值
MIN(X1,X2,…)	返回自变量的最小值
MOD(X1,X2)	返回余数值
SIGN(X)	返回数字正负 1 或 0
SQRT(X)	返回算术平方根

表 A.2 字符函数

函　　数	功能与举例
BYTE(n)	返回 n 所对应的 ASCII 或 EBCDIC 码字符，n 指字符所对应的整数值
COLLATE(始列<,终列>)|(始列<,,长度>)	返回以 ASCII 或 EBCDIC 码排序的字符串
COMPBL(X)	去掉字符串各字符之间的空格
COMPRESS(X<,characters-to-remove>)	从某一字符串中去掉指定字符
DEQUOTE(X)	去掉字符值中的引号
INDEX(source,excerpt)	寻找指定字符串在原始字符串中的起始位置
INDEXC(source,excerpt-1<,…excerpt-n>)	寻找第一次出现的任意引用字符
INDEXW(source,excerpt)	寻找特定词在原始数据中的位置
LEFT(X)	将 SAS 字符串左对齐

续表

函 数	功能与举例
LENGTH(X)	返回变量的长度值
LOWCASE(X)	将变量中所有字母转换成小写
QUOTE(X)	将字符加上双引号
RANK(x)	返回字符在 ASCII 或 EBCDIC 码对应序列中的位置
REPEAT(X,n)	重复字符表达式
REVERSE(X)	翻转字符表达式
RIGHT(X)	将字符表达式右对齐
SCAN(X,n<,delimiters>)	返回字符表达式 X 中的第 n 个词
SOUNDEX(X)	将字符串编码以方便搜索
SUBSTR(X, position <, n>) = characters-to-replace	替换指定位置的字符
SUBSTR(X,position<,n>)	返回 X 的一个子串
TRANSLATE(source, to -1, from-1 <, ··· to-n, from-n>)	替换字符表达式中的特定字符
TRANWRD(source,target,replacement)	替换或删除字符串中的特定词
TRIM(X)	去掉字符表达式中结尾的空格,表达式缺失时返回一个空格
TRIMN(X)	去掉字符表达式中结尾的空格,表达式缺失时返回空值
UPCASE(X)	将变量中所有字母转换成大写
VERIFY(source,excerpt-1<,···excerpt-n)	返回原始数据中不同于表达式的第一个字符的位置

表 A.3 日期和时间函数

函 数	功能与举例
DATDIF(sdate,edate,basis)	返回两个日期之间的天数
DATE()	返回当前日期的 SAS 日期值
DATEJUL(julian-date)	转换西洋 Julian 日期为 SAS 日期值
DATEPART(datetime)	返回 SAS 日期时间值的日期部分
DATETIME()	返回当前日期和时间
DAY(date)	返回 SAS 日期值为某月的某一日
DHMS(date,hour,minute,second)	返回由日期、小时、分钟和秒构成的 SAS 日期时间值

续表

函　　数	功能与举例
HMS(hour,minute,second)	返回由小时、分钟和秒构成的 SAS 日期时间值
HOUR(<time|datetime>)	返回 SAS 日期时间或时间值或文字的小时数（点钟）
INTCK('interval',from,to)	返回时间间隔数字
INTNX('interval',start-from,increment<,'alignment'>)	按给定间隔推算日期、时间或日期时间值
JULDATE(date)	返回 SAS 日期的西洋 Julian 日期
MDY(month,day,year)	返回由年、月和日定义的 SAS 日期值
MINUTE(time|datetime)	返回 SAS 日期值或日期时间值或文字分钟数
MONTH(date)	返回 SAS 日期值或文字的月份
QTR(date)	返回 SAS 日期值或文字的季度
SECOND(time|datetime)	返回 SAS 时间值或日期时间值的秒数
TIME()	返回当前日的时间
TIMEPART(datetime)	返回 SAS 日期时间值的时间部分
TODAY()	返回当前日期的 SAS 日期值,同 DATE()
WEEKDAY(date)	返回 SAS 日期值或文字为一周内的第几天
YEAR(date)	返回 SAS 日期值的年份
YRDIF(sdate,edate,basis)	返回两个日期之间的年数

表 A.4　金融函数

函　　数	功能与举例
COMPOUND(amount,future,rate,number)	返回复利的参数
CONVX(y,f,c(1),…,C(k))	返回列举现金流的凸度
CONVXP(A,C,n,K,k0,y)	返回定期现金流的凸度
DACCDB(period,value,years,rate)	返回用余额递减折旧法计算的累计折旧值
DACCDBSL(period,value,years,rate)	返回用余额递减折旧法换为直线折旧法计算的累计折旧值
DACCSL(period,value,years)	返回用直线折旧法计算的累计折旧值
DACCSYD(period,value,years)	返回年限总和法计算的累计折旧额
DACCTAB(period,value,t1,…,tn)	返回以指定比值计算的累计折旧额,t1,…,tn 为每期折旧比例
DEPDB(period,value,years,rate)	返回余额递减折旧法计算的折旧额

续表

函　　数	功能与举例
DEPDBSL(period,value,years,rate)	返回用余额递减折旧法换为直线折旧法计算的折旧值
DEPSL(period,value,years)	返回直线折旧法计算的折旧额
DEPSYD(period,value,years)	返回年限总和法计算的折旧额
DEPTAB(period,value,t1,…,tn)	返回由指定数据表计算的折旧
DUR(y,f,c(1),…,c(k))	返回列举现金流的修正期
DURP(A,c,n,K,k0,y)	返回定期现金流的修正期
INTRR(frequency,c0,c1,…,cn)	返回用小数表示的内部盈利率
IRR(frequency,c0,c1,…,cn)	返回用百分比表示的内部盈利率
MORT(amount,payment,rate,number)	返回分期付款参数
NETPV(rate,frequency,c0,c1,…,cn)	返回净现值,利率由小数表示
NPV(rate,frequency,c0,c1,…,cn)	返回净现值,利率由百分比表示
PVP(A,c,n,K,k0,y)	返回定期现金流的现值
SAVING(future,payment,rate,number)	计算定期储蓄的终值
YIELDP(A,c,n,K,k0,p)	返回定期现金流的定期收益

表 A.5　数学函数

函　　数	功能与举例
AIRY(x)	返回 AIRY 函数的值
DAIRY(x)	返回 AIRY 函数的导数
DIGAMMA(X)	返回 DIGAMMA 函数的值
ERF(X)	返回标准误差函数的值
ERFC(X)	返回标准误差函数的值
EXP(X)	返回指数函数的值
GAMMA(X)	返回 GAMMA 函数的值
IBESSEL(nu,x,kode)	返回修正的贝塞尔函数值
JBESSEL(nu,x)	返回贝塞尔函数的值
LGAMMA(X)	返回 GAMMA 函数的自然对数
LOG(X)	返回自然对数
LOG2(X)	返回以 2 为底的对数
LOG10(X)	返回以 10 为底的对数
TRIGAMMA(X)	返回 TRIGAMMA 函数的值

表 A.6 分布函数和密度函数

函 数	功能与举例
CDF('dist',quantile,parm-1,…,parm-k)	计算累计分布函数
LOGPDF | LOGPMF('dist',quantile,parm-1,…,parm-k)	计算概率密度函数的对数值
LOGSDF('dist',quantile,parm-1,…,parm-k)	计算生存函数的对数
PDF | PMF('dist',quantile,parm-1,…,parm-k)	计算概率密度函数
POISSON(m,n)	返回泊松分布的概率
PROBBETA(x,a,b)	返回贝塔分布的概率
PROBBNML(p,n,m)	返回二项式分布的概率
PROBCHI(x,df<,nc>)	返回 χ^2 分布的概率
PROBF(x,ndf,ddf<,nc>)	返回 F 分布的概率
PROBGAM(x,a)	返回伽马分布的概率
PROBHYPR(N,K,n,x<,r>)	返回超几何分布的概率
PROBMC	概率和分位数,来自多组均值的多重比较分布
PROBNEGB(p,n,m)	返回负二项分布的概率
PROBBNRM(x,y,r)	标准二元正态分布
PROBNORM(x)	返回标准正态分布的概率
PROBT(x,df<,nc>)	返回 t 分布的概率
SDF('dist',quantile,parm-1,…,parm-k)	计算生存函数

表 A.7 分位数函数

函 数	功能与举例
BETAINV(p,a,b)	返回贝塔分布的分位数
CINV(p,df<,nc>)	返回 χ^2 分布的分位数
FINV(p,ndf,ddf<,nc>)	返回 F 分布的分位数
GAMINV(p,a)	返回伽马分布的分位数
PROBIT(p)	返回标准正态分布的分位数
TINV(p,df<,nc>)	返回 t 分布的分位数

表 A.8 随机数函数

函 数	功能与举例
NORMAL(seed)	返回来自正态分布的随机变量
RANBIN(seed,n,p)	返回来自二项式分布的随机变量
RANCAU(seed)	返回来自柯西分布的随机变量

续表

函 数	功能与举例
RAND('dist',parm-1,...,parm-k) (EXPERIMENTAL)	返回来自特定分布的随机变量,该函数是试验性的
RANEXP(seed)	返回来自指数分布的随机变量
RANGAM(seed,a)	返回来自伽马分布的随机变量
RANNOR(seed)	返回来自正态分布的随机变量
RANPOI(seed,m)	返回来自泊松分布的随机变量
RANTBL(seed,p1,...,pi,...,pn)	返回来自离散分布的随机变量
RANTRI(seed,h)	返回来自三角分布的随机变量
RANUNI(seed)	返回来自均匀分布的随机变量
UNIFORM(seed)	返回来自均匀分布的随机变量

表 A.9 样本统计量函数

函 数	功能与举例
CSS(X,X,...)	返回校正平方和
CV(X,X,...)	返回变异系数
KURTOSIS(X,X,...)	返回峰度
MAX(X,X,...)	返回最大值
MIN(X,X,...)	返回最小值
MEAN(X,X,...)	返回算术平均数
MISSING(numeric-expression|character-expression)	返回自变量的缺失数
N(X,X,...)	返回非缺失变量值的个数
NMISS(X,X,...)	返回缺失值的个数
ORDINAL(count,X,X,...)	返回部分列表的最大值
RANGE(X,X,...)	返回自变量的级差
SKEWNESS(X,X,X,...)	返回偏斜度
STD(X,X,...)	返回标准差
STDERR(X,X,...)	返回均值的标准差
SUM(X,X,...)	返回和
USS(X,X,...)	返回未校正的平方和
VAR(X,X,...)	返回方差

表 A.10 特殊函数

函 数	功能与举例
ADDR(variable)	返回 32 位平台下变量的内存地址
DIF<n>(X)	返回自变量和它第 n 个后滞的差
GETOPTION(option-name<,reporting-options<,...>>)	返回 SAS 系统或图表的选项值

续表

函　　数	功能与举例
INPUT(source,<? |?? >informat.)	返回 SAS 表达式使用特定格式读取的值
INPUTC(source,informat.<,w>)	允许在运行中规定字符输入格式
INPUTN(source,informat.<,w<,d>>)	允许在运行中规定数值的输入格式
LAG<n>(X)	返回后滞值
PEEK(address<,length>)	储存 32 位平台下内存地址的内容
PEEKC(address<,length>)	储存 32 位平台下内存地址的内容为字符变量
POKE(source,pointer<,length>)	在 32 位平台下直接将值写进内存
PUT(source,format.)	返回使用特定格式的值
PUTC(source,format.<,w>)	允许在运行中规定字符的格式
PUTN(source,format.<,w<,d>>)	允许在运行中规定数值的格式
RESOLVE(X)	返回自变量经宏过程运行后的值
SPEDIS(query,keyword)	测定两个词的相似程度,用两词之间不对称拼写的差距表示
SYMGET(X)	返回 DATA 执行中宏变量的值
SYSGET(environment-variable)	返回指定主机环境变量的值
SYSMSG()	返回最近一次数据集或执行外部文件函数时的出错或等待信息
SYSPARM()	返回系统参数串
SYSPROD(product-name)	判定某一产品是否得到许可
SYSRC()	返回系统出错编号
SYSTEM(command)	在 SAS 运行中提交一个主机操作命令

表 A.11　三角函数和双曲函数

函　　数	功能与举例	函　　数	功能与举例
ARCOS(X)	返回反余弦	SIN(X)	返回正弦
ARSIN(X)	返回反正弦	SINH(X)	返回双曲正弦
ATAN(X)	返回反正切	TAN(X)	返回正切
COS(X)	返回余弦	TANH(X)	返回双曲正切
COSH(X)	返回双曲余弦		

表 A.12　截取函数

函　数	功能与举例
CEIL(X)	返回大于等于自变量的最小整数值
FLOOR(X)	返回小于等于自变量的最大整数值
FUZZ(X)	返回距自变量最近的整数值(如果两者距离小于 1E−12)
INT(X)	返回整数部分的值
ROUND(X,round-off-unit)	按指定精确度四舍五入
TRUNC(number,length)	截取数字为指定字节存储的值

表 A.13　非中心分布函数

函　数	功能与举例
CNONCT(x,df,prob)	返回 χ^2 分布的非中心参数值
FNONCT(x,ndf,ddf,prob)	返回 F 分布的非中心参数值
TNONCT(x,df,prob)	返回 t 分布的非中心参数值

附录 B IML 函数与语句

IML 函数与语句如表 B.1～表 B.14 所示。

表 B.1 标量函数

函　数	功　能	函　数	功　能
ABS Function	获得绝对值	MOD Function	计算模（余数）
EXP Function	计算幂指数	NORMAL Function	产生正态分布随机数
INT Function	截断一个值	SQRT Function	计算算术平方根
LOG Function	获得自然对数	UNIFORM Function	产生均匀分布随机数

表 B.2 概括函数

函　数	功　能	函　数	功　能
MAX Function	得到矩阵的最大值	SSQ Function	计算所有元素的平方和
MIN Function	得到矩阵的最小元素	SUM Function	所有元素求和

表 B.3 矩阵查询函数

函　数	功　能	函　数	功　能
ALL Function	检查所有非零元素	NLENG Function	得到元素的大小
ANY Function	检查任非零元素	NROW Function	得到矩阵的行数
LOC Function	得到矩阵的非零元素	TYPE Function	测定矩阵的类型
NCOL Function	得到矩阵的列数		

表 B.4 创建特殊矩阵函数

函　数	功　能	函　数	功　能
BLOCK Function	产生分块对角矩阵	REMOVE Function	从矩阵中删除元素
BTRAN Function	分块转置	REPEAT Function	创建具有重复值的矩阵
DIAG Function	创建对角矩阵	SHAPE Function	改变矩阵的形状和重复数值
DO Function	生成循环序列	SQRSYM Function	将对称矩阵转为方阵
I Function	创建单位矩阵	SYMSQR Function	将方阵转为对称矩阵
INSERT Function	将矩阵嵌入另一矩阵	T Function	矩阵转置
J Function	创建恒等值矩阵	VECDIAG Function	由矩阵对角线值创建向量

表 B.5　字符函数和子过程

函数和子过程	功　能
BYTE Function	转换数值为有序字符
CHANGE Call	替换文本
CHAR Function	将矩阵用字符表示
CHOOSE Function	有条件选择和改变字符
CONCAT Function	连接矩阵的对应字符串
CONVMOD Function	将模块转为字符矩阵
CSHAPE Function	改变矩阵的形状和重复字符
LENGTH Call	寻找字符矩阵元素的长度
NAME Function	列举变量名
NUM Function	产生字符阵的数值表示
ROWCAT Function	不使用空白压缩合并行
ROWCATC Function	使用空白压缩合并行
SUBSTR Function	引用矩阵元素的子串

表 B.6　统计函数和子过程

函数和子过程	功　能
BRANKS Function	计算二变量的秩
CUSUM Function	计算累计和
DESIGN Function	创建设计矩阵
DESIGNF Function	创建满秩设计矩阵
IPF Call	执行迭代拟合
LAV Call	用 L_1 范数进行线性最小绝对值回归
LMS Call	执行稳健回归
LTS Call	执行稳健回归
MARG Call	计算联立表的边缘和
MAXQFORM Call	求使相应二次型取最大值的矩阵
MVE Call	计算椭球估计量的最小值
OPSCAL Function	重新划分定性数据
RANK Function	对矩阵元素排序
RANKTIE Function	结合平均值对矩阵元素排序
SEQSCALE Call	执行离散序列检验
SEQSHIFT Call	执行离散序列检验
SEQTESTS Calls	执行离散序列检验
SWEEP Function	清除矩阵

表 B.7　时间序列函数和子过程

函数和子过程	功　能
ARMACOV Call	计算 ARMA 模型的自协方差序列
ARMALIK Call	计算 ARMA 模型的对数似然和残差
ARMASIM Function	模拟 ARMA 序列

续表

函数和子过程	功能
CONVEXIT Function	计算现金流的凸度
COVLAG Function	计算时间序列向量的自协方差估计
DURATION Function	计算现金流的修正久期
FORWARD Function	计算远期利率
KALCVF Call	计算一步预测 $z_{t+1}|t$ 和滤波估计 $z_t|t$ 及相应的协方差阵
KALCVS Call	向后递推计算平滑估计 $z_{t|T}$ 和相应的协方差阵
KALDFF Call	利用扩散 Kalman 滤波计算 SSM 状态向量的一步预测值
KALDFS Call	利用 KALDFF 一步预测值和均方误差阵,计算平滑状态向量及相应的平方误差阵
PV Function	计算现值
RATES Function	不同基准的利率转换
SPOT Function	计算即期利率
TSBAYSEA Call	进行 Bayesian 季节调整建模
TSDECOMP Call	利用先验模型分析时间序列的非平稳性
TSMLOMAR Call	利用最小 AIC 准则分析多维时间序列的非平稳性或局部平稳性
TSMULMAR Call	利用最小 AIC 准则估计 VAR 过程
TSPEARS Call	利用最小 AIC 准则分析 AR 模型的周期
TSPRED Call	输入 ARMA 系数后计算一元和多元 ARMA 过程的预测值
TSROOT Call	由模型的特征根计算 AR 和 MA 模型的系数或由 AR 和 MA 模型的系数计算模型的特征根
TSTVCAR Call	分析非平稳时间序列的协方差函数
TSUNIMAR Call	根据最小 AIC 准则和 AR 系数的估计量确定 AR 过程的阶数
VARMACOV Call	计算非稳 VARMA(p,q)模型的理论自协方差阵
VARMASIM Call	产生 VARMA(p,q)时间序列
VNORMAL Call	产生多元正态随机数
VTSROOT Call	计算 VAR(p) 或 VMA(q)模型的特征根
YIELD Function	计算现金流到期收益率

表 B.8　数值分析函数和子过程

函数和子过程	功能
FFT Function	进行有限 Fourier 变换
IFFT Function	进行有限 Fourier 逆变换
JROOT Function	计算第一类 Bessel 函数的第一个非零根,并计算每个根的导数值
ODE Call	进行向量微分方向的数值积分
ORPOL Function	产生正交多项式
ORTVEC Call	由 Gram-Schmidt 过程计算正交列,并进行逐步 QR 分解

续表

函数和子过程	功　　能
POLYROOT Function	求实多项式的根
PRODUCT Function	多项式矩阵相乘
QUAD Call	在无限进行标量函数的数值积分
RATIO Function	分解多项式矩阵
SPLINE Call	进行样条插值
SPLINEC Call	进行样条插值
SPLINEV Function	进行样条插值
TPSPLINE Call	计算薄片光滑样条
TPSPLNEV Call	求薄片光滑样条在新数值点下的值

表 B.9　线性代数函数和子过程

函数和子过程	功　　能
APPCORT CALL	进行正交分解
COMPORT Call	利用 Householder 变换进行正交分解
CVEXHULL Function	查找平点集的凸包
DET Function	计算方阵的行列式值
ECHELON Function	化简矩阵为行阶梯规范形式
EIGEN Call	计算对称阵的特征值和特征向量
EIGVAL Function	计算特征值
EIGVEC Function	计算特征向量
GENEIG Call	计算广义特征值和特征向量
GINV Function	求广义逆
GSORTH Call	求 Gram-Schmidt 正交集
HALF Function	进行 Cholesky 分解
HANKEL Function	产生 Hankel 阵
HDIR Function	水平直积
HERMITE Function	将矩阵化为 Hermite 阵
HOMOGEN Function	求解奇次线性系统
INV Function	产生逆
INVUPDT Function	更新矩阵的逆
LUPDT Call	更新降秩最小二乘解,进行正交分解,计算 Moore-Penrose 逆
QR Call	用 Householder 变换对矩阵进行 QR 分解
RDODT Call	更新 QR 和 Cholesky 分解
ROOT Function	对矩阵进行 Cholesky 分解
RUPDT Call	更新 QR 和 Cholesky 分解
RZLIND Call	更新 QR 和 Cholesky 分解
SOLVE Function	求解线性方程组
SVD Call	进行奇异值分解
TOEPLITZ Function	产生 Toeplitz 或分块 Toeplitz 阵
TRACE Function	求迹
TRISOLV Function	利用三角阵解线性系统
XMULT Function	进行精确矩阵相乘

表 B.10 优化子过程

子过程	功 能
LCP Call	求解线性互补问题
LP Call	求解线性规划问题
NLPCG Call	用共轭梯度法求解非线性规划问题
NLPDD Call	用双偏转法求解非线性规划问题
NLPFDD Call	用有限差法近似求导
NLPFEA Call	计算满足约束的可行点
NLPHQN Call	计算混合准牛顿最小二乘方
NLPLM Call	计算 Levenberg-Marquardt 最小二乘方
NLPNMS Call	用 Nelder-Mead 单纯型法求解非线性规划
NLPNRA Call	用 Newton-Raphson 法求解非线性规划
NLPNRR Call	用 Newton-Raphson 岭法求解非线性规划
NLPQN Call	用准牛顿法求解非线性规划问题
NLPQUA Call	用二次方法求解非线性规划
NLPTR Call	用信任域法求解非线性规划

表 B.11 集合运算函数

函数	功能	函数	功能
SETDIF Function	比较两矩阵中的元素	UNIQUE Function	排序并删除重复项
UNION Function	计算并集	XSECT Function	计算交集

表 B.12 控制语句和子过程

语句与子过程	功 能
ABORT Statement	结束 IML
APPLY Function	应用 IML 模块
DO and END Statements	将一段语句组成一个单元
DO, Iterative Statement	重复执行 Do 语句单元
DO and UNTIL Statement and Clause	有条件的重复执行语句
DO and WHILE Statement and Clause	有条件地重复执行语句
END Statement	结束 DO 循环或 DO 语句
EXECUTE Call	立即执行 SAS 语句
FINISH Statement	指示模块的结尾
FORCE Statement	查看 SAVE 语句的类型
FREE Statement	剩余矩阵存储空间
GOTO Statement	跳向新的语句
IFTHEN Statement	条件执行语句
LINK Statement	跳向另一条语句
MATTRIB Statement	规定矩阵的打印列表属性
PARSE Statement	将矩阵元素解析为语句
PAUSE Statement	中断模块执行
PRINT Statement	打印矩阵值

续表

语句与子过程	功　　能
PURGE Statement	移去有删除标记的观测并重新排序
PUSH Call	将矩阵中 SAS 语句放入命令输入流
QUEUE Call	将矩阵中 SAS 语句放入命令输入流尾部
QUIT Statement	从 IML 中退出
REMOVE Statement	将矩阵从存储器中删除
RESET Statement	设置过程选项
RESUME Statement	继续执行
RETURN Statement	返回到子程序
RUN Statement	执行模块中的语句
SHOW Statement	打印系统信息
SOUND Call	产生一个音调
START/FINISH Statements	定义模块
STOP Statement	停止语句的运行
STORAGE Function	列举所存储矩阵和模块的名字
STORE Statement	在逻辑库中存储矩阵和模块
VALSET Call	执行间接任务
VALUE Function	间接的赋值

表 B.13　数据集文件语句和子过程

语句和子过程	功　　能
APPEND Statement	向 SAS 数据集中添加观测值
CLOSE Statement	关闭 SAS 数据集
CLOSEFILE Statement	关闭文件
CONTENTS Function	返回 SAS 数据库中的变量
CREATE Statement	创建新的 SAS 数据集
DATASETS Function	获得 SAS 数据集的名称
DELETE Call	删除 SAS 数据集
DELETE Statement	将观测值作删除标记
DO DATA Statement	重复循环，直到文件结尾
EDIT Statement	打开编辑的 SAS 数据集
FILE Statement	打开或指向一个外部文件
FIND Statement	查找观测值
INDEX Statement	为 SAS 数据集中变量创建索引
INFILE Statement	打开用于输入的文件
INPUT Statement	输入数据
LIST Statement	显示数据集的观测值
LOAD Statement	载入逻辑库中的模块和矩阵
PUT Statement	向外部文件写数据
READ Statement	从数据集中读入观测值
RENAME Call	将 SAS 数据集重命名
REPLACE Statement	替换并更新观测值

续表

语句和子过程	功　能
SAVE Statement	保存数据
SETIN Statement	使数据集成为输入的目标集
SETOUT Statement	使数据集成为输出的目标集
SORT Statement	为 SAS 数据集排序
SUMMARY Statement	计算 SAS 数据集的统计汇总
USE Statement	打开并阅读 SAS 数据集

表 B.14　图形和视窗语句和子过程

语句和子过程	功　能
DISPLAY Statement	在显示窗口中显示字段
GBLKVP Call	定义一个空白视图
GBLKVPD Call	删除空白视图
GCLOSE Call	关闭图形段
GDELETE Call	删除图形段
GDRAW Call	画折线
GDRAWL Call	画线
GGRID Call	画网络
GINCLUDE Call	包含图行段
GOPEN Call	打开图形段
GPIE Call	画饼图
GPIEXY Call	极坐标转换为全坐标
GPOINT Call	描点
GPOLY Call	画并填充多边形
GPORT Call	定义视图
GPORTPOP Call	弹出视图
GPORTSTK Call	重叠视图
GSCALE Call	计算标记轴的圆整数值
GSCRIPT Call	用特殊字符写多文本串
GSET Call	设置图形部属性
GSHOW Call	显示图标
GSTART Call	初始化图形系统
GSTOP Call	停用图形系统
GSTRLEN Call	寻找串的长度
GTEXT and GVTEXT Calls	图表中文字使用横排或竖排
GWINDOW Call	定义数据窗口
GXAXIS and GYAXIS Calls	画横轴或纵轴
PGRAF Call	产生点状图
WINDOW Statement	打开显示窗口

PROC SQL 语句格式表

SQL 过程语法如下：

```
PROC SQL <option(s)>;
    ALTER TABLE table-name
        <ADD <CONSTRAINT> constraint-clause<,…constraint-clause>>
        <ADD column-definition<,…column-definition>>
        <DROP CONSTRAINT constraint-name <,…constraint-name>>
        <DROP column<,…column>>
        <DROP FOREIGN KEY constraint-name>
        <DROP PRIMARY KEY>
        <MODIFY column-definition<,…column-definition>>
    ;
    CREATE <UNIQUE> INDEX index-name
        ON table-name (column <,…column>);
    CREATE TABLE table-name
        (column-specification<,…column-specification|constraint-specification>)
    ;
    CREATE TABLE table-name LIKE table-name2;
    CREATE TABLE table-name AS query-expression
        <ORDER BY order-by-item<,…order-by-item>>;
    CREATE VIEW proc-sql-view AS query-expression
        <ORDER BY order-by-item<,…order-by-item>>
        <USING libname-clause<,…libname-clause>>;
    DELETE
        FROM table-name|proc-sql-view|sas/access-view <AS alias>
            <WHERE sql-expression>;

    DESCRIBE TABLE table-name <,…table-name>;
    DESCRIBE VIEW proc-sql-view <,…proc-sql-view>;
    DESCRIBE TABLE CONSTRAINTS table-name <,…table-name>;
    DROP INDEX index-name <,…index-name>
    FROM table-name;
    DROP TABLE table-name <,…table-name>;
```

```
DROP VIEW view-name <,…view-name>;
INSERT INTO table-name|sas/access-view|proc-sql-view <(column<,…column>)>
    SET column=sql-expression
    <,…column=sql-expression>
    <SET column=sql-expression
    <,…column=sql-expression>>;
INSERT INTO table-name|sas/access-view|proc-sql-view <(column<,…column>)
>
    VALUES (value <,…value>)
    <…VALUES (value <,…value>)>;
INSERT INTO table-name|sas/access-view|proc-sql-view
<(column<,…column>)>query-expression;
RESET <option(s)>;
SELECT <DISTINCT>object-item <,…object-item>
    <INTO macro-variable-specification
    <,…macro-variable-specification>>
    FROM from-list
    <WHERE sql-expression>
    <GROUP BY group-by-item
    <,…group-by-item>>
    <HAVING sql-expression>
    <ORDER BY order-by-item
    <,…order-by-item>>;
UPDATE table-name|sas/access-view|proc-sql-view <AS alias>
    SET column=sql-expression
    <,…column=sql-expression>
    <SET column=sql-expression
    <,…column=sql-expression>>
    <WHERE sql-expression>;
VALIDATE query-expression;
```

连接 DBMS 或者是查询 DBMS 数据，使用下面语句：

```
PROC SQL;
    CONNECT TO dbms-name <AS alias>
    <(connect-statement-argument-1=value <…connect-statement-argument-n=value>)>
    <(database-connection-argument-1=value <…database-connection-argument
    -n=value>)>;
    SELECT column-list
        FROM CONNECTION TO dbms-name|alias
        (dbms-query)
        optional PROC SQL clauses;
    <DISCONNECT FROM dbms-name|alias;>
    <QUIT;>
```

附录 D PROC SQL 功能及对应语句

PROC SQL 功能及说明如下:

操 作	语 句
更改、增加或删除	ALTER TABLE
建立与现有数据库系统的连接	CONNECT TO
在某一列上创建索引	CREATE INDEX
创建 SQL 过程的表	CREATE TABLE
创建 SQL 过程的视图	CREATE VIEW
删除行	DELETE
显示表或视图的定义	DESCRIBE
结束与数据库软件的	DISCONNECT FROM
删除表、视图或索引	DROP
向某数据库系统发送特定于该系统的非查询 SQL 语句	EXECUTE
添加行	INSERT
重置影响程序环境的选项,而不重启程序	RESET
选择行	SELECT
在数据库系统执行查询	CONNECTION TO
更改值	UPDATE
检查查询语句的语法	VALIDATE

PROC SQL 元素基本概念

1. TABLE-EXPRESSION

语句格式：

```
SELECT <DISTINCT>object-item<,…object-item>
    <INTO :macro-variable-specification <,…:macro-variable-specification>>
    FROM from-list
    <WHERE sql-expression>
    <GROUP BY group-by-item <,…group-by-item>>
    <HAVING sql-expression>
```

一个 table-expression 即一个 SELECT 语句，是 SQL 过程语句的基本组成部分。可以用 SET 算符将多个 table-expression 合并，得到 query-expression。

2. QUERY-EXPRESSION

语句格式：

```
table-expression <set-operator table-expression><…set-operator table-
expression>
```

选项说明：

set-operator 是以下一种：
- INTERSECT <CORRESPONDING> <ALL>；
- OUTER UNION <CORRESPONDING>；
- UNION <CORRESPONDING> <ALL>；
- EXCEPT <CORRESPONDING> <ALL> sql-expression。

从一些 operands 和 operators 的组合中产生一个值。

operand operator operand

operand 可以是如下的形式：
- 一个常量，表示固定值的数值或者是字符的形式；
- column-name 见 column-name. 说明；

- CASE expression 见 CASE expression；
- SAS 函数，可以是任何 SAS 函数，但是除了 LAG，DIF，SOUND 函数；
- ANSI SQL 函数如 COALESCE、BTRIM、LOWER、UPPER 和 SUBSTRING；
- 汇总函数 summary-function；
- query-expression 见 query-expression 说明；
- USER literal 间 USER literal 说明。

operator 算符，下面的是 SAS 帮助文档中的算符表。

Operators and Order of Evaluation

Group	Operator	Description
0	( )	forces the expression enclosed to be evaluated first
1	case-expression	selects result values that satisfy specified conditions
2	**	raises to a power
	unary+, unary-	indicates a positive or negative number
3	*	multiplies
	/	divides
4	+	adds
	-	subtracts
5	||	concatenates
6	<NOT> BETWEEN condition	See BETWEEN condition.
	<NOT> CONTAINS condition	see CONTAINS condition.
	<NOT> EXISTS condition	See EXISTS condition.
	<NOT> IN condition	See IN condition.
	IS <NOT> condition	See IS condition.
	<NOT> LIKE condition	See LIKE condition.
7	=, eq	equals
	¬=, ^=, <>, ne	does not equal
	>, gt	is greater than
	<, lt	is less than
	>=, ge	is greater than or equal to
	<=, le	is less than or equal to
	=*	sounds like (use with character operands only). See Retrieving Values with the SOUNDS-LIKE Operator.
	eqt	equal to truncated strings (use with character operands only). See Truncated String Comparison Operators.

续表

Group	Operator	Description
7	gtt	greater than truncated strings
	ltt	less than truncated strings
	get	greater than or equal to truncated strings
	let	less than or equal to truncated strings
	net	not equal to truncated strings
8	&,AND	indicates logical AND
9	|,OR	indicates logical OR
10	¬,^,NOT	indicates logical NOT

Operators and Order of Evaluation

3. Case expression

```
CASE <case-operand>
    WHEN when-condition THEN result-expression
    <…WHEN when-condition THEN result-expression>
    <ELSE result-expression>
    END
```

选项说明：

`case-operand`

一个有效的 sql-expression，一般是一列，这个列将会在 when-condition 中和相关值比较。

`when-condition`

当 case-operand 被设定之后，when-condition 就是一个被简化的 sql-expression，一般是一些值，该语句直接用 case-operand（case-operand 不出现，在 when-condition 之前出现）和这些值进行对比，从而根据是否相等来判断语句真假。

如果 case-operand 没被设定，when-condition 就是普通的判断语句。

`result-expression`

是一个 sql-expression 形式的值。

4. Column definition

```
column data-type <column-modifier <…column-modifier>>
column-modifier 见 column-modifier 说明
```

5. column-modifier

column-modifier

如下形式：

```
INFORMAT=informatw.d
FORMAT=formatw.d
LABEL='label'
LENGTH=length
TRANSCODE=YES|NO
```

6. column-name

column-name 可以是：

```
column
```
列的名称
```
table-name.column
```
表名.列名
```
table-alias.column
```
表的别名.列名
```
view-name.column
```
视图名.列名
```
view-alias.column
```
视图别名.列名

参 考 文 献

1. 朱世武,闫玉星.金融数据库.北京:清华大学出版社,2007.
2. 朱世武.SAS编程技术教程.北京:清华大学出版社,2007.
3. 朱世武.金融计算与建模.北京:清华大学出版社,2007.
4. 朱世武.SAS编程技术与金融数据处理.北京:清华大学出版社,2003.